应用型本科人力资源管理专业教材

人力资源管理

理论·案例·应用

主　编◎方　荃
副主编◎贾永芳　梁翠华　周　成
参　编◎朱漠晗　李文君

首都经济贸易大学出版社
Capital University of Economics and Business Press
·北京·

图书在版编目（CIP）数据

人力资源管理：理论·案例·应用／方荃主编. --北京：首都经济贸易大学出版社，2024.2

ISBN 978-7-5638-3601-7

Ⅰ.①人… Ⅱ.①方… Ⅲ.①人力资源管理 Ⅳ.①F243

中国国家版本馆 CIP 数据核字（2023）第 188784 号

人力资源管理：理论·案例·应用
RENLI ZIYUAN GUANLI：LILUN ANLI YINGYONG
主　编　方　荃
副主编　贾永芳　梁翠华　周　成

责任编辑　王　猛
封面设计　**风得信·阿东 FondesyDesign**
出版发行　首都经济贸易大学出版社
地　　址　北京市朝阳区红庙（邮编 100026）
电　　话　（010）65976483　65065761　65071505（传真）
网　　址　http：//www.sjmcb.com
E-mail　publish@cueb.edu.cn
经　　销　全国新华书店
照　　排　北京砚祥志远激光照排技术有限公司
印　　刷　唐山玺诚印务有限公司
成品尺寸　185 毫米×260 毫米　1/16
字　　数　500 千字
印　　张　22.25
版　　次　2024 年 2 月第 1 版　2024 年 2 月第 1 次印刷
书　　号　ISBN 978-7-5638-3601-7
定　　价　48.00 元

前 言

党的二十大报告指出，必须坚持科技是第一生产力、人才是第一资源、创新是第一动力，深入实施科教兴国战略、人才强国战略、创新驱动发展战略，开辟发展新领域新赛道，不断塑造发展新动能新优势。……为全面建成社会主义现代化强国凝聚强大动力、提供强大支撑。同时，人力资源也是组织中重要的且具有创造性和能动性的资源，是决定组织能否获得成功的关键因素。随着经济发展和社会变革的不断推进，人力资源管理的任务变得更加复杂、更富有挑战性，企业要想在激烈的竞争中生存并持续发展，必须高度重视人力资源管理工作。

作为一本应用型人力资源管理教材，本书从基本理论出发，系统阐述了人力资源管理的相关知识和应用技术，注重理论与实践相结合，融入数字化发展方面的内容，如人力资源管理数字化转型和人工智能应用方面等。本书内容全面、论述严谨、语言通俗易懂，既有学术深度，又具实践应用性，具有以下几个方面的特色：

第一，思政特色。本书立足于人力资源管理实践，以“选人-育人-用人-留人”为框架，选取张謇、荣氏兄弟、范旭东、卢作孚等近代民族实业家及任正非等现代企业家的人力资源管理思想作为开篇案例，让读者可以学习和借鉴他们积极正向的用人理念，进而得到启发，引发思考。

第二，“互联网+”特色。本书拓展了传统教材的内容边界，着力打造立体化教材，设置有微课视频、开篇案例、补充阅读、实训项目等栏目，并以二维码的形式置于相关章节。通过这些资源，读者可以更加深入地理解人力资源管理蕴含的理念和思想，进一步提升学习的效果。

第三，实践特色。为了增强教学的实践性，我们以一些企业的真实案例为基础，经过脱敏处理，编写成拓展案例等，并以二维码的形式分享。教师可以设置案例分析课，通过“课前预研讨-课中分组讨论发言-小组白板展示-学生互评-教师点评”等环节，完成案例教学，真正实现理论与实践相结合。

本书由方荃担任主编，贾永芳、梁翠华、周成担任副主编，朱漠晗、李文君参编。全书共十章，其中第七章、第八章由方荃编写，第四章、第五章由贾永芳编写，第一章、第三章由梁翠华编写，第六章、第十章由周成编写，第二章由朱漠晗编写，第九章由李文君编写。HR 转型突破中心高级合伙人朱翔对本书的编写十分关心和支持，提供了部分案例资料和信息。在本书编写过程中，我们参考了国内外众多专家、学者的研究成果和观点，在此表示衷心的感谢。

本书适合应用型高等院校的人力资源管理、工商管理、公共管理等相关专业作为教材使用，也可供广大企事业单位、政府与公共组织的人力资源管理工作者参考阅读。通过本书，我们希望能够使读者更加深入地了解人力资源管理的理论和实践，提升自身的知识水平和工作能力。

尽管付出了最大的努力，但限于编者的时间和水平，书中可能仍然存在不足甚至疏漏，恳请读者批评指正，提出宝贵意见。

目　录

第一章　人力资源管理导论 …… 1

第一节　人力资源管理的产生与发展 …… 2

第二节　人力资源管理的含义与理念 …… 16

第三节　人力资源管理的发展趋势 …… 26

第四节　人力资源管理变革 …… 34

第二章　人力资源管理的基本理论 …… 43

第一节　人性假设理论 …… 44

第二节　组织设计理论 …… 51

第三节　激励理论 …… 60

第四节　人力资本理论 …… 70

第三章　人力资源战略规划 …… 76

第一节　人力资源战略规划的含义、功能与内容 …… 78

第二节　人才盘点 …… 89

第三节　人力资源战略规划的程序 …… 97

第四节　人力资源需求与供给预测技术 …… 101

第四章　工作分析与岗位评价 …… 109

第一节　工作分析概述 …… 110

第二节　工作分析流程与方法 …… 115

第三节　工作分析的结果 …… 129

第四节　岗位评价 …… 138

第五节　胜任素质模型 …… 146

第五章　员工招聘与甄选 …… 156

第一节　员工招聘概述 …… 157

第二节　员工招聘的流程 …… 163
第三节　招聘渠道的类别与选择 …… 173
第四节　甄选及主要方法 …… 183

第六章　员工培训与开发 …… 204
第一节　员工培训与开发概述 …… 205
第二节　培训需求分析与培训规划 …… 209
第三节　培训实施 …… 214
第四节　培训评估 …… 226

第七章　绩效管理 …… 234
第一节　绩效管理概述 …… 235
第二节　绩效考核体系建立 …… 241
第三节　绩效考核技术 …… 248
第四节　绩效反馈与应用 …… 258

第八章　薪酬管理 …… 266
第一节　薪酬管理概述 …… 267
第二节　基本工资设计 …… 272
第三节　奖金管理 …… 278
第四节　员工福利管理 …… 282
第五节　其他薪酬形式 …… 286

第九章　员工关系管理 …… 293
第一节　员工关系管理概述 …… 294
第二节　员工关系管理重点领域 …… 304
第三节　员工安全与健康管理 …… 320

第十章　人力资源管理的数字化转型与人工智能应用 …… 331
第一节　人力资源管理的数字化趋势 …… 332
第二节　人工智能在人力资源领域的应用 …… 344
第三节　人力资源管理数字化转型策略 …… 346

第一章　人力资源管理导论

学习目标

了解人力资源管理的产生和发展过程
理解人力资源管理的相关含义
掌握人力资源管理的主要内容
了解组织中的人力资源管理工作

重点概念

人力资源（Human Resource）
人力资本（Human Capital）
人力资源管理（Human Resource Management）

微课视频

人力资源管理概述篇

开篇案例

张謇的企业制度创新及人才管理思想①

企业是市场经济的主体，在近代中国由传统经济向市场经济过渡的过程中，曾经涌现出大大小小、各色各样的企业。张謇所创办的大生企业集团是我国历史上第一个民营企业集团，大生集团所进行的一系列企业制度创新可概括为中国企业制度发展史上的“大生”模式。

张謇创造的“大生”模式，以爱国爱民作为企业文化之灵魂，并在明晰企业产权关系，兴办股份制公司实现社会化大生产，建立公开严明而又人性化的企业管理及劳动制

① 陈争平．近代张謇的企业制度创新及其现实意义［J］．清华大学学报（哲学社会科学版），2007（1）：73-79.

度，重视市场营销的经营方针、人才开发与管理、新式教育等方面进行了一系列制度创新，为后来的近代中国企业家树立了榜样，对当代企业家来说仍有重要价值。例如，张謇在企业经营管理中贯彻招贤纳士、重用人才的思想，选拔人才重才学，重品行，而“不问贵贱，不问年龄，不问所操何业，不问男女”，“不但打破地方观念，并且打破国家界限”；坚持组织精干和部门分工负责的设岗原则，坚持人才一经任用则通过规章制度进行约束，而不做任何人为的干涉，各部门负责人定期汇报支用、盈亏详情，定期考核功过，评定等级使之与奖酬花红直接挂钩等。这些做法对我国现代企业制度建设仍然有着很大的历史借鉴意义。张謇有关实业与教育相互关系的思想与实践，对我们在新世纪发展生产力，进行社会主义现代化建设，仍然有重要参考意义。

第一节　人力资源管理的产生与发展

人力资源管理活动起源年代久远，中国历史上就有许多知人善任的案例，“楚汉争霸”时刘邦广纳贤才，任人唯贤，战胜了项羽；唐太宗李世民一朝的昌盛，也源于人才之盛；中国共产党带领中国人民取得和平与胜利，更是得益于“数风流人物，还看今朝”。中国传统文化中，有“事在人为”的理念。随着人类社会的产生和发展，管理劳动相生相伴。然而，人力资源管理的概念是舶来品，诸多对于人力资源管理历史的研究发于西方国家。研究者对于人力资源管理历史的追溯，大致可归为人力资源管理论发展与人力资源管理实践发展两类。而管理学科的实践孕育理论，理论源于实践而又反哺实践，两者从来密不可分。本章根据人力资源管理发展的历史沿革，以国内与国外的不同角度介绍人力资源管理相关的经典研究。

一、国外人力资源管理的经典研究

（一）人力资源管理理论研究

在关于人力资源管理发展的历史沿革研究中，以美国华盛顿大学的弗伦奇（W. L. French）教授等研究者为代表，对人力资源的发展做了不同的阶段划分，根据归类视角的不同，划分出的阶段数量各异，本书择取相对共性的阶段划分方式展开介绍。

1. 第一阶段：经验管理阶段

早在古埃及和古巴比伦时代，家庭手工工场方式成为经济活动中的主要组织形式。此时，为了确保具有合格技能的工人有充足的供给，人们已经有意识地以有组织的方式开展工人技能培训工作。13 世纪时，西欧的手工艺培训非常流行，手工业行会诞生。以埃文斯（Paul Evans）为代表的部分学者认为，人力资源管理的历史可以追溯到早期的英格兰。在那里，泥瓦匠、木匠、皮匠及其他手艺人组织起来成立了行会，他们团结起来改善自己的工作环境①。同时，这些手工业行会还负责监督生产方法和产品质量，规定各种行业的员工条件。这些行业的主要领导者是一些有工作经验的师傅，申请入会者都需要经过一段学徒工人时期。在这样的制度框架下，师徒制的方式非常适合当时家庭工业生产的状态，但人力资源管理发展是缓慢的。人力资源管理领域真正得到发展，得益于18世纪后期工业革命的到来，蒸汽机替代了手工劳动。劳动方式和劳动效率的变化，带来了工作条件、社会格局和劳动分工等方面的同步调整，逐渐形成复杂的工业社会。工人和工厂所有者之间出现了新的阶层——管理者，但管理者并非工厂的所有者，由此，工业革命催生了工人与所有者之间越来越大的鸿沟。

2. 第二阶段：科学管理运动阶段

19世纪是管理学的重要形成时期。国外众多研究者提出的分段理论中，人力资源管理发展多始于这个时期。弗伦奇认为，早在20世纪初，现代人力资源管理的内容已经形成，之后的发展主要是在观点和技术方面的改进。管理学的研究活动兴起，以耶鲁大学校长汤（Henry Towne）发表的《作为经济学家的工程师》为代表。同期，福特（Ford）发明流水生产线，杜邦（DuPont）等开展财务研究，艾默生（Emerson）开展消除浪费、降本增效和直线职能制的研究，斯隆（P. Sloan）开创事业部制等。在这一系列的科学管理创新中，最为著名的是泰勒（Frederick Winslow Taylor）的管理理论。

19世纪初，工业革命产生了大机器生产方式。工业革命在提高劳动专业化水平和生产率的同时，也对生产过程的管理，尤其是对员工的管理提出了更高的要求，开始出现专门的管理人员。在这个时代背景下，泰勒开创了科学管理理论学派，并推动了科学管理实践在美国的大规模推广和开展。泰勒1878—1897年就职于美国米德瓦尔钢铁厂，在工作过程中，他看到缺少训练的工人，对于正确的操作方法和工具的掌握水平参差不齐，极大影响了劳动生产率的提高。他同时敏锐地发现工作程序、劳动节奏和疲劳因素对劳动生产率有重要影响。他在米德瓦尔钢铁厂开展了一系列实验，目的是探索管理改进方法。在1881年开展的“金属切削试验”中，除了发现能提高金属切削机工产量的高速工具钢、各种机床适当的转速和进刀量，以及切削介质用量标准等信息外，还一并研究了金属切削工人恰当的日工作量，从而制定了一套工作量标准。此后，在伯利恒钢铁公司期间，泰勒进行了著名的“搬运生铁块试验”和“铁锹试验”。大约75名工人和5座高炉产品搬运班组参与了“搬运生铁块试验”。泰勒改进操作方法、训练工人，去除无效动作，最终工人单位时间内搬运生铁块的量提高了3倍。在开展“铁锹试验”前，泰勒系统地研究了铲口的负载，各种材料能够达到标准负载的锹的形状、规格，各种原料的最佳装锹法，同时对工人堆码、铲装重量、走动距离和手臂摆动等操作的每一套动作的精确时间开展研究，核定工人最高效的工作量标准。在这一研究成果的应用实践下，公司堆料场的劳动力从400~600人减少为140人，平均每人每天的操作量从16吨提高到59吨，生产率提高

① EVANS P, PUCIK V, BARSOUX J. The global challenge: frameworks for international human resource management [M]. Burr Ridge, IL: Irwin/McGraw-Hill, 2002.

了2.96倍，每个工人的日工资从1.15美元提高到1.88美元。综上所述，泰勒通过一系列关于人、机器、原料、方法、环境等要素的标准化研究，极大地提高了企业生产效率。

泰勒的管理思想可以概括为三个方面：

一是提高效率。为了提高劳动生产率，必须挑选“第一流的工人”。所谓第一流的工人，泰勒认为“每一种类型的工人都能找到某些工作使他成为第一流的，除了那些完全能做好这项工作而不愿去做的人”。以“第一流的工人在不损害其健康的情况下维护较长年限的速度”为标准制定工作定额，这种速度以工人能长期维持正常速度为基础。管理者的责任在于激励员工尽最大的努力工作，培训员工成为第一流的工人。

二是劳动方法标准化。通过把“第一流的工人”所积累的方法、经验和技艺进行收集、记录、整理、归纳，总结规律，形成规则，建立起科学的作业方法，替代工人各自凭经验开展作业的方法。同时设计差别计件工资制度，确定两种不同的工资率，对完成和超额完成工作定额的工人，以及完不成工作定额的工人，以高低不同的工资率差异化支付工资，充分挖掘工人积极性。

三是管理职能专业化。泰勒主张明确划分计划职能与执行职能。计划部门开展调查研究，提供科学管理依据，制定科学的定额和标准化的操作方法及工具，发送工作指令，开展工作控制。工人则按照计划部门发出的指令，按照标准使用规定的方法和工具，完成定额任务。这样便使得计划职能与执行职能分开。泰勒的这种职能管理思想为以后职能部门的建立和管理的专业化提供了参考。泰勒对科学管理下了这样的定义：“诸种要素——不是个别要素的结合，构成了科学管理，它可以概括如下：科学，而不是单凭经验的方法；和谐，而不是冲突；合作，而不是个人主义。最高的产量，而不是有限的产量。发挥每个人最高的效率，实现最大的富裕。”① 这个定义既阐明了科学管理的真正内涵，又综合反映了泰勒的科学管理思想。科学管理关注员工的招聘和挑选，用工厂组织的系统培训替代员工的自我更新，通过科学设计提高生产率，创造性地设计差异化计件工资率，生产率改进的收益由企业与员工共同分享。这些理论和方法对此后的企业人力资源管理发展产生了重要影响。因泰勒对科学管理研究的卓越贡献，他成为学界公认的科学管理的创始人，被称为“科学管理之父”。

在泰勒的科学管理理论在美国被广泛采用的同时，因其偏向于工具、方法、工作量的标准和效率研究，没有顾及员工感受，使员工对工作产生不满情绪，激励效果大打折扣。科学管理是19世纪出现的一种管理方法，同期还有工业心理学方法②。1897年美国全国现金公司首次设立了一个部门——福利工作部，这个部门及相关职位设立的主要目的是改善工人的环境或待遇。这个部门的员工听取并处理工人的意见，为工人组织娱乐和教育活动，处理工人的不满或投诉，服务于工人的餐食，以及女工关怀等。此后相继出现了诸如福利部、福利秘书、社会秘书等名称。这些部门和职位的存在基于关心工人的福利，以此

① TAYLOR F W. The principles of scientific management [M]. Mineola, NY: Dover Publications, 1947.

② TAYLOR F W. The principles of scientific management [M]. New York: Harper, 1947.

为基础建立起一套有关企业员工管理的思想体系。现代企业人事管理体系的来源之一，就是这种福利主义观点。弗伦奇把这一阶段细分为工业福利运动阶段。

科学管理将重心集中于工作和效率上带来的问题，但与科学管理不同的是，工业心理学集中在工人和个人的差异上。工业心理学研究的焦点在于工人福利的最大化。明斯特伯格（Hugo Munsterberg）于1913年在其著作《心理学与工业效率》中首次提出了工业心理学的研究领域①。该书标志着工业心理学的诞生，明斯特伯格也被称为“工业心理学之父”。他对于人事管理的贡献主要在于：第一，用工人的智力和情感要求来分析工作；第二，用研制的实验装置来分析工作②。他设计了针对人空间感、智商和身体敏捷性的各种测试，最初选择了接线生为实验对象，结果发现，测评结果优秀的人，在实际工作中也会被认为是优秀的人。这个研究使得员工录用时可以通过测试得出更恰当的判断，测试被用于招录的辅助手段。以其为代表的心理学家的研究结果，推动了人事管理工作的科学化进程。这个结果还被应用在第一和第二次世界大战期间，设计了用于军方选拔和安置人员的专门测验，事实证明测试结果取得了极大的成功。随后，工业心理学开始用于商业中的人事选拔和测评，获得快速发展。工业心理学不仅在人与工作的关系上，同时还在员工的测评与甄选上对人事管理进一步科学化发挥了积极影响。正因为工业心理学对于人力资源管理发展的重要影响，部分学者也常把这个阶段称为工业心理学阶段。

总的来说，科学管理阶段的显著特点，是着眼于操作层的操作效率，虽然有福利运动和工业心理学的加持，仍无法改变科学管理的底层逻辑，即只需要用经济的刺激，就能调动员工积极性，把工人当作“经济人”看待。科学管理阶段仅从经济视角考虑，这是其局限性所在。

3. 第三阶段：人际关系运动阶段与组织行为研究阶段

20世纪30年代，梅奥（E. Mayo）等人开展的霍桑实验，在科学管理之外，开辟了人际关系、组织管理研究的新领域，霍桑实验使管理从科学管理时代步入人际关系时代。人际关系学说（Human Relation Theory）和行为科学（Behavior Science）的出现，标志着管理者对人的社会、组织和个人相互关系等因素的研究，奠定了组织行为学（Organization Behavior）的基础，并对人力资源管理学产生了深远影响。1924—1932年，梅奥等人在位于芝加哥的西屋电器公司的霍桑工厂进行了著名的霍桑实验。研究的目的原本是评估照明对工人及产出的影响，但研究人员发现管理方式的改变会带来工人士气的提高和人际关系的改善。工人可以自由发表意见并得到倾听，工作环境的改善使工人感到自己受到了重视，因而工人的士气和工作态度也随之改善，从而促进了产量的变化③。研究认为，采用行为科学理论，改变员工的情绪和态度将对生产率产生巨大的影响。这一研究结果启发了人们进一步研究与工作有关的社会因素的作用，这在管理实践领域引发了人际关系运动，

① MUNSTERBERG H. Psychology and industrial efficiency［M］. Boston：Houghton-Mifflin，1913.

② 张一驰. 人力资源管理教程［M］. 北京：北京大学出版社，2008：4.

③ 周三多，等. 管理学原理［M］. 南京：南京大学出版社，1999：63.

推动了整个管理学界的革命。在人际关系运动阶段，人力资源管理发生了很多变革，包括在企业中设置培训主管、强调对员工的关心和支持、增强管理者和员工之间的沟通等，这些都作为新的人事管理方法被企业所采用。管理从以“事”为中心转移到以“人”为中心，管理由原来的“监督”发展为“激励”，其核心是重视人的作用。至此，人力资源管理开始从以工作为中心转变到以人为中心，把人和组织看成相互和谐统一的社会系统①。人际关系和组织行为的研究，集合了社会学、社会心理学、心理学、人类学等各学科，研究人的行为，涉及动机、需求、个性、情绪等维度，特别是人与人、人与社会的相互关系等，例如，马斯洛（Abrahan H. Maslow）的需求层次理论、赫兹伯格（Frederick Herzberg）的双因素激励理论、弗鲁姆（Victor Vroom）的期望理论、斯金纳（B. F. Skinner）的强化理论，以及麦格雷戈（Douglas Mcgregor）的 X 理论-Y 理论等。这些研究催生了人际关系运动，强调理解员工的需要，让员工满意以促进生产效率提高。人际关系运动强调的不是组织的生产需要，而是从员工个人的角度来看待职位。人际关系运动最终在 20 世纪 60 年代中期成为组织行为学的一个分支，为组织行为学领域做出了贡献②。

值得注意的是，同期流行的“爱畜理论”揭示了这一阶段运动的局限性。20 世纪 30 年代，美国爱畜牛奶公司广告称爱畜牛奶来自愉悦的奶牛，品质更优良。该公司认为，愉快的工人将提高生产效率，于是安排了郊游等方法改善员工环境提高生产率；但事实上，结果并没有能如预期般发生。人际关系的系列理论强调将处理好人际关系、提高满意度作为调动员工积极性的主要途径，这一观点夸大了情感与士气对生产率的影响，忽略了组织目标等要素对员工工作积极性的促进作用。

尽管人力资源管理理论在这一阶段得到了广泛而重要的发展，但由于劳资关系紧张，欧美等国员工与雇佣者的矛盾纠纷逐渐增加，工会运动快速发展，并且由点及面地在全国范围内形成联系。1886 年，美国劳工联合会成立。1935 年，罗斯福（Franklin Delano Roosevelt）总统签署了以最初的发起人命名的《瓦格纳法》法案，使其成为法律，该法案旨在保护工人建立工会和工会团体活动的开展，防止工人因订立集体谈判协议或罢工而遭到报复。20 世纪 60—70 年代一系列相关法案也随之颁布，包括最低工资标准等，人力资源管理的法律体系由此日臻完善。这些法案的颁布保护和促进了劳工运动的发展，同时也促进了人力资源管理在员工权益保护、劳动关系处理、劳动风险防范等方面职能的增强，至今仍是人力资源管理的重要内容。因此部分学者也根据这一时期的特点，细分出劳工运动阶段。

4. 第四阶段：现代人力资源管理阶段

自 20 世纪 80 年代后，能让企业保持竞争力的影响因素愈加丰富，影响程度也在增大。这不仅在于内部的管理，也在于外部环境的影响。高速更迭的技术，更广泛的信息传

---

① 彭剑锋. 人力资源管理概论［M］. 上海：复旦大学出版社，2018：51.

② KAUFMAN B E. The origins and evolution of the field of industrial relations in the United States［M］. Ithaca, NY: Industrial Relations Press, 1993.

递形成多变的环境，给企业保持持续竞争力带来巨大挑战，需要更富有柔性的组织来面对多变的环境。与传统人事管理相比，现代人力资源管理分析影响员工发挥潜能的原因，更多地从组织角度，鼓励员工多负责任，将个人发展目标与组织的发展目标结合起来。这与现代企业管理中逐渐衍生发展的“以人为本”理念是分不开的。在现代人力资源管理阶段，人们对于人是组织发展的首要资源这一观点达成共识，并认为应当综合分析人的能力、特征、兴趣、心理状况等多种因素，来进行人力资源定位。企业需要注重并实际投入人力资源的培训与开发，同时进行职业生涯管理。经过多年的发展与完善，人力资源管理已经形成了从管理理念、管理系统、管理方法与技术，到日常行政管理的一套完整的体系，成为企业管理体系的重要组成部分。与传统的劳动人事管理相比，现代企业的战略性人力资源管理与开发在管理思想和管理方法方面具有如下特点。

首先是管理的重心转移。现代企业人力资源管理以企业的人力资源为中心，研究如何实现人力资源的合理配置。它冲破了传统的劳动人事管理的约束，不再把人看成一种“技术要素”，而是把人看成“具有内在的建设性潜力”的因素，把人当作一种使组织在激烈的竞争中生存、发展，始终充满生机与活力的特殊资源来刻意地发掘；不再把人置于“严格监督与控制之下”，而是为他们提供、创造各种条件，使其主观能动性和自身的劳动潜力得以充分发挥出来；不再容忍人才的浪费和滥用权力造成士气的低落，而是像保护自然资源为子孙后代造福一样，珍惜和爱护人力资源。从以物为中心的管理转向以人为中心的管理，更加重视人力资源的开发和人力资本的投资，提高人力资源的利用程度，从而提高企业的经济效益。

其次是管理的原则创新。现代企业人力资源管理充分运用了当代社会学、心理学、管理学、经济学等学科的最新研究成果，并结合企业的管理实践，从不同视角对人力资源做了深入的研究和探索，提出了一些新的管理原则。例如，美国人事管理专家朱修斯（Michael J. Jucius）提出了以下管理原则：①全面地、完整地看待人的因素。②要使员工感到工作有意义并且与企业的利益休戚相关。③不仅注意公正待人，还要注意尊重人，彬彬有礼。④员工应自食其力，不能靠无偿奉送取得报酬。⑤经常向员工传输有关信息，不断沟通联系。⑥充分相信员工，不可低估其能力。⑦用简明、通俗易懂的语言向员工宣传解释管理部门制定的各种人事计划，等等。美国心理学博士卡西乔（Wayne F. Cascio）教授认为：现代企业人力资源的管理在社会经济发展中具有不可估量的意义和作用，为了促进经济效益的提高，我们面临的最迫切的需求之一就是提高生产率，即从投入中得到更多的产出。但是，在研究生产率问题的同时，还必须注意职业生活质量的提高。职业生活质量是指员工在工作中所产生的心理和生理健康的感觉。衡量职业生活质量的指标是多方面的，既有物质方面的，又有精神方面的，如劳动报酬、福利、保险、工作安全性和民主性、工作紧张程度、工作时间的长短与灵活性、参与有关决定的程度等。参与管理是改善职业生活质量的重要措施。参与的形式多种多样，最有效的形式是：①通过实施奖励提高生产率。②通过工作改革增加员工的责任心和自觉性。③通过教育、培养，鼓励更多的员工参与。此外，国内外还有很多专家的建议、论著，都极大地丰富了人力资源管理理论。

最后是管理的方法创新。从管理方法和管理技术上看，现代企业人力资源管理更加强调管理的系统化、规范化、标准化，以及管理手段的现代化：①要根据企业的工作分析与工作设计，对人力资源进行规划，实现系统性的有效合理的配置。②从员工的招募、聘用，到培训、开发、晋升、奖惩、薪酬等各个环节都应实现标准化、规范化。③现代企业应推行远程办公、信息管理、虚拟管理等现代化的管理手段。

因此在这个阶段，人力资源管理的特点是：一方面，将组织看作一个系统，而人则是这个系统的组成部分；另一方面，组织又是整个社会系统的一个子系统，这样就形成了现代组织理论和行为科学的管理思路，即人力资源管理要符合组织的要求，符合提升企业竞争力的要求。这就进一步要求从单个的人上升到组织人，把个人放在组织中进行管理，强调文化和团队的作用①。

（二）人力资源管理实践研究

除了以上从理论发展的角度研究人力资源发展过程，还有一部分学者侧重从人力资源职能发展的视角开展研究。其中代表者人力资源管理专家卡西乔曾说过："人力资源不仅是个战术问题，而且是个战略问题。"现代人力资源管理的职能，不是只停留于辅助性、行政性、事务性的工作，而是更加关注组织效率，关注企业长远发展，关注战略工作，实现从传统人事管理到现代战略性人力资源管理与开发的演变。

1. 卡西乔的四阶段论

（1）第一阶段：档案管理阶段

20 世纪 60 年代中期，企业管理者将人力资源管理的成本视为非生产性消耗。随着对员工的关注和关心程度增加，独立的人事部在企业中产生。但最初的人力资源管理的典型职责，包括员工的招录、岗前培训、工资发放、考核记录、单纯的人事档案管理工作。德鲁克（Peter Drucker）对人事管理进行的综述也反映了人事管理的蓝领倾向。德鲁克说，人事工作"部分是档案员的工作，部分是管家的工作，部分是社会工作者的工作，部分是消防员，不顾一切地解决工会的问题"②。这一时期的人力资源管理，既没有对工作性质和工作目标的清晰认识，也没有明确的工作条理，仅停留在事务本身，因而被称为档案管理阶段。

（2）第二阶段：政府职责阶段

政府职责阶段为 1964 年美国颁布《民权法》到 70 年代，同期还先后颁布了《种族歧视法》《退休法》《保健和安全法》等一系列法律法规，以经济损失为代价来约束企业用工行为。这些法律法规的发布，对劳动与就业产生了极大影响。同时，这些规定的执行也给企业带来了非生产性消耗的增加。美国电话电报公司曾就男女职工收入平等问题，于 1973 年与联邦政府达成一项协议。协议内容为同意在管理职位上执行男女员工起点工资相同的政策，仅此一项便使得公司支出增加了 3 亿美元。在这一时期，尽量避免进入法

---

① 彭剑锋．人力资源管理概论［M］．上海：复旦大学出版社，2018：52.

② FOULKES F K. The expanding role of the personnel function［J］. Harvard business review，1975：71-72.

院成为美国企业的第一原则。企业为了缓解劳资关系、规避劳资纠纷、解决劳资矛盾，对人力资源管理的各项要求愈发严格，确保用工合规性。即使有可能出现劳资纠纷时，企业也能掌握法律主动权。在这样的背景下，企业人力资源管理工作只能不断持续进行规范化、科学化和系统化的优化。人力资源管理的上述职能，仍被认为是为了响应政府要求的合规性而采取的应对性工作，并不能直接为企业带来利润，反而因为增加了管理投入，带来非生产性成本的增加。由于这个阶段人力资源管理对于政府政策的被动响应性的特点，所以，这个阶段也被称为“政府职责阶段”。

（3）第三阶段：组织职责阶段

组织职责阶段指的是20世纪80年代初以来的人力资源管理发展阶段。在这一时期，直线经理人和人事经理的分工逐渐明确。企业的领导人不再认为人事管理是“政府的职责”，而把它真正视为企业的“组织的职责”，将对人力资源管理的重视程度提高到与物质及财力资源同等重要的程度。直线经理人负责企业运营，是组织管理的决策系统从最高层至最基层的管理者。人事经理则全面承担档案管理的政府职责，与直线经理既分工明确，又密切合作，对各种资源的经济效果向企业负责。这样的转变也有管理科学发展的原因，社会学、心理学等各学科交叉渗透到企业管理领域，为管理优化提供了科学的理论基础。同时，这样的转变也存在经济效率方面的原因。1972—1982年，美国的生产率平均年增长0.6%，而同期日本、西德和法国则分别增长了3.4%、2.1%和3%。这样的落差，使得企业管理高层对此分外重视。这种转变还有政治发展的原因，劳动力受教育程度的提高、劳动力多样化趋势、政府对企业的管理干预等，使得企业管理面临前所未有的挑战。在寻求破局的道路上，企业高层管理者敏锐地发现人力资源管理是一个重要突破口。

许多企业的高层领导人相信：调动人的积极性和掌握处理人际关系的技能非常重要，它既是保证企业摆脱当前困境的有效方法，也是保证企业未来成功的关键因素。40%的经理说他们一周要花费5~20个小时来处理人事问题，这比5年前增加了50%。这些经理迫切需要人事部门的协助，因为人力资源管理工作的复杂性正在日益增加，做好人力资源管理工作远比做好财务管理更加重要。它不仅是个战术问题，而且是个战略问题。为此，企业开始吸收人事经理进入企业高层领导集团，共同参与企业的经营决策，并认为人力资源是一种最重要的战略资源，是企业成败兴衰的关键。

“人力资源管理”代替“人事管理”成为一个显著趋势。美国著名人力经济学家舒尔茨（Theodore W. Schultz）教授提出了“人力投资”学说。舒尔茨认为，美国国民生产总值的快速增长不仅仅靠物质资本，人力资本的投入也是促进经济发展的重要因素。梅耶斯等人把他们所著的人事管理教材更名为《人力资源管理：人事管理阅读材料》。自20世纪70年代，人事管理和人力资源管理作为两个专业术语被交替使用。20世纪80年代，人们开始更倾向于将人力资源管理作为专业术语。人事部门改名为“人力资源管理部”，企业人事副总裁被称为“人力资源副总裁”，一些专业协会开始更名，到20世纪90年代中期，几乎所有的商学院都把专业课程设置中的“人事管理”更名为“人力资源管理”，几乎所有的教材都放弃了“人事管理”而选择了“人力资源管理”这一称谓①。企业从强调对物的管理转向强调对人的管理，把人当作组织在激烈竞争中生存、发展并始终充满活力的特殊资源加以开发和利用，因而这个阶段被称为“组织职责阶段”。

（4）第四阶段：战略伙伴阶段

人力资源管理专家卡西乔曾说过：“人力资源不仅是个战术问题，而且是个战略问题。”把人力资源战略作为公司重要的竞争战略，或者从战略的角度考虑人力资源管理问题，是20世纪90年代后企业人力资源管理的重要发展。在这个阶段，人力资源管理已经成为企业打造特殊竞争优势的重要工具。

2. 尤里奇的四阶段论

2009年美国密歇根大学的尤里奇（Dave Ulrich）提出了人力资源管理发展的四阶段论，如图1-1所示。

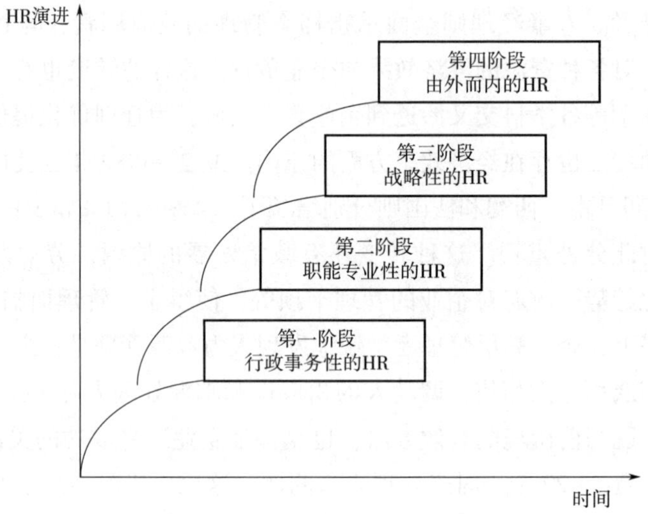

图1-1 人力资源管理的演进阶段

资料来源：戴夫·尤里奇．高绩效的HR：未来的HR转型［M］．北京：机械工业出版社，2020：13.

（1）第一阶段：行政事务性的HR

第一阶段强调HR的行政事务性工作，那时的HR（人事部门）关注的是劳动协议的条款与条件、提供HR服务以及保证法规遵从性。HR的显著特点被形容为“行政和事务性机构”。所以，只要HR能够提供始终如一、低本高效的基础服务——薪酬结算、养老金管理、出勤监控、员工招聘等，就算担当职责了。

这一阶段HR的角色主要由优秀的行政人员担当，不过这绝不是说HR没有做出其他重要的贡献，它在员工培训、员工满意度和敬业度评估及人才发展计划实施等工作中都有

① 赵薇．工业关系与人力资源管理：起源、比较及发展前景［J］．生产力研究，2003（4）：133-135.

所贡献，只是说HR部门的首要职责是行政和事务性工作。当下HR的行政与事务性工作的需求也依然存在，但是完成方式与之前大不相同，现如今的企业可以通过外包和其他技术手段，比如信息化等方式解决。HR的行政类工作仍被期待一如既往地高效完成，然而当某项工作有了更高效的方法后，HR就可以将注意力转向其他更重要的工作。尤里奇谈到了全球著名人力资源公司美世（MERCER）的一项研究，关于EMEA区域，即欧洲、中东和非洲地区的HR实践情况。美世研究发现，尽管大多数HR部门所承担的职责已经开始超出传统的行政管理角色，但仍有16%的比例仍不愿改变人力资源的行政管理角色。第一阶段HR的效能体现在效率的提升，即以更少的资源完成更多的事务，以及通过完美无瑕的事务处理能力建立起HR的信誉。

（2）第二阶段：职能专业性的HR

HR的第二阶段强调HR在人才搜寻、报酬与奖励、学习、沟通等方面进行的创新实践设计。举例来说，通用电气公司（GE）的高管们意识到，公司能否快速地、高质量地在各个管理层级上培养出能够支持国际业务成长的领导者，对公司长远的业绩表现会有深远影响，这就直接促成了克罗顿维尔管理学院（即现在的"杰克·韦尔奇"领导力发展中心）的建立。这个学院旨在培养新一代的领导者。学院的教员包括外部专家、内部的HR和组织发展职员及公司的高级管理人员，如首席执行官（CEO）伊梅尔特（Jeff Immelt）。类似的改革创新活动也发生在奖励、沟通、继任者计划及其他的HR实践领域。这些HR实践不仅在"做什么"和"怎么做"方面进行了创新，它们之间的相互影响关系也被给予关注，这使得HR实践的系统一致性得以实现。这一阶段的HR实践创新体现了HR效能，HR通过最佳实践获得信誉。

（3）第三阶段：战略性的HR

HR第三阶段的关注点是通过战略性人力资源管理，使员工个体与已整合过的HR实践体系能够促进企业经营成功。在过去的15~20年，HR人员致力于将人力资源工作同企业的战略或业务目标关联起来。这些努力使HR实践的范围拓宽，从最基础的人才管理，扩展到要对企业文化与领导力做出贡献。当企业明确了经营战略后，HR人员就要担负起评估和改善人才、文化和领导力水平的重任，目的是使这三项要素足以协助企业达成战略。在这一阶段，HR人员要将企业战略转化为人力资源工作的具体计划，以便真正实现战略意图。为更好地完成战略性人力资源工作，HR的转型随之发生了：HR人员的专业知识水平需要升级，HR部门的架构也需要重新规划。第三阶段的HR效能体现为，在企业战略与HR的行动之间建立起清晰的关联路径，HR的信誉来自战略制定过程中的参与及贡献。在全球化、经济危机、技术革新、信息技术发展的大背景下，这些变化给HR带来前所未有的挑战。部分保守的HR高管仍希望维持过往HR重点倾斜于行政基础工作的状态。与此同时，另一部分HR高管则希望重点加强在一些特定的HR实践上。尽管行政基础工作仍然是必要且需要更高质高效完成的，但尤里奇并不认为这是最重要的，他更期待看到HR效能的新标准。

(4) 第四阶段：由外而内的 HR

HR 的第四阶段要利用 HR 的政策流程等实践活动来促成某些外部经营条件的变化，以及对外部变化及时做出回应。我们将这一阶段称为“由外而内的 HR”（HR from the outside in）阶段。由外而内的 HR 比战略性 HR 走得更远，HR 人员会根据企业的商业环境、利益相关者需求而调整自身的工作。我们承认，HR 的前三个阶段所代表的都是必须完美实现的 HR 工作——行政事务性的 HR 工作必须完成得毫无瑕疵，HR 的政策流程等实践活动必须进行创新与整合，HR 还必须将战略性的远大志向转化为 HR 方面的具体行动。但我们看到，着眼未来的 HR 人员并未停留在前三个阶段，而是将眼光投向组织之外的客户、投资者和社区，以他们的视角来定义成功的 HR 是什么样。在第四阶段，HR 的效能将会体现在客户占有率、投资者信心和社会名声等方面，而 HR 的信誉不仅来自前述的企业内部要求，还包括企业外部相关角色的意见。

二、国内人力资源管理的经典研究

（一）赵曙明的二阶段论

国内学者赵曙明在对国外人力资源管理发展史进行研究的基础上，将人力资源管理的发展划分为人事管理的发展和人力资源管理的发展两个阶段。这种划分方式充分体现了人事管理和现代人力资源管理之间的差异性。

1. 人事管理阶段

赵曙明将这个阶段细分为三个子阶段，即科学管理理论阶段、霍桑实验和人际关系运动阶段、组织行为学理论的早期发展以及对人事管理的影响阶段。其中前两个阶段以前文内容呈现，在此不再赘述。在第三阶段，赵曙明认为，人际关系理论建立在过于简单的员工行为分析的基础上，它强调只有理解员工的需要，才能提高员工的满意度和生产力。而行为科学的研究发现，组织中员工的行为是多种多样、复杂多变的，不能仅仅认为组织中员工的行为方式就是人际关系。组织本身对员工的表现具有塑造、控制和协调的作用，而员工的行为还要受到员工所处的职位、工作和技术要求的影响。组织行为学是一个研究领域，它探讨个体、群众以及结构对组织内部行为的影响，以便应用这些知识来改善组织的有效性。组织行为学是和社会学、心理学以及政治学等密切相关的学科，其分支是工业心理学（又称“组织心理学”）。组织行为学通过对个体、群体以及组织在工作中行为的研究，说明它们是如何影响个体、群体的生产力水平以及产生绩效的。组织行为学的发展是人事管理中对个体的研究与管理扩展到了对群体与组织的整体研究与管理，人事管理的实践也因此发生了很大的变化。组织行为学理论对人力资源管理发展的影响，包括早期的明斯特伯格工业心理学的相关理论、20 世纪 50 年代的激励理论（包括马斯洛的需求层次理论、麦格雷戈的 X 理论和 Y 理论、赫茨伯格的双因素理论等）。这些理论对人力资源管理的理论和技术方法的发展都产生了深远的影响。

2. 人力资源管理阶段

人力资源管理是作为替代传统的人事管理的概念提出来的。它重在将人看作组织中的一种重要资源来探讨如何对人力资源进行管理和控制，以提高人力资源的生产效率，帮助组织实现其目标。人力资源管理阶段又可以细分为人力资源管理的提出和人力资源管理的发展两个阶段。

(1) 人力资源管理的提出

当代著名管理学家德鲁克于1954年在其著名的《管理的实践》一书中提出“人力资源”一词。在这部著作中，德鲁克引入了“人力资源”的概念，并且指出，和其他所有资源相比，唯一的区别就是它是人，并是经理们必须考虑的具有“特殊资产”的资源。因此，德鲁克要求管理人员在设计工作时要充分考虑到人的精神和社会需求，要采取积极的行动来激励员工，为员工创造具有挑战性的工作以及对员工进行开发。

在此之后，工业关系和社会学家巴克（E. Wight Bake）将人力资源管理作为管理的普通职能来加以讨论，并提出了一系列的普遍原则。巴克主要从七个方面说明为什么人力资源管理职能超出了传统的人事或工业关系经理的工作范围。这一论点于1958年发表在《人力资源功能》上，成为对人力资源管理最早的界定。“人力资源”的概念引起了资深学者和管理人员注意的是迈尔斯（Raymond Miles）1965年在《哈佛商业评论》上发表的一篇极具影响力的论文，此后“人力资源”一词被广泛传播和使用。

(2) 人力资源管理的发展

到了20世纪70年代中期，人力资源管理的定义发生了变化，“人力资源管理”一词已为企业所熟知。但在最初，人力资源管理的概念和传统的人事管理非常接近，两者基本上没有本质的分别。随着理论的不断成熟和实践的不断发展，人力资源管理逐步和人事管理区分开来。比如，在1992年，斯托里（Storrie）提出了人力资源管理和人事管理之间的27个不同点，并把这27个不同点分为三大类：信念和假设、战略领域以及重要程度。根据斯托里的理论，人力资源管理的活动已经从国内转向国外甚至全球。现在人们越来越重视包括生态环境在内的人力资源管理的环境，以及人力资源的健康保护和受教育程度。从组织的角度来看，人事管理是管理人的活动，而人力资源管理则更多的是参与组织战略发展规划的制定和实施活动。从管理实践来看，人力资源管理人员与业务人员之间的工作关系更为密切。人事管理的目标是吸引、保留和激励员工，而人力资源管理的目标则更关注组织在竞争力、利润、生存能力、竞争优势和劳动力的灵活性等方面的提高。人事管理注重的是开发人力资源的产品和服务，而人力资源管理则更为关注人力资源对企业的影响。人事管理的实践以个体为中心，人力资源管理则以团队为中心，对人力资源的开发也由个体转向团队。

另外，随着人力资源管理理论的发展，学者们更多地开始探讨人力资源管理如何为企业的战略服务，即提出了战略人力资源管理的观点。在战略人力资源管理理论中，最具有影响力的观点是比尔（Bill）等人于1984年在《管理人力资本》一书中提出来的，他们认为应该在组织中统一管理个体的不同方面，人力资源管理综合了组织行为学、劳工关系以及人事行政管理学等学科的特点；并且，他们还指出人力资源管理的研究领域已经拓展为对影响组织和员工之间关系的所有管理决策和活动的研究。

（二）彭剑锋的人力资源管理演进四阶段新论①

中国人民大学的彭剑锋教授和周禹博士在对国内外的人力资源管理发展史进行研究的基础上，提出人力资源管理演进四阶段论，将人力资源管理的发展划分为人事行政管理、人力资源专业职能管理、战略人力资源管理、人力资本价值管理四个阶段。

人事行政管理	人力资源专业职能管理	战略人力资源管理	人力资本价值管理
•20世纪40—70年代 •以人事行政事务为主题内容，关注“事”	•20世纪70—80年代 •以人力资本理论、行为科学等原理为基础，以技术性和模块化的发展和应用为主要特征，既关注“事”，也关注“人”（从个体视角关注个人绩效）	•20世纪80年代—21世纪初 •以企业战略和竞争优势原理为基础，以人力资源管理如何系统支持企业的战略成功和竞争优势为核心命题，从组织视角关注“人”“制度”与企业整体竞争优势的一体化整合	•21世纪初至今 •通过人力资源管理的知识化、归核化、价值化、流程化以及平台化建设增强组织对于人的价值的关注，人力资本优先投入，人力资本参与利润分享和经营决策，致力于提升人力资本价值与知识价值

图 1-2 人力资源管理演进过程

资料来源：彭剑锋．人力资源管理导论［M］．3版．上海：复旦大学出版社，2020：58-59.

1. 人事行政管理阶段

20世纪40—70年代，以人事行政事务为主要内容，主要关注“事”。在人事管理阶段，人力资源管理政策和实践均被视为价值消耗活动。

2. 人力资源专业职能管理阶段

到20世纪70—80年代，人力资源管理真正成为一个专业职能，以人力资本理论、行为科学等原理为基础开始发挥它的专业作用。在这一时期，企业既关注事（工作分析），也关注人，以及人与组织之间的有效配置。这个阶段仍以关注“事”为主，但逐步开始从以“事”为中心转向以“人”为中心。

3. 战略人力资源管理阶段

20世纪80年代以后，新经济真正开始进入发展时期。在这个时期，人力资源管理以企业战略与竞争优势原理为基础、以人力资源管理如何系统支持企业的战略成功和竞争优势为核心命题。这一时期的人力资源管理不仅仅是一个专业职能，而是成为企业的战略合作伙伴，与企业的战略实现系统的整合。也就是说，人力资源管理不只是人与事的有效配置，还要完成与企业整个战略的配置，使不确定性成为企业的一个主要特征。这就带来了

① 彭剑锋．人力资源管理导论［M］．3版．上海：复旦大学出版社，2018：58-59.

两个问题：一是从外部来讲，人力资源管理如何适应外部环境的变化；二是从内部来讲，人力资源管理如何适应战略管理能力的要求，如何通过人力资源管理来打造企业核心竞争力、提升企业核心竞争优势。此时开始从组织的角度而不仅仅从个体的角度去关注问题。

战略人力资源管理阶段又可以具体分为三个子阶段：人与工作匹配阶段、系统匹配阶段和竞争潜力阶段（见表1-1）。

表1-1　战略人力资源管理的三阶段

阶段内容	人与工作匹配阶段	系统匹配阶段	竞争潜力阶段
时间	20世纪80年代初	20世纪80—90年代中期	20世纪90年代中期以后
组织挑战	效率最大化	系统匹配	知识成为竞争的关键
战略驱动因素	垂直整合 规模经济 （生产/服务）效率	全球化 多元化 全面质量管理（TQM） 业务流程再造（BPR）	知识竞争力 创新与变革 外包、联盟 虚拟化组织
人力资源理念	人力资源成本消耗	人力资源服从战略需求	人力资源成为核心竞争优势
战略人力资源管理中心	行政性管理 以工作为中心	战略实施 系统 行为/角色	战略制定 能力 知识与文化
关键设计要素	劳动力划分 工作标准化 员工稳定性 效率	内部匹配 外部匹配 集成 高绩效工作系统	资本战略价值 独特性 知识创造与整合 柔性、匹配性、多元化
绩效管理重点	效率 效用 流失率与缺勤率 部门规模	实践的匹配性 评价的可靠性 战略 组织绩效	知识资本与软资本 平衡计分卡 能力
与组织战略的关系	服从组织战略	服务组织战略	组织战略建立在人力资源能力与战略人力资源管理潜力的基础上

资料来源：SNELL S A，SHADUR M，WRIGHT P M. Human Resources Strategy：The Era of Our Ways［M］//HIT M A，FREEMAN R E，HARRISON J S. Handbook of Strategic Management. Cambrige，Eng.：Blackwell，2002.

4. 人力资源价值管理阶段

21世纪以来，随着外部环境的变化，组织发展进入一个面临质变与转型的时代，人力资源管理也升级到一个新的阶段——人力资源价值管理阶段，逐步增强对于人的价值的关注、对于管理效率的提升。具体而言，该阶段有以下五方面的特点：一是知识化。人力资源管理注重将员工的个人智慧转化为组织的知识资源，从强调员工管理的“留人”“留心”转向“留智”的智慧资源管理阶段，解决组织知识的获取、应用与创新问题。二是回归核心业务化。通过人力资源专业服务与运营管理的合理外包，突显人力资源管理中组织人才能力发展与组织能力发展这两大核心。三是价值化。人力资源管理强调组织中的每个人都成为价值创造者，通过价值评价与价值分配激发员工潜能和创造力，提升人力资源价值创造能力。四是流程化，通过以客户为核心构建人力资源价值创造流，人力资源管理从权利驱动转向客户价值驱动。五是平台化，基于互联网与信息化，人力资源管理实现集中化、整合化、平台化与智能化伙伴式管理。

第二节　人力资源管理的含义与理念

一、人力资源的经济含义

（一）生产要素理论中的人力资源

在经济学中，资源是与价值创造或财富创造联系在一起的，可以定义为在生产过程中使用的各种投入要素即生产要素。生产要素不仅包括自然资源，而且包括人力资源、技术资源、信息资源等各种社会资源。

经济学中的生产要素理论大概经历了四个阶段。第一阶段是两要素论，即认为土地和劳动是最重要的两大价值源泉。"劳动是财富之父，土地是财富之母"形象地表述了这一生产的两要素论。第二阶段，工业革命带来了生产方式的巨大变革，资本在社会生产中的作用越来越突出。在这种背景的影响下，法国政治经济学创始人萨伊（Jean-Baptiste Say）提出，创造价值的不仅有土地（自然）和劳动，还有资本（生产工具），因而提出了资本、劳动、土地三位一体的生产要素理论，即三要素论。第三阶段，新古典学派的创始人及其主要代表马歇尔（Alfred Marshall）在1890年出版的《经济学原理》一书中，以大量的篇幅论证了企业家提供的管理和组织对现代生产的极大影响，并将组织列在资本、劳动和土地之后，作为第四种生产要素加以强调，从而形成了四要素论。第四阶段，现代市场经济的发展趋于成熟，尤其是信息技术革命的迅猛发展带来了价值创造手段的剧烈变化之后，现代管理学之父德鲁克明确提出了知识型工作者的概念，并且提出了资本、土地、劳动、企业家以及知识共同创造价值的五要素论。

从理论上讲，人力资源的概念应当包括劳动、企业家、知识这三种生产要素，它是对劳动这种传统生产要素的一种扩充。从这一角度来理解，人力资源对于社会经济增长的贡献或在价值创造中所起的作用就不言而喻了。

（二）X效率理论与人力资源

X效率理论最早是由美国经济学家莱本斯坦（Harvey Leeibenstein）于1966年提出的。他认为，企业的投入产出关系是一种与每位生产参与者的决策和行为无关的纯粹技术关系，在很多时候，企业内部并不是有效率的，而是存在某种难以定义的非效率因素（即X

效率)。与新古典经济理论的假设相对应，X 效率理论提出了一套更切合实际的、适用范围更广的命题或假设：①生产过程并不是一个机械的技术过程，企业也并不是一部可以将投入变成极大化产出的有效转换器。相反，生产过程中存在很大的不确定性，其根源在于个人的心理动机及其导致的行为。②任何个人都只是有限理性的，而非完全理性。任何个人的行为既有根据充分信息进行理性决策、追求目标极大化的一面，又有依赖习俗、惯例、道德规范等做出非完全理性决策、不追求目标极大化的一面。③个人的努力程度存在不确定性以及惰性区域。由于行为人既有可能采取极大化行为，也有可能采取非极大化行为，因此，他们的努力程度是不确定的。劳动者至少在工作活动、工作进度、工作质量和工作的时间模式等四个方面有一定的自由选择权。④劳动者的行为取决于他们受到的压力。由于雇佣合同购买的只是员工的劳动时间，而不是其努力程度，因此，劳动者可以选择付出何种努力程度，而这种选择与其受到的外在和内在压力大小有直接关系，并且只有压力适中时劳动者才会达到最优工作绩效。⑤企业与员工的利益并非总是一致的。由于企业无法全部掌握员工努力的情况，因此不能保证员工追求的利益与企业利益完全一致。不过，企业和员工任何一方只追求自己利益极大化都不如彼此合作对双方更有利。

显然，X 效率理论的一个主要立足点是人力资源要素在企业生产过程中的特殊作用。在这方面，它超越了传统经济理论的劳动要素假设，将对劳动的分析从一种类似于资本的生产要素重新还原为对有思想和动机的人的分析。它提出三点重要认识：①人力投入因素是对企业的生产率影响极大的一种可变因素，工作中的人的努力程度取决于其动机。在不能直接控制努力程度的情况下，要想使劳动者达到最佳的努力程度，唯一的办法是通过影响他们的动机来诱导他们尽可能地提高自己的努力水平。这样，对企业来说，就需要建立一套可行的激励机制来影响员工的工作动机或动力。②工作中的人不是作为一个单独的人而存在的，个人的理性程度可能是其独立选择的结果，也可能是其受他人影响的结果。这些有影响力的人可能是其上级，也有可能是其同事。此外，个人的理性选择还会受到企业中过去发生的、现在已经成为企业传统或历史事件的影响，这种影响往往是潜移默化的。③企业与员工之间的合作会对双方的利益有好处。从双方的长期利益来讲，共同采取合作策略比采取敌对策略更符合双方的需要。

（三）人力资本投资理论与人力资源

从理论上说，人们从对劳动这种传统生产要素的关注，转向对现代意义上的人力资源的重视，贡献最大的是人力资本投资理论。人力资本投资理论提出，生产过程中的劳动者不再是一种纯粹被利用的生产要素，他们还是一种投资对象，即在劳动者身上所进行的教育训练、医疗保健等方面的投资不同，便会导致他们的生产力有很大的不同。人力资本的增加不仅成为劳动者获得高收入的源泉，而且成为劳动者提高其社会地位的一种有效手段。随着生产的物质因素的变化以及科技革命的到来，物力资本对生产力增长的约束已经退居次要地位，生产力的发展越来越依赖于劳动者。人力资本投资理论将人力资源视为一切资源中最为重要的资源，第一次将人力资源对经济增长的贡献明确地提到了首要的地位，从而改变了传统经济学将人作为一种附属于资本的次要生产要素来看待的思想，可以称得上是一场思想革命。

人力资本投资理论的开创者是美国著名经济学家舒尔茨（Theodore W. Schultz）。舒尔茨在 1960 年出任美国经济学会会长时开展了题为“人力资本投资”的演讲，系统阐述了人力资本投资的理论体系，对经济增长的动力做了全新的解释。此后，人力资本投资理论得到了全面的发展，舒尔茨也因此获得 1979 年的诺贝尔经济学奖。舒尔茨发现，经济增长和发展取决于物力资本和人力资本两个方面的投资，并且人力资本的投资收益率高于物力资本的投资收益率，人力资本对经济增长的贡献也更大。人力资本投资理论表明，一个社会的财富总量是人力资本与非人力资本的组合。其中，人力资本包括在教育、培训以及劳动力迁移等此类活动中积累的所有投资，而非人力资本则包括一个社会所储备的自然资源、建筑物以及机器的存量。

人力资本实际上重点强调了人所具有的智力、受过的教育与培训以及掌握的工作经验等的重要性，因为这些特征是能够为社会和组织带来经济价值的，它加深了人们对于人力资源在社会以及组织中的重要性的认识，对宏观和微观的人力资源管理与开发具有极其重要的推动作用。随着人力资本投资理论的出现，经济学家对于宏观经济增长、收入分配以及微观的劳动力供给行为、企业的员工管理行为等能够做出更为合理的解释，它一方面对很多国家的经济和社会发展政策产生了重大影响，使这些国家更加重视对教育、培训、卫生保健等许多公共领域的投入，以通过提高人口质量和延长工作寿命等方式来促进经济增长和改善人们的生活质量；另一方面也使企业和其他组织更加充分地认识到人力资源对企业竞争力和绩效的影响，从而促使它们更加重视人力资源的管理与开发工作。

总之，从宏观经济的角度来说，人力资源的数量和质量以及人力资源的有效配置和利用是一个国家实现经济增长的最重要因素之一，并且随着物力资本的丰富，人力资源质量的不断提高对于国家经济增长的贡献会更加突出。

二、人力资源的组织含义

（一）早期的人力资源概念

“人力资源”（Human Resource）这一概念是由美国旧制度经济学家康芒斯（John R. Commons）于 1919 年在其《工业友善》一书中首次提出的。康芒斯的主要研究领域是工会和劳工史、劳工立法以及制度经济理论。此外，他还从事了人事管理方面的研究和实地调查工作。在美国工业化早期，“劳工问题”主要是指劳动者与资本之间在生产过程以及收入分配过程中的斗争和冲突。进入 20 世纪以后，劳工问题的内涵进一步扩大到对雇主和员工都产生了不利影响的高员工流动率、低努力程度以及接近贫困水平的工资、罢工、不安全的生产条件等问题。《工业友善》是康芒斯关于人事管理的第一本著作，其主要贡献是确立了员工是组织的一种价值极高的资源的思想。康芒斯在这本书中概括了五种不同的劳工管理理论或者模型，即商品模型、机器模型、公共设施模型、友善模型以及市民模型。之后，康芒斯又出版了第二本人事管理著作《工业政府》，该书是康芒斯及其同事对当时30多家领袖级公司进行现场访问的成果，其中详细记载了这些领袖级公司在人事管理和劳资关系等方面的做法。康芒斯研究人事管理工作与他当时在美国劳资关系委员会中任职有关，他是该委员会9位成员中唯一的学者。通过在美国劳资关系委员会、威斯康星州劳资关系委员会等各种机构中任职，加上走访泰勒和其他一些科学管理运动支持者的工厂，康芒斯逐渐对劳资关系涉及的一些管理问题产生了兴趣，积累了一定的知识。正因为康芒斯在人事管理方面的丰硕研究成果和理论建树，他在当时被认为是美国最著名的劳工问题专家之一。一些学者甚至认为，康芒斯第一次提出了人力资源的概念、战略性人力资源管理和参与式管理的观点，应当被视为人事管理以及现代人力资源管理的奠基人之一。

（二）现代的人力资源概念

公认的现代人力资源概念，是由德鲁克于1954年在其著名的《管理的实践》一书中首先正式提出并加以明确界定的。在这本书中，德鲁克明确指出，人力资源是企业所雇用的所有资源当中最富有生产力、最具有多种才能，同时也最丰富的资源，而改善员工的工作成效是提升企业经营绩效的最佳方法。德鲁克强调，一方面，需要把人力资源视为一种特殊资源，从工程的角度设法找出运用人力资源的最佳方式，建立最适合人力资源特性和限制的工作组织；另一方面，企业必须把工作中的人力当成“人”来看待，重视“人性面”，强调人的道德观和社会性，设法让工作的设计和安排符合人的特质。企业雇用员工的时候，雇用的是整个人，而不是他的某一部分。他还特别批判了泰勒的科学管理理论，认为将人视为机械的做法是错误的。

德鲁克明确指出，人力资源具有其他资源所没有的一种特性，这就是协调、整合、判断以及想象的能力，而在其他方面，机器往往胜过人力。作为人力资源的“人”具有很多独一无二的特质，但人力资源和其他资源最大的区别在于，人是有办法控制自己究竟要把工作做到多好以及做多少工作的。人会积极参与整个流程，而不像其他资源那样只是消极参与，只能根据预设的刺激被动地做出反应。换言之，人对工作是有绝对自主权的，人的发展是无法依靠外力来完成的，人力资源发展代表的是个人的成长，而个人的成长往往必须从内在产生。所以，只有人本身，才能充分进行自我利用、发挥所长。在《管理的实践》一书中，德鲁克还对人事管理职能的定位和作用进行了深入的阐述。正因为如此，学术界一般认为德鲁克可以被称为现代人力资源管理的奠基人。20世纪50年代，在德鲁克明确提出人力资源以及人力资源管理的思想之后，人力资源管理就成为企业管理中日益受到重视的一项管理内容。特别是20世纪八九十年代以来，随着信息技术的飞速发展、竞争的日益激烈、全球化步伐的加快，人才争夺战在世界局部地区以至全球范围内愈演愈烈，人力资源以及人力资源管理的思想更加深入人心。

（三）企业资源基础理论中的人力资源

企业资源基础理论（Resource-Based View，RBV）是管理学者沃纳菲尔特（Birger

Wernerfelt）于 1984 年正式提出的，其主要观点是，企业是一个资源集合体，企业所拥有或控制的资源影响企业的竞争优势和收益水平，而企业成长战略的实质就是在运用现有的资源与培育新的资源之间寻求平衡。企业资源基础理论标志着企业核心竞争力理论的兴起，它指出一个组织的竞争力并非来源于其所处的外部环境，而是来源于组织内部具有的区别于其他组织的异质性资源。换言之，企业要想获得持续的竞争力，必须对这些异质性资源进行投资、升级以及有效利用。管理学者巴尼（Jay B. Barney）在 1991 年指出，组织绩效主要取决于三类重要的内部资源，即物质资源、人力资源以及组织资源。同时，他还明确提出了成为异质性资源必须具备的四个特性（VRIN），即有价值性（Valuable）、稀缺性（Rare）、难以模仿性（Imperfectly Imitable）和难以替代性（Non-substitutable），这四种特性是异质性资源创造资本的基础，构成了企业竞争优势的内生来源。

对于一家企业来说，人力资源恰恰比较容易具备这样四种异质性资源特征：

①人力资源是有价值的。高素质的员工往往能够履行多种对于企业来说非常关键的职能，通过生产产品、提供服务以及研发、销售等环节的工作为企业创造价值。

②人力资源是稀缺的。具有企业需要的特定知识、技能和经验，并且具有企业需要的人格特点、价值观和工作动机的核心员工或关键员工往往是很难找到的，企业可能要花很长的时间甚至支付很高的费用，才能够发现并吸引符合自己要求的能够填补重要岗位的员工。

③人力资源是无法模仿的。要想模仿一家高绩效组织的人力资源，首先要搞清楚到底是哪些员工在为其带来竞争优势以及是如何带来竞争优势的，其次还要设法找到具有类似的知识、技能以及价值观等特征的员工，最后还要创造一种合适的组织环境来使这些员工确实能够为企业带来竞争优势。要想做到所有这些事情，难度是可想而知的。

④人力资源是难以替代的。当员工个人的职业发展兴趣与企业的经营发展需要相匹配，员工的价值观与企业的价值观相吻合，员工具有足够的工作能力并且愿意不断进行自我开发，帮助企业生产或提供市场需要的产品或服务，同时善待企业的客户时，人力资源就成为难以被其他资源取代的独特资源。

三、人力资源管理的基本原理

（一）同素异构原理

同素异构原理一般是指事物的成分在空间关系上的变化而引起的不同结果，发生质的变化。在人力资源管理的过程中具体体现为，在群体成员的组合上，同样数量和素质的一群人，由于排列组合不同，产生不同的效应和效率。

（二）能位匹配原理

这是指企业根据员工的个人能力，将其安排到相应的职位或岗位上，从而将工作要求与个人能力相互对应，取得一致。“能”与“位”的匹配程度反映了企业的用人原则。只有位得其人，人适其位，能位匹配，才能使企业和员工取得较高的业绩，促进员工能力和组织能力的提高和发展。

（三）互补增值、协调优化原理

这是指企业充分发挥每个员工的特长，采取协调与优化的方法，扬长避短，组合成最佳的结构，聚集团体的优势，实现个体不能达到的目标。在贯彻互补原则时，还要注意协调、优化和互补。协调，就是要保证群体结构与组织的工作目标相协调，与企业总任务相协调，与生产技术装备、工作条件和内外部工作环境相协调；优化，就是经过比较分析，选择最佳结合方案；互补的主要形式有个性互补、体力互补、年龄互补、性别互补、知识技能互补、组织才干互补等。

（四）动态优势原理

这是指在动态中实行人力资源的管理与开发。企业的外部发展环境处于变动之中，企业的员工也处于变动之中，员工要有升有降，有进有出，不断调整，合理流动，才能充分发挥每个员工的潜力、优势和长处，使企业和个人都受益。

（五）奖惩强化原理

这是指通过奖励和惩罚，使员工调整自己的工作状态，使个人发展目标与组织发展目标相契合。有效的正负激励，可以保证企业各项制度的贯彻实施，使每个员工自觉遵守公司章程，各司其职，各尽其力，达到鼓励先进、鞭策落后、带动中间的目的。

（六）相互竞赛原理

这是指采用比赛、竞争的手段，调动员工的积极性、主动性和创造性。企业应创造各种条件，鼓励员工在工作数量、质量、技术操作、岗位规范等各方面相互竞赛、相互竞争，使人力资源得到充分的开发和利用。

（七）文化凝聚原理

文化是一种极强的凝聚力量。组织文化是指组织在长期发展过程中，以一定的经济社会文化条件为背景，逐步生长、发展和沉淀出的日趋稳定的独特的价值观，并以此为核心而形成的行为规范、道德准则、群体意识、风俗习惯等工作氛围。文化凝聚原理是指组织通过良好的组织文化建设规范员工的行为，增加员工与企业的相互信任，将员工的个人发展与组织的发展结合起来，使其对企业产生强烈的认同感和归属感，并愿意为企业的发展贡献自己的力量。如果说企业的薪酬和福利制度形成了凝聚员工的物质纽带，那么组织文化则形成了凝聚员工的感情纽带和思想纽带。

四、人力资源的定义、内涵与特性

（一）人力资源的定义

人力资源这一概念很多时候被与其他一些类似的概念混用，如人力资本（Human Capital）、人力资产（Human Assets）、人才（Talent）、智力资源（Intellectual Resources）、劳动力资源（Labor Resources）、劳动力（Labor Force）、员工队伍（Workforce）等。大部分外文文献在使用这些词汇时，往往没有刻意去区分它们之间的语意差别。我国的学者则分别从能力以及人口等角度对人力资源做出很多定义。

很多管理学家都将人力资源视为一种无形资产，并且通过对比有形资产和无形资产的差异来说明人力资源的特性。例如，有形资产的主要特性包括可准确量化、可以成为资产负债表中的一部分、投资往往能带来相对可靠的回报、容易被复制、越使用越贬值、不断折旧、需要机械式管理等。而无形资产的主要特性则恰恰相反，主要包括难以量化、无法用会计学的方法加以记录、投资回报只能基于某些假设予以评估、无法购买或模仿、因为得到有意义的使用而有所增值、可以重复使用而不会贬值、需要柔性化管理等。无形资产之所以越来越重要，原因之一在于，企业在传统上主要依靠技术、专利保护以及政府管制等来获得竞争优势，但是，随着技术变革和创新步伐的加快以及政府管制的放松等，这些竞争障碍已经大大削弱，要想获取竞争优势和高绩效，企业就必须具有灵活性、创新性，并且能够以足够快的速度进入市场。在这种情况下，竞争优势的主要来源逐渐从有形资产转向无形资产，其中包括人力资源这种独特的无形资产，人力资源已经开始成为很多企业竞争力的一个重要来源。此外，作为一种无形资产的人力资源的重要性还表现在，它会对其他无形资产比如企业形象和声誉、研发能力等产生积极的影响①。

在诸多研究者观点中，彭剑锋对人力资源的定义角度较为全面。从宏观角度，人力资源是指一个国家或地区中以人为载体的特殊生产要素，其对价值创造起决定作用，是能够为组织所利用、开发的体力劳动和智力劳动的总和。从微观角度看，人力资源是蕴含在人身上的，以人为载体，具有主观能动性的特殊价值创造要素，是在组织的价值创造与实现过程中能够广泛、深入持续不断地开发人的一系列内在特征之总和，包括内驱力、个性、品质、价值观、智力、体力、知识、经验与技能等。

（二）人力资源的内涵

1. 人力资源既可以指人，也可以指能力

它既可以指具体的人或人群，即具有特定的知识、经验、技能、体能等的劳动者的集合；也可以是一种相对笼统的泛指，即一个国家或组织中的人所具有的创造价值的总体能力，是一种以人（并非特定的人或人口群体）为载体的能力。但即使是泛指的人力资源，也无法否认一点，即人是人力资源的载体，人力资源不可能脱离人而单独存在。

2. 人力资源包括宏观和微观两个层面的含义

从宏观层面来看，人力资源是指一个国家或一个经济体所拥有的所有能够参与经济活动、创造价值的人口或能力的总和，这种人力资源既有数量方面的含义，更有质量方面的含义。宏观人力资源管理即对于全社会的人力资源的管理，主要包括人力资源形成及前期的人口规划管理、教育规划管理、职业定向指导、职业技术培训、人力资源的部门与地区间的配置、就业与调配、流动管理、劳动保护管理、劳动保险及社会保障管理等。

---

① 彭剑锋．人力资源管理概论［M］．3版．上海：复旦大学出版社，2018：14-16.

（1）人力资源形成及前期的人口规划管理

水、土地、森林、矿藏等是人类最早利用的自然资源。随着工业的产生，商品交换的发展，机器、原料、厂房以及人类劳动的一般等价物——货币开始进入商品生产，成为另一种社会财富的资源，即资本。进入19世纪60年代，随着视野的进一步扩大、认识的进一步深化，人们把人力、信息、时间及管理也列入资源的范畴，从而形成了人力资源。同其他自然资源一样，人力资源的需求与供给主要是通过劳动力市场进行调节的。随着市场经济的不断发展和对劳动力需求的变化，客观上要求提高人口素质，对人口进行规划管理。这样做既有利于生产资本的积累，也有利于劳动生产率和技术水平的提高，同时能促进全社会人口素质的提高。

（2）教育规划管理

为了提高全民族的文化素质，国家应制定详细、周密、系统的教育规划，建立适应社会、经济发展和科学技术进步的合理的教育体系，普及义务教育，重点抓好基础教育，加大教育投入，保证教育资源的正常运转。“百年大计，教育为本”，国家必须下大力气抓好教育。21世纪是知识经济的时代，客观上需要大批学有所成的专门人才以及全社会整体文化素质的提高。因此，必须保障教育规划的实施与落实，强化教育规划管理，提高全社会人力资源的综合素质与水平。

（3）职业定向指导

这是指国家根据社会、经济、产业结构的发展需要，对一些国家急需的专业采取重点保护的措施，从高等学校毕业生这一人力资源层次中输送、选拔合格的人才，充实到管理、生产、经营、服务的各个领域。在职业选择的过程中，给予定向指导，从而保障国家建设的需要。

（4）技术职业培训

中国经济处于高速增长和实行市场经济这两种态势，客观上要求加强技术职业教育与培训，以建立一支专业齐全、结构合理的专业人员队伍。

（5）人力资源的部门、地区间的配置

任何一个经济的运行都需要对人力资源、物质资源、信息和时间资源的内部及其相互之间进行合理配置。人力资源配置机制应改变传统的“高就业、低报酬”的目标取向，拓展就业渠道，提高人力资源的配置效率。中国的人力资源配置存在的问题由来已久，随着市场经济的不断完善，正逐步趋向理性化。解决人力资源的地区间、组织间、部门间的配置问题，应做好如下两方面工作：一是通过经济发展、调整产业结构、发展农村的非农产业等策略，增加经济对劳动力的吸纳能力。二是尽快培育、发展与完善劳动力市场机制。作为市场经济下人力资源配置的社会制度，劳动力市场机制的建立取决于经济发展规模及产业结构状况对人力资源的吸收能力，人力资源再生产的数量、质量和结构与国民经济发展的适应程度。中国劳动力市场的目标是建立城乡统一的大市场模式，在保证提高人力资源素质的同时，减少人力资源供给，从而提高人力资源配置的效率。

(6) 就业与调配

这是人力资源管理上两个相辅相成的问题。人力资源的大规模就业，客观上要求国家对人力资源进行有计划的调配，以适应市场经济发展的需要，及时调整人力资源在组织间、地区间的比例关系，促进生产力的合理布局，改善人员的结构和劳动组织，科学合理地安排和使用人力资源，使人力资源发挥最大的经济效益。

(7) 流动管理

经济技术的迅猛发展和经济体制改革的不断深入，为人力资源的合理流动创造了前提条件。人力资源的合理流动是与科技发展、生产力发展相适应的；有助于发挥人力资源的潜能，人尽其才，各尽所能，有效地提高劳动生产率；有助于改变长期形成的科技人员过分集中于某地区、某部门的状况，促进城乡市场经济的发展，促进经济不发达地区的繁荣与发展。在人力资源流动管理上应注意建立合理的人才流动机制，为人力资源流动创造条件；强化劳务市场、职业中介机构的管理，推动和促进人力资源的合理流动；注意做好疏导工作，鼓励人力资源打破城乡界限，使中国城乡经济均衡发展。

(8) 劳动保护管理

劳动保护是保护人力资源在生产经营过程中的安全与健康的重要措施之一，主要包括改善劳动条件、防止职工伤害事故、预防职业疾病、规定劳动和休息时间，以及保护女职工的措施等。随着中国劳动法律体系的建立与完善，应注意做好有关劳动保护的法律法规的贯彻与落实，强化劳动保护的制度管理，改善劳动条件和劳动环境，确保职工在劳动过程中的安全与健康。

(9) 社会保险管理

这是指社会保险行政与业务管理的组织制度，其内容包括各级社会保险管理机构的主题、职责权限的划分及其对象间的关系。社会保险管理可以分为行政管理和业务管理两大系统。社会保险的行政管理主要包括：社会保险的立法、社会保险组织机构的设置、社会保险管理人员的配备与培训、对社会保险法令规章制度实施过程的监督和检查、受理有关社会保险利益方面的申诉，以及进行调节和行政性的仲裁等。社会保险的业务管理则主要包括：社会保险的档案管理、社会保险的财务管理、社会保险中有关制度的管理（申请制度、资格条件的鉴定制度、审批制度）、社会保险中的群众工作等。

(10) 社会保障管理

社会保障是指国家和社会通过立法对国民收入进行分配和再分配，对社会成员，特别是生活有特殊困难的人群的基本生活权利给予保障的社会安全制度。它一般由社会救济、社会保险、社会福利、优抚安置、最低生活保障、社会救助、个人储蓄积累等方面组成。改革和健全社会保障制度，加强社会保障管理，是建立社会主义市场经济体制的需要。中国应加快改革和完善社会保障制度，健全社会保障立法，推动社会保障事业逐步实现规范化、法治化，提高社会保障的社会化程度。

从微观层面来看，人力资源是指一个组织（包括企业、公共部门以及非营利机构）的全体成员所拥有的有助于实现组织战略、达成组织目标的潜在体力和脑力的总和，是在各种规模的组织中对人力资源的取得、开发、保持和利用等方面所进行的计划、组织、指挥、控制和协调的活动。它是研究组织中人与人关系的调整、人与事的配合，以充分开发人力资源，提高工作效率，取得高绩效水平和员工满意度，实现组织目标的理论、方法、工具和技术。人力资源是组织的一项重大的投资，具体反映在薪酬、人员招聘、甄选、聘用以及培训与开发等活动上。因此，人力资源管理也是企业获得人才竞争优势的重要工具。事实上，人力资源管理是传统上所称的人事管理（Personnel Management）一词的现代术语。但是多数专家学者认为，二者具有一定的差别，名称的改变也反映了企业管理思想、管理体系和管理实践的发展。与人事管理相比，人力资源管理的职能与工作内容要更加宽泛，不以行政和事务管理为中心，而是以人为中心，是组织发展战略的重要组成部分。作为企业管理体系中的重要组成部分，人力资源管理的作用已经由传统的行政支持和人事管理转换为与企业宗旨、经营哲学以及发展目标相适应的战略管理。

人力资源管理的目标是根据企业发展战略的要求，通过有计划地对人力资源进行合理配置，进行员工培训与开发，通过薪酬制度和激励机制的设计，激发员工的潜能，而取得较高的绩效水平，达到较高的员工满意度，以确保企业战略目标的实现。具体表现在如下几个方面：

①制定人力资源管理战略，通过规划、组织、调配、招聘等方式为企业配置一定数量和素质的劳动力、各种专业技术人才以及管理人才。

②通过各种方式和途径，有计划、有系统地进行员工的培训与开发工作，构建学习型组织。

③结合每位员工的个性特征和职业生涯发展目标，进行职业生涯管理，做好人员筛选、使用、晋升、绩效考评和奖惩工作，以做到人尽其才、人尽其用。

④根据现代企业制度要求，设计企业的基本薪资制度、激励薪资制度、员工福利和服务体系，协调劳资关系。

⑤关注员工的职业安全与健康，设计员工健康方案，并制定相应的保障措施。

3. 人力资源包括当前人力资源和未来人力资源两个层面

一个国家或组织的人力资源不仅包括现实的人力资源，而且包括潜在的或未来的人力资源。事实上，从增长和发展的角度来看，对于一个国家的经济增长和社会发展或者一个组织的战略或使命达成来说，未来人力资源的培养和开发可能更为重要。

4. 人力资源的重点在于质量而不是数量

也就是说，一个国家或者一个组织中聚集的总体知识、技能、能力和经验是人力资源中最为重要的因素，只有不断提升人力资源质量，才能确保人力资源对一个经济体或者组织做出更大的贡献。正因为如此，培训与开发成为人力资源管理中一种非常重要的功能。

（三）人力资源的特性

人力资源最为重要的特性是能动性、社会性、开发性以及时效性。

1. 能动性

它是指人是价值创造过程中最为主动的因素，人对自己的价值创造过程具有可控性，人的工作动机会直接影响到工作的结果以及实现的价值，包含既定人力资本存量的人力资源在同样的时间里所能够创造的价值可以相差很大。正因为如此，激励问题在人力资源管理中才显得如此重要。

2. 社会性

它是指人力资源具有人性的一面和社会、道德的一面。人力资源的载体说到底是人，而不是一般的物力资源，所以不能将人力资源看成是单纯的生产要素，而必须从人性的角度加深对人的理解，只有这样才能把握人的价值创造过程，妥善使用和开发人力资源，在满足人的经济需要的同时，满足人的各种社会需要。比如，通过工作的设计和组织方式调整以及授权、非物质激励等方式来激发员工的工作热情，就是通过满足员工的很多社会需要来实现人力资源对组织的更大价值。

3. 开发性

它是指人力资源不是一种既有的存量，而是可以被开发的，即知识、技能、能力和经验等人力资源的核心要素是可以不断积累和更新的。只有通过人力资本投资等手段不断提升人力资源内在人力资本含量，才能保持和增加人力资源的价值创造潜能。事实上，随着时间的流逝，人力资源的潜在价值或贡献能力也会发生变化，即过去价值较高的人力资源很可能会因为技术水平等的变化而出现贬值甚至失去价值的情况，而持续性的人力资源培训与开发往往是保持人力资源时效性的重要方式。正因为如此，培训与开发成为现代人力资源管理中一个越来越重要的模块。

4. 时效性

它是指人力资源涉及时间的概念，即包含一定数量和既定人力资本存量的人力资源必须加以使用才能创造价值，人力资源没有投入到生产或价值创造过程中的那些时间是无法保存的，也不创造价值。它强调了在实践上充分利用人力资源的重要性。因此，从宏观经济的角度来讲，各国政府都在努力通过各种措施降低失业率，从而让人力资源尽可能地参与价值创造过程，而从微观角度来说，组织应思考各种方式和方法，让自己的员工尽可能充分利用工作时间来创造价值。

第三节　人力资源管理的发展趋势

一、人力资源管理面临的新环境

（一）组织外部环境

当前中国企业所处的生存环境具有高度的不确定性，具体体现在如下三个方面。

1. 技术换代加速商业模式演进

进入21世纪，全球IT行业在经历了硬件换代、软件升级与“软硬融合”之后，开始进入互联网技术综合应用的全新阶段。数字化、大链接和人工智能等技术在企业层面得到广泛应用，加速了企业商业模式的创新与升级。

2. 国内外政治、经济与社会环境呈现新特征

首先，在习近平新时代中国特色社会主义思想的指导下，中国进入了相对稳定发展的新时期；其次，中国经济进一步深化供给侧结构性改革，推动高质量发展；再次，中国社会主要矛盾已经转化为人民日益增长的美好生活需要和不平衡、不充分的发展之间的矛盾；又次，中国“一带一路”倡议将营造一个各国间经济、贸易、技术、文化交流合作的大平台；最后，中美战略性竞争加剧，美国的贸易保护主义和民粹主义倾向给中美竞争增添不确定性。

3. 劳动力结构发生改变

根据联合国人口报告数据，中国20~64岁（承担社会劳动主力年龄段）劳动力在2015年达到顶点9.34亿人后，便进入长期下降的态势，人口红利逐步衰减。此外，中国还面临人口老龄化程度加剧和生育率下降等问题，这些都会进一步影响中国未来的劳动力结构。另一方面，产业结构也发生了深刻的变化，第三产业从业者比例逐渐超过第二产业，新增劳动力受教育水平更高，就业形态也日益多元化。

（二）组织内部环境

1. 新生代员工工作价值观改变

受成长环境的影响，新生代员工就业价值观与此前的员工相比发生了较大的变化。“95后”和“00后”伴随着互联网的发展长大，对于变化抱有更为开放和接纳的态度。除此之外，他们拥有更多变的职业观，相比忠于企业，他们更偏向忠于职业。与传统职业观念不同的是，一部分新生代员工为成为“斜杠青年”而努力。他们渴望尝试不同的职业领域，认为企业的责任是为员工提供职业发展机会。此外，新生代员工更加追求自我驱动、自我实现、体验感、参与感，看重组织和个人的未来发展力，同时追求工作的意义、价值以及工作与生活的平衡。他们对成功有独到的界定。多数员工更乐于投身于创新活动，相信自己的领导能清晰地描绘出组织的发展前景。他们对权威有自己的看法，不会因为职务级别而尊重自己的上司或公司前辈，甚至有时会藐视权威。他们看重上司是否具有良好的个人修养与领导能力，更看重上司能否帮助自己获得职业发展的机会。

2. 组织变革成为常态

组织的模式和员工的工作方式要适应客户需求、用户行为的变化而不断变革。不断变革恰恰是组织发展永恒不变的主题。尤里奇认为，组织变革的节奏具有易变性、不确定性、模棱两可和错综复杂等特点，这使得职位之间的关系日趋复杂，职位向任务转变，组织的边界越来越模糊。其涉及的主要变化有：第一，组织设计的基点发生了变化，过去组织设计是基于目标和功能的，现在则以战略业务发展的需求和客户需求为导向。第二，新

组织形态不断涌现，例如，互联网企业探索的“项目式、小团队”模式，传统企业互联网转型采用的“大平台 + 小前端”的自组织模式，共享经济催生的生态化组织模式等。第三，企业战略导向正在悄然转变，中国企业从机会导向转向战略导向。

二、人力资源管理的十大新趋势

基于以上分析，未来中国企业的人力资源管理可能呈现如下十大新趋势。

（一）全球人才供应思维与人力资源管理的全球化趋势

当下全球化与逆全球化思维正进入激烈博弈阶段，但越来越多的中国企业通过产品走向全球化，通过资本的力量收购兼并，整合全球产业链资源。国际化企业将中国作为战略市场，不断融入中国已成趋势，越来越多的组织实现了全球化。组织的全球化，必然要求人力资源管理的全球化。

首先，确立人才供应的全球化思维，致力构建全球人才供应链。企业需要创新人才供应思维，构建全球人才供应链，全球人才为我所用。随着互联网与数字化技术的综合应用，远程工作与数字化虚拟办公正在兴起，人才的供应超越了地域、国界限制，企业所面对的是人才流动的国际化以及无国界的人力资源市场。企业要有“世界就是我的人才库”，“全球人才为我所用”的视野与战略眼光并致力打造全球人才供应链系统。

其次，打造人才全球胜任力。国家“一带一路”倡议为中国企业“走出去”提供了战略机遇，中国企业需要建立经理人员与员工全球胜任力标准体系，加大国际化人才培训与能力提升的投入，整合全球人才培训发展资源，加速人才能力转型与升级。

最后，强化国际化与跨文化的人力资源管理新职能。企业的全球化布局由全球范围内的人力资源支撑，人力资源管理对象由一国为主扩展到全球人力资源。对不同文化背景、不同种族、不同地域、不同信仰的员工如何以中国企业的文化价值观进行跨文化的整合与协同管理，中国企业跨国并购过程中人力资源管理的并购整合要素与方案设计，中国企业全球扩张过程中如何尊重所在国的文化与宗教信仰，如何迅速了解和遵从所在国的就业、劳动法律法规等，将成为中国企业人力资源管理的新问题。

（二）人力资源价值链管理与人力资本价值增值管理趋势

数字化与智能化时代，人力资本日益成为企业价值创造的主导要素，人的创新创业成为企业持续成长的新动能，许多传统工作及传统的人力资源管理职能将逐渐被人工智能取代，而员工的时间精力可以越来越多地放在创造性和自我提升的地方。由此，人力资源管理的核心变为如何通过人力资源价值链的管理，即人力资源在企业中的价值创造、价值评价和价值分配一体化的环节，来达到人力资本价值的实现及其价值的增值。

这一趋势将带来三大变化：第一，更加尊重人的价值与人的价值创造。基于对人性的洞悉及对人的价值的尊重构建人力资源机制，不是简单地以人性为本，而是以人为本、以价值创造者为本。同时，通过人力资源管理机制与制度创新激发人的价值创造的潜能与动力，让组织始终充满价值创造的活力。第二，更加强调人力资源管理的效能，关注人力资本的投入与产出，关注如何计量人力资本对企业业务增长的贡献度、如何衡量人力资本价值增值、人力资源效能的构成与影响因素、效能提升的方法与途径。人力资源管理的核心目标就是通过激活员工价值创造活力，让每个员工实现自身的发展。通过不断提升人力资源管理的效能，激活个体的价值创造潜能，实现人力资本价值增值。第三，更加强调人力资本价值回报和激励，关注人力资源管理价值链循环的管理观念，致力于形成全力创造价值、科学评价价值、合理分配价值的三位一体的价值管理循环系统。随着组织和人的发展，知识型员工成为企业价值创造的主体，对人力资本的认可就是要人才得到合理的价值回报和激励。这三大变化，使得组织不断强调人力资源价值链管理与人力资本价值增值管理。

（三）人力资源管理转变为基于任务 + 能力的复合式管理趋势

国内外大部分的企业还是基于职位 + 能力的管理体系，即以职位管理系统及胜任力管理系统为基础。基于职位 + 能力的复合式人力资源管理的前提是：在静态的组织结构与相对稳定的流程的基础上，构建和设计企业的职位。随着组织向网状化、无边界化、社会化转变，组织结构不再是静态的。同时，随着区块链技术的发展和平台经济的兴起，组织里固定的职位逐渐被平台上动态的工作任务所替代。人力资源管理将以工作任务管理为核心而非以职位管理为核心，这一变化有可能使基于职位+能力的人力资源管理职能转变为基于任务+能力的人力资源管理职能所替代。

未来的战略人力资源管理要求组织的发展和人力资源的变化都要适应任务发展的变化，人力资源管理要设计新的劳动组织方式、团队合作方式、内部分工机制，并体现动态适应的特点，组织的人力资源效能也将大幅提升。

（四）战略支撑、业务价值贡献与 HR 三支柱发展趋势

如今出现了新的组织架构和新的经营管理模式，人与组织关系实现了重构。在这样的背景下，人力资源管理需要建立起新的思维体系和能力体系。人力资源部门要考虑如何应企业战略的需求、业务发展的诉求、人才竞争的要求，去研究和设计企业战略业务发展所需的人力资源产品与服务，满足企业与员工的需求，为企业提高效能做出贡献。HR 三支柱模式由此提出，试图让人力资源部真正从较低层次升华为战略管理的层次。HR 三支柱影响了绝大多数世界 500 强公司的人力资源实践，中国企业人力资源管理在实践 HR 支柱的过程中亦对其进行了创新，并触发了 HR 三支柱的升级与重构。

1. HR 三支柱的升级

第一，建立专家中心（Center of Expertise，COE）“能上能下，能左能右”的机制。COE 内部要有竞争淘汰机制，设立做研究的指标，制定解决问题、出方案的评价标准，让专家在竞争中脱颖而出。COE 要建立轮岗、兼岗的机制，让 COE 积累业务、组织变革的经验。第二，人力资源业务伙伴（Human Resource Business Partner，HRBP）从激励转向赋能。HRBP 要从传统的辅助业务负责人进行员工管理和激励，转向成为业务负责人的领导力教练，让业务负责人掌握人力资源管理技能。第三，共享服务中心（Shared Service Center，SSC）角色升级应对人机替代挑战。SSC 首先需要进行工作价值观及动机的升级，

从职能导向转变为客户导向；其次是进行工作职责的升级，从服务到交付，将为客户迭代出有价值的人力资源精品产品作为目标；最后是进行工作模式的升级，从人工对共性需求进行整合和办理，到人工智能提供共性需求的整合和办理服务，HR 转向关注产品化、个性化的交付。

2. HR 三支柱的重构

第一是四支柱模式，建立整合变革中心。由于 COE 制定的政策制度与 HRBP 没有明确的汇报关系，使得政策制度在业务部门难以落地，在 HR 三支柱上增加整合变革中心（Integrated Change Center，ICC），形成 HR 四支柱模式。整合变革中心更加适用于全球化经营、有全球文化一致性诉求的公司的 HR 三支柱模式。从职能来看，ICC 向上充分把握 COE 制定的战略政策，向下深入业务推行变革，指导各国家、区域、事业群的 HRBP 团队，策划变革路径，落地 COE 的全球政策和变革方案，对人力资源部门支持全球整合的公司战略起到关键作用。第二是双支柱模式，聚合 COE 和 SSC。根据双元性理论，人力资源部门从组织结构上设立两个部门：一个部门放眼中长期，进行人力资源管理的探索式创新；另一个部门聚焦中短期，主要进行人力资源管理的应用式创新。当未来人力资源管理的共性需求可以大量地被人工智能替代时，通过合并 COE 与 SSC 可以实现 HR 双支柱转型。合并的支柱从人力资源战略性产品的角度出发，专门从事人力资源产品研发、人力资源行业研究、人力资源战略与政策制定等探索式创新工作。HRBP 支柱主要进行人力资源管理的应用性创新，为业务创造价值。

（五）人力资源管理的重心转向知识型员工管理趋势

进入品质发展时代，中国企业面临动能转换，需要依靠创新与人力资本驱动，人才的核心是知识创新者与企业家，两者均为知识型员工。人力资源管理要关注知识型员工的特点，其重点是如何激发知识型员工的价值创造潜能和创业激情，推动中国实现创新与人才驱动的新动能转型。

1. 知识型员工的有效开发

对知识型员工来说，发展机会逐渐成为最重要的留任因素之一。企业需要为知识型员工建立起双通道或多通道发展机制，建立扁平化组织配套的轮岗、兼岗机制。知识型员工具有较高的流动意愿，不希望终身在一个组织中工作，由追求终身就业“铁饭碗”，转向追求终身职业能力。来自领英公司的任期制实践可以很好地回应知识型员工的这一职业发展诉求，企业和领导者首先应通过真诚的对话与员工建立信任：“我知道我的员工可能会在某个时间离开公司，承认这一事实并不会影响企业对他们的投资意愿。”其次，企业和领导者有义务赋能员工，使员工在任期内承担一系列对个人职业发展有意义的不同任务，从而帮助他们提升能力和开发潜力，创造改变其职业轨迹的机会。任期制实现了员工与企业的共同成长。

2. 知识型员工的有效管理

同样追求经济上的成功，知识型员工更具有事业精神，看重工作带来的自我价值的实现与自我超越的机会，而非简单地将工作视为谋生手段。组织如果不能为员工提供发挥知识的机会并做到科学评价和有效激励，将丧失创造价值的活力，而知识型员工的工作成果形式多样，难以准确衡量。因此，企业必须建立与知识型员工工作价值观相适应的、能够激活其全面需求的价值评价和价值分配体系。

（1）绩效管理要有利于激发人才的价值创造活力

例如，领导者可以让员工自主设定有挑战性的目标，鼓励创新行为，允许员工试错甚至犯错，领导者从关注考核转移到关注员工发展和学习。

（2）薪酬福利要回应知识型员工的新需求

知识型员工有着新的内在需求要素，这些要素是传统的需求模型难以囊括的，企业的全面薪酬策略要回应这些新需求。例如，对企业家人才建立事业合伙人机制肯定人力资本贡献，平衡高层管理人才的短期激励与长期激励，平衡知识创新者的物质激励与精神激励，营造员工的工作体验，实施认可激励等。

（六）未来人与组织关系的重构——从单一雇佣的契约关系到多元的相互雇佣合作伙伴关系

随着知识型员工成为企业价值创造的主体，未来人与组织的关系将发生重大变化。

从管理的角度看，建立劳动契约和心理契约实现人与组织共同成长。企业依据市场法则确定人才与组织双方的权、责、利关系。随着人才的地位上升为组织的战略合作伙伴，企业要更加关注心理契约，即人才对组织的心理期望与组织对人才的心理期望之间达成的“默契”，通过在组织和人才之间建立信任与承诺关系，人才的敬业度、忠诚度得到提升，人才的潜力与自驱力得以进一步开发，最终目的是实现个人与组织的共同成长。

从公司治理的角度看，人力资本与货币资本从雇佣关系走向相互雇佣关系。进入品质发展时代，核心知识型员工和企业家日益成为企业价值创造的主导要素，这将改变过去货币资本和人力资本之间的“零和博弈”关系。原来是货币资本雇佣人力资本，而现在已经是两者相互雇佣。在这样的背景下，事业合伙人的机制得到组织人力资源管理的青睐，即通过一种“资合”的法律结构，表达一种人力资源“智合”的管理逻辑，这与权力下放的趋势相辅相成，有利于降低企业的监督成本，快速应对市场变化，实现人才与企业共创、共担、共享。

（七）劳动组织形式多元化，用工方式灵活化趋势

2014 年《劳务派遣暂行规定》颁布及两年过渡期到期，2016 年“营改增”，2018 年《深化党和国家机构改革方案》提出各项社会保险费交由税务部门统一征收，类似政策的颁布与执行增加了企业合规用工的成本；共享经济加速了零工经济的出现，互联网、数字化正在改变原有的劳动组织形式；新生代员工的就业观念和就业行为悄然发生变化，他们更加追求灵活多样的选择和发展空间。

这些环境因素使劳动组织形式和用工方式产生五大改变：第一，劳动组织形式更加多元化。过去企业的劳动组织形式看得见、摸得着，有鲜明的组织结构，比如直线制、职能

制、事业部制。而现在随着业务需求的变化，组织形式更多是组织与组织、组织与个体、个体与个体的临时性结合，如基于平台的项目制。第二，用工思路从“为我所有”转到“为我所用”。第三，用工方式更加灵活化。通过劳务合作、人力资源外包、自雇合作、兼职、劳务派遣、短期合同等灵活用工方式，企业能够实现人力资源的快速调整、精确匹配和弹性管理。第四，人力资源外包成为灵活用工趋势下企业的最优选择之一。人力资源外包不仅能帮助企业节约成本、转移用工风险，还能让人力资源管理专注于核心职能。第五，借助科技对灵活用工进行精益时间管理。劳动组织形式的变化导致企业对灵活用工的管理成本陡然升高，企业需要借助大数据、云以及人工智能技术实现灵活用工的精益时间管理。

（八）数字化人力资源管理与人机替代、人机互补合作趋势

数字化、人工智能在中国已得到加速应用，数字经济将成为未来中国经济增长的新动能，大数据成为企业竞争力及商业模式创新的核心战略资产。随着中国人口结构趋于老龄化，劳动力人口红利已经逐渐减弱，但 14 亿人口基数给大数据提供了新的红利。无论是消费市场、资本市场还是劳动力市场，每年都有大体量的数据产生。大数据等技术的发展支撑了人工智能产业的爆发，人工智能成为下一轮技术变革的核心。通过大数据、人工智能技术，数据挖掘分析的实时性、预测性大幅提升，机器学习的效能远远超过人类，这些技术变革既冲击了人力资源管理，也赋能了人力资源管理，企业人力资源管理在数字化浪潮中探索组织与人才机制的创新显得尤为重要。

1. 打造人力资源管理的数字化生存能力

在未来，数字化的组织与人才机制创新体现在：第一，构建数字化的人性与需求思维。未来，人性特征与人的需求可能都是通过数字化来表达与传递的。第二，要具备数字化能力发展思维。管理者要有数字化经营与管理意识，要用数字化的知识体系与任职资格、数字化应用与工作技能等，助力人才实现数字化转型与数字化能力发展。第三，打造数字化的人力资源平台与数字化的人才决策体系。第四，人才价值创造过程与成果全部由数字化衡量、数字化表达、数字化呈现。第五，企业内部的组织结构、人岗匹配变成了数字化工作任务与数字化人才匹配。未来的人岗匹配是动态的，是基于工作任务来进行人才匹配和调节的。第六，构建数字化的工作场景体验与数字化的员工激励。例如，企业的很多激励变成积分制，人的价值创造报酬变成了一种基于人才区块链的内部虚拟货币与内部任务市场化价值的交换。

2. 人、机与组织关系的构建

人工智能既会让人力资源变得不重要，也会让人力资源变得更重要。处于价值链低端的人力资源管理工作，包括基础性、可重复性的脑力劳动，甚至处于价值链中低端较为复杂的分析工作都将被人工智能取代。人才、人工智能机器人与组织的关系是一个结构问题，突出表现为人机替代与人机融合并存。

数字化组织与人才机制创新趋势之一是人机替代。人工智能创新性的应用，使得大量的无人虚拟性组织出现，如京东的立体仓库、青岛港的无人码头、富士康的无人工厂等。

未来的人力资源共享服务中心 80%的工作要被机器人替代。

数字化组织与人才机制创新趋势之二是人机融合。虽然人工智能会替代一部分处于价值链中低端的人力资源管理工作，但也会产生新的人力资源管理工作。有人类就有人力资源管理，人力资源从业者会被更智慧、更具能动性的需求与机会赋予新的职位。届时，人力资源管理者和人工智能机器人的特点都会发生变化。人力资源从业者将由生长在数字时代的“原住民”构成，他们生来具备与人工智能的互动能力。同时，人工智能机器人也开始有公民身份。这些特点的变化会改变整个企业的生产作业方式以及人与人之间的协同方式，未来企业需要设计的是人机协作和交互的机制。

（九）人力资源从业者的使命、能力跨界与新职业趋势

根据 2017 年中国 HR 职业发展状况报告，在较大工作压力和对薪资不满的现状下，多数 HR 从业者相信人力资源管理工作能够为他们带来技能方面的提升以及职业上的发展，因此更多人选择坚守在 HR 领域，寻求职业突破。未来对 HR 能力跨界的需求可能会催生人力资源的纵向管理和新型职业。

1. 人力资源总监的职业突破口是成为 CEO

未来企业的英雄是人力资源总监与首席人力资源官（CHO），这是时代赋予人力资源从业者的使命。2014 年，尤里奇与其研究伙伴在《哈佛商业评论》的一篇文章总结了优秀企业 CEO 的能力画像，在对比了首席财务官（CFO）、CHO 和首席运营官（COO）的画像后，发现 CHO 的能力画像和 CEO 的能力画像最相像。未来人力资源总监、首席人力资源官要想突破职业成长天花板，就要像 CEO 一样去思考，既懂业务又懂人，转型成为企业的一把手。

2. 对人力资源部门能力跨界人才的需求提升

人力资源部门的人才要能跳出现有的人力资源能力，站在战略、业务的角度看人力资源管理。在强调战略思维和客户需求的导向下，组织内部 HR 的价值创造依托于人才的跨界组合。

3. 人力资源管理新职业应运而生

未来人力资源管理领域可能产生三个重要的职业：一是人力资源总架构帅，二是人力资源产品经理，三是人力资源大客户经理。人力资源总架构师是对人力资源组织模式、技术、HR 能力进行整体架构，从而推动人力资源变革、升级和价值创造的高端人才。无论过去还是未来，无论是大企业还是小公司，在经营的过程中会遇到各种内部管理问题，这些问题都是企业和员工的痛点，痛点的背后是需求，发现这些需求，利用人力资源专业设计出一款满足需求的人力资源“产品”，搜集用户反馈，用“产品-开发-运营”的思路去优化产品，是未来人力资源产品经理的重要工作内容。人力资源大客户经理则集中精力服务于对公司有战略影响的重点人群、重点部门，推动公司高层以及各个部门从人力资源产品中获得价值，解决他们的需求与痛点，提升管理效能与组织能力。组织对于人力资源管理领域新职业孕育的背后是时代对综合应用能力发展的要求，是组织与人共同进化、人机

相互融合的要求，也是人力资源产品与服务客户化、工作场景体验化、多技术综合应用与创新的要求。这三个方向即便不能诞生人力资源新职业，也将成为未来人力资源工作者所需要具备的认知和思路。

（十）人力资源创新实践推动新人力资源产品和技术创新

在过往的人力资源发展过程中，人力资源管理的进步以人力资源思想和技术推动实践的发展为主。但随着越来越多的管理者在经营活动中的创新实践，当下优秀的实践经验也在反哺人力资源产品和技术的创新，使得人力资源管理技术与方法在应用层面不断推陈出新，人力资源管理理论与实践创新也将进入一个新时代。

当前人力资源管理的新技术、新方法趋势主要包括：基于大数据的智能化人才需求与供给精准匹配模型以及系统构建；大数据人才决策模型与应用；智能化招聘面试、能力测评平台与分布式测评工作台；全方位工作场景体验与人才激励创新；人才消费购买与工作行为分析与画像技术；人力资源产品与服务的产品属性和客户化设计；人才业务活动数字化与全面认可激励；数字化与智能化人力资源效能诊断和评估研究，等等。

借助于大数据与人工智能技术，人力资源管理理论与学术研究也将转型升级，呈现以下趋势：第一，理论与学术研究将从封闭走向开放，人力资源理论工作者走出研究象牙塔，走进企业，贴近实践，贴近人才；第二，从为发表学术论文而研究、为职称而研究转向负责任地研究，做研究不仅要对科学负责，更要对社会负责，要为企业、社会和人才发展创造价值；第三，从单一学术研究方法转向跨界合作研究，注重多元和多学科合作，例如，用大数据方法完善定量研究，将定性研究与定量研究有机融合；第四，从简单模仿西方学术研究方法、工具、范式到立足本土进行创新，基于中国研究情景与案例，长期持续追踪研究对象，树立人力资源管理研究者更高的研究事业追求，耐得住寂寞，守得住学术研究底线，出原创性研究成果，出世界级研究成果，出对企业、对社会、对人才发展有价值、有用的研究成果。

第四节　人力资源管理变革

一、人力资源管理职能变革

在企业管理实践中，人力资源管理职能已经从传统的行政管理逐渐转向战略性的管理，人力资源管理已经成为现代企业赢得竞争优势的重要工具，其职能也随着经济环境变化和管理理念的更新而进行变革和调整，具体表现为以下四个方面①。

（一）人力资源职能从行政辅助向战略决策转变

在20世纪80年代以前，人力资源管理在企业中所扮演的角色很大程度上是一种行政

① 冯虹，陶燕秋．现代人力资源管理［M］．北京：经济管理出版社，2006：11-13.

管理的角色，即负责文件处理、招募重选、培训、绩效考核、薪酬福利等方面的制度建立以及日常管理工作，与企业战略方向之间的关系很疏远。20 世纪 80 年代初，美国企业的人力资源管理部门开始帮助企业执行战略。90 年代以后，美国企业的战略决策者进一步认识到了人的问题的重要性，许多企业都把人力资源管理实践当成一种能够通过强化和支持企业经营活动，而对企业盈利、质量改善以及其他经营目标做出贡献的有效手段，并且要求人力资源部门成为企业的“关于人方面的问题专家”。详见图 1-3。

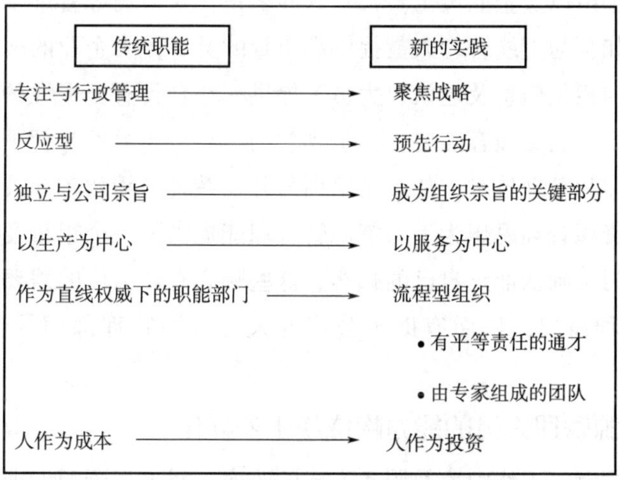

图 1-3　人力资源管理职能的转变

资料来源：赵曙明，罗伯特·马希斯，约翰·杰克逊. 人力资源管理［M］. 北京：电子工业出版社，2004：20.

这样，人力资源管理部门不仅仅是企业经营战略的一个执行者，它还必须参与甚至有时主导企业战略的决策过程，同时在战略执行的过程中通过各种人力资源管理政策和制度的设计以及对人力资源管理实践的调整来帮助企业赢得竞争优势。准确地说，人力资源管理职能是以一种战略经营伙伴的身份与直线部门共同确保企业经营目标的达成。

（二）人力资源管理的工作内容从日常行政管理转向政策咨询

随着信息技术的广泛应用，人力资源管理信息系统逐渐完善，人力资源管理工作也改变了传统的面对面的工作服务方式，代之以内联网信息发布和无纸办公等新型的工作方式。这样，不但降低了管理成本，而且赋予了直线管理人员和企业员工控制人力资源事务的能力，有助于自我管理团队的建设。因此，人力资源管理部门在日常的行政管理事务方面，如维持人事记录、审核控制、提供服务等，所花费的时间比重也越来越小。目前，美国企业人力资源工作的管理角色外包也已经越来越普遍，通过将日常的管理工作外包给专业化程度更高的公司或者机构，企业内部的人力资源管理者得以将更多的精力集中在对企业价值更大的管理实践开发以及战略经营伙伴的形成等功能上。事实上，在美国企业中，负责人力资源管理职能的管理者被越来越多地吸收到影响企业战略方向形成的高层管理委员会之中。

（三）人力资源管理的服务对象从以事务为中心转向以客户为导向

最近在人力资源管理领域出现了一个与全面质量管理哲学一脉相承的新趋势，这就是，企业的人力资源高层管理者应当采取一种以顾客为导向的方法来执行该职能。在一些比较先进的美国公司中，高层人力资源管理者已经开始把人力资源管理职能当成一个战略性的业务单位来看待，并且试图根据他们的顾客基础、顾客需要以及满足顾客需要的技术等条件来界定自己的业务内容。美国企业的人力资源管理部门的服务对象涉及直线管理人员、企业战略规划小组以及企业员工。针对这些客户，人力资源管理部门开始确认、设计本部门的产品。例如，为直线管理人员提供高质量的员工，为企业的战略规划小组提供制定战略规划所需要的相关信息及建议，为员工提供一整套具有公平性的薪酬福利计划，以及职业发展机会等。为满足顾客需要，提供满意的产品，人力资源管理部门应采用合适的管理方法、操作程序和管理技术，如员工培训与开发系统、绩效考评技术等。这种以顾客服务为导向的人力资源管理思想为人力资源管理职能提供了一个很重要的思考方法。它帮助人力资源管理部门来确认谁是自己的顾客、这些顾客有什么样的需要希望得到满足以及应当如何来满足这种需要，从而有助于公司的人力资源管理部门尽快成为企业的战略伙伴。

（四）人力资源管理人员的能力构成趋于多样化

人力资源管理职能、工作内容及服务方式的改变，对人力资源专业人员尤其是战略性高层管理人员提出了重大的挑战，要求他们一方面参与企业的战略管理，制定人力资源政策，为企业赢得人才竞争优势；另一方面实施职能战略管理，制定人力资源管理计划、设计管理系统及管理流程，并付诸实施，以使企业保持较高的绩效水平。因此，现代企业也越来越重视人力资源管理及人力资源管理专业人员的能力模型及能力开发工作，人力资源管理人员不仅要具备较强的专业技术能力，还应当具备经营能力、管理变革能力、人际沟通能力等，以及经营者的全局视角。

二、人力资源管理组织结构变革

（一）直线制人力资源组织架构

早期在直线制人力资源部中，人力资源经理属于经理序列，需要负责部门内部的计划、组织、领导、控制等直线管理工作。当然，人力资源经理最主要的工作还是设计、实施编制、考核、发薪等传统人事管理工作（见图 1-4）。直线制人力资源部往往没有将各种人力资源管理专业职能分开，就需要人力资源经理成为人力资源通才，从而能够把握人力资源管理的全局工作。

（二）直线职能制人力资源组织架构

直线职能制人力资源组织架构的出发点是将人力资源管理各类职能进一步细分，各部门分管人力资源管理的一部分功能，这样可以使人力资源管理更加有效与系统，培养更多

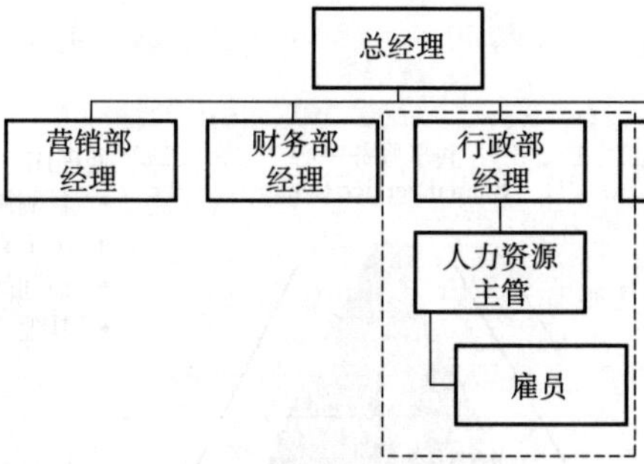

图 1-4 直线制人力资源组织架构

资料来源：魏炜，李震，廖建桥．企业人力资源部组织结构探讨［J］．科学管理研究，2001（3）：63-67.

人力资源专才，人力资源管理的职能得到更加充分的发挥。这是它与直线制人力资源组织架构的最大不同。人力资源部门一般由许多各自独立的小部门构成，每个部门的经理（如招聘经理）要进行部门内的直线管理工作，并将重心放在某一个或某几个人力资源管理专业职能上（如招聘工作），如图 1-5 所示。国内外大多数企业的人力资源部采用的是直线职能制组织架构。

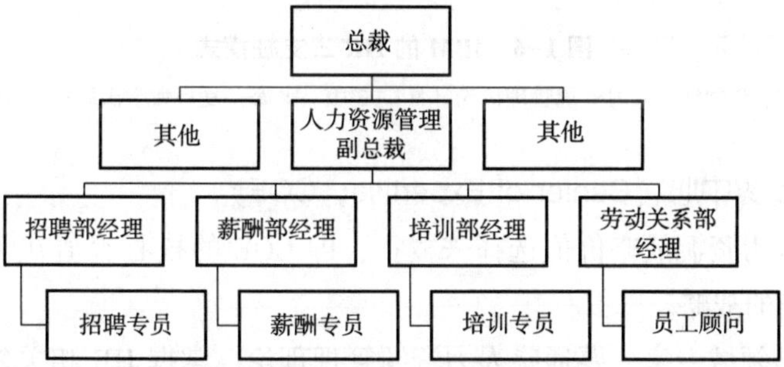

图 1-5 直线职能制人力资源组织架构

资料来源：魏炜，李震，廖建桥．企业人力资源部组织结构探讨［J］．科学管理研究，2001（3）：63-67.

（三）人力资源管理三支柱组织架构

1997 年，尤里奇出版《人力资源转型：为组织创造价值和达成成果》一书，在这部里程碑式的著作中清晰可见 HR 三支柱的理论框架雏形。他在书中介绍四角色模型的同时提出对人力资源管理进行组织、流程再造，通过建立专家中心、共享服务中心和业务伙伴，来实现四角色模型在企业的落地。但实际上尤里奇并没有提出 HR 三支柱或类似概念。IBM 自 20 世纪 90 年代初开始一直在实践中探索尤里奇的理论，经历了近 17 年的探索，从组织层面实现了对人力资源部的重构，将人力资源部门分为三个部分：专家中心、共享服务中心和业务伙伴，并于 2007 年提出了 HR 三支柱模式。之后，HR 三支柱这个概念也得到了尤里奇的认可和众多公司的实践运用。

HR 三支柱是一种人力资源组织架构方式，兼有矩阵制、事业部制、网状组织架构的特征，如图 1-6 所示。

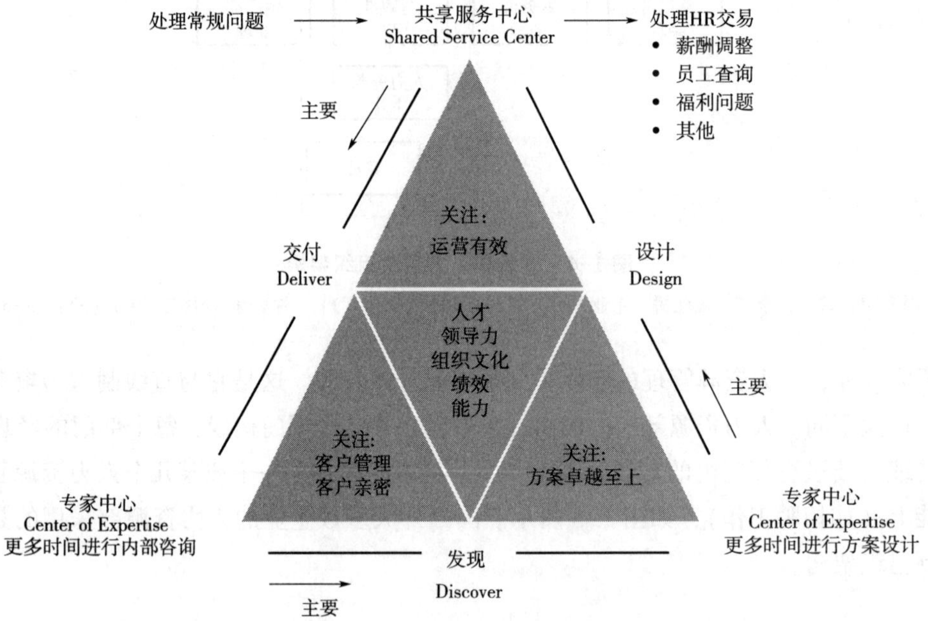

图 1-6　IBM 的 HR 三支柱模式

资料来源：彭剑锋．人力资源管理概论［M］．3 版．上海：复旦大学出版社，2020：44.

1. 支柱一：专家中心（Center of Expertise，COE）

COE 可以用人力资源战略价值选择来概括，即 COE 的核心价值在于服务高管、决策层，为其制定正确的战略。

COE 的角色是领域专家，要通晓人力资源管理理论，掌握 HR 相关领域精深的专业技能，追踪、对标最优实践。专家中心很好地回应了 HR 不承接战略，不能像市场、财务一样为战略制定提供有效建议的问题。COE 服务的对象是公司管理层和人力资源业务伙伴。

服务管理层体现在 COE 参与公司战略制定，制定人力资源战略。总部 COE 负责设计全球/全集团统一的战略、政策、流程和方案的指导原则，而地域/业务线 COE 则负责结合地域业务线的特点进行定制化，这样的 COE 设置可以实现在全公司一致的框架下满足业务所需的灵活性。

2. 支柱二：人力资源业务伙伴（Human Resource Business Partner，HRBP）

HRBP 可以用业务策略的选择来概括，即 HRBP 利用自己所掌握的专业知识、经验，辅助一线业务负责人对组织、团队、人才进行管理。

HRBP 的角色是人力资源通才，要掌握 HR 各职能的专业技能，同时要了解所在部门的业务。如果说 COE 解决的是 HR 上不接战略的问题，那么 HRBP 解决的就是 HR 下不接地气的问题。HRBP 服务的对象是业务部门，HRBP 协助业务领导进行组织的管理、团队和人员的管理。HRBP 不是被动地等待业务提出需求，而是主动地发挥灵敏洞察力，找到业务团队管理问题的症结，诊断业务发展过程中的 HR 诉求，综合运用 HR 专业方法论及工具，如分析人员需求、招聘计划、培训要求、绩效考核、薪酬激励等，提供特种部队式的精准支持，解决业务出现的问题，优化流程以适合业务部门，同时帮助各级业务领导培养和发展人力资源管理能力。

3. 支柱三：共享服务中心（Shared Service Center，SSC）

SSC 可以用人力资源平台与服务的选择来概括，即 SSC 为组织提供一体化、数据化、自助化的 HR 平台支撑。

平台的选择是指 SSC 为组织中的员工、管理者提供一体化、信息化、自助化的 HR 系统，从而实现平台化服务，实现规模经济。服务的选择是指 SSC 一方面是标准化服务的提供者，负责解答管理者和员工的问询，帮助 HRBP 和 COE 从事务性、重复性工作中解脱出来，对客户的满意度和卓越运营负责；另一方面还要研究员工需求，为员工提供定制化、可信赖的 HR 服务。

三、人力资源管理信息化变革

（一）连接互联网的人力资源管理

互联网时代，员工跟客户之间的界限模糊了。员工是客户，客户是员工，两者之间角色互换，价值创造无边界，共同为客户创造价值，为企业创造价值，为员工创造价值。例如，小米的粉丝军团就成为小米的产品技术创新与品牌传播的生力军；美国维基百科的数十万编辑，既是客户，又是具有专业化知识与技能的员工。这两个例子都是基于公司自身与外界形成的一套大数据“系统”。互联网使得人力资源管理基于数据，用数据说话和决策成为可能，使人力资源价值计量管理成为提升人力资源效能管理的有效途径。人与组织之间、人与人之间的互联互通累积、集聚的大量大数据为人力资源的程序化决策与非程序化决策提供了无穷的科学依据，人力资源管理真正基于数据并用数据说话。

企业可以随时随地收集关于工作现场、员工个人和员工互动互联数据，将员工行为与情感数据化，利用大数据分析进行选人决策；

从大数据中可分析员工的价值诉求与期望，从而制定薪酬变化策略。

从大数据分析中寻求职位系统与能力系统的最佳效能匹配关系（即将员工完成某项工作的效率作为评判依据），剔除人力浪费，从而提升人才匹配决策的科学性。

从大数据中分析劳资关系与冲突的临界点，减少企业内部的矛盾与冲突，降低管控与交易成本，减少内耗。

通过互联网和大数据系统可以对组织的价值创造过程及经营绩效进行客观公正的量化评价，使人力资源的价值计量化管理成为可能。因此，未来的企业人力资源部要有计量专家和数据挖掘分析专家，强化人力资源价值量化管理。

（二）去中心化和员工自主经营与管理

组织与个人关系不再是简单依附与绝对服从关系，在互联网特有的网状价值结构中，CEO 不再是组织的唯一指挥命令中心，或者说没有首席指挥官，CEO 只是一个象征的存在，犹如蜂巢中的蜂王，每一个成员都高度自治、自主经营。组织不再界定核心员工，每一个员工都可以在自己的岗位上发挥关键作用。而这些，都需要大量的数据来分析员工是否有能力在自身岗位上做到尽善尽美。正如张瑞敏在海尔所倡导的“企业无边界、管理无领导、供应链无尺度、员工自主经营”就是基于互联网的组织管理思维。同时，组织的话语权在互联网时代是分散的，过去组织的话语权在上，是自上而下的单一的话语权链，但在互联网时代谁最接近客户，谁最接近企业价值最终变现的环节，谁就拥有话语权，谁就可能成为组织的核心。比如现在微软放弃员工分级制，认为任何层级的人将来都可以变成组织运行的中心，都可以变成组织的资源调配中心；华为倡导让听得见炮声的人做决策；小米科技提出合伙人组织，扁平化管理，去 KPI 驱动，强调员工自主责任驱动。海尔提出的人单合一、自主经营模式，就是所谓的去中心化与员工自主化经营的具体体现。

（三）提升人才价值体验

互联网时代，人与人的沟通距离与成本无限趋向于零、沟通双方信息的对称与透明，使员工更能自由地表达自身情感的变化和价值诉求，并在由员工所组成的社区中达成共识和意见领袖，企业的人力资源产品与服务的研发设计和提供要更关注员工的情感需求和价值实现需求，并增加人才对人力资源产品与服务的价值体验。然而增加体验并不意味着更大的资金投入，而是意味着要将人力资源产品更精益化、更个性化。人力资源管理往往更需要对人性有透彻的了解。在某种意义上，我们从事人力资源管理的人，既是数字大师，又是人性大师；既要尊重数据事实，又要对人性有感悟、有理解。所以在这个时代，人力资源很重要的任务就是实现情感的链接，提升人才的价值体验。

（四）构建人才供应链

互联网时代是一个高速成长的时代，互联网思维是“能人”逻辑，优秀的人才对互联网时代的企业来说至关重要。所以，企业在互联网时代更强调如何快速、精准选择聪明、能干、合适的人，去满足企业高速成长的需要。

这就需要企业精准选人，全面发展人，要打造人力资源的供应链，构建人才全面发展系统，为组织战略和业务发展需要提供源源不断的人才支持。具体来说要做好以下几项基础工作：完善企业人才发展体系；建立员工能力目录式、模块式、标准化管理体系；建设岗位职责标准库；建立标准能力与标准岗位职责优化配置模型；建立应急事件与重大项目人力资源供给流程；做好基于战略的长期人才培养与储备。

（五）由周期激励到全面认可激励

关于员工的内在潜能激发与有效激励，是人力资源效能提升的主要动力。在互联网时代，随着新生代员工日益成为人力资源主体，他们随时随地都能了解到自身所从事工作的社会平均薪酬，如果还依照传统的薪酬激励方式就难以满足员工的期望要求，就无法激发员工的内在潜能及价值创造能量。如果激励手段太过单一，激励过程缺乏员工的互动参与，那么当绩效考核滞后导致激励不及时且激励失效的时候是无法吸引与留住人才的。将员工激励体系由周期激励变为全面认可激励，是解决这些问题和困惑的有效途径。认可激励是指全面承认员工对组织的价值贡献及工作努力，及时对员工的努力与贡献给予特别关注、认可或奖赏，从而激励员工开发潜能、创造高绩效。

互联网一方面使员工的需求和价值诉求的表达更快捷、更全面、更丰富；另一方面，移动互联也使企业对员工的价值创造、价值评价与价值分配可以做到更及时、更全面。因此，互联网时代呼唤全面认可激励，并且也为全面认可激励的实施提供了技术基础。企业可以通过移动互联让组织对员工的绩效认可与激励无时不在、无处不在。员工所做的一切有利于组织发展、有利于客户价值及自身成长的行为都可以得到即时认可和激励。全面认可激励可为组织带来良好的组织氛围、更高的绩效产出，提高员工对组织的满意度，为员工提供优秀的企业社交网络平台，实现激励措施的多元化与长期化，提升员工的自我管理能力和参与互动精神，给企业带来更多的协作、关爱和共享，维护员工工作与生活的平衡，有利于公司文化和制度的落实和推进。

（六）共享经济与共享人才

在互联网时代，人才由企业所有转变为价值创造圈所有，企业应该从封闭式的人才平台转变到开放式的人才平台，更强调不求人才所有，但求人才所用；不求绝对拥有，但求绝对所用。

同时，互联网时代的人才不再简单忠诚于企业或老板，而是更强调忠诚于客户，忠诚于自身的职业使命和专业。对一些特殊的专业人才，他们可以同时被多家企业所用，只有这样，才能让他们的专业素养为行业创造最大的经济价值。这也正是为什么在互联网时代，会出现大量的个体知识劳动者，这些个体知识劳动者不再依附于任何一个组织，他们可以同时为四五家企业提供服务。他们依靠专业化生存，他们的忠诚是职业化忠诚，而不再是企业忠诚。他们所需要的是客户忠诚，把企业当成一个客户，用他们的专业能力为企业提供服务，以客户为本。因此，在互联网时代，我们所讲的职业能力、职业道德的概念，也颠覆了我们过去的所谓企业忠诚的概念。

总的来说，人力资源管理必须随着时代的进步而改变，而“互联网+”的信息化发展是人力资源管理进行改变的优良平台。

本章小结

人力资源管理是现代管理学的分支。作为一门管理科学，人力资源管理的研究对象是社会劳动过程中人与事之间，以及共事的人与人之间的相互关系及其运动、发展、变化规律。

本章主要介绍了人力资源管理的相关基础知识，重点介绍了人力资源管理的含义及主要内容，以及人力资源管理的基本原理，同时，本章还详细介绍了人力资源管理的产生和发展，以及在组织中的人力资源管理工作应如何开展等重要内容，展望了人力资源发展趋势与变革，为广大读者深入学习人力资源管理的相关知识进行了积极引导，提高了大家对人力资源管理工作的认识和重视。

习题①

实训

实训项目：

了解人力资源管理工作

实训目的：

在理论学习的基础上，通过实训，了解企业的人力资源组织架构设计，人力资源管理工作的地位、作用及日常开展的活动等。

实训指导：

（1）到某企业人力资源管理部门了解部门的设置及有关工作情况，搜集公司组织架构图。

（2）对人力资源部门的人员进行访谈，了解基本工作内容，整理人力资源部组织架构与部门、岗位职责。

实训组织：

（1）把全班同学分成若干小组，以小组为单位进行观察、访谈，收集信息。

（2）以小组为单位对所收集的信息进行分析。

实训考核：

每位学生需填写实训报告。实训报告应包括：实训项目、实训目的、实训本人承担任务及完成情况、实训过程、实训小结、实训评语（由教师填写）。

拓展案例

HC 药业三支柱转型＊②

① 习题参考答案，可通过封底的“教材服务”二维码获取。——编者注

② 带＊的表示附有使用说明，相关教学辅助资源可通过封底的“教材服务”二维码获取。——编者注

第二章 人力资源管理的基本理论

学习目标

掌握人性假设理论的主要内容
掌握组织设计理论的主要内容
掌握激励理论的主要内容
了解不同的激励理论对人力资源管理的指导意义
掌握人力资本理论的主要内容

重点概念

人性假设理论（Human Nature Hypothesis Theory）
组织设计理论（Organization Design Theory）
激励理论（Motivation Theory）
人力资本理论（Human Capital Theory）

开篇案例

张謇开明严格的管理风格①

张謇曾亲自为大生纱厂拟定《厂约》，作为企业管理的基本规章。在《厂约》中，首先说明办纱厂目的是“为通州民生计，亦为中国利源计”，并且强调“利之不保，我民日贫，国于何赖?”《厂约》明文规定了总理和各经董的各自职责，对各级职员的工资待遇、利润分配、各所章程的制定办法和定期考核制度、功过赏罚办法等事项都有明确、具体的规定。《厂约》体现了张謇开明、务实的状元公治厂的个人特色：它对各级职员既晓之以办厂是“为民生，亦为中国利源”的大义，又明确告之以纱厂奉行总理独裁制和部门分工负责制的管理原则，告之以各部门职员各自的责、权、利以及考核与功过赏罚办法，使各级职员的责权利挂钩；张謇在《厂约》中又将自己置于大家的监督之下，鼓励各级职员对自己提意见，对厂务提建议。张謇对大生企业高中级管理人员“绳之以大义”，并且赏罚严明，用规章制度实行开明而严格的管理。

---

① 陈争平．近代张謇的企业制度创新及其现实意义［J］．北京：清华大学学报（哲学社会科学版），2007，89（1）：73-79.

第一节　人性假设理论

通过第一章的学习，我们了解到人力资源管理是一门管理人的学科。对一个人的看法与想法不同，所采取的管理方式与实施的管理策略就会不同。因此，对人的看法与了解会影响我们管理政策与管理方法的制定。著名管理学家麦格雷戈认为，有关人性和人的行为的假设，决定了管理人员的工作方式。人性假设理论对人们在组织管理活动中的地位和作用有了更深入的认识，看到了管理的组织结构、策略和方法同人性发展的互相关系，并力图通过建立某种符合人的心理发展规律的管理方式来调动人的内在动力，协调组织内部的人际关系，借以提高组织效率。

对于人性假设理论，很多学者都进行了深入的研究，其中最有代表性的就是麦格雷戈提出的“X 理论-Y 理论”以及被称为“企业文化之父”的美国行为科学家沙因（Edgar H. Schein）在前人基础上提出的四种人性假设理论。

在我国古代也曾萌发过类似的思想，中国古代的人性假设是从伦理学、社会学的角度来探讨人的本性问题。春秋战国时期，儒家的始祖孔子认为“人之初，性本善”，但由于后天所处的不良环境的影响以及人的可塑性，才使得善良的面目改变了。因此，要恢复人的善良本性、造福社会，就必须进行道德教化。在具体方法上，他提出了构建“仁、义、智、信”道德规范体系，用于规范人的行为。而后来的荀子则认为“人性本恶”，人性中的善是环境影响的结果，是表面的伪装。因此，需要加强对人的管理，防止社会混乱。基于这两种截然相反的人性假设观，导致了孔子和荀子分别提出了不同的管理国家的方法。

一、X 理论-Y 理论

（一）X 理论

X 理论基于“经济人”的人性假设，将人性假设为厌恶工作、逃避责任。美国行为科学家麦格雷戈于 1957 年在《企业中人的方面》[①] 一文中提出：人性天生厌恶工作并尽可能逃避工作，追求安全安逸；胸无大志，缺乏进取心，不愿承担责任；以自我为中心，大都缺乏解决组织问题的能力；缺乏理性，容易受环境影响。为了促使人们努力工作，在管理中应采用严格的管理制度，如明确每个人的任务和责任，进行指挥、控制、监督，强调纪律，建立严格的绩效考核制度和与绩效挂钩的报酬制度，即以经济利益为主要激励手段，使人的行为尽可能地符合组织要求。如果员工的行为和工作结果没达到组织的标准，就采取严厉的惩罚制度。他将这一理论的主要内容归纳为以下几个方面：

第一，大多数人生性都是懒惰的，他们尽可能地逃避工作。

---

① 麦格雷戈．企业的人性面［M］．北京：中国人民大学出版社，2008：162.

第二，大多数人都缺乏进取心和责任心，不愿对人和事负责，没有什么雄心壮志，不喜欢负什么责任，宁可让别人领导。

第三，大多数人都是以个人为中心的，这会导致个人目标与组织目标相矛盾，为了达到组织目标必须靠外力严加管制。

第四，大多数人都是缺乏理智的，不能克制自己，很容易受别人影响。

第五，大多数人具有欺软怕硬、畏惧强者的弱点，习惯于保守，反对变革，安于现状，为此，必须对他们进行惩罚，以迫使他们服从指挥。

第六，大多数人干的工作都是为了物质与安全的需要，人工作是为了钱，是为了满足基本的生理需要和安全需要，他们将选择那些在经济上获利最大的事去做。

第七，只有少数人能克制自己，这部分人应当担负起管理的责任①。

奉行X理论的经理人往往具有专横且多疑的特点，他们认为员工必须一直受到监视，否则就会偷懒。他们与员工之间的交流一般是明白的或者隐晦的负面刺激，这些都暗含了心理上的威胁；即使员工表现出色，他们能获得的奖励也主要是金钱方面的，很少涉及私人情感。

麦格雷戈认为，X理论曾经是企业领导人普遍具有的一种传统观念，以X理论为指导思想，管理人员把人和物等同，忽视人的自身特征和多种需要，特别是社交、友情、受人尊重和自我实现的需要，只把金钱作为促使人们工作的最主要的激励手段，把惩罚这种强制性手段当作管理的重点之一；认为权力、规章制度和严密的监督控制，才能保证组织目标的实现。依照这种理论，工人只是一种会说话的机器，管理人员必须实行“胡萝卜加大棒”的政策方能奏效。

（二）Y理论

基于X理论，麦格雷戈提出了与之完全相反的Y理论。这一理论的主要内容是：

一般人并不是天性就不喜欢工作的，大多数人其实愿意工作，愿意为社会、为他人做贡献，工作中体力和脑力的消耗就像游戏和休息一样自然。工作可能是一种满足，因而自愿去执行；也可能是一种处罚，因而只要可能就想逃避。到底怎样，要看环境而定。

大多数人愿意对工作、对他人负责任。外来的控制和惩罚，并不是促使人们为实现组织的目标而努力的唯一方法，它甚至对人是一种威胁和阻碍，并放慢了人成熟的脚步。人们愿意实行自我管理和自我控制来完成应当完成的目标。

人具有自我指导、自我表现和控制的愿望，人的自我实现的要求和组织要求的行为之间是不矛盾的，如果给人提供适当的机会，就能将个人目标和组织目标统一起来。

一般人在适当条件下，不仅能学会接受职责，而且还能学会谋求职责。逃避责任、缺乏抱负以及强调安全感往往是经验的结果，而不是人的本性。

所谓的承诺与达到目标后获得的报酬是直接相关的，它是达成目标的报酬函数。

---

① 董克用．人力资源管理概论［M］．5版．北京：中国人民大学出版社，2011：44.

人具有独创性，每个人的思维都有其独特的合理性，在解决组织的困难问题时，都能发挥较高的想象力、聪明才智和创造性，但是在现代工业生活的条件下，一般人的智慧潜能只有一部分得到了发挥。

奉行Y理论的经理人懂得通过综合运用人、财、物等生产要素来实现企业的各种目标；把人安排到具有吸引力和富有意义的岗位上工作；重视人的基本特征和基本需求，鼓励人们参与自身目标和组织目标的制定；把责任最大限度地交给工作者；用信任取代监督，以启发与诱导代替命令与服从。

麦格雷戈称Y理论的人性假定为：人在工作中消耗体力与智力，是极其自然的事情。一般人并非天生厌恶工作，工作可以令人感到满足，并且能够促使人朝向组织的目标而努力，外力的控制和惩罚的威胁并非唯一的方法。人为了达到本身已承诺的目标，主动“自我督导”“自我控制”。人对于目标的承诺就是由于达成目标后所产生的一种报酬。所谓报酬，其中项目有很多，其中最有意义的是自我实现后所产生的满足感。只要情况适当，一般人不但会学会承担责任，且能学会争取责任。常见的规避责任、缺乏志向，以及只重视保障等，是后天习得的结果，非先天的本性。

那么在管理中选择哪个理论，是需要区别对待的：

1. 根据员工所处的工作阶段

工作的初期通常适合X理论，成熟后可采用Y理论。很多人刚踏足社会时，都会有不适应期，总找不到工作乐趣，不喜欢工作，喜欢休息，总感觉上班是很痛苦的事情。在这个时期就需要用X理论来管理。等他慢慢成熟起来，懂得工作的价值意义，就会有自豪感和成就感，到这个时候，就更适合Y理论。

2. 根据员工对工作的喜好

一个人的工作，如果出于自己内心喜好，就适合Y理论；如果极度反感，更适合X理论。人在工作时，往往偏向于少付出多回报，能偷懒就偷懒，通常一个人在做自己不喜欢的工作时，是需要有人监督管理的；而当一个人在做自己喜欢做的工作时，就会积极主动、自动自发，这个时候完全可以脱离他人的监督。

3. 根据员工的特质

每个人成长速度是不一样的。有些人很晚才能懂得生活的意义和道理，总是生活在抱怨之中，总是消极怠工，迟到早退，凡事消极悲观，能推就推，不喜欢学习，对任何事情都不感兴趣，在工作中对这些人就需要使用X理论。有些人成长速度很快，很快就理解了生活的意义，凡事积极乐观，善于观察学习，这些人只要给予适当的环境，他们就会发挥巨大的作用，在管理这些人时就需要使用Y理论。

（三）超Y理论

麦格雷戈认为Y理论比X理论更优越，因此管理应当主要参照Y理论。但是，美国管理心理学家莫尔斯（John Morse）和洛希（Jay Lorscn）两位学者经过实验证明麦格雷戈的这一观点是不正确的，他们于 1970 年在《哈佛商业评论》上发表了《超 Y 理论》[①] 一文，提出了著名的“超 Y 理论”，对麦格雷戈的 X 理论-Y 理论做出了进一步的完善。超 Y 理论的主要内容是：

人们是抱着各种各样的愿望和需要加入企业组织的，人们的需要和愿望有不同的类型。有的人愿意在正规化、有严格规章制度的组织中工作；有的人却需要更多的自治和更多的责任，需要有更多发挥创造性的机会。

组织形式和管理方法要与工作性质和人们的需要相适应，不同的人对管理方式的要求是不一样的。对上述的第一种人应当以 X 理论为指导来进行管理，而对第二种人则应当以 Y 理论为指导来进行管理。

组织机构和管理层次的划分，员工的培训和工作的分配，工资报酬、控制程度的安排都要从工作的性质、工作的目标和员工的素质等方面考虑，不可能完全一样。

当一个目标达到以后，可以激起员工的胜任感和满足感，使之为达到新的更高的目标而努力。

可见，超 Y 理论既结合了 X 理论和 Y 理论，又不同于 X 理论和 Y 理论。按照超 Y 理论的观点，在进行人力资源管理活动时要根据不同的情况，采取不同的管理方式和方法，因地制宜、因材施教。

二、四种人性假设理论

美国行为科学家沙因在其 1965 年出版的《组织心理学》[②] 一书中，把前人对人性假设的研究成果归纳为“经济人假设”、“社会人假设”和“自我实现人假设”，并在此基础上提出了“复杂人假设”，它将这四种假设排列称为“四种人性假设”（见图 2-1）。

图 2-1　四种人性假设

（一）经济人假设

沙因将经济人假设的观点总结为以下几个方面：

人是由经济诱因来引发工作动机的，其目的在于获得最大的经济利益。

经济诱因一般都是在组织的控制之下，因此，人总是被动地在组织的操纵、激励和控制下从事工作。

人以一种合乎理性、精打细算的方式行事，总是力图用最小的投入获得满意的报酬。

人的情感是非理性的，会干预人对经济利益的合理追求，组织必须设法控制人的

① 美国管理心理学家——约翰·莫尔斯［J］．现代班组，2010（5）：25.

② 埃德加·沙因．组织心理学［M］．北京：经济管理出版社，1987.

感情。

（二）社会人假设

社会人假设是人际关系学派的倡导者梅奥等人提出的，它最初的依据就是历时 8 年之久的霍桑实验。按照社会人的假设，管理的重点就是要营造和谐融洽的人际关系。社会人的内容主要是以下几点：

从根本上说，人是由社会需求而引起工作的动机的，并且通过同事的关系而获得认同感。

工业革命与工业合理化的结果，导致工作本身失去了意义，因此能从工作上的社会关系去寻求意义。

非正式组织可以帮助人们满足自己的社会需要，因此非正式组织的社会影响比正式组织的经济诱因对人有更大的吸引力与影响力。

员工的工作效率随着上司能满足他们社会需求的程度而改变。

提出“参与管理”的新型管理方式，即让员工能够不同程度地参与企业决策的研究和讨论。

可见，随着社会生产力的发展，企业之间竞争的加剧和企业与员工愈发紧张的劳资关系，使得管理者开始重新认识“人性”问题。从经济人假设到社会人假设，从以工作任务为中心的管理到以员工为中心的管理，无疑是管理思想与管理方法的进步。实行参与管理，满足员工的一些需要，在企业中确实起到了缓和劳资矛盾的效果。尽管如此，社会人假设也存在不可摆脱的局限性。

社会人假设认为人与人之间的关系可以激发动机，并且调动职工积极性是比物质奖励更为重要的。这对企业制定奖励制度有一定的参考意义。但它过于偏重非正式组织的作用，对正式组织的研究有放松的趋向。这是一种具有依赖性的人性假设，对人的积极主动性及其动机研究还缺乏深度。

（二）自我实现人假设

这种假设相当于麦格雷戈提出的 Y 理论，此外，美国管理学家、心理学家马斯洛（Abraham Maslow，1943）在需求层次理论中提出自我实现的需要：人都需要发挥自己的潜力，表现自己的才能，只有人的潜力充分发挥出来，人的才能充分表现出来，人才会感到最大的满足。

一是人的需要有低级和高级的区别，从低级到高级可以划分为多个层次，人的最终目的是满足自我实现的需求，寻求工作上的意义。

二是人们力求在工作上有所成就，实现自治和独立，发展自己的能力和技术，以便富有弹性，能适应环境。

三是人们能够自我激励和自我控制，外部的激励和控制会对人产生威胁，造成不良的后果。

四是个人自我实现的目标和组织的目标并不是冲突的，而是能够达成一致的，在适合的条件下，个人会自动地调整自己的目标使之与组织目标相配合。

“自我实现人”假设是资本主义高度发展的产物。机械化生产条件下，工人的工作日益专业化，特别是传送带工艺的普遍运用，把工人束缚在狭窄的工作范围内。工人只是重复简单、单调的动作，看不到自己的工作与整个组织任务的联系，士气很低，影响产量和质量的提高。正是在这种情况下，才提出了自我实现人假设和Y理论，并采取了相应的管理措施，如工作扩大化、工作丰富化等。从理论上来看，自我实现人假设的理论基础是错误的。人既不是天生懒惰的，也不是天生勤奋的，此外，人的发展也不是自然成熟的过程。自我实现人假设认为，人的自我实现是一个自然发展过程，实际上，人的发展主要是受社会影响，特别是社会关系影响的结果。当然，在批判其错误观点的同时，也绝不能忽视其中有益的成分。例如，如何在不违反集体利益的原则下为员工创造适当的客观条件，以此来充分发挥个人的才能。又如，把奖励划分为外在奖励和内在奖励，与我们所说的物质奖励和精神奖励有一定的类似，可以吸取其中对我们有用的奖励形式。再如，这种假设包含着企业领导人要相信员工的独立性、创造性等。

（四）复杂人假设

复杂人假设类似于莫尔斯和洛希的超Y理论。沙因认为人是很复杂的，不仅人与人之间在能力和需求方面存在着差异，而且每个人在不同的年龄、不同的时间、不同的地点和不同的场合也有不同的表现。每个人的需要及需要的层次都不尽相同。随着年龄的增长、知识的增长、地位的改变，以及人与人之间关系的变化，人的需要和潜力都会发生变化。虽然“经济人”、“社会人”、“自我实现的人”的假设各有其合理性的一面，但是并不适用于所有人，由此“复杂人假设”应运而生。这种理论认为，人在同一时间内有各种需要和动机，它们会相互作用并构成一个错综复杂的动机模式，因此，不可能存在一种适合于任何时代、任何组织和任何个人的管理方法，管理人员要能够做到具体问题具体分析，灵活运用不同的管理措施。

第一，每个人都有不同的需要和不同的能力，工作的动机不但非常复杂而且变动性也很大，人们的动机安排在各种需要的需求层次上，这种动机阶层的构造不但因人而异，而且对于同一个人来说在不同的时间和地点也是不一样的。

第二，人的很多需要不是与生俱来的，而是在后天环境的影响下形成的，一个人在组织中可以形成新的需求和动机，因此一个人在组织中表现的动机模式是他原来的动机模式与组织经验交互作用的结果。

第三，人们在不同的组织和不同的部门中可能有不同的动机模式，例如有人在正式组织中有满足物质利益的需要，而在非正式组织中有满足人际关系方面的需要。

第四，一个人在组织中是否感到心满意足，是否肯为组织奉献，取决于组织的状况与个人的动机结构之间的相互关系，工作的性质、本人的工作能力和技术水平、动机的强弱以及同事之间的关系等都可能对个人的工作态度产生影响。

第五，人们依据自己的动机、能力以及工作性质，会对一定的管理方式产生不同的反应。

按照复杂人假设，实际上不存在一种适合于任何时代和任何人的通用的管理方式和方法，管理必须是权变的，要根据不同人的不同需要和不同情况，采取相应的管理方式。然而，复杂人假设只强调了人们之间差异性的一面，而在某种程度上忽视了人们共同性的一面，有其片面性。

三、中国古代的人性假设理论

（一）孟子性善论

"人之初，性本善"，孟子首先提出"性善论"。孟子认为，"仁、义、礼、智非由外铄我也，我固有之也，弗思耳矣，故曰'求则得之，舍则失之'"。人之善性是先天所具有的，是人本性所使然。后来他进一步提出"仁政"主张，认为"仁政"就是要"以德服人"，而不是"用力服人"，"以力假仁者霸"、"以德行仁者王"。所以"不忍人之心，行不忍人之政"。国家管理者怀着这种爱惜别人的心情来实施爱惜别人的政治，那么"治天下可运之掌上"。它强调把人作为管理的核心，运用道德的教化，从人的内在因素中去提高人们的自律性，使各方面和谐统一，达到管理的目的。

不难看出，性善论与Y理论存在不少相似之处，它们都肯定人性本质上是善良美好的，并把管理工作寄望于人们的精神追求与满足。这一理论是对管理中专制关系的极大冲击，它对于科学管理只重视物的管理而轻忽人的管理是一次极大的补充，从而使管理科学的发展进入到一个新的阶段，给管理实践以新的启迪。

（二）荀子性恶论

一般认为，性恶论由先秦儒家的集大成者荀子提出，继而为法家代表韩非子所发展，在我国历史上有其深远影响。

荀子认为人性本来就是恶的，人都有"饥而欲食，寒而欲暖，劳而欲息，好利而恶害"的本性，"人性"就是"目好色，耳好声，口好味，心好利，骨体肤理好愉佚"。如果顺着"好利"的本性发展，就会产生争夺；放纵人的本性，就必定会危害社会，致使天下大乱。所以，"人之性恶"。荀子又说，"故必将有师法之化，礼义之道，然后出于辞让，合于文理，而归于治"。可见，人之性恶又是可以通过人为的办法将之变成"善"的，因此必须进行教育，用礼义对一般百姓进行正确的引导和教化，使之向善、从善、为善，进行赏罚分明的治理。韩非子也认为，人生来就"好利避害"，人与人之间总是"用计算之心以相待"，"利"乃人们行为的实际动力，"故赏罚可用"。荀子说，"明礼义以化之，起法正以治之，重刑罚以禁之，使天下皆出于治，合于善也"，可见荀子理想的国家管理模式是"礼义之治"，"制礼义以分之，以养人之欲，给人以求"，管理者要制定礼义，提供必要的规章制度，以调节人们的欲望，以礼义教育人民，建立法制以治理国家，推行刑罚以限制百姓，使社会达到安定而有秩序。

性恶论与西方X理论有一定共性，这种人性假设的核心是认为人的本性自私、懒惰，行为动机源于经济诱因，因此管理的对策是强化指导和控制，强化监督和条例。管理的任务就是告诉员工该怎样做，做什么，并且监督他们，“民可使由之，不可使知之”。根据这一理论建立的管理模式，是以完成任务为中心的管理模式，它把人当成“机器人”“工具人”，认为人只有在完成任务时才具有意义和价值。它忽略了人的社会需求层面因素，这是悖逆人性的。因此，虽然它使生产效率得到了提高，克服了过去管理的放任、无序状态，但由于它本质上背离人性，因而很快就遭到抑制。

（三）告子无善恶论

无善恶论又可以理解为“人性可塑论”，也就是认为管理不仅是对人性的适应过程，而且是对人性的塑造过程。孔子是这一理论的首倡代表，他指出，“性相近也，习相远也”。告子承继这一思想，认为人性是一张纯洁无瑕的白纸，其或善或恶的分化完全取决于人的后天行为，认为“生之谓性”，“食色，性也”，将人性理解成人的自然本性，无道德、善恶可言：“性犹湍水也，决诸东方则东流，决诸西方则西流。人性之无分于善不善也，犹水之无分于东西也。”并以杞柳与桮棬的关系比喻人性与道德的关系：“性犹杞柳也，义犹桮棬也；以人性为仁义，犹以杞柳为桮棬。”告子指出了人性与仁义道德的区别与联系，提出了一种与孟子天赋道德观相对立的后天道德观，为后世一些学者所继承。

人性可塑论类似于西方的超 Y 理论，这种人性假设认为人之善恶有别，不可一概而论。因此，世上也没有什么一成不变的、普遍适用的最佳管理理论和方法。利用经济激励的方法当然可以调动一部分人的积极性，但是对另一部分人来说，要调动他们的积极性就可能主要不是金钱，而可能是娱乐、社会地位或者是受到社会的尊敬等因素。性恶论（X 理论）与性善论（Y 理论）是互为联系补充的。一个管理者要想进行有效的管理，要想获得成功，就必须根据其所处的具体环境条件来选择适合自己的管理理论、方法和技术。

补充阅读2-1

中西方人性假设的比较

第二节　组织设计理论

组织及其成员的行为是复杂多变的，而环境的复杂性又给组织的管理带来困难，例外情况越来越多，难以找出一种适合于所有情况的管理理论和方法。自泰勒于 19 世纪末 20 世纪初开辟了组织理论以来，系统的组织设计理论经历了从古典组织设计理论到以行为科学理论为主的近代组织设计理论，再到现代组织设计理论的发展进程。组织设计理论的演进与社会的需要和管理实践有密切的联系，这些理论的提出可以看作是从机械式系统向自然生物系统的思想转变。

一、古典组织设计理论

（一）泰勒的科学管理学派

美国著名管理学家、经济学家泰勒在1911年提出科学管理理论。泰勒在年轻时从工厂学徒做起，先后被提为工长、车间主任，直至总工程师。他在工作中发现，许多工人往往表现出故意偷懒，磨洋工，工作效率很低，落后的管理策略也影响了生产效率的进一步提高。泰勒结合工厂的实践，致力于研究如何提高劳动效率。他发表的《科学管理原理》一书奠定了科学管理理论的基础，100多年来，科学管理思想仍然发挥着巨大的作用，也正是因为如此，在管理思想史上，泰勒被誉为“科学管理之父”。泰勒的科学管理理论的内容主要有以下几点。

1. 科学管理中的中心问题是提高劳动生产率

泰勒认为，科学管理的根本在于提高劳动生产率，因为科学管理如同节省劳动的机器一样，其目的是提高每一单位劳动力的产量。

2. 为了提高劳动生产率必须为工作挑选第一流的工人

泰勒认为，所谓第一流工人包括两个方面：一是工人的能力最适合他所从事的工作；二是工人从内心愿意从事这项工作。培训工人成为第一流的工人，是领导的职责。

3. 为了提高劳动生产率必须研究工时与标准化

工时研究并非简单的对一个工人完成一件规定任务做出时间上的统计，而是把一件工作分解为各种基础的组成部分，做出测试，然后根据其合理性重新进行安排，以确定最佳的工作方法。此外，除了操作方法标准化外，还应对工具、机械、原料和作业环境等进行改进，并使与任务有关的所有要素都最终实行标准化。

4. 在制定标准定额基础上实行差别计件工资制

制定标准定额是泰勒思想的基础。通过大量的工时与动作研究，他把每一项工作都分成尽可能多的简单基本动作，把其中无效动作去掉，并通过观察记录熟练工人的操作过程，寻找出每一个基本动作的最好最快操作方法。在标准定额的基础上，泰勒建议实行新的工资制度，即完成定额的可按工资标准的125%计算工资，而完不成定额的只按80%计算工资，以鼓励工人千方百计地完成工作定额。

5. 设置计划层，实行职能工长制

泰勒认为一位全能的工长应具备9种品质：智能和教育，具有专业技术的知识，手脚灵活且有力气，机制老练，有干劲，刚毅不屈，忠实老实，具有较强的判断和一般常识，身体健康。

泰勒把责任分为两大类：执行职责和计划职责。在执行部门可分解为：工作分派负责人、速度管理员、检查员、维修保养员。

在计划部门又可分解为：工作流程管理员、指示卡片管理员、工时成本管理员、车间纪律管理员。

6. 对组织机构的管理控制实行例外原则

例外原则强调了企业中经理人员的特殊作用，可以帮助经理人员摆脱日常具体事务，以集中精力对重大问题进行决策监督。执行这一原则不仅要授权给下级，而且应当使日常业务工作标准化、制度化，使下级人员有章可循。

7. 为实现科学管理应开展一场“心理革命”

泰勒认为，通过开展一场“心理革命”，变劳资对立为互相协作，共同为提高劳动生产率而努力，这才是科学管理理论的真谛。他强调，必须使工人认识到，科学管理对他们有好处，只有在改善操作方法的条件下，才能不增加体力消耗而实现提高劳动生产率，从而使工人工资得以提高。只有实现科学管理，才能够降低成本，满足雇主的利润要求。①

（二）法约尔的行政管理学派

法约尔（Henri Fayol）是古典管理理论在法国的杰出代表。他提出的一般管理理论对西方管理理论的发展具有重大影响，成为管理过程学派的理论基础，也是以后各种管理理论和管理实践的重要依据之一。法约尔的一般管理理论的主要内容有以下几点。

1. 区分了经营与管理的概念并论述了人员能力的相对重要性

法约尔认为，经营和管理是两个不同的概念。经营是指导一个组织趋向目标的过程，它由六项活动组成：技术活动，指生产、制造、加工等；商业活动，指购买、销售、交换等；财务活动，指资金的筹措及运用；安全活动，指设备和人员保护；会计活动，指存货盘点、成本核算、统计等；管理活动，指组织内行政人员所从事的计划、组织、指挥、协调和控制活动。法约尔认为，所有的组织成员都应具备这 6 种活动能力，但对于不同层级和不同组织的人来说，各种能力的相对重要性不同。

2. 概括并详细分析了管理的五项职能，即计划、组织、指挥、协调与控制

法约尔认为，计划是最重要的管理职能，是领导人员必备的条件和能力。企业中的组织包括人力和物力的组织，统筹考虑人力和物力才能够完成他们所承担的任务。组织作用的发挥离不开指挥，即把任务分配给各级各部门领导人员，使他们都承担相应的职责，他还对负责指挥的人员提出了八项要求。协调与控制，即统一、调节、规范所有的活动，核实工作进展是否与既定计划和原则相一致，从而防止和纠正工作中可能出现或已经出现的偏差。

3. 提出了具有普遍意义的如何履行管理职能的 14 项原则

14 项原则为：劳动分工、权利与责任、纪律、统一指挥、统一领导、个人利益服从集体利益、合理的报酬、适当的集权和分权、秩序、公平、保持人员稳定、首创精神、集体精神、跳板原则。

4. 阐述了管理教育和建立管理理论的必要性

针对当时法国的实际情况，即不少企业领导者都认为，只有实践和经验才是走上管理

① 弗雷德里克·温斯洛·泰勒．科学管理原理［M］．居励，胡苏云，等译．成都：四川人民出版社，2017.

职位的唯一途径，学校也不讲授管理方面的课程，法约尔认为，人的管理能力可以通过教育来获得。法约尔强调管理教育的必要性与可能性，认为当时缺少管理教育是因为缺少管理理论，每一个管理者都按自己的方法、原则、判断行事，没有人把可以为大家共同接受的经验教训总结概括为管理理论。法约尔强调了建立管理理论的必要性，并担起了这一重任。

（三）韦伯的科层制学派

管理组织理论的代表人物是韦伯（Max Weber）。他出生于德国一个有着广泛政治和社会联系的富裕家庭，是一个对社会学、宗教、经济学和政治学都怀着极大兴趣的学者。韦伯是与泰勒、法约尔同时代的又一位古典管理理论的代表人物，在管理思想史上，韦伯被誉为“组织理论之父”。韦伯的管理组织理论的基本内容有以下几点。

1. 揭示了组织与权威的关系并划分了权威的类型

韦伯认为，任何组织都必须以某种权威为基础，才能实现目标，只有权威才能改变混乱形成秩序，但不同组织赖以建立的权威不同。古往今来，组织赖以建立的权威有三种：一是传统权威，以尊崇社会习惯、社会传统为基础；二是超凡权威，以崇拜领袖人物的品格、信仰或超人智慧为基础；三是合理合法的权威，以服从法律确立的职位权力为基础。韦伯认为，以传统权威和超凡权威为基础建立的组织不是科学的、理想的组织，只有建立在合理合法权威基础上的组织，才能更好地开展活动，是理想的组织。这种组织在精确性、稳定性、纪律性和有效性等方面，比其他组织都优越。韦伯称这种组织为官僚制组织。

2. 归纳了官僚制组织的基本特征

韦伯认为，官僚制组织的基本特征有六个：实现劳动分工，明确规定每一成员的权力与责任，并作为正式职责使之合法化；各种公职或职位按权力等级严密组织起来，形成指挥体系；通过正式考试的成绩或在培训中取得的技术资格来挑选组织的所有成员；实行任命制，只有个别职位才实行选举制；公职人员都必须是专职的，并有固定薪金保证；职务活动被认为是私人事务以外的事情，受规则和制度制约，而且是毫无例外地适用于各种情况。

3. 概括了官僚制组织的结构

韦伯认为，官僚制组织体系的结构可分为三个层次，即最高领导层、行政官员层和一般工作人员层。在官僚制组织下，最高领导层相当于目前许多组织的高级管理层，其主要职能是决策；行政官员层相当于中间管理层，其主要职能是贯彻执行最高领导层的决策；一般工作人员层相当于直接操作层，其主要职能是从事各项具体的实际工作。

二、近代组织设计理论

近代组织设计理论以行为科学为理论依据，着重强调人的因素，从组织行为的角度来研究组织设计。20世纪20年代末到30年代初，世界经济陷入了空前的巨大危机，泰勒、法约尔、韦伯等人的古典管理理论在提高劳动生产率方面虽然取得了显著的成绩，却激起了工人的反抗，人们发现单纯使用科学管理等传统的管理理论和方法已不能有效地控制工人，不能达到提高生产率和利润的目的，管理学者们不得不注重在微观层面上研究除硬件外造成企业效率下降的影响因素，行为科学理论和学派因此出现。

行为科学是运用心理学、社会学、人类社会学等学科的理论和方法来研究工作环境中个人和群体行为的一门综合性和交叉性学科。行为科学时期的组织理论包括人际关系学说（社会人）、需求层次理论、双因素理论和 X 理论-Y 理论等。

（一）福莱特的伙伴关系理论

美国管理学家福莱特（Mary P. Follett）提出的管理理论把心理学的研究成果系统地应用到管理的实践活动中。她的理论传递了一个极其重要的信息：在人类社会的一切行为中，相互之间的联系极为重要，可以发挥出巨大的作用。联系和融合是贯穿她所有著作的主题。福莱特认为，管理的根本任务在于使人和组织相协调，并创造一种环境和形势，使人们自愿主动地进行合作。为了有效地进行协调，福莱特提出了组织的四条基本原则。

1. 交互联系原则

在一种特定的情景中，所有因素彼此间必定存在相互的联系，对这些联系必须予以足够的重视。

2. 直接协调原则

在组织中负责的人们，无论处于组织层次的哪个职位，都必须保持直接的交往。“联系”与“命令”对于实现协调具有同等的重要性。

3. 持续过程原则

需要有一种长久的机制来完成从计划到行动，再从行动到未来计划的任务。因为信息本身就是控制的一种形式，假如信息能被人们准确接收，还可以产生一种与取得的信息保持一致的行为趋向。

4. 早期协调原则

所有相关人员应该在政策或决定的形成阶段参与协调，而不能只是在政策或决定的完成阶段参与。这有利于提高组织成员的积极性，有益于组织的发展。

福莱特在冲突、整合、协调、控制、权威及领导等方面提出的思想主张和理论核心是正确的，实际上为古典组织设计理论和行为科学组织设计理论之间作了沟通。有人将她视为连接科学管理与行为科学两个时期的重要桥梁。

（二）西蒙的决策组织理论

西蒙（Herbert A. Simon）在《管理行为》[①] 一书中指出，理性的和经济的标准都无法确切地说明管理的决策过程，进而提出“有限理性”标准和“满意度”原则。影响决策者进行决策的不仅有经济因素，还有其个人的行为表现，如态度、情感、经验和动机等。

---

① 赫伯特·A. 西蒙. 管理行为［M］. 珍藏版. 詹正茂，译. 北京：机械工业出版社，2013.

决策者在决策过程中的行为并非完全理性的，只是部分理性的，或者是有限理性的。西蒙的以决策为中心的组织理论非常丰富：

1. 决策过程

组织的基本功能就是决策，“管理就是决策”。西蒙对传统组织理论所推崇的一些组织原则进行了批评，例如统一指挥与专业分工、管理幅度与管理层次等，他认为这些原则是彼此矛盾的，究竟哪一种组织原则最为有效，传统组织理论没有回答。西蒙认为，组织是一个决策系统，有效的组织应以正确的决策为基础，传统组织理论一个很大的不足，就在于忽视了对组织决策问题的研究。

2. 合理性

合理性取决于为实现某一目的而合理选择的手段。西蒙认为，无论是组织还是个人，在手段和目的的关系上都达不到完全的整合。这是因为人的理性是有限的，这就是他提出“有限理性”决策的著名原理。由于决策者在主观上受认识能力、知识、价值观念等方面的限制，在客观上受时间、经费、情报来源等方面的限制，任何组织不可能达到“最理想”“最优化”的决策，只能追求在当时条件下“令人满意”的决策。

3. 平衡论

西蒙发展了巴纳德的组织平衡思想，认为组织是由人组成的集体平衡系统，组织成员个人提供诱因和组织成员个人对组织的贡献之间存在互依互动的关系：一方面，组织要根据个人的贡献提供诱因，即物质的或是精神的报酬；另一方面，组织之所以能提供诱因，又来自成员个人对组织的贡献。为此他特别研究了“诱因效用”和“贡献效用”这两个新概念。

4. 影响论

影响论即研究组织如何影响个人的决策行为。西蒙认为，组织影响个人决策行为的因素有：

（1）权威

权威赋予了某人有指导他人行为的决策权。

（2）组织认同

组织认同即成员对组织的忠诚。一个行政人员在进行决策时，只有在对组织目标认同的情况下，才可能做出合理的、有效率的决策。

（3）信息沟通

没有信息沟通就没有决策，没有信息沟通就没有组织。组织的信息沟通是双向程序：一方面是将信息传达到决策中心，另一方面是决策中心将信息传达到各方面。

（4）培训

组织给员工培训来影响员工，使其能靠自己的能力做出满意的决策。

（5）效率

组织要求员工在做出决策时，用最短的路径或者最省钱的方法去实现预期的目标。

5. 组织设计讨论

组织设计是组织理论中的一个老问题，西蒙对组织设计理论的新贡献，在于他的组织设计理论是建立在他的决策理论基础上的。组织设计要有利于组织决策，以及为决策提供所必需的信息传递、信息处理工作。为此，他认为要关注以下方面：第一，组织结构的设计首先要从建立组织目标体系入手，这既是规定组织结构的重要依据，又是影响组织决策环境的重要因素。第二，西蒙强调的组织分工不是指业务内容的分工，而是将整个决策系统的组织分解为彼此相对独立的子系统，以尽量减少子系统之间的依赖性，使其有充分的决策权，以便最大限度地分散决策。第三，西蒙认为，现代组织所处的环境是“信息丰富”的环境，然而由于组织成员的能力有限，组织必须把自己的有限能力花在重要决策即工作重心的任务上。第四，西蒙认为，从组织的决策角度看，集权和分权各有利弊，因此他强调要适当地分权和集权而不应绝对分权和集权。组织活动是集体活动，想要顺利实现组织目标，必须有一定的集中协调机制；但若过分集权，又会导致决策者负担过重，无法集中精力考虑重大决策问题，还会造成下级人员无所作为和决策脱离实际等问题。

三、现代组织设计理论

（一）组织平衡理论

组织平衡理论是有关组织生存、发展的原理，是对组织生态的说明。西方现代管理理论中社会系统学派的创始人巴纳德（Chester Barnard）于1938年出版的《经理人员的职能》① 和10年后出版的《组织与管理》② 就是组织理论方面的代表作。

巴纳德认为，组织平衡是组织生存发展和管理职能之间的关键，可以从组织内部平衡、组织与环境的平衡、组织动态平衡三方面考察。

1. 组织内部平衡

组织内部平衡，是指组织整体与个体之间的平衡，也是诱因与贡献的平衡，即组织提供给个人的可用于满足个人需求、影响个人动机的诱因必须等于或大于个人对组织的贡献。组织的对内平衡是指有效性分配诱因，确保给各个成员的诱因和贡献平衡，从而保持成员协作积极性的激励过程。诱因应包括经济的与非经济的两类，非经济诱因包括晋升、荣誉、理想的满足、工作条件、机会、交流沟通等。

由于促进组织成员做贡献的诱因是不充分的，并且组织平衡是不稳定的，因此，为了使组织保持收支平衡，就必须采用差别诱因原则，即公开地评价每个成员的贡献，按照贡献大小分配经济或非经济的诱因。巴纳德认为，有差别地分配诱因对保持组织声誉和群体意识是不可缺少的。

2. 组织与环境的平衡

组织与环境的平衡，也就是组织作为环境的有机体并适应环境的行为，即组织是否是

---

① 切斯特·巴纳德．经理人员的职能［M］．王永贵，译．北京：机械工业出版社，2007.

② 切斯特·巴纳德．管理与组织［M］．曾琳，赵青，译．北京：中国人民大学出版社，2009.

环境系统的一个合理组成部分，组织在系统中承担的职能、实现职能的状况及组织效率如何。实现组织与环境的平衡主要取决于组织目标对环境状况的适应性和目标的实现程度。由此看来，组织的内外平衡是统一的，诱因与贡献取得平衡，组织获得成员较高程度的努力，有助于实现组织与外部的平衡；组织效率高、组织与环境平衡程度高，又可以为实现内部平衡积累资源、创造条件。

巴纳德认为，为了适应环境的变化，必须改变组织的目的，组织如果失去对外平衡，组织的效力，即组织的利润率和发展速度就要下降。这样一来，诱因就会不足，组织也就难以存续。为了保持组织的对外平衡，必须使组织适应外部环境的变化，重视经营目的和经营战略的决策。

3. 组织动态平衡

组织动态平衡，即组织内外所有相关因素都处在变化中，是一个不断打破旧平衡、建立新平衡的过程。实现组织动态平衡最关键的是要处理稳定和变革的矛盾，这就需要有系统和权变的观念，要用全面的、发展的、变化的观点看待和处理组织发展中的问题。

（二）系统组织理论

巴纳德的系统组织理论又称巴纳德的自觉协作活动系统理论。巴纳德将社会学概念应用于分析经理人员的职能和工作过程，并把研究重点放在组织结构的逻辑分析上，提出了一套关于协作和组织的理论。

巴纳德认为，社会的各级组织包括学术的、宗教的、军事的、企业的等多种类型的组织都是一个协作的系统，这些协作组织是正式组织，都包含三个要素：协作的意愿、共同的目标和信息联系。所有的正式组织中都存在非正式组织，两者是协作中相互作用、相互依存的两个方面。一个协作系统是由相互协作的许多人组成的。对于个人目标和组织目标的不一致，巴纳德提出了“有效性”和“能率”两条原则。当一个组织系统协作得很成功，能够实现组织目标时，这个系统就具有“有效性”，它是系统存在的必要条件。系统的“能率”是指系统成员个人目标的满足程度，协作能率是个人能率综合作用的结果。这样就把正式组织的要求同个人的需要结合起来了，这在管理思想上是一个重大突破。

组织的有效性取决于个人接受命令的程度。巴纳德分析了个人承认指令的权威性并乐于接受指令的四个条件：

他能够并真正理解指令。

他相信指令与组织的宗旨是一致的。

他认为指令与他的个人利益是不矛盾的。

他在体力和精神上是胜任的。经理人员不应滥用权威，发布无法执行或得不到执行的命令。

巴纳德在《组织与管理》一书中再次突出强调了经理人员在企业组织与管理中的重要领导作用，从五个方面精辟地论述了“领导的性质”这一关系到企业生存和发展的根本性问题。

构成领导行为的四要素：确定目标、运用手段、控制组织、进行协调。

领导人的条件：平时要冷静、审慎、深思熟虑、瞻前顾后、讲究工作的方式与方法；紧急关头则要当机立断、刚柔并济、富有独创精神。

领导人的品质：活力和忍耐力、当机立断、循循善诱、责任心以及智力。

领导人的培养和训练：通过培训增强领导人一般性和专业性的知识，在工作实践中锻炼平衡感和洞察力，积累经验。

领导人的选拔：领导人的选拔取决于两种授权机制——代表上级的官方授权（任命或免职），代表下级的非官方授权（接受或拒绝）。后者即被领导者的拥护程度是领导人能否取得成功的关键。领导人选拔中最重要的条件是其过去的工作表现。

（三）权变理论

权变理论是20世纪60年代末70年代初在美国经验主义学派基础上进一步发展起来的管理理论。20世纪70年代，权变理论在美国兴起，受到广泛的重视。“权变”的意思就是权宜应变。

权变理论认为，在组织管理中要根据组织所处的环境及内部条件的发展变化随机应变，没有一成不变、普遍适用、“最好的”管理理论和方法。权变管理就是依托环境因素和管理思想及管理技术因素之间的变数关系来确定一种最有效的管理方式。基于系统观点，其理论核心就是通过组织的各子系统内部和各子系统之间的相互联系，以及组织和它所处的环境之间的联系，来确定各种变数的关系类型和结构类型。权变理论强调在管理中要根据组织所处的内外部条件随机应变，针对不同的具体条件寻求不同的最合适的管理模式、方案或方法。

美国学者卢桑斯（Fred Luthans）在1976年出版的《管理导论：一种权变学》[①] 一书中系统地概括了权变管理理论。他的观点如下：

第一，权变理论就是要把环境对管理的作用具体化，并使管理理论与管理实践紧密地联系起来。

第二，环境是自变量，而管理的观念和技术是因变量。这就是说，如果在某种环境条件下，想要更快地达到目标，就要采用某种管理原理、方法和技术。例如，在经济衰退时期，市场中供过于求，企业经营时采用集权的组织结构，就更适于达到组织目标；在经济繁荣时期，市场中供不应求，那么企业采用分权的组织结构可能会更好一些。

第三，权变管理理论的核心内容是：环境变量与管理变量之间的函数关系是权变关系。环境可分为外部环境和内部环境。外部环境又可以分为两种：一种是由社会、技术、经济和政治、法律等组成的；另一种是由供应者、顾客、竞争者、雇员、股东等组成的。内部环境基本上是正式组织系统，它的各个变量与外部环境各变量之间是相互关联的。

（四）达夫特的组织理论

达夫特（Richard L. Daft）主要致力于组织和领导理论的研究。达夫特认为，管理者

---

① 权变管理理论体系的建立者——弗雷德·卢桑斯［J］. 现代班组，2012（7）：25.

想要有效地管理和领导组织，不仅要具备微观层面上的组织行为学知识，而且还要能从宏观层面上把握对整个系统的组织设计。

补充阅读2-2

组织理论是如何完善经济人假设的

达夫特将组织中管理问题的考察视角从主体变为客体，围绕“组织设计”这一核心，构建了一套特有的组织管理理论体系，不仅涵盖了组织的动态过程以及组织的内外环境因素，而且以其特有的客体视角突出了组织设计与再设计的核心内容，使管理者们可以更清楚地考察和了解他们存在和将加以管理的组织。同时，达夫特注重运用权变原理对各种情境变量进行分析，以便清楚地了解各变量之间相互制约或促进的关系，从而为管理者选择最适合的组织结构模式提供指导。

第三节　激励理论

激励理论是关于激励的指导思想、原理和方法的概括与总结。
按照研究侧重不同，激励理论通常可分为内容激励理论、过程激励理论和行为改造激励理论。

内容激励理论着重研究人的需要，回答了“以什么为基础，什么才能激发人的积极性”的问题，主要包括需求层次理论、ERG 理论、双因素理论和成就激励理论。

过程激励理论着重研究行为的发生机制，回答了“如何由需要引起动机，由动机推动行为，并由行为导向目标”的问题，主要包括公平理论、期望理论。

行为改造激励理论着重研究对行为的修正和固化，回答了“怎样使积极行为得到巩固，使消极行为得以转化”的问题，代表理论为目标设置理论和强化理论。

一、内容激励理论

（一）需求层次理论

美国心理学家马斯洛在 1943 年出版的《人类激励的一种理论》一书中提出了需求层次理论，1954 年在《激励与个性》一书中又对该理论做了更深入的揭示，他认为人的需求可以划分为五个层次：生理需求、安全需求、社交需求、尊重需求和自我实现的需求①。

1. 生理需求

这是人类维持自身生存的最基本要求，包括衣食住行等方面的要求。如果这些需求得不到满足，人类的生存就成了问题。在这个意义上说，生理需要是推动人们行动的最强大动力。马斯洛认为，只有这些最基本的需要得到满足后，其他的需要才能成为新的激励因

① 马仁杰，王荣科，左雪梅．管理学原理［M］．北京：人民邮电出版社，2013：15-27.

素，而到了此时，这些已相对满足的需求也就不再是激励因素。

2. 安全需求

这种需求不仅指身体上的，希望人身得到安全保障、免受威胁，而且还有经济上的、心理上的以及工作上的等多个方面，比如有一份稳定的职业、心理不会受到刺激或者惊吓、退休后生活有保障等。马斯洛认为，整个有机体是一个追求安全的机制，人的感受器官、效应器官、智能和其他能量主要是寻求安全的工具，当然，当这种需求一旦相对满足后，也就不再成为激励因素了。

3. 社交需求

这一层次的需要包括两个方面的内容。一是友爱的需要，即人人都需要伙伴之间、同事之间的关系融洽或保持友谊和忠诚，得到他人的关爱等；二是归属的需要，即人都有一种归属于一个群体的感情，希望成为群体中的一员，并相互关心和照顾。这种需求如果无法满足，可能就会影响人们的精神健康。

4. 尊重需求

每个人都希望自己有稳定的社会地位，要求个人的能力和成就得到社会的承认。尊重的需要又可分为内部尊重和外部尊重。内部尊重是指一个人希望在各种不同情境中有实力、能胜任、充满信心、能独立自主。外部尊重是指一个人希望自己有一定的地位、有威信，可以得到别人的尊重、信赖和高度评价。马斯洛认为，尊重需求得到满足时，人对自己充满信心，对社会满腔热情，并且体验到自己的人生价值。

5. 自我实现需求

这是最高层次的需要，是指实现个人理想、抱负、发挥个人的能力到最大程度，实现自我的发展和自我的完善，成为自己所期望的人的一种愿望。马斯洛提出，为满足自我实现需要所采取的途径是因人而异的，自我实现的需要是努力发挥自己的潜力，使自己越来越成为自己所期望的人物。

五种需求像阶梯一样从低到高，按层次逐级递升，但这样的次序不是完全固定的，可以变化，也有种种例外情况。一般来说，某一层次的需要相对满足了就会向高一层次发展，追求更高一层次的需要就成为驱使行为的动力。与之相应，获得基本满足的需要就不再是一股激励力量。五种需求可以分为高低两级，其中生理需求、安全需求和社交需求属于低一级的需要，这些需要通过外部条件就可以满足；而尊重需求和自我实现需求是高级需要，是通过内部因素才能满足的，而且一个人对尊重和自我实现的需要是无止境的。同一时期，一个人可能有几种需要，但每一个时期总有一种需要占支配地位，对行为起决定作用。任何一种需要都不会因为更高层次的需要的发展而消失。各层次的需求相互依赖和重叠，高层次的需求发展后，低层次的需求仍然存在，只是对行为影响的程度大大减小。

马斯洛的需要层次理论在一定程度上反映了人类行为和心理活动的共同规律。该理论积极的一面在于：马斯洛从人的需求出发探索人的激励诱因，抓住了激励问题的关键；马斯洛认为人的需要有一个从低级向高级发展的过程，基本上符合人类需要发展的一般规律。但该理论也有其局限性，具体体现在：首先，马斯洛调查的对象主要是中产以上阶层人们的需要，其缺乏普遍性；其次，马斯洛提出人的需要都是生来固有的，但实际上人的需要既有天生的，也有后天形成的；最后，马斯洛认为只有低层次需要基本满足后，高层次需要才会显现，这种观点带有明显的机械论色彩。

（二）ERG 理论

美国耶鲁大学的奥尔德弗（Clayton Alderfer）在马斯洛提出的需要层次理论的基础上，进行了更接近实际经验的研究，提出了一种新的人本主义需要理论。奥尔德弗认为，人们共存在三种核心的需要，即生存（Existence）的需要、相互关系（Relatedness）的需要和成长发展（Growth）的需要，因而这一理论被称为 ERG 理论。

1. 生存的需要

生存的需要与人们基本的物质生存需要有关，即生理和安全需求（如衣、食、行等），关系到人的存在或生存，这实际上相当于马斯洛理论中的前两个需求。

2. 相互关系的需要

相互关系的需要，指人们对于保持重要的人际关系的要求。这种社会和地位的需要的满足是在与其他需要相互作用中达成的，与马斯洛的社交需要和尊重需要分类中的外在部分是相对应的。

3. 成长发展的需要

奥尔德弗把成长发展的需要独立出来，它表示个人谋求发展的内在愿望，包括马斯洛的尊重需要分类中的内在部分和自我实现需要所包含的特征，即个人自我发展和自我完善的需求。这种需求可以通过创造性发展个人的潜力和才能、完成挑战性的工作得到满足，相当于马斯洛理论中第四、第五层次的需求。

除了用三种需要替代五种需要以外，与马斯洛的需要层次理论不同的是，奥尔德弗的 ERG 理论还表明：人在同一时间可能有不止一种需要起作用；如果较高层次需要的满足受到抑制的话，那么人们对较低层次的需要的渴望会变得更加强烈。

马斯洛的需要层次是一种刚性的阶梯式上升结构，即认为较低层次的需要必须在较高层次的需要满足之前得到充分的满足，二者具有不可逆性。与此相反，ERG 理论并不认为各类需要层次是刚性结构，比如说，即使一个人的生存和相互关系需要尚未得到完全满足，他仍然可以为成长发展的需要工作，而且这三种需要可以同时起作用。

此外，ERG 理论还提出了一种叫作“受挫-回归”的思想。马斯洛认为当一个人的某一层次需要尚未得到满足时，他可能会停留在这一需要层次上，直到获得满足为止。相反，ERG 理论则认为，当一个人在某一更高的需要层次受挫时，那么作为替代，他的某一较低层次的需要可能会有所增加。例如，如果一个人社会交往需要得不到满足，可能会增强他对得到更多金钱或更好的工作条件的愿望。与马斯洛需求层次理论类似的是，ERG 理论认为较低层次的需要满足之后，会引发对更高层次需要的愿望。不同于需要层次理论的是，ERG 理论认为多种需要可以同时作为激励因素而起作用，并且当满足较高层次需要的企图受挫时，会导致人们向较低层次需要的回归。

因此，管理措施应该随着人的需要结构的变化而做出相应的改变，并根据每个人不同的需要制定出相应的管理策略。

（三）双因素理论

双因素理论亦称“激励-保健理论”，由美国心理学家赫茨伯格在1959年提出。他把企业中有关因素分为两种，即满意因素和不满意因素。满意因素是指可以使人得到满足和激励的因素；不满意因素是指容易产生意见和消极行为的因素，即保健因素。他认为这两种因素是影响员工绩效的主要因素。保健因素的内容包括公司的政策与管理、监督、工资、同事关系和工作条件等。这些因素都是工作以外的因素，如果满足这些因素，能消除不满情绪，维持原有的工作效率，但不能激励人们更积极的行为。激励因素与工作本身或工作内容有关，包括成就、赞赏、工作本身的意义及挑战性、责任感、晋升、发展等。这些因素如果得到满足，可以使人产生很大的激励，若得不到满足，也不会像保健因素那样产生不满情绪[①]。

他认为真正能激励员工的有下列五项因素：工作表现机会和工作带来的愉快；工作上的成就感；由于良好的工作成绩而得到的奖励；对未来发展的期望；职务上的责任感等。这些因素是积极的，是影响人的工作动机并长期起主要作用的因素，是职工工作动机的源泉。据此，赫茨伯格认为，为了增加“激励”因素，提高生产率，需要用“工作丰富化”的管理方法来取代“流水作业线”的生产程序和管理方法，这样可以减少工人的不满情绪，降低旷工率，提高产品质量。

赫茨伯格双因素理论的核心在于，只有激励因素才能够给人们带来满意感，而保健因素只能消除人们的不满，但不会带来满意感，因此如何认定与分析激励因素和保健因素并“因材施政”才是关键。比如，就销售员的工资薪金设计来说，按照双因素理论，应该划分为基础工资与销售提成两部分，基础工资属于保健因素，销售提成则属激励因素，对销售人员而言，通常做法是低工资高提成，这样才能促使销售人员尽可能地多做业务。所以，将赫茨伯格双因素理论运用于管理，首先要对存在的各因素进行质的分析与划分，明确或创造出保健与激励因素两部分。其次，进行量的分析与划分，既保障保健因素的基本满足程度，又尽量地加大激励因素的成分，从而最大限度地激发员工工作的积极主动性。

在实际工作中，借鉴这种理论来调动员工的积极性，不仅要充分注意保健因素，使员工不至于产生不满情绪；更要注意利用激励因素去激发员工的工作热情，使其努力工作。如果只顾及保健因素，仅仅满足员工暂时没有什么意见，是很难创造出一流工作成绩的。

（四）成就激励理论

成就激励理论是美国哈佛大学教授麦克利兰（David McClelland）于20世纪50年代在一系列文章中提出的。麦克利兰把人的高层次需求归纳为对成就、权力和亲和的需求。他

① 林崇德．心理学大辞典［M］．上海：上海教育出版社，2003.

对这三种需求，特别是成就需求做了深入的研究。

1. 成就需求（Need for Achievement）：争取成功，希望做得最好的需求

麦克利兰认为，具有强烈的成就需求的人渴望将事情做得更为完美，提高工作效率，获得更大的成功，他们追求在争取成功的过程中克服困难、解决难题、努力奋斗的乐趣，以及成功之后的个人成就感，他们并不看重成功所带来的物质奖励。个体的成就需求与他们所处的经济、文化、社会、政府的发展程度有关，社会风气也制约着人们的成就需求。

麦克利兰发现高成就需求者有三个主要特点：第一，高成就需求者喜欢设立具有适度挑战性的目标，不喜欢凭运气获得的成功，不喜欢接受那些在他们看来特别容易或特别困难的工作任务。他们不满足于无目标的随波逐流，而总是想有所作为。他们总是精心选择自己的目标，因此，他们很少自动地接受别人包括上司为其选定目标。除了请教能提供所需技术的专家外，他们不喜欢寻求别人的帮助或忠告。他们要是赢了，会要求应得的荣誉；要是输了，也勇于承担责任。例如，掷骰子（获胜机会是1/3）和研究一个问题（解决问题的机会也是1/3），要如何选择？高成就需求者会选择研究问题，尽管获胜的概率相同，而掷骰子则容易得多。高成就需求者喜欢研究、解决问题，而不愿意依靠机会或他人取得成果。第二，高成就需求者在选择目标时会回避过分的难度。他们喜欢中等难度的目标，既不是唾手可得没有一点成就感，也不是难得只能凭运气。他们会揣摩可能办到的程度，然后再选定一个力所能及的目标——能够取胜的最艰巨的挑战。对他们而言，当成败可能性均等时，才是一种能从自身的奋斗中体验成功的喜悦与满足的最佳机会。第三，高成就需求者喜欢能立即给予反馈的任务。目标对于他们非常重要，所以他们希望得到有关工作绩效的及时明确的反馈信息，从而了解自己是否有所进步。这就是高成就需求者往往选择专业性职业，或从事销售，或者参与经营活动的原因之一。

麦克利兰指出，金钱刺激对高成就需求者的影响很复杂。一方面，高成就需求者往往对自己的贡献评价甚高，自抬身价。他们有自信心，因为他们了解自己的长处，也了解自己的短处，所以在选择特定工作时有信心。如果他们在组织工作出色而薪酬很低，他们是不会在这个组织待很长时间的。另一方面，金钱刺激究竟能够对提高他们绩效起多大作用很难说清，他们一般总以自己的最高效率工作，所以金钱固然是成就和能力的鲜明标志，但是由于他们觉得这配不上他们的贡献，所以可能引起不满。

具有成就需求的人，对工作的胜任感和成功有强烈的要求，同样也担心失败；他们乐意甚至热衷于接受挑战，往往为自己树立有一定难度而又不是高不可攀的目标；他们敢于冒风险，又能以现实的态度对待冒险，绝不会以迷信和侥幸心理对待未来，而是要通过认真的分析和估计；他们愿意承担所做的工作的个人责任，并希望得到所从事工作的明确而又迅速的反馈。这类人一般不常休息，喜欢长时间、全身心的工作，并从工作的完成中得到很大的满足，即使真正出现失败也不会过分沮丧。一般来说，他们喜欢表现自己。麦克利兰认为，一个公司如果有很多具有成就需求的人，那么公司就会发展很快；一个国家如果有很多这样的公司，整个国家的经济发展速度就会高于世界平均水平。但是在不同国

家、不同文化背景下，成就需求的特征和表现也不尽相同，对此麦克利兰未做充分表述。

2. 权力需求（Need for Power）：影响或控制他人且不受他人控制的需求

权力需求是指影响和控制别人的一种愿望或驱动力。不同人对权力的渴望程度也有所不同。权力需求较高的人对影响和控制别人表现出很大的兴趣，喜欢对别人发号施令，注重争取地位和影响力。他们常常表现出喜欢争辩、健谈、直率和头脑冷静，善于提出问题和要求，喜欢教训别人并乐于演讲。他们喜欢具有竞争性和能体现较高地位的场合或情境，他们也会追求出色的成绩，但他们这样做并不像高成就需求的人那样是为了个人的成就感，而是为了获得地位和权力或与自己已具有的权力和地位相称。权力需求是管理成功的基本要素之一。

麦克利兰将组织中管理者的权力分为两种：一是个人权力。追求个人权力的人表现出来的特征是围绕个人需求行使权力，在工作中需要及时的反馈和倾向于自己亲自操作。麦克利兰提出，一个管理者若把他的权力行使建立在个人需求的基础上，不利于他人来续位。二是职位性权力。职位性权力要求管理者与组织共同发展，自觉地接受约束，从体验行使权力的过程中得到一种满足。

3. 亲和需求（Need for Affiliation）：建立友好亲密的人际关系的需求

亲和需求就是寻求被他人喜爱和接纳的一种愿望。高亲和动机的人更倾向于与他人进行交往，至少是为他人着想，这种交往会给他带来愉快。高亲和需求者渴望亲和，喜欢合作而不是竞争的工作环境，希望彼此之间沟通与理解，他们对环境中的人际关系更为敏感。有时亲和需求也表现为对失去某些亲密关系的恐惧和对人际冲突的回避。亲和需求是保持社会交往和人际关系和谐的重要条件。

麦克利兰的亲和需求与马斯洛的感情需求基本相同。麦克利兰指出，注重亲和需求的管理者容易因为讲究交情和义气而违背或不重视管理工作原则，从而导致组织效率下降。

麦克利兰的成就激励理论在企业管理中很有应用价值。首先，在人员的选拔和安置上，通过测量和评价一个人动机体系的特征对于如何分派工作和安排职位有重要的意义。其次，由于具有不同需求的人需要不同的激励方式，了解员工的需求与动机有利于合理建立激励机制。最后，动机是可以训练和激发的，因此可以训练和提高员工的成就动机以提高生产率。但不可回避的是，成就激励理论过分强调个体高层次需要的重要性，而忽视了满足个体低层次需要的意义。

二、过程激励理论

（一）期望理论

期望理论又称作“效价-手段-期望理论”，是管理心理学与行为科学的一种理论，由著名心理学家和行为科学家弗鲁姆于 1964 年在《工作与激励》中提出。这个理论的公式说明，一个人对目标的把握越大，估计达到目标的概率越高，激发起的动力越强烈，积极性也就越大，在领导与管理工作中，运用期望理论调动下属的积极性是有一定意义的。期望理论的主要内容是：人们在预期他们的行为会给个人带来既定的成果且该成果对个人具有吸引力时，才会被激励去做某些事情以达到组织设置的目标。因此，人们从事任何工作的激励程度，将取决于其努力取得的成果价值与估计的实现目标可能性的乘积。其公式为：

$$M = V \times E$$

其中，M（Motivation，激励力）是指调动一个人的积极性，激发人内部潜力的强度；V（Value，效价）是指达到目标对于满足个人需要的价值；E（Expectancy，期望值）是人们根据过去经验判断自己达到某种目标或满足需要的可能性是大还是小，即能够达到目标的主观概率①。

根据以上公式，只有当效价与期望值都较高时，才会产生比较强的激励力。因此，当人们预期个人努力能够完成个人绩效，而任务完成后能够得到组织的奖励，且组织奖励有助于实现个人目标，个体就会有动力去实施这一行为，如图 2-2 所示。

图 2-2　期望理论的基本模式

这也就告诉我们，期望理论的基本模式中有四个因素，需要兼顾几个方面的关系：

1. 努力和绩效的关系

这两者的关系取决于个体对目标的期望值。期望值又取决于目标是否适合个人的认识、态度、信仰等个性倾向，以及个人的社会地位、别人对他的期望等社会因素，即其由目标本身和个人的主客观条件决定。

2. 绩效与奖励的关系

人们总是期望在达到预期成绩后，能够得到合理的奖励，如奖金、晋升、提级、表扬等。组织的目标，如果没有相应的有效的物质和精神奖励来强化，时间一长积极性就会消失。

3. 奖励和个人需要的关系

奖励什么要适合各种人的不同需要，要考虑效价。要采取多种形式的奖励，满足各种需要，最大限度挖掘人的潜力，最有效地提高工作效率。

4. 需要的满足与新的行为动力之间的关系

当一个人的需求得到满足之后，他会产生新的需要和追求新的期望目标。需要得到满足的心理会促使他产生新的行为动力，并对实现新的期望目标产生更高的热情。

（二）公平理论

公平理论是美国行为科学家亚当斯在《工人关于工资不公平的内心冲突同其生产率的

① 谭融．公共部门人力资源管理［M］．3 版．天津：天津大学出版社，2008.

关系》（1962，与罗森合写）、《社会交换中的不公平》（1965）等著作中提出来的一种激励理论。该理论侧重于研究工资报酬分配的合理性、公平性及其对职工生产积极性的影响①。

公平理论的基本观点是人的工作积极性不仅与个人实际报酬多少有关，而且与人们对报酬的分配是否感到公平有关。人们总会自觉或不自觉地将自己付出的劳动代价及其所得到的报酬与他人进行比较，并对公平与否做出判断。这种公平感直接影响职工的工作动机和行为。其主要内容包括：

第一，人们对报酬是否满意是一个社会比较过程，满意的程度不仅取决于绝对报酬，更取决于相对报酬。

$$\text{相对报酬} = \frac{O}{I} = \frac{\text{报酬(工资、奖金、津贴、晋升、表扬等)}}{\text{贡献(知识、经验、技能、资历、努力等)}}$$

第二，按照参照对象的不同，公平理论的比较有两种，一种为横向比较，一种为纵向比较。

横向比较是指一个人将自己获得的报酬与自己的投入的比值与组织内其他人做比较，只有相等时他才认为公平，即：

$$\frac{OP}{IP} VS \frac{OC}{IC}$$

其中，OP 是对自己所获得报酬的感觉，IP 是对自己所做投入的感觉，OC 是对他人所获报酬的感觉，IC 是对他人所做投入的感觉

公平理论的横向比较可能出现以下两种情况：

$\frac{OP}{IP} < \frac{OC}{IC}$。在这种情况下，他可能要求增加自己的收入或减小自己今后的努力程度，以便使左方增大，趋于相等；第二种办法是他可能要求组织减少比较对象的收入或者让其今后增大努力程度以便使右方减小，趋于相等。此外，他还可能另外找人作为比较对象，以便达到心理上的平衡。

$\frac{OP}{IP} > \frac{OC}{IC}$。在这种情况下，他可能要求减少自己的报酬或在开始时自动多做些工作，但久而久之，他会重新估计自己的技术和工作情况，终于觉得他确实应当得到那么高的待遇，于是产量便又会回到过去的水平了。

纵向比较是指把目前所获报酬与自己目前投入的努力的比值，与自己过去所获报酬与过去投入的努力的比值进行比较，只有相等时才会认为公平，即：

$$\frac{OP}{IP} VS \frac{OH}{IH}$$

其中，OP 是对自己所获得报酬的感觉，IP 是对自己所做投入的感觉，OH 是对自己过去报酬的感觉，IH 是对自己过去投入的感觉。

---

① 马仁杰，王荣科，左雪梅．管理学原理［M］．北京：人民邮电出版社，2013：20-27.

纵向比较也可能出现两种情况：

$\frac{OP}{IP} < \frac{OH}{IH}$。在这种情况下，当事人会感觉到明显的不公平，其工作积极性下降，通过减少投入来改变自己的相对报酬。

$\frac{OP}{IP} > \frac{OH}{IH}$。当出现这种情况时，人不会因此产生不公平的感觉，但也不会因为觉得自己多拿了报酬而主动多做些工作。

第三，公平理论认为人能否受到激励，不仅根据他们得到了什么而定，还要根据他们所得与别人所得是否公平而定。这种理论的心理学依据，就是人的知觉对于人的动机的影响很大。一个人不仅关心自己所得所失本身，而且还关心与别人所得所失的关系。他们是以相对付出和相对报酬全面衡量自己的得失。如果得失比例和他人相比大致相当，就会心理平衡，认为公平合理心情舒畅。比别人高则令其兴奋，是最有效的激励，但有时过高会带来心虚，不安全感激增。低于别人时产生不安全感，心理不平衡，甚至满腹怨气，工作不努力、消极怠工。因此分配合理性常是激发人在组织中工作动机的因素和动力。

第四，当人们感到自己受到不公平待遇时会产生一定的心理行为，呈现出紧张不安，导致行为动机与工作效率下降，甚至出现逆反行为。亚当斯认为，当员工发现组织不公平时，会有以下六种主要反应：改变自己的投入；改变自己的所得；扭曲对自己的认知；扭曲对他人的认知；改变参考对象；改变目前的工作。

三、行为激励理论

（一）目标设置理论

目标设置理论是强调设置目标的特点会影响激励水平和工作绩效的理论。过程型激励理论之一，由美国学者洛克（Edwin Locke）于1967年提出。他认为目标本身就具有激励作用，目标能把人的需要转变为动机，使人们的行为朝着一定方向努力，并将自己的行为结果与既定的目标相对照，及时进行调整和修正，从而能实现目标。这种使需要转化为动机，再由动机支配行动以达成目标的过程就是目标激励。

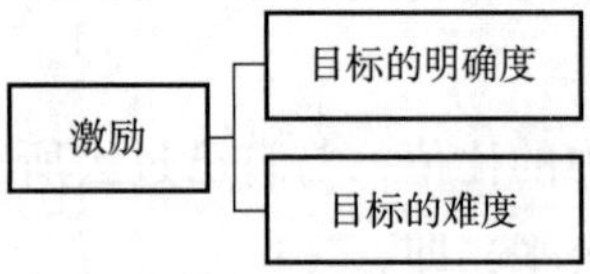

图2-3　激励效果的决定因素

这种激励的效果主要取决于目标的明确度和目标的难度两个因素（见图2-3）。目标的明确度是指目标能够准确衡量的程度，明确的目标可使人们更清楚要怎么做，付出多大的努力才能达到目标。明确的目标便于评价个人的能力，而模糊的目标不利于引导个体的行为和评价他的成绩。因此，目标设定得越明确越好。另外，目标的明确与否对绩效的变化也有影响。目标的难度指实现目标的难易程度。洛克的研究表明，就激励的效果来说，有目标的任务比没有目标的任务要好，有具体目标的任务比只有笼统目标的任务要好，有一定难度但经过努力能够实现目标的任务比没有难度或者难度过大的任务要好。当然，目标理论发挥作用还必须有一个前提，那就是员工必须承认并接受这一目标。

（二）行为强化理论

美国著名心理学家斯金纳经过对人和动物的学习进行的长期实验研究，提出了强化理论，又称操作性条件作用理论。所谓强化，从其最基本的形式来讲，指的是对一种行为的肯定或否定的后果（报酬或惩罚）。它至少在一定程度上决定这种行为在今后是否会重复发生。

强化包括正强化、负强化和自然消退三种类型：

第一种：正强化，又称积极强化。当人们采取某种行为时，如果从他人那里得到令其感到愉快的结果，这种结果反过来就会成为推进人们趋向或重复此种行为的力量。例如企业用奖金、休假等来奖励员工，从而增强员工更努力工作的想法。

第二种：负强化，又称消极强化。它是指通过某种不符合要求的行为所引起的不愉快的后果，对该行为予以否定。若员工能按所要求的方式行动，就可减少或消除令人不愉快的处境，从而也增大了员工符合要求的行为重复出现的可能性。惩罚是负强化的一种典型方式，即在消极行为发生后，以某种带有强制性、威慑性的手段如批评、行政处分等给人带来不愉快的结果，或者取消现有的令人愉快和满意的条件，以表示对某种不符合要求的行为的否定。

第三种：自然消退，又称衰减。它是指对原先可接受的某种行为强化的撤销。由于在一定时间内不予强化，此行为将自然下降并逐渐消退。例如，某企业曾给予加班员工一定奖励，后经研究发现这样不利于职工的身体健康和企业的长远利益，因此不再给予奖励，从而使加班加点的职工逐渐减少。

正强化用于加强所期望的个人行为，负强化和自然消退的目的是减少和消除不期望发生的行为。这三种类型的强化相互联系、相互补充，构成了强化的体系，并成为一种制约或影响人的行为的特殊环境因素。

在实际运用强化理论时，如何使强化机制协调运转并产生整体效应需要注意以下五个方面：一是应以正强化方式为主。二是采用负强化尤其是惩罚时手段要慎重。负强化应用不当可能会带来一些消极影响，因此在运用负强化时应尊重事实，讲究方法，处罚依据准确公正，尽可能消除副作用。将负强化与正强化结合应用一般能取得更好的效果。三是注意强化的时效性。一般情况下，及时强化可提高强化反应程度，但须注意及时强化并不意味着随时都要进行强化。不定期的或是非预料的间断性强化，往往可取得更好的效果。四是因人制宜，采用不同的强化方式。由于人的个性特征及其需要层次不尽相同，不同的强化机制和强化物所产生的效应会因人而异。因此，在运用强化手段时，应采用有效的强化方式，并随着对象和环境的变化而相应调整。五是利用信息反馈增强强化的效果。定期反馈有利于及时发现问题，分析原因，修正行为。

补充阅读2–3

激励理论对企业管理的实践

第四节 人力资本理论

人力资本理论（Human Capital Theory）最早起源于经济学研究。20世纪60年代，美国经济学家舒尔茨和贝克尔创立人力资本理论，开辟了关于人类生产能力的崭新思路。该理论认为物质资本指物质产品上的资本，包括厂房、机器、设备、原材料、土地、货币和其他有价证券等；而人力资本则指体现在人身上的资本，即对生产者进行教育、职业培训等支出及其在接受教育时的机会成本等的总和，表现为蕴含于人身上的各种生产知识、劳动与管理技能以及健康素质的存量总和。

一、早期人力资本思想溯源

（一）理论萌芽及人的货币价值视角

强调人在经济中的作用，帮助法庭确定人身伤害和死亡的赔偿问题，证明一个民族的能力，评价所有战争的成本……这是最先从经济学的视角认识人的经济价值，从宏观和微观的角度评价人的货币价值，是人力资本理论的萌芽。用货币价值来衡量人的经济作用，主要有两种方法：一是计算用于“生产”人力所使用的货币成本；二是计算一个人的未来收益。但这种理论有其局限性：用生产成本法计算人力资本不能保证成本与收益成正比关系，而计算人力投资的未来收益时应对比收益的现今价值。显然按照这种思路无法得出现代意义上的人力资本理论。

（二）理论提出：人的资本价值思想

著名古典经济学派代表斯密（Adam Smith）在其1776年出版的《国富论》中初步提出了人力资本的思想。他把资本划分为固定资本和流动资本，固定资本不仅包括机器、建筑物、改良的土地，而且还包括“社会上一切人民学到的有用才能”。他指出，学习是一种才能，须受教育、须进学校、须做学徒，所费不少，这样用掉的资本是已经实现并固定在学习者的身上的。这些才能，对于他个人自然是财产的一部分，对于他所属的社会，也是财产的一部分。人们学习有用的技能是一种投资活动。为学习花费的费用是可以得到偿还并且赚取利润的。这是对人力资本特征最早的完整性分析，并构成了经济学的基础。

法国古典经济学家萨伊在他1803年出版的《政治经济学概论》中也提到过人力资本的概念。德国古典经济学家杜能（Johann Heinrich von Thunen）认为，人是国家财富的重要组成部分，把资本的概念用于人，不会降低人的价值，也不会损害他的自由。19世纪40年代，德国经济学家李斯特（Friedrich List）在《政治经济学的国民体系》中指出与“物质资本”相对应的“精神资本”的概念，这里的精神资本是指个人所固有的或个人从社会环境和政治环境中得来的精神力量和体力。这应该是人力资本理论史上最早的关于人力资本的专门描述。

近代英国著名经济学家马歇尔认为估算人的价值是有用的。他讨论了将净收入资本化估算人力资本价值的方法；论述了劳动者增强本领，提高技能的过程也就是人力资本投资的过程；分析了影响人力资本投资的因素（如未成年人父母的财力、教育程度、预见能力等），强调教育作为人力资本投资的重要功能；区分了普通教育与工业教育的职能差别，指出前者培养一般能力而后者培养专门能力。

古典经济学对人力资本思想已有初步研究，包括从人的经济价值到人的资本价值，从人力资本的概念到人力资本投资。古典政治经济学家已经看到劳动是创造价值的源泉之一，孕育了现代人力资本理论研究的主要范畴。但时代的局限和理论基础的缺陷使各方面的研究不够完善，他们仍然认为劳动的报酬只是工资，而资本的报酬才是利润。尽管如此，这些经济学家通过对人力资本思想的研究，奠定了人力资本理论研究的基础，开创了人力资本学派，为现代人力资本理论创新提供了广阔的空间，因而他们在人力资本理论的发展进程中的影响是不可忽视的①。

二、现代人力资本理论形成

第二次世界大战以后，世界各国经济迅速复苏，科学技术迅速发展，处于主流学派的新古典经济学频频受到新出现的经济问题的挑战。新古典经济学的增长理论和资本理论紧紧抓住资本同质、劳动力同质假设不放，而基于这种假设的理论对一些新出现的经济问题很难解释，甚至出现矛盾，一时经济学出现了很多难解的“经济之谜”。一些学者敏锐地感觉到这种变化，为了求解这些经济之谜，他们开始对前人在人力资本领域的思想进行挖掘和发展，开创了现代人力资本理论的研究，形成了人力资本理论。现代人力资本理论的形成与演化表现为几个阶段：以劳动力要素分析为中心的形成阶段、以内生技术增长模型为中心的发展阶段和以知识资本理论为中心的深化阶段。

（一）以劳动力要素分析为中心

在该领域构建人力资本理论的最重要的代表人物是美国芝加哥大学的舒尔茨。他在20世纪50年代末60年代初连续发表了一系列重要文章，成为现代人力资本理论的奠基之作。他在1960年出任美国经济学会会长时发表的题为《人力资本投资》的演讲中，大胆而明确地阐述了人力资本概念与性质、人力资本投资内容与途径、人力资本在经济增长中的作用等思想。他不仅第一次明确阐述了人力资本投资理论，使其冲破重重歧视与阻挠成为经济学的一个新的领域，而且进一步研究了人力资本形成的方式与途径，并对教育投资的收益率和教育对经济增长的贡献做了定量的研究。舒尔茨也因此被称为“人力资本理论之父”并荣获了1979年诺贝尔经济学奖。

在收入分配领域做出杰出贡献的是美国经济学家明瑟（Jacob Mincer）。他在1957年完成的博士论文《人力资本投资与个人收入分配》中，首次建立了个人收入分析与其接受

① 王明杰，郑一山．西方人力资本理论研究综述［J］．中国行政管理，2006（8）：92-95.

培训量之间关系的经济数学模型。之后，他在另一篇论文《在职培训：成本、收益与某些含义》中，根据对劳动者个人收益率差别的研究，估算出美国对在职培训的投资总量和在这种投资上获得的收益率。明瑟是最早提出“收益函数”的经济学家之一，他用收益函数揭示了劳动者收入差别与接受教育和获得工作经验长短的关系。明瑟的研究从人的后天质量差别及其变化入手。他认为，工人收入的增长和个人收入差距缩小的根本原因是人们受教育水平的普遍提高，是人力资本投资的结果。明瑟对劳动者个体收益的研究以及对美国在在职培训上的投资总量和获得的相应私人收益率的核算，使得明瑟模型成为后人分析人力资本收益问题的重要工具。

舒尔茨和明瑟的研究，是从分析和解释其各自领域内出现的经济之谜出发的，虽然构建了相关领域人力资本理论的基本框架，但是缺乏更深层次的分析，没有对整个理论进行抽象化和系统化分析。

1964 年，贝克尔（Gary S. Becker）发表了《人力资本：特别关于教育的理论与经验分析》一文，被视为现代人力资本理论最终确立的标志。他系统阐述了人力资本与人力资本投资的问题，认为人力资本投资也要追求效用最大化、市场均衡和稳定偏好。贝克尔强调人力资本投资的多样性，认为在职培训是进行人力资本投资的重要形式。此外，收集信息、收集情报资料也是人力资本投资的形式，均有经济价值。

这一时期的人力资本理论全面分析了人力资本的含义、人力资本的形成途径及人力资本的“知识效应”。人力资本理论重新证明了人，特别是具有专业知识和技术的高层次的人是推动经济增长和经济发展的真正动力。这一理论也给资本理论、经济增长理论和收入分配理论的发展带来了革命性的影响。

（二）以内生技术增长为中心

20 世纪 80 年代中期以来，以罗默（Paul Romer）、卢卡斯（Robert Lucas）为代表的新增长理论将人力资本研究推到以内生技术增长为中心的新阶段。

罗默在其 1986 年发表的《收益递增经济增长模型》一文中提出了罗默模型，即简单的两时期模型和两部门模型，罗默的增长模型实现了技术进步的内生化，对于经济增长理论的发展有着极其重要的作用。他将知识作为一个独立要素纳入了经济增长模式，并认为知识积累是促进现代经济增长的重要因素。知识的外溢性使资本收益率变成资本的递增函数，从而修正了传统增长中收益递减或不变的假定，这充分解释了目前世界经济高速增长的原因，同时也说明了发达国家和发展中国家经济水平差距日益扩大的缘由。

1995 年诺贝尔经济学奖获得者卢卡斯从另一角度解释了经济增长的内在机制。他在 1988 年发表的著名论文《论经济发展的机制》中，把舒尔茨的人力资本理论和索洛的技术决定论的增长模型结合起来并加以发展形成人力资本积累增长模型。其模型为：

$$H = h(t) \cdot \delta[1 - u(t)]$$

式中，$h(t)$ 表示表现为劳动技能的人力资本，H 表示人力资本的增量，δ 表示人力资本的产出弹性，u 表示全部生产时间，$1-u(t)$ 表示脱产学习的时间。

公式表明：如果 $u(t)=1$，则 $H=0$，即无人力资本积累；如果 $u(t)=0$，则 H 按 δ 的速度增长，即 H 达到最大值。由此可见，卢卡斯在模型中强调了人力资本对经济增长的作用，并且把人力资本形成的途径归纳为两个：正规学习和边干边学。他不仅指出人力资本本身的内生功能，而且指出在职教育与脱产学习、正规学习和边干边学等这些人力资本形成方式的内生功能。

以内生技术增长为中心的人力资本理论是对现代人力资本理论的重要推进，用经济模型的方法研究人力资本理论，从强调一般的技术进步和人力资源转向强调特殊的知识，即专业化的人力资本，极大地发展了人力资本理论，揭示了人力资本的外溢效应。

（三）以知识资本理论为中心

加尔布雷斯（J. K. Galbraith）第一个提出了知识资本概念，他把知识资本视为一种动态的资本、一种知识性的活动。斯图尔特（Thomas A. Stewart）指出，知识资本是指包括知识、信息、知识产权和经验等在内的，能够生产物质财富的原料，知识资本是一种集体智能的组合。埃德文森（Edvinsson）和沙利文（Sullivin）认为，知识资本是知识企业物质资本和非物质资本的合成，是企业市场价值与账面价值之间的差额。目前普遍一致的看法是，知识资本是一种无形的材料，它包括思想、想象力和专有知识及技术等。西方学者基本上从人力资本、结构资本、顾客资本的 H-S-C 三维结构论述知识资本下的人力资本问题。

知识资本理论起源于知识经济时代，知识在社会经济发展过程中的作用日益凸显，人们对知识和无形资产对经济发展的作用日益关注，知识资本的提出正好解释了经济发展的动力问题。现代人力资本理论探讨的是人在促进技术进步和经济发展中的特殊作用，知识资本理论的主要任务就是探讨经济持续增长的源泉。在知识经济迅猛发展的今天，人力资本理论将研究重点放在人的知识能力方面，知识资本是现代人力资本理论在知识经济时代的必然产物。

总体来说，现代人力资本理论突破了资本同质性假设，使人在生产中的决定性作用得到复归，它证明了人，特别是具有专业化技术和知识的高素质的人，是促进经济增长的真正动力。

补充阅读2-4

基于能力的新人力资本理论及其启示

人力资本理论突破了传统理论中资本只是物质资本的束缚，将资本划分为人力资本和物质资本，把人的知识能力作为经济增长的巨大源泉而加以系统论证，这不但比以前的理论前进了一步，而且在当代经济理论中，作为新开辟的经济研究领域，在众多经济流派中占有重要的地位。人力资本理论突破了传统经济理论在解释经济增长各种要素时的局限性，明确指出了人的质量不同，对生产所做的贡献就不同，高质量的劳动力可以获得较高的劳动生产率，对生产的贡献就大，因此人的质量的提高也是经济增长的因素之一①。

① 张凤林．人力资本理论及其应用研究［M］．北京：商务印书馆，2006.

本章小结

本章主要介绍了人力资源管理的相关理论知识，重点介绍了人性假设理论中的X理论–Y理论、超Y理论和四种人性假设理论等西方人性假设，同时也总结了我国古代思想家提出的人性假设理论以及中西方理论的对比；组织设计理论部分主要介绍了古典组织设计理论和现代组织设计理论；激励是调动积极性的过程，是管理的重要职能，激励理论很多，其中影响较大的有内容激励理论、过程激励理论、行为激励理论，每一种都有其研究的侧重点。人力资本理论突破了传统理论中的资本只是物质资本的束缚，将资本划分为人力资本和物质资本，这样就可以从全新的视角来研究经济理论和实践。

这些理论都是为了使管理者进行更优的管理，使组织和企业更有效率。从这个角度出发，这些理论对人力资源管理的实践活动具有非常重要的指导意义。但是，这些理论都是在一定条件和环境下得出的，因此都有相应的适用范围，并不是绝对的真理，在实践过程中，我们必须根据具体的情况灵活运用，绝不能生搬硬套。

习题

实训

实训项目：

人力资源管理基本理论分析

实训目的：

增强对人力资源管理各项基本理论的感性认知，培养对人力资源管理思想与理论的分析能力。

实训指导：

（1）通过多种渠道，搜集体现人力资源管理思想与理论的案例和资料。

（2）在分析案例或资料的管理思想时，引用的理论与案例或资料的内容相符。

（3）把握分析材料的具体要领：先介绍案例或资料内容，然后指出该案例或资料体现的主要观点或主要学派；重点分析评价其管理思想，注意联系人力资源管理实际，最后写出自己的体会。

实训组织：

（1）把全班同学分成若干小组，每组数人，以小组为单位到企业或在网上、报纸上搜集一个或多个有关人性假设理论、组织设计理论、激励理论或人力资本理论的案例或资料，并运用所掌握的理论知识，对其管理思想进行分析和评价。

（2）在班级组织一次关于人力资源管理理论的沙龙。以小组为单位对所收集的信息进行分析，并谈谈自己的体会。

实训考核：

每位学生需填写实训报告。实训报告应包括：实训项目、实训目的、实训本人承担任务及完成情况、实训过程、实训小结、实训评语（由教师填写）。

第三章　人力资源战略规划

学习目标

了解人力资源战略规划的功能与内容
理解人力资源战略规划的相关含义
掌握人力资源战略规划的程序
掌握人力资源战略规划的相关工作方法与工具
了解人力资源战略规划与其他体系的关系

重点概念

人力资源战略规划（Human Resource Strategic Planning）
人才盘点（Talent Inventory）
人力资源预测（Human Resource Forecast）

微课视频

近现代企业家人才管理思想：选人篇（上）

开篇案例

支撑华为高速发展的人力资源战略规划①

一、第一个阶段：1987—2005 年，电信设备阶段

阶段发展特点：华为的主要业务领域在电信设备，此外还有企业网络服务等。业务模式是纯粹的 to B 服务。这一时期中国的电信市场刚刚起步，市场空间大，行业毛利高，竞争主要是海外厂商，并且市场体量逐年上升。在这一阶段，华为的战略是逐步做强，建立自主研发体系，持续增强核心业务。

① 资料来源于华为公司官网和互联网，选录时经过整理。

阶段人力资源战略特点：初创的华为人员规模不大，彼时电信行业人才都分布在通信运营商、研究机构、高校、国企等传统意义“铁饭碗”单位，华为明确了人才战略，匹配远高出市场水平的领先薪酬策略，占领人才高地，吸引了大量高端专业人才。1993 年后，华为进入机会成长期，战略和模式清晰了，开始快速增长，这时它导入了基本的人力资源管理。这一时期的人力资源战略重心侧重于迅速匹配大量人才以支撑企业快速发展，同时完善激励与价值评价，激励员工输出高绩效保持企业高速增长。1998 年之后，华为的企业扩张有了明确战略，人力资源也导入了战略型管理阶段。员工总数达到 9 000~50 000 人，在大量新人进入后，如何提升管理水平，如何实现员工职业化，如何激励员工持续贡献，成为人力资源战略规划需要重点思考和解决的问题。在这一阶段，虚拟股权制、任职资格 NVQ 体系、素质模型、战略绩效管理、“271”末位淘汰制、华为大学等一系列人力资源战略举措，夯实了华为高速发展的坚实基础。

二、第二个阶段：2006—2010 年，介入消费者业务阶段

阶段发展特点：华为面对的市场形势在 2005 年之后发生了变化，移动互联网发展势头迅猛，终端对市场的影响逐步扩大，同时以百度、阿里、腾讯等为代表的互联网公司逐年崛起。华为面对日新月异的市场变化迅速调整战略，不仅开展 to B 业务，同时切入 to C 的消费者业务，从一定层面上说，这是一次重要的转型。

阶段人力资源战略特点：在这个阶段，华为员工人数扩张到 5 万~12 万人规模，伴随着海外业务的扩张，建立了海外分支机构。为了支撑华为的全球化发展，人力资源战略规划的重点之一，便是推动跨文化融合，为此展开了语言改革、防止文化退化等一系列举措，支持全球化运营战略。在历经前期高速发展后，华为沉淀了一批“老”员工，为了激活沉淀层，开展了打破工号运动，建立了“以奋斗者为本”的文化。作为一家始终以客户需求为导向的企业，华为积极探索了“铁三角模式”，以管理策略支撑企业战略发展与达成。

三、第三个阶段：2011—2018 年，布局云业务，开启云、管、端格局

阶段发展特点：经过上一阶段成功的转型，除了继续拓展 to B 业务外，华为终端业务市场逐步稳定。但很快华为看到了 BAT 持续高速增长，意识到移动互联网的时代已近在咫尺。公司内外部也出现了关于企业未来发展方向的不同声音。在短时间尝试了互联网业务后，华为选择仍聚焦在终端研发上的持续投入，在营销模式上的快速迭代，促进终端业务持续提升，并以此让华为的云-管-端一体化打造变得可能。

阶段人力资源战略特点：华为员工规模扩张到 14 万~18 万人，无论是企业发展还是人员规模，都使得企业必须选择持续的增长。人力资源战略重点开始着重于组织创新，包括推行 HR 三支柱管理模式，开发高管团队领导力，激发组织活力，优化对人数日增的外籍员工的管理与激励等，通过这些创新的策略与管理手段对战略目标达成形成有效支撑。

四、第四个阶段：2019 年至今，构建万物互联，赋能企业及消费者端

阶段发展特点：在华为走向全球化的过程中，并非只面临着企业自身的发展问题，同时还面临着部分国家对华为供应链的强制管控，而这样的管控在给华为带来巨大影响的同时，也带来了前所未有的机遇。华为主动迎击风雨，研发“麒麟”芯片，设计“鸿蒙”系统，搭建“鲲鹏”计算平台，探索“昇腾”AI计算，建立服务于企业数字化转型的“华为沃土”等。为了实现万物互联构想，打通消费者和企业端，建立横跨底层芯片和云服务，通过数据赋能个人和企业，建立云生态。

阶段人力资源战略特点：华为的愿景和使命是把数字世界带入每个人、每个家庭、每个组织，构建万物互联的智能世界。承接公司的愿景和使命，华为制定了可持续发展战略，并将可持续发展作为一项优先的准则，全面融入企业的整体发展战略当中，人力资源战略规划也正围绕着这一新的蓝图徐徐展开。

第一节　人力资源战略规划的含义、功能与内容

一、人力资源战略规划的含义

正如前章所述，人力资源管理在企业管理中的角色已经发生了重大变化，在企业的组织战略中，人力资源管理战略成为不可或缺的重要组成部分。人力资源是一个组织获得竞争优势的重要战略资源，企业的战略目标是否可以达成，人力资源管理战略正发挥着越来越重要的作用。越来越多的企业意识到，在制定组织战略时，应把人力资源战略作为优先考虑的事项，融入公司战略任务目标中，并且需要投入更多的资源促进人力资源战略的达成。在开篇案例中，我们可以看到华为之所以获得了快速的发展与商业的成功，其紧跟战略，不断迭代和更新的人力资源战略规划与策略，起到了举足轻重的作用。

从广义与狭义两个角度来看，广义的人力资源战略规划主要是指结合内外部环境、企业战略目标，分析和预测应对环境变化及支撑战略目标达成所需的人力资源需求，并通过各种方式提供和满足的过程。从广义的角度看人力资源战略规划，更侧重于对外部环境的响应、对组织战略目标实现的支撑，并据此对人力资源各项职能开展协调安排。狭义的人力资源战略规划则是更多偏向对于企业的人力资源供需情况开展预测与匹配的过程，侧重人力资源数量、质量、结构等要素的匹配，关注企业人力资源的平衡。

人力资源规划一直是传统人力资源六大模块中的重要组成部分。对于人力资源战略规划的定义，伴随着专业建设的发展，也在不断优化与完善。部分研究者对于人力资源战略规划的定义，偏重于人才的需求预测与供给。怀特（White）认为，广义地看，人力资源战略规划是一种预见未来企业环境，进而考虑这种环境下人才需求问题的组织模式。罗宾斯（Robbins）等认为，人力资源战略规划是将企业的目标转化为要实现这些目标的人力需求。沃瑟（Werther）和戴维斯（Davis）认为，人力资源规划是系统地预测企业未来的员工需求。陈维政认为，人力资源战略规划是根据组织的人力资源战略目标，在分析组织人力资源状况的基础上，科学地预测组织在未来环境变化时人力资源的供给和需求的状

况，制定必要的人力资源获取、利用、保持和开发策略，满足组织对人力资源在数量上和质量上的需求，保证组织和个人获得长远利益。董克用认为，人力资源战略规划是指在企业发展战略和经营规划的指导下，对企业在某个时期的人员供给和人员需求进行预测，并根据预测的结果采取相应的措施来平衡人力资源的供需，以满足企业对人员的需求，为企业发展提供合质合量的人力资源保证，为达成企业的战略目标和长期利益提供人力资源支持。德斯勒（Gary Dessler）定义人力资源战略规划是确定企业需要找人填补哪些职位以及如何填补这些职位空缺的一个过程。

在对人力资源战略规划定义进行探讨的过程中，有部分研究者认为，应该结合组织战略、企业战略目标达成、人力资源政策来综合考虑人力资源战略规划的定义。维特尔（Vetter）认为，人力资源战略规划是管理人员确定组织应当如何由当前状态发展到理想的人力资源状态的过程。安东尼（Antony）等认为，人力资源战略规划是人力资源招聘和运用的决策过程，因此是战略决策过程的一部分。人力资源规划方案侧重于对企业目标的分解和对如何获取资源实现这些目标的规划。马希斯（Robert L. Mathis）定义人力资源战略规划是对人力资源的需求和满足这种需求的可能性进行分析和确定的过程。人力资源规划的目的是保证实现企业各种目标。企业总体上的竞争战略是制定人力资源规划的基础。克雷曼（Lawrence S. Kleiman）认为，人力资源战略规划是对组织的需要进行识别和应答，以及制定新的政策、系统和方案使人力资源管理在变化的条件下保持有效的过程。曾湘泉认为，人力资源战略规划是组织为确保自身战略目标的实现，依据内外部环境，对战略实施过程中的人力资源供给、需求和缺口进行分析、判断和预测，并制定吸纳、维系和激励人力资源的一系列政策和措施的过程。诺伊（Raymond A. Noe）等认为，人力资源战略规划将组织当前的状况与未来的目标进行比较，然后确定组织需要对人力资源进行怎样的调整才能达成目标，调整的内容包括裁员、对现有员工进行培训以使他们掌握新的技能、雇佣新员工等。张德认为，人力资源战略规划是一个组织科学地预测、分析自己在环境变化时的人力资源供给和需求的状况，制定必要的政策和措施，以确保在需要的时候和需要的岗位上获得各种需要的人才（包括数量和质量），并使组织和个体获得长期利益。

在上述这些关于人力资源战略规划的定义研究和发展中，我们可以找到其许多共同点，即关注外部环境而非仅将视野局限在内部、关注组织战略目标而非仅考虑人力资源管理自身目标的实现、关注人力资源的系统性建设而非局限于人力资源需求的预测和供给，以及关注个体利益与组织利益的长期共赢而非仅只关注组织。这些视角的加入，与经营管理理论和实践伴随社会经济发展而变化密不可分。在众多关于人力资源战略规划的定义中，本书更倾向于彭剑锋所主编的《人力资源管理概论》中的定义，即：人力资源战略规划是通过战略性人力资源管理职能活动及战略性制度安排，实现组织人力资源的有效获取、开发和优化配置，并支撑企业战略目标实现的系统解决方案和管理过程[①]。

宝洁公司（Procter & Gamble）首席运营官麦克唐纳（Robert McDonald）借用一个军

① 彭剑锋．人力资源管理概论［M］．3版．上海：复旦大学出版社，2020：128.

事术语描述了这一新的商业世界格局："这是一个 VUCA 的世界。" VUCA 指的是不稳定(volatile)、不确定（uncertain）、复杂（complex）、模糊（ambiguous）。此后，VUCA 一词被人们广泛认知。在这样的时代背景下，企业战略设计离不开对外部环境变化的观察，人力资源战略规划更应该敏锐地把握外部的变化，并在组织内部灵活响应。人力资源战略规划是企业战略的有机组成部分，需要关注并支撑组织目标的达成。当组织战略发生变化时，人力资源战略规划亦应随之进行变化和调整，实现动态变化。只有当人力资源管理战略与组织战略、组织运营管理融为一体，相互协同作用时，人力资源管理职能才能更好地探索组织当下和未来的人力资源解决方案。在人力资源管理领域实践中，很多人力资源高级管理者来自人力资源管理部门或其他有人力资源工作经验的从业者，但也有许多企业选择此前没有任何人力资源工作经验的管理者担任高级人力资源管理者职位，目的在于使得组织的人力资源战略设计与人力资源管理活动可以与企业的经营管理融合度更高。我们应该看到，人力资源战略规划是战略层面的设计，狭义的供需预测与配置并不能完全支撑其战略目标达成，而是需要人力资源体系性的优化，通过人力资源策略、流程的系统性设计，从而支撑人力资源战略规划的有效达成。在这些视角中，关于组织与个人持续共赢的要素，区别于传统的仅从企业视角思考的单一视角，更凸显了人力资源管理在员工视角、组织视角与社会视角的多维特点。人力资源战略规划的核心在于战略匹配，一个企业的人力资源管理活动，必须具有两个方面的一致性：一是人力资源管理战略与外部环境和组织战略之间的一致性，二者常被称为外部一致性与垂直一致性；二是人力资源战略规划应与人力资源管理职能匹配，这被称为内部一致性与水平一致性。

二、人力资源战略规划的功能

人力资源战略规划作为现代企业战略规划的有机组成部分，其功能主要有以下几个方面。

第一，人力资源战略规划是实现企业战略目标的重要保障。通过人力资源战略规划，链接并充分发挥企业各板块资源的聚合效应，帮助企业分解战略目标并促进落地达成。

第二，具有前瞻性与支撑性的人力资源战略规划是促进企业持续健康发展的重要基础。通过结合环境变化及趋势预测，对于企业成长发展所需要的资源提前展开布局，实施人力资源的储备、投资与开发，为企业持续成长和发展下好先手棋。

第三，具有全局性的人力资源战略规划是人力资源各职能协同作用的有效支撑。人力资源是一项专业性与技术性都很强的领域，随着专业的发展，又细分出不同的职能，并随着专业领域发展而不断优化，人力资源战略规划可以从全局角度统筹协调人力资源管理各项职能的协作，在操作性专业技术发展的同时发挥协同作用，为企业发展提供系统而整体的人力资源解决方案。

第四，具有统筹协调性的人力资源战略规划是相关方利益的重要调和剂。随着社会的发展，人力资源战略规划作为专业性和实操性极强的人力资源专业职能领域，在制定的过程中，不仅需要考虑企业本身的发展，更需要考虑外部环境变化，社会责任、股东利益、员工利益等各相关方利益，以促进平衡及持续发展。

三、人力资源战略规划的内容

人力资源战略规划是一个过程，同时也是一组计划的集合体，强调的是人力资源管理职能与组织战略之间的紧密衔接与联系，对于组织各项战略目标达成、各相关方利益的满足，尤其是企业经营结果，如利润、销售规模、增长速度及竞争优势等产生重要影响和支撑。因此，在研讨人力资源战略规划的内容时，应该首先了解组织战略，并以此为基础研讨人力资源战略规划的内容。

（一）组织战略的三个层次

组织战略通常由三个层次组成，分别为组织战略层次、竞争战略层次、职能战略层次。三个层次之间的关系如图 3-1 所示。

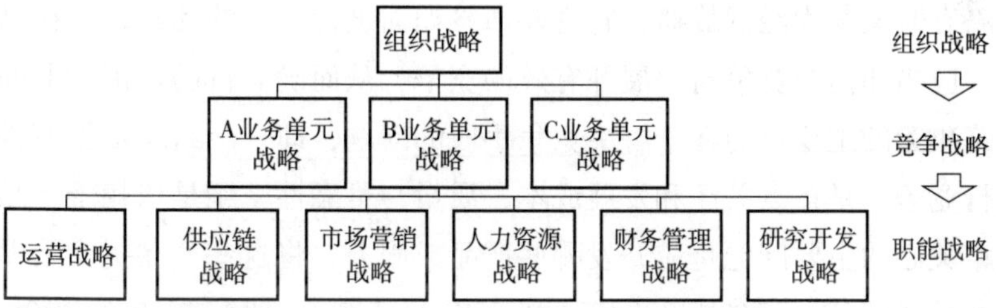

图 3-1　组织战略的三个层次与联系

1. 组织战略层次

组织战略常常被称为企业战略、组织发展战略、公司战略。制定组织战略主要回答的是企业应该到哪里去竞争的问题，比如公司应该选择哪些领域、哪些行业，以及开展哪些业务等关键决策。组织战略解决的是如何实现组织持续成长和健康发展，以及面临不利环境时如何生存和蓄力的问题，指出了组织在发展过程中可选的方向，以及各业务领域之间的相互关系与衔接。组织战略一般划分为成长战略、稳定战略（也被称为集中战略）和收缩战略（也被称为精简战略）三种类型。

（1）成长战略

成长战略更关注市场开发、产品开发、创新以及合并等内容，一般成长战略还可分为内部成长战略和外部成长战略两种类型。内部成长战略通过整合和利用组织拥有的所有资源来化组织优势，它注重自身力量的增强和自我扩张；而外部成长战略则通过纵向一体化、横向一体化或者多元化来实现一体化战略，这种战略往往通过兼并、联合、收购等方式来扩展企业的资源或者强化其市场地位。对于追求成长战略的企业来说，它们所强调的重要内容是创新、风险承担以及新市场的开发等，因此采取这类战略的企业偏好于通过与员工共同分担风险，同时分享企业未来的成功来帮助其实现企业的目标。

（2）稳定战略

稳定战略侧重于强调市场份额的保有或者运营成本的战略。稳定战略要求企业在已经占领的市场中选择自己能够做得最好的部分，然后把它做得更好。采取稳定战略的企业往往处于较为稳定的环境之中，企业的增长率较低，企业维持竞争力的关键在于能否维持自己已有的优势和技能。从人力资源管理的角度来说，主要是以稳定已经掌握相关工作技能的劳动力队伍为出发点。

（3）收缩战略

收缩战略通常会被那些面临严重经济困难的企业所选择，这些企业由于不利环境，将考虑采用缩减一部分经营业务的方式渡过难关。收缩战略往往伴随着裁员、剥离以及清算等收缩性操作。采用收缩战略的企业常常将员工的收入与企业的经营业绩挂钩，许多企业往往还力图实行员工股份所有权计划，以鼓励员工与企业共担风险。

2. 竞争战略层次

竞争战略有时又称为经营战略，它主要回答如何进行竞争的问题，即在已经选定的行业或领域中，应当如何与竞争对手展开有效的竞争，从而确立自己在市场上的长期竞争优势。竞争战略决策的主要目的在于解决竞争手段的问题，即一个组织依据何种标准或差别化的特征进行竞争，是重点关注和发展成本、质量、可靠性，还是依赖于产品或服务的提供。竞争战略关心的主要问题是应开发哪些产品或服务，将这些产品提供给哪些市场，以及如何提供产品或服务。著名战略专家波特（Michael E. Porter）把竞争战略划分为总成本领先战略、差别化战略以及市场集中战略三种类型。

总成本领先战略重点关注的是最大限度地提高生产经营效率，降低总成本，优化成本结构与控制管理费用，最大限度地减小研究开发、服务、推销、广告等各类成本费用，使得企业的成本低于竞争对手。当企业的总成本更低时，同样面对市场竞争带来的利润空间挤压局面，就能比竞争对手有更充分的利润空间，依然可以一定程度获得利润。要实现总成本领先战略，就必须要在管理方面对成本给予高度的重视，在保证质量、服务等基本要求的同时，在各个生产经营环节采用各种方法提效降本。赢得总成本最低的有利地位通常要求具备较高的相对市场份额或其他优势，比如原材料或供应链优势等，同时也可能要求产品的设计要便于制造生产或有更好的技术兼容性，易于生产和高兼容性的技术有利于帮助企业拓展相关产品线，有利于批量生产，有利于帮助企业分散固定成本，有利于对主要顾客群开展相对标准化的整体性服务。一旦企业形成了总成本领先的竞争优势，就可以获得较高的边际利润，从而将利润投入再生产，投资优化新设备、新技术等基础设施或研发，更加巩固维护成本上的领先地位，而这样的再投资往往是保持低成本状态的先决条件。追求成本领先的企业重视效率，对操作水平要求尤其高，往往用较低的成本去开展较多的工作。为了提高生产效率、降低成本，企业往往会比较详细地对员工的岗位进行描述和标准化，强调员工在工作岗位上的稳定性。

3. 职能战略层次

职能战略主要回答凭借什么来进行竞争的问题，即哪些资源有助于打败自己的竞争对手，以及如何获取、开发以及使用这些资源去进行竞争。企业根据发展情况会设置不同的部门，如销售部门、人力资源部门、供应链部门、研发部门等，这些部门都要考虑本部门如何对组织的总体战略以及竞争战略做出自己的贡献。相应地，职能战略所反映的就是组织中每一个部门为了帮助组织实现战略，以及相应的竞争目标而确定的基本行动路线，它包括市场营销战略、人力资源战略、财务管理战略等内容。职能战略需要关注的是，应当如何使组织的各项不同职能更好地为组织战略以及竞争战略服务，从而提高组织的整体效率以及确保组织战略和竞争战略的有效实施，人力资源战略就是职能战略的一种。职能战略不同于组织战略和竞争战略，职能战略与组织战略的主要区别有三点：一是制定期限。职能部门的策略用于确定和协调短期的经营活动，它的期限较短，一般在一年左右。职能部门策略较短的原因是职能部门管理人员可以根据组织战略的要求，把注意力集中于当前需要进行的工作上。同时，职能部门管理人员可以更好地认识到职能部门当前的经营条件，及时地适应已经变化的条件，相应地做出调整。二是具体性。组织战略为企业的生存和发展确定了目标，指明了方向。组织战略是笼统的，职能部门的策略要比组织战略更加具体、更加精确、更加明确。组织战略为企业指出了一般性的战略方向，而职能部门的策略则为负责完成年度目标的管理人员提供了具体的指导，使他们知道应该实现年度目标。另外，具体的职能策略还可以增强职能部门管理人员实施战略的能力。三是职权与参与。企业高层管理人员负责制定企业长期经营目标和总体战略，职能部门的管理人员在总部的授权下负责制定年度经营目标和部门策略，这些策略最后要得到总部的核准。职能部门的管理人员参与制定职能策略，可以更加自觉地实现自己的年度经营目标和职能策略所需要进行的工作，从而增强他们实施战略的责任心。

（二）人力资源战略规划的内容①

人力资源战略规划是一项技术性和操作性非常强的人力资源专业工作领域。人力资源战略规划的内容需要考虑到内外部的各个维度以及资源的匹配性。

1. 人力资源战略规划框架

人力资源战略规划首先需要开展企业战略分析，包括外部的产业环境，内部的企业使命愿景、战略能力、战略目标及业务发展目标等，这是开展人力资源战略规划的重要信息输入，从而确定人力资源管理如何支撑企业战略的实现，如何规划企业的人才结构才能实现企业的战略目标。完成企业战略分析，制定战略目标与业务发展目标后，人力资源部门应该围绕战略目标思考如何发挥人力资源管理各项功能，以及应该开展什么样的优化，以支撑战略目标和业务发展目标的达成。制定人力资源管理战略执行计划，构建人力资源管理平台作为人力资源管理战略的实施保障。在制定人力资源计划与构建人力资源管理平台

① 北森人才管理研究院．人才盘点完全应用手册［M］．北京：机械工业出版社，2019：32.

的过程中，需要进一步明确人力资源部门及直线经理的各自工作职责与需要发挥的功能，开展分工协作，确保战略分解不重叠、不落空、有措施、有支撑。最后，需要对人力资源管理的有效性进行评估，复盘人力资源管理给企业带来了多大的价值贡献，并利用评价结果对企业战略及人力资源战略进行调整，实现“企业战略—人力资源战略—人力资源战略规划”的良性互动，增强人力资源管理的价值创造能力。详见图 3-2 所示。

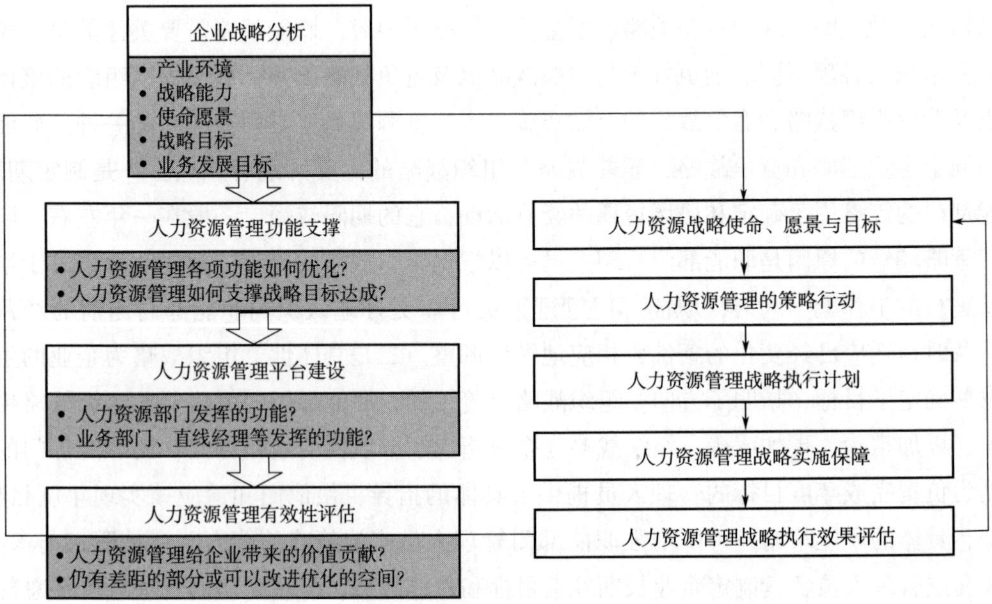

图 3-2　人力资源战略规划框架

资料来源：彭剑锋．人力资源管理概论［M］.3 版．上海：复旦大学出版社，2018：129.

2. 人力资源战略规划内容

(1) 人力资源分析

①外部环境因素及内部资源与能力分析。从内外部两个维度对企业战略进行解读与分析，人力资源战略规划首先要反映企业的战略诉求，满足企业的战略需要。外部环境包括企业外部的政治、经济、社会及技术环境等，一般短期内不受企业控制。内部资源与能力指企业内部的人力、物力、财力资源及企业的组织能力（如组织结构、组织文化及人才资源等）。人力资源战略规划的这项分析工作目的在于了解环境。

②人才盘点结果与战略需求的差距分析。人力资源规划应基于企业的问题、现状、资源、能力，在开展人力资源规划的过程中，应以问题为导向，以战略为依据，提出系统的人力资源解决方案。企业进行人才盘点首先要确定这项工作开展的目的，并紧密围绕企业未来 1~3 年的战略规划进行人才供需分析，明确企业资源现状与战略目标之间的差距。人力资源战略规划的这项分析工作目的在于了解企业自身状态。

③行业最佳人力资源实践研究与差异性分析，即人力资源管理的标杆研究和分析主要

为企业人力资源管理体系对标提供依据。各行业都有自己的领先企业，需要对领先企业进行全面分析，学习其管理过程中的优秀模式和方法，找出差距，并寻找自身优势。因此，这项分析工作其实是在了解竞争对手。人力资源战略规划的这项分析工作目的在于了解竞争对手或行业标杆。

（2）人力资源战略规划理念梳理与体系建设

人力资源战略规划的理念包括企业人力资源管理理念、战略目标、策略与政策的研讨、提炼和确定。人力资源战略规划理念作为人力资源工作开展的指挥棒，指导人力资源管理体系的建设与各项工作开展。在对人力资源战略进行解读的基础上，明确实施人力资源战略管理体系，包括人力资源管控模式、人力资源机制、人力资源制度，以及特殊专项问题等。

集团化的公司在运营过程中，由于其组织结构及经营模式的复杂性，一般需要设计人力资源管控模式。根据集团总部对下属企业用人权的集、分权关系以及在实际运用中的母子公司人事管理控制，可以将企业集团人力资源管控模式分为分散式、集中式、参与式和委派式四种。在选择采取响应人力资源管控模式的时候，必须根据企业的具体情况和集团管理的战略目标进行选择。在分散式人力资源管控模式中，总部的人力资源部门只负责整个集团人力资源政策和制度的制定、实施与监督，对下属机构人力资源政策、制度的审核，对集团人力资源信息的掌控等。一般资本投资型的母子公司多采用这种模式。集中式的人力资源管控模式是指整个集团各级企业的人力资源管理需要总部的统一协调执行，集团人力资源部拥有绝对的管理权限，子公司、分公司的人力资源管理受集团人力资源部的严格约束，是总部人力资源管理制度、政策的忠实执行者。从集团的多元化程度来看，多元化程度越低，越容易采用这种集中式的人力资源管控；从集团的规模看，中小企业集团多采用这种模式。参与式的人力资源管控模式则是根据集团的具体情况，通过谈判等方式，尽可能地控制子公司、分公司的一些重要岗位，实现对人事的适当控制。它是一种集权与分权相结合的产物。采用这种人力资源管控模式的企业，总公司与下属组织在人力资源管理职能上各有分工。通常集团负责整体人力资源政策、子公司重要岗位的人事权等，而对一般部门经理、普通员工的人力资源管理等职能则下放给子公司、分公司，让它们拥有相对独立的权限。委派式的人力资源管控模式的实施主体是母子集团企业，总部委派关键人员到集团的子公司，以达到控制子公司的目的。如对财务人员的委派制度等，可以让母公司通过对委派人员的管理，直接控制子公司的运营。

人力资源机制主要是人力资源管理协调各个部分之间关系以更好地发挥作用的具体运行方式。人力资源管理机制有四大重点机制，分别为牵引机制、激励机制、约束机制、竞争淘汰机制。牵引机制主要通过明确组织对员工的期望和要求，使员工能够正确地选择自身的行为，最终组织能够将员工的努力和贡献纳入到帮助企业完成其目标、提升其核心能力的轨道上。牵引机制主要的管理方法包括职位说明书、KPI 指标体系、培训开发体系、企业文化与价值观体系等。激励机制的本质是激发员工主动开展高质量工作和产出高绩效的意愿，这种意愿往往以满足员工的个人需要为条件。激励机制主要依靠薪酬福利管理体系、职业生涯管理与任免迁调制度、分权与授权等方式完成。约束机制的本质是对员工的行为进行限定，使其符合企业发展要求的一种行为控制，它使得员工的行为始终在预定的轨道上运行，主要包括两个体系和两个具体制度：以KPI指标体系为核心的“绩效管理体系”和以任职资格体系为核心的“职业化行为素质与能力素质评价体系”，以及员工职业行为规范和员工奖惩制度。竞争淘汰机制的目的是将不适合组织成长和发展需要的员工从组织中做出调整，同时将外部市场的压力传递到组织中，从而实现对企业人力资源的激活，防止人力资本的“沉淀”和“缩水”。常用的管理方法和管理制度主要有竞聘上岗制度，建立能者上、平者让、庸者下的组织文化，建立员工退出制度（包括退休、开除、辞退等）。

（3）开展组织基础建设规划

在完成战略基础分析工作和资源盘点后，在人力资源战略规划依据的基础上，开展组织建设规划。其具体工作包括确立核心经营管理层对人力资源战略意图，明确各级管理者人力资源管理责任与工作范围，开展高层人力资源管理组织的建设，比如人力资源战略委员会的建设；人力资源部门战略管理职能的确定与战略规划能力的提升，以确定战略性的具体职能。组织基础建设规划的实质是为人力资源战略规划的具体活动的开展明确目标、主体、责任和职能。

（4）人力资源数量、素质与结构规划的能力线建设

根据人力资源体系建设的要求，综合人才盘点的结果，对人力资源的数量、素质及结构进行规划。

①人力资源数量规划。人力资源数量规划是依据企业战略中的业务规模、地域分布、商业模式、业务流程和组织结构等因素，确定未来企业各级组织人力资源编制及各职类职种人员配比关系或比例，并在此基础上制订企业未来人力资源需求计划和供给计划。在具体的规划工作方法上，可以分四步开展。首先，结合最近5~10年企业经营统计数据分析和企业发展的行业特点，判断企业处于不同阶段的主业务流程及业务特点，并确定组织中哪些职位是关键职位和重点职位。其次，依据组织的职能域，梳理组织设计中的关键职位和重点职位，明确引起这些职位变动的驱动因素和劳动定额。再次，在假设技术条件不变的前提下，确保主流程关键职位和重点职位的编制不变，而对辅助岗位的编制采取弹性设置。最后，根据上述情况对企业编制进行动态调整。

②人力资源结构规划。人力资源结构规划是依据行业特点、企业规模、未来战略重点发展的业务及业务模式，对企业人力资源进行分层分类，同时设计和定义企业的职种、职层的功能、职责及权限等，从而理顺各职类、职种、职层人员在企业发展中的地位、作用和相互关系。

③人力资源素质规划。人力资源素质规划是依据企业战略、业务模式、业务流程和组织对员工行为的要求，设计各职类、职种、职层人员的任职资格要求，包括素质模型、行为能力及行为标准等。在任职资格标准和素质模型两种人力资源素质规划的表现形式中，任职资格主要强调员工的知识经验与内容，素质模型则侧重于员工的个性和价值观。人力

资源素质规划的主要步骤如图 3-3 所示。因为人力资源规划与企业内外环境密切相关，故无论是数量规划、结构规划还是素质规划，都需要经历分析外部环境、企业内部人力资源盘点，只是各个规划分析的侧重点有所不同；对于制定人力资源素质规划、制定具体的素质提升计划而言，当员工整体任职能力和素质不断提高时，员工的适岗率、专业化程度、职业化程度都在同步提升；当员工整体素质、任职能力和适岗率提高到一定程度时，在工作条件不变的情况下，企业所需员工人数可以相对减少，组织结构、业务流程也可做相应简化。

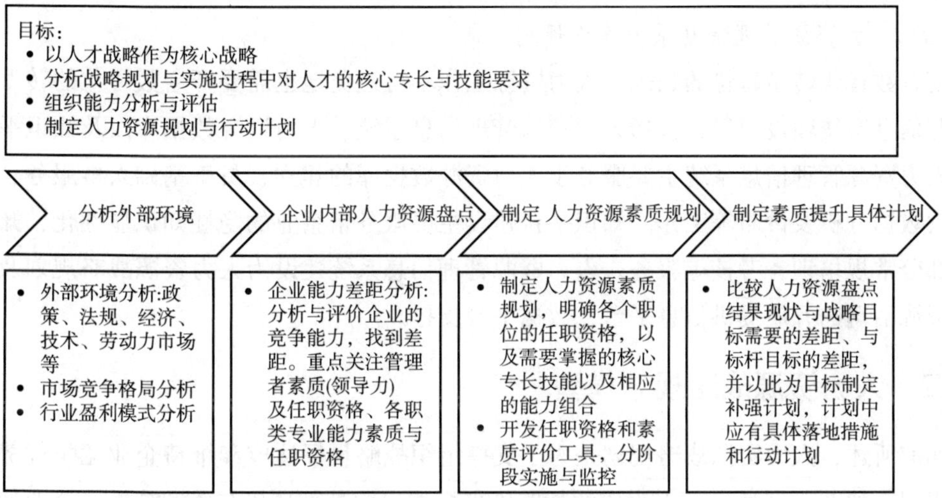

图 3-3 人力资源规划步骤

资料来源：彭剑锋．人力资源管理概论［M］．3 版．上海：复旦大学出版社，2020：133.

（5）核心人才队伍规划

企业应该建立人才评价体系，对各层级人才的分类设定相应评价标准。结合人力资源盘点和人才需求，盘点人才与规划的匹配度。对于人才匹配度不足的部分，结合企业战略资源，集中资源优先开展核心人才队伍规划与建设，重点关注企业价值链中的核心岗位，通过提前规划核心团队，满足企业战略发展的储备需要。在开展核心人才队伍规划和建设过程中，除了数量外，还应关注人才的能力结构、管理幅度、职业化程度以及核心人才的职业发展通道。

（6）战略人力资源职能活动规划

结合企业战略目标系统的评估和诊断企业当前人力资源工作需要开展的工作重点后，需要通过战略落地工具的推进帮助企业战略落地。平衡计分卡（Balanced Score Card，BSC）是非常有用的战略绩效管理工具之一，在本书此后章节中将详细介绍。企业战略目标通过绩效管理作为抓手推进落地，薪酬管理与员工激励等策略常常作为配套工具从而实现人才激励与留用的目标。招聘与配置协助实现人才的吸引、选拔、结构优化与配置，战略人才的培养开发计划有助于落实核心人才的素质能力发展规划。除此之外，还应根据各职能之间的协调和战略需要，制定整体人力资源解决方案形成人力资源规划。

(7) 人力资源管理变革规划

围绕企业战略目标需要重点突破的人力资源管理体系、机制、组织发展（Organization Development，OD）和其他关键事项，开展人力资源管理变革规划。组织发展是由于现代世界科技、市场、环境等快速变迁，组织必须改变组织成员的认知、态度、价值观及组织本身的结构或机制。开展人力资源管理变革，本质是面对新挑战，通过组织系统整体协调发展，突破薄弱环节，激发员工主观能动性，提高效能、创新能力与组织竞争力，维持或激活组织生命力。

(8) 人力资源管理信息系统建设规划

随着数智化转型趋势的到来，人力资源工作不可避免地也需要开启数智化的转型。人力资源信息系统建设规划，包括人力资源管理信息系统、人力资源数据库以及知识平台建设。人力资源管理信息系统主要服务于人力资源数据库的建立、员工基础人事服务、人力资源大数据分析及诊断等工作。知识平台建设主要服务于企业的隐性知识显性化，知识传播及部分常规培训、考核等服务。人力资源管理信息系统建设为人力资源战略规划及各项人力资源活动的开展提供信息平台、数据平台支撑。

四、人力资源战略规划模型

如前所述，人力资源战略规划是为了支撑组织战略目标达成和维持企业竞争优势而制定的规划。如图 3-4 所示，人力资源战略管理模型以内外部环境与资源分析、企业使命愿景、企业战略为输入，确定人力资源战略目标，并通过人力资源体系建设、人力资源匹配及各项人力资源活动对此进行分解和支撑，在这个过程中，人力资源管理信息系统是重要的支撑平台。

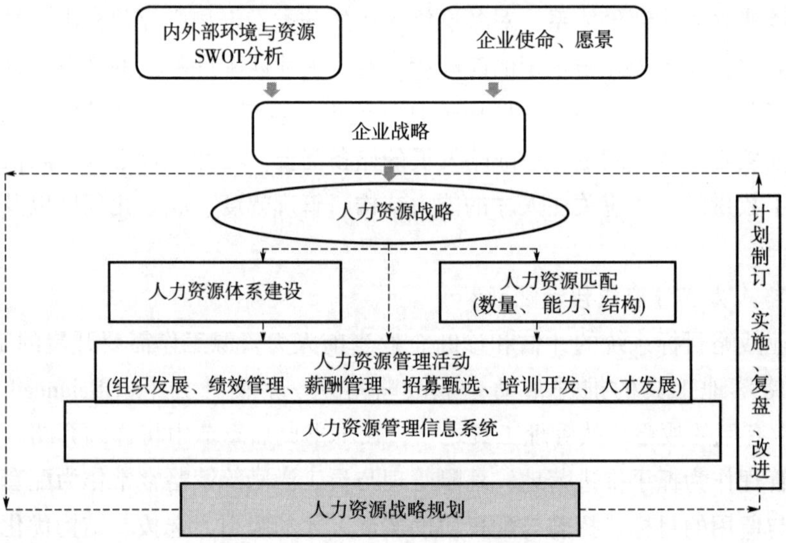

图 3-4 人力资源战略规划模型

资料来源：彭剑锋．人力资源管理概论［M］．3 版．上海：复旦大学出版社，2020：146.

人力资源战略规划应该是一个 PDCA 的动态管理过程。PDCA 循环是美国质量管理专家休哈特（Walter A. Shewhart）首先提出的，由戴明（William Edwards Deming）采纳、宣传，获得普及，所以又称戴明环。全面质量管理的思想基础和方法依据就是 PDCA 循环。PDCA 循环的含义是将质量管理分为四个阶段，即 Plan（计划）、Do（执行）、Check（检查）和 Act（处理）。随着管理实践的优化与发展，PDCA 逐渐从狭义的质量管理理论转变为重要的管理工具，广泛应用于管理的各个方面。人力资源战略管理通过计划制定、执行、复盘、改进的动态管理，确保能够应对环境和企业的发展变化，支撑战略目标达成。

第二节　人才盘点

要在 VUCA 时代破局制胜，人力资源管理者必须帮助企业厘清人才，开展人力资源规划并实现企业的人才战略。人才是企业非常重要的资产，对此人们有高度共识，每年我们会对企业物质资产组织“盘点”，现在有越来越多的公司开始重视人才的“盘点”。什么是人才盘点？在复杂而多变的商业环境下，什么样的人才是能带给企业更强竞争力和更好未来的人才？如何开展人才盘点，本节将逐一展开介绍。

一、人才盘点的定义

人才盘点（Talent Review）的概念最早由美国通用电气公司（GE）提出和实施，由于其实践促进了人力资源管理，这一项目逐渐在全球范围内传播。中国企业也开始接触并逐渐重视人才盘点的实践开展。阿里巴巴集团每年有三件大事：9—10 月做战略；1—12 月做预算；2—5 月做人才盘点。阿里巴巴把人才盘点会议与战略会议列为公司最重要的两项会议。中国企业最初常常采用闭门人才盘点，由高层管理者或人力资源工作者采用信息封闭的方式开展盘点和应用。随着人才盘点技术的发展与实践的深入，当下许多企业将其作为人才管理中重要的人力资源管理项目，每年定期开展。人才盘点本身是一项“过程”工作，而不是结果工作。人才盘点这项工作本身并不直接产生价值，只是对人才现状的一个梳理，是一个把公司人才相关信息具体化和明晰化的过程，就好像超市每过一段时间都要做商品的盘点。假设某个商品，月初的时候进了 100 件货，系统显示已经卖了 70 件，那么，到月底的时候，工作人员应当去货架或者仓库里核对一下，是不是剩了 30 件货。这个过程本身其实没有对超市产生什么价值，但是能够给超市提供一些非常明确的信息，就是到底是不是“账实相符”以及选品是否符合市场需求。真正产生价值的过程，是超市根据这个信息，接下来做了些什么。人才盘点的过程和超市商品的盘点虽然名字类似，但是人才盘点不是简单的盘点数量。在初期开展人力资源盘点的时候，有一些企业和人力资源从业者将人才盘点做成了信息汇总，但这是片面和局限的，并不能发挥出人才盘点的应有价值。那么人才盘点应该盘什么？从微观角度来说，人才盘点一般包括员工的技能水平、知识水平、经验水平、绩效水平、工作态度等这些员工自身条件和工作成果之间的关系。从宏观角度来说，人才盘点还可以用来评估组织结构与人才匹配情况、关键岗位的胜任和继任情况、关键岗位人才的晋升和发展情况、关键岗位人才的激励和开发情况，以及关键岗位人才的招聘情况等。总的来说，人才盘点是基于组织战略来定义人才、识别人才和培养人才的行动，并不是为组织的过去盘点，它是为未来而盘点。

关于人才盘点的定义，研究者们有不同的看法。有观点认为人才盘点是：辨识人才，全方位评价各级人才，让高潜员工浮出水面；实战练兵，展示并提升管理者的识人用人水平；统一语言，不同管理者用同一把尺子评价人；战略连接，真正将人力资源与战略连接在一起。MBA 智库对人才盘点的定义为：对人力资源状况摸底调查，通过绩效管理及能力评估，盘点出员工的总体绩效状况、优势及有待提高的方面。人才盘点的目标是塑造组织在某个方面的核心竞争力，为达到该目标，对当前组织的运行效率、人才的数量和质量进行盘点，提前对组织发展、关键岗位的招聘、关键岗位的继任计划，以及关键人才的发展和保留做出决策。知名管理咨询公司北森对人才盘点的定义是管理者盘点企业内人才的优势、待发展的领域、可能的职业发展路径、职位空缺的风险，以及现在和未来继任者的管理流程①。随着人才盘点在人力资源管理实践近年的发展，本书认为李常仓、赵实对于人才盘点的定义更为综合全面，即人才盘点是对组织结构和人才进行系统管理的一个流程。在此过程中，对组织结构、人员配比、人才绩效、关键岗位的继任计划、关键人才发展、关键岗位的招聘，以及对关键人才的计划和激励进行深入讨论，并制订详细的组织行动计划，确保组织有正确的结构和出色的人才，以落实业务战略，实现可持续成长②。

二、人才盘点的意义

柯林斯（Jim Collins）在其《从优秀到卓越》一书中提出企业管理理念，认为应该“先人后事”，“当企业这辆车启程之时，首先要把合适的人请上车，让大家各就各位，再让不合适的人下车，然后才决定把车开向哪里”。企业之所以能够赢得市场、持续成长，归根到底还是在人。人才盘点能够帮助企业清点好“家底”，让企业的人才发展战略与企业发展相匹配，识别出公司发展所需的“高潜人才”，让合适的人上车并提供更匹配的平台促进人才的作用发挥、帮助企业转型、提高人力资源效率，促进企业创新发展，使人才成为企业的竞争优势，同时通过全面的人才盘点能有效控制人力资源成本。因此，人才盘点逐步成为企业规模化发展的重要引擎，也是人才管理的第一步。人才盘点的意义有以下几个方面。

（一）支持组织战略目标的实现

支持组织战略目标的实现是人才盘点的首要价值和作用。在信息越来越开放和透明的

① 北森人才管理研究院．人才盘点完全应用手册［M］．北京：机械工业出版社，2019：32.

② 李常仓，赵实．人才盘点：创建人才驱动型组织［M］．2 版．北京：机械工业出版社，2018：12-13.

当下，企业战略制定的外部信息是充分且相对透明的，在战略相似或战略水平相近的情况下，能占领人才高地，将战略首先落地的企业，无疑会掌握市场的先机。人才盘点能帮助企业明晰当前的人力资源和能力结构状况，清楚掌握内部人员能力结构和数量情况，并据此判断人才发展需求与目标，采取相应的措施。与此同时，人才盘点还可以减少因为人才问题导致的战略迟滞，确保人才与战略保持一致。从企业战略制定和实施的周期看，战略目标的实现通常是一个 3～5 年的循环，即使在信息和技术高速发展的信息时代，人才的培养和成熟也有一定的周期，人才盘点同时能够解决关键岗位人才的储备与继任计划的问题，让企业在高速发展中不被领导者和管理者的选任或者人才梯队建设的问题所困扰。

（二）帮助组织实现高价值人力资本投资

在企业的经营管理过程中，预算管理通常进行相关费用的投入产出效率控制。其中在职工教育投资上，根据企业的战略重点，投入比例约是年度工资的 1.5%～7%。在企业人力资源总投入有一定限制的情况下，如何将好钢用在刀刃上？在过去经验中，人力资源工作者常面临的困扰是员工的培训参与积极性及培训成果显著性往往不足。很重要的原因是员工本身的知识结构和专业能力是有差异的，传统的"大锅饭"式培训，很容易造成有能力的"吃不饱"，基础薄弱的又"消化不了"的情况。人才盘点的应用实践之一，就是通过九宫格给人才分类，让企业对人才的投资有的放矢。高潜员工、专业能力强的员工可以不用再给予大锅饭式的知识，而是因材施教，为他们量身定做相应的学习成长计划，让他们得到新的历练和成长。潜力不足或能力不足的员工也有相应的更有针对性的发展策略，从基础起步逐步提升。人才分类发展的机制可以帮助组织优化人才投资结构，以获得更大的收益；投资于对的人力资本项目和高潜员工，创造组织需要的新能力；将有限的资源配置到必要的能力建设和关键岗位上。

（三）实现效率的提升

人才盘点的应用不仅在于厘清组织人力资源的"资产"，更在于以此为依据做出恰当的调整，让人力资源效率发挥事半功倍。没有进行人才盘点的企业，员工的状况往往只有直接上级掌握得比较清晰，相关的人事决策主要以直接上级的意志为主。这导致人才容易被局限在部门中，员工能力的优劣无法被放在更大的刻度上比较，高能力员工的发展在小部门可能容易遭遇天花板，人岗匹配度不高也无法找到更合适的位置。无法下好公司人才"一盘棋"，人才本身的定位模糊，也不利于高潜人才发挥出更大的价值。在开展人才盘点后，匹配相应的职业发展通道与平台，帮助员工的职业发展通道扩展到全公司的范围，为人才找到合适的位置，同时也便于企业根据人才特点培养专业型和复合型人才，这也意味着工作效率的大幅提升。人才盘点之后，调整岗位、调整预期，甚至给予明星人才特别发展通道。这不仅被看作人才盘点流程需要完成的步骤，也意味着提升组织效率的开始，让人岗更加匹配，人才培养不走弯路。

（四）营造积极的人才文化氛围

人才盘点是对企业人才资源的全面梳理，不仅在宏观层面对组织结构、人员配比开展梳理和研究，同时还在人才绩效、关键岗位的继任计划、关键人才发展、关键岗位的招聘、关键人才激励等方面开展探索，通过这些措施和方法，能在企业内部树立组织的人才观、价值观，并将高绩效、高潜人才识别出来，制订计划进行培育和发展。良好的人才文化氛围，能促进员工的工作积极性、成长主动性，激发更多“不待扬鞭自奋蹄”的员工行为，促进人才的“自生长”，使公司进入人才战略的良性循环。

（五）促进人才资源的高效组合

人才盘点的本质在于能力盘点，包括组织能力与员工个人能力。人才盘点的结果，除了用于人才激励与人才培养，还有一个重要的作用，就是进入人才九宫格。对其中高绩效但低匹配的员工，或者部分因为选育过程中的岗位不匹配，导致实际的能力没有发挥出来的员工，根据组织需要将这类人才进行能力重组，让人才流动起来。此前在人才招募选用以及培养过程中产生的人力成本，就不会因为错误的配置而浪费，使组织充满活力。

综上我们可以发现：站在企业角度来看，人才盘点可以更加有效地促进人才流动，并识别出高潜质的候选人，使人才战略支撑公司战略目标达成；站在管理者的角度来看，人才盘点可以帮助管理者找到适合的岗位工作者，并在人才招聘、职业生涯规划、薪酬设计、培训开发、人才保留方面做出正确决策；站在员工角度来看，人才盘点可以展现员工价值，明确自身定位，激励员工主动参与个人的未来职业生涯规划。因此，人才盘点无论是对企业、管理者，还是员工个人的发展，均具有非常重要的意义。

三、人才盘点的类别

关于人才盘点的分类，目前主要有两种分类方式。从组织人才盘点的周期维度，分为专项盘点和例行盘点，专项盘点和例行盘点的区别在于盘点对象和目的不同，从而组织的时间、使用的工具以及人才盘点结果的输出重点都不尽相同。从组织形式维度，可分为关门盘点和开门盘点，两者的区别是人才盘点的主导者不同。

（一）专项盘点

专项盘点的对象一般是公司关键岗位、核心骨干、战略性储备人才。专项盘点主要研究的问题是公司的人才数量和质量，是否足以支持未来战略转型、创新变革，尤其是关键岗位和关键团队的人才梯队建设情况，是否有充足的人才储备。开展专项盘点需要进行影响战略目标达成的关键岗位识别、人才需求预测、人才评价标准建立、组织人才评价以及人才储备库建设。专项盘点对象是战略影响度较高的人才和岗位，因此一般会采用专业的测评中心工具协助开展，并且通过专项设计的方案系统进行。专项盘点的时间以不影响企业业务开展的企业经营相对淡季为宜，一般 2~3 年一次。通过专项盘点，企业能得到核心团队的团队报告以及培养和发展方案。同时，针对参与盘点的对象，也会获得个人针对性的评价报告和发展建议。

（二）例行盘点

例行盘点一般以年度为周期，在每年企业开展经营和组织规划之后实施。例行盘点的对象一般是除操作性岗位外的公司全员。通常通过人才盘点会议的方式开展。对于人数规模较大的企业，会采用逐级盘点的方式，跨级评价，即由盘点对象的上级，以及上级的上级共同参与。通过例行盘点，企业会获得人才地图和人才盘点九宫格，如图 3-5 所示，并且结合盘点结果输出人力资源规划和继任者发展计划。

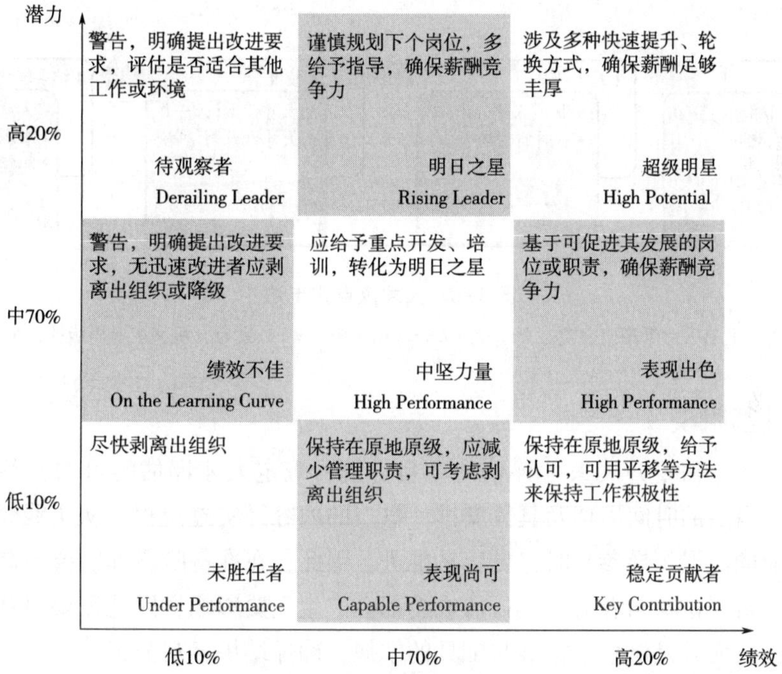

图 3-5 腾讯公司人才盘点九宫格

资料来源：新浪头条：一张图看懂腾讯/阿里/京东的人才盘点．https：//cj.sina.com.cn/articles/view/5617175604/14ecf4c3401902amw1。

（三）关门盘点

关门盘点主要由企业高管或人力资源部主导，内部参与者包括企业高级管理者与人力资源部门，外部参与者（如外部咨询机构）常应邀参加，主要开展关键岗位的盘点或为企业筛选重点人才。关门盘点采用专业的测评工具及人才评价中心方法，有利于评价对象获得更全面的评估和自我认知。关门盘点保密性较高，盘点结果的信息在非常有限的范围内知悉。同时，关门盘点还具有周期短、效率高的特点。

（四）开门盘点

与关门盘点有所区别之一是，开门盘点一般以业务部门为主线开展，人力资源部为人才盘点工作提供相应的方法和工具，同时开展人才盘点的组织工作。开门盘点一般设立专门的机构或委员会。在委员会的角色分工中，企业高管出任总负责人，人力资源部担任组织和推动角色，业务部门负责人是人才盘点的实施者，由多方共同参与，协同完成。开门盘点与关门盘点的区别之二在于开门盘点有更广阔的覆盖面，不局限于关键岗位，一般是全员开展，每年定期组织，其结果为其他人力资源职能工作提供依据和支持。

四、人才盘点的程序

人才盘点的程序可以按照四个步骤开展，参见图 3-6。

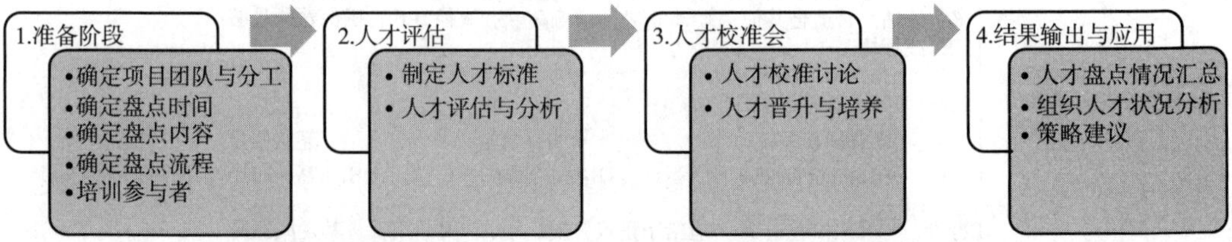

图 3-6　人才盘点四步法

资料来源：北森人才管理研究院．人才盘点完全应用手册［M］．北京：机械工业出版社，2019：33.

（一）准备阶段

在准备阶段，需要开展人才评估的项目计划，确定人才评估的目的、参与人员及分工、开展人才盘点的时间周期及具体安排、盘点的内容、实施流程。从实践经验总结情况看，在有企业的高层领导参与时，更容易推进，因此，在准备阶段即需要与高层保持良好互动。同时，每一位参与者对于项目的成功都会产生重要影响，因此需要对项目的参与者开展详细培训，尤其是流程、标准与工具的掌握，确保结果客观公正。

（二）人才评估

人才标准的确定是人才评估中非常关键的环节，人才标准的设计不仅能展现企业的人才观，而且能成为员工行为的指挥棒。在构建人才标准的过程中，应关注以下要点。

1. 支撑性：人才能力需要支撑组织的核心能力

实施人才盘点项目的首要任务是厘清企业对人才的要求，定义足以支撑企业战略和业务发展的关键人才和关键能力。人才标准需要围绕组织能力展开。核心组织能力在不同的企业有着不同的诠释和呈现，支撑组织核心能力的人才能力，就是组织能力在业务单元上的分解。同时，我们也应该关注到，组织能力不是一成不变的，不同的企业不尽相同，同一企业的不同发展阶段也不尽相同，核心能力应该伴随着企业的发展而与时俱进。

2. 适应性：企业在不同阶段构建人才标准的策略

企业构建人才标准时，首先需要考虑建立人才标准的目的，不同的目的提供不同的工作指导思想。其次，需要考虑企业的业务阶段和特点，处于初创期、成长期、成熟期和衰退期的企业，所需要的企业核心能力是有差异的，需要在建立人才标准的时候保留一定的扩展性和灵活性。

3. 完整性：企业人才标准全貌

人才标准的建立可以参照冰山模型进行设计，一般来说包括知识技能、资历、胜任力和心理特质等内容。

4. 层次逻辑：胜任力建模与持续优化

胜任力是能将工作中绩效卓越者与普通者区分开的个人深层次特征。关键行为常常被用于诠释胜任能力和描绘胜任力内涵，从而便于形成具象的理解。胜任行为产生的背后是基于一定的心理特质，包括动机、个性、角色认知等。

（1）企业胜任力模型的构架

企业建立人才标准通常有核心胜任力、职能/岗位序列相关胜任力、管理类胜任力。核心胜任力是企业核心文化价值观的反映，是企业倡导员工行为、沟通的一系列共同行为准则。职能/岗位序列相关胜任力的设计，一般选择按照岗位序列进行胜任力标准的建立。比如，一些公司按照“产、销、研、职能”的序列进行设计，也有一些公司按照“前台、中台、后台”的分类方式进行设计，还有一些企业采用关键岗位选取进行相关标准的设计。管理类胜任力一般参照管理层级的区分来进行不同要求标准的设计。具体选择何种方式，主要依据企业本身的需要来进行决策。

（2）胜任力模型构建的四大原则

为了确保胜任力模型有效支撑人才盘点，经过实践总结，有以下四个原则提供参考①：

原则一：平衡当前任务与战略发展的要求。

原则二：能够区分绩效卓越者与普通者。

原则三：关键重点原则，胜任力维度个数建议为5~9个。

原则四：紧扣建模的应用目标。

（3）选择适合的方法：让胜任力模型快速完成

表3-1展示了不同的胜任力建模方式，需要根据企业的管理基础与预备投入的精力，结合人才盘点的目标选择适合企业的建模方式，快速完成建模。

表3-1　常见胜任力建模方式

建模方式	适用条件	操作方式
不建模	• 岗位比较常规 • 不急于应用	• 沿用经过研究梳理的标准模型
容易建模	• 能力要求基本明晰 • 关注应用，在应用中迭代	• 在成形的胜任力词典中进行挑选
常规建模	• 有较多的个性化要求 • 人才要求不挑明确 • 充足的项目时间、精力和预算	• 资料分析、调研、访谈 • 借鉴成形词典的词条形成初稿 • 结合企业情况对关键行为进行修订和补充 • 组织研讨会讨论 • 修订并定稿

资料来源：北森人才管理研究院．人才盘点完全应用手册［M］．北京：机械工业出版社，2019：69.

① 北森人才管理研究院．人才盘点完全应用手册［M］．北京：机械工业出版社，2019：67.

（4）两种典型的胜任力模型的应用：等级模型和关键行为模型

胜任力模型有两种最主流的方式，一种是等级模型（Bars Model），主要用于区分某项胜任力不同等级下的关键行为；另一种是关键行为模型（Key Behaviors Model），主要用于展示关键点和行为，不区分等级①。

5. 连续性：胜任力模型需要持续优化

在胜任力模型构建和应用过程中，需要根据应用和需要不断调整，其中需要重点关注的是几个节点：一是模型构建完成时，需要验证是否可以系统性引导高管发挥“专家”作用，对相关维度进行正确的评价。二是在模型投入第一轮应用获得评估结果的同时，需要分析评估所得出的结果是否与典型员工公认的工作表现一致。三是在模型投入使用1~2年后，持续收集行为案例和应用中的反馈，集中评估和商讨是否需要进行修订和完善。四是在模型投入使用2年后，重点分析战略和业务上是否有新的方向和需求，以及是否对企业的核心能力提出了新的要求，从而评估模型是否需要调整。

在大数据得到广泛应用的当下，人力资源管理者们需要借助信息化平台和大数据，对模型开展验证和应用检验。同时随着AI技术的成熟和发展，未来在人才建模和评价上，也将会有更广泛的尝试和应用。

（三）人才校准会

人才校准会（Talent Calibration），也被称作人才盘点会（Talent Review Meeting），是企业人才盘点中重要的业务流程，通过人才会议的形式对于人才各个方面进行深度沟通与讨论，对于未来人才的能力发展、职业规划、企业用人、人才数量与质量规划方面提供科学、客观、量化的人才数据与依据，并形成共识。

人才校准会根据开放程度，有开门校准会和闭门校准会两种方式。校准会的开放程度同样取决于人才盘点的目的，如果盘点结果与直接利益相关（如人员晋升、岗位调整、业务适配性、薪酬激励等），企业往往会选择更加私密的校准会形式。但如果校准会本身更注重对人员的发展以及未来职业路径的讨论，形式就会更加开放，更注重意见的交换而不是信息的保密。

开门校准会主要从人才优劣势的精准讨论、人才发展、人才规划的角度入手，以开放、包容、共享为宗旨，通过人才信息的沟通与汇总，实现对人才的综合、全面的评估，并共同探讨人才整体发展的建议与方法。这种形式强调信息一致性，后续也会将校准会上达成共识的信息反馈给被校准员工或管理者。开门校准会一般开展以下三项内容：一是重点回溯人才的个人优势与劣势，全方位分析其综合能力；二是聚焦下一个阶段人才发展与提升计划的设计与落地（IDP）；三是帮助人才在组织中进行中长期职业规划。开门校准会的参与对象除了公司高层、校准对象的直接或间接上级，还可邀请平行与上下游部门的领导或同事、HRBP或相关人力资源部人员，一起对人才信息做交流与互动。

---

① 北森人才管理研究院．人才盘点完全应用手册［M］．北京：机械工业出版社，2019：71.

闭门校准会注重基于人才信息充分的讨论与沟通，对分享的信息有一定的限制，对参与者也有一定的选择。闭门校准会更多地从组织长、中、短期的发展，人才晋升或调整，敏感人员等角度入手，在参与的人员中仍以开放、包容、共享为宗旨，但是对外仍需要保持有限的信息知悉范围。闭门校准会的保密性、限制性是由其结果应用的敏感性所决定的。企业组织的闭门校准会，通常在结果的应用上非常敏感。例如，涉及长期或短期的组织调整或人员调动，涉及人员晋升或退出，或者与人员的激励与绩效相挂钩。除了在结果应用方面的敏感性以外，被校准对象本身较为敏感也可能是选择闭门校准会的原因之一。例如，校准的对象为公司的高层管理者、组织内部有争议的特殊人才等。在此种场景中的人才校准，会对校准会的保密性有更高要求，需谨慎确定参与人员，并在校准会前期、中期和后期全流程保密。闭门校准会的参与对象包括公司高层、校准对象的上级领导、HRVP 或 HRD、外部专家等。通常情况下，一般不会邀请校准对象的平级、下属或跨条线上下游部门领导参加。

（四）结果输出与应用

完成评估和人才校准会后，一般会输出人才盘点情况汇总，以及基于组织需求的组织人才分析报告。根据目标与现状对比可以获得人才差距，管理者可以有针对性制订行动计划，包括继任者计划、人才梯队建设计划、培训学习计划、轮岗计划以及员工个人职业生涯发展规划等。同时，在实施的过程中，还需要继续跟进人才指标、人均效能等指标表现，从而进一步评价人才盘点结果与方案的有效性和价值。

第三节 人力资源战略规划的程序

一、人力资源战略规划的步骤

人力资源战略规划主要分六步进行，流程图如图 3-7 所示。

图 3-7 人力资源战略规划流程

（一）分析战略背景，盘点人力资源

分析战略背景，明确当前阶段的企业经营战略，分析企业经营战略对人力资源战略规划的要求，将企业经营战略分解，转化为人力资源战略规划所能提供的支持。

表 3-2 所示为李宁服饰公司战略 SWOT 分析样例。

表 3-2　李宁服饰公司战略 SWOT 分析样例

外部因素（四只眼睛看市场）	内部能力（八只眼睛看自己）	机会点与危机点
机会（Opportunity） 1. 行业调研分析 2. 竞争对手调研分析 3. 产品调研分析 4. 消费者调研分析	优势（Strength） 1. 领导人 2. 团队 3. 组织文化 4. 资金 5. 产品 6. 价格 7. 渠道 8. 推广	S0 机会+优势=最佳突破点
1. 温州区域的高消费潜力与需求 2. 温州的高消费能力：其品牌年度最高的 VIP 能力突破人民币 500 000 元 3. 持续上升的国民 GDP 指数 4. 奢侈品进入个性价值消费时代 5. 高端消费群体对奢华时尚馆的价值消费需求（一站式，精确定位及专业 VIP 服务模式） 6. 高端奢侈品卖手级的组合商业品牌空白	1. 清晰的品牌聚焦孕婴战略 2. 独特的运营模式（商业品牌的启航运营） 3. 多款少量的时尚操盘模式 4. 终端团队的目标管理 5. 良好的区域品牌知名度及产品开发能力 6. 老顾客的口碑营销支持 7. 强视觉的店铺外观形象 8. 地处市区商业街 9. 致力拓展新的渠道与运营模式及商业革命能力	1. 启用商业品牌，整合一流设施，高档商品开发具有个性化，多款少量的高档奢侈商品 2. 创造高消费群里的 VIP 服务模式 3. 利用良好的商业品牌知名度，最终全国复制加盟，香港作为运营总部，温州作为旗舰店
威胁（Threat） 1. 行业调研分析 2. 竞争对手调研分析 3. 产品调研分析 4. 消费者调研分析	劣势（Weakness） 1. 领导人 2. 团队 3. 组织文化 4. 资金 5. 产品 6. 价格 7. 渠道 8. 推广	WT 威胁+劣势=最大危机

续表

外部因素（四只眼睛看市场）	内部能力（八只眼睛看自己）	机会点与危机点
1. 电子商务零售模式对传统零售的冲击 2. 竞争者的专业管理团队及协作水准 3. 新项目的资本整合运营能力 4. 竞争者资源的优化组合，及竞争对手的制衡能力 5. 海关的关税，成本及供货上有的关系处理	1. 缺乏清晰详细周全的品牌战略运营计划 2. 缺乏品牌公司文化 3. 品牌缺乏公司化运作模式 4. 缺乏科学完善的品牌人力资源系统 5. 终端店铺存在多头管理 6. 终端店铺非统一的店铺管理制度及标准运营 7. 终端人员对公司的愿景模糊，工作情绪化 8. 终端店铺各级别人员缺乏清晰的职责定位 9. 终端店铺的核心人员流失严重（如店长） 10. 缺乏终端运营的数据信息统计分析	1. 企业运营到一定阶段会有瓶颈，停滞不前 2. 会被完善于管理的后来者跟上 3. 被琐事牵绊无法去香港建立运营中心，导致战略无法达成

资料来源：无忧文档，https：//www. 51wendang. com/doc/68787044fd14d9457029ab4a。

如前所述，除了明确企业战略外，还需要掌握现有人力资源状况，如现有人力资源的数量匹配、结构匹配、能力匹配情况，从而分析是否有缺口或冗余情况，是否具备战略达成所需的能力，是否有新的能力需要补充等，这是制定人力资源规划的基础工作。

（二）明确人力资源愿景及战略

企业战略目标明晰之后，结合现有人力资源盘点的结果，制定基于企业整体战略的人力资源战略，明确人力资源愿景及使命，并制定人力资源策略，以此作为展开具体人力资源规划的指南，建构能够支撑人力资源战略的人力资源管理体系。

（三）制定人力资源策略

根据人力资源愿景、使命，结合战略要求，制定人力资源策略，包括核心招聘策略、薪酬策略、绩效策略、企业文化策略等。

（四）制定人力资源规划

在人力资源策略明晰后，开始对人力资源数量、素质与结构进行比对，同时开展详尽的人力资源规划，对人力资源相关需求开展预测，如图 3-8 所示。

（五）设计人力资源重点项目

通过以上过程，完成了公司整体战略向人力资源愿景和人力资源战略的分解，同时完成了人力资源战略的人力资源体系构建的设计，并对所需采用的人力资源策略有了明确决

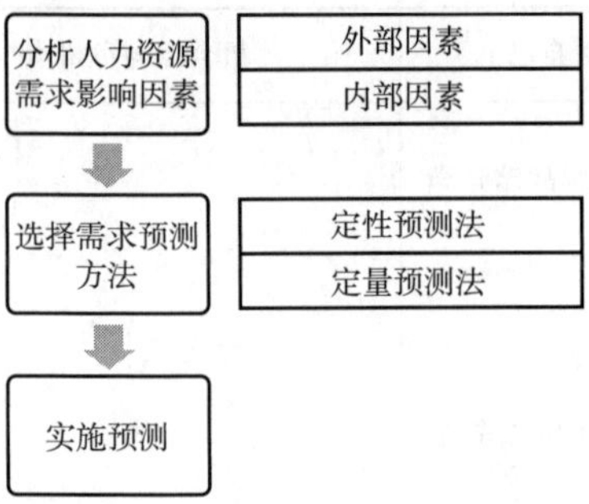

图 3–8　人力资源需求预测流程

策，形成初步人力资源计划。接下来需要识别当期重点的人力资源工作项目，这些项目是人力资源计划的核心组成部分，有良好的系统性，形成人力资源整体解决方案，能够帮助人力资源规划的落地，同时对于此前分析需要解决的专项问题提出对策。

二、人力资源战略规划的执行

战略性人力资源管理要求组织的人力资源管理必须贯彻这样一些重要思想：

一是以利润为导向，而不仅仅以服务为导向，来分析和解决各种人力资源问题。

二是对生产率、薪资福利、招募、培训开发、绩效反馈、缺勤、临时解雇及员工态度调查等人力资源管理问题的成本和收益进行分析、评价和解释。

三是采用包括可行性、挑战性、具体性以及有意义性等目标在内的人力资源管理模型，同时，针对组织所遇到的问题，提供人力资源管理方面的建议性对策报告。

四是为人力资源管理职能人员提供培训，并且强调人力资源管理战略的重要性以及它对组织目标的实现所做出的重要贡献。

同时，要想使组织的人力资源管理战略取得成功，必须有具备丰富相关知识的其他领域的管理者参与，他们在确定组织的战略方向以及员工、组织与所要完成的工作之间起着重要的作用。组织的领导和管理者必须理解，执行人力资源管理活动和方案对组织来说具有战略意义，如果没有各级管理者的参与，组织很可能会遇到重大的人力资源问题。在理想状态下，一般人力资源战略规划的执行分为三个层次：

第一，企业层次。高层管理者应当在人力资源高层管理者参与的情况下制定组织的战略，然后把这种战略作为指导人力资源管理者制定人力资源战略以及开展人力资源管理活动的基本框架。人力资源战略规划作为企业战略目标达成的重要支撑，应该是“一把手工程”，对其中涉及重大层面的事项进行方向把握和决策。

第二，跨部门层次。跨部门层次的人力资源战略规划需要公司分管高层的参与和推进，对不同业务部门或流程间的问题开展协调与监督，并参与最终实施效果的评估。

第三，部门层次。在部门层次又分为人力资源部门和其他部门两类情况。人力资源部门担任着多重角色，除了作为执行者完成本部门的人力资源战略规划工作外，还需要以人力资源战略规划专家角色对整项工作的开展提供工具、方法的专业支持，指导其他项目成员完成工作，为各部门提供与其问题对应的人力资源系统解决方案或建议，比如继任计划、人才梯队建设等。此外，还需要以人力资源战略规划组织者的身份，组织人力资源战略规划工作的开展。

在人力资源战略规划过程中，其他部门的作用不可或缺。各部门负责人应作为人力资源战略规划的重要参与者和实施者，人力资源战略规划工作也应该是部门负责人重要的工作内容组成部分。人力资源部门应对相关人员组织培训，使其具备能够胜任人力资源战略规划工作开展的能力。

第四节　人力资源需求与供给预测技术

一、人力资源战略规划的需求预测技术

人力资源需求预测是指根据企业的发展规划和企业的内外条件，选择适当的预测技术，对人力资源需求的数量、质量和结构进行预测。

（一）人力资源需求预测步骤

人力资源需求预测分为现实人力资源需求预测、未来人力资源需求预测和未来流失人力资源需求预测三部分。具体步骤如下：

步骤1，根据职务分析的结果，确定职务编制和人员配置；

步骤2，进行人力资源盘点，统计出人员的缺编、超编及是否符合职务资格要求；

步骤3，将上述统计结论与部门管理者进行讨论，修正统计结论；

步骤4，该统计结论为现实人力资源需求；

步骤5，根据企业发展规划，确定各部门的工作量；

步骤6，根据工作量增长情况，确定各部门还需增加的职务及人数，并进行汇总统计；

步骤7，该统计结论为未来人力资源需求；

步骤8，对预测期内退休的人员进行统计；

步骤9，根据历史数据，对未来可能发生的离职情况进行预测；

步骤10，将退休与离职的统计和预测结果进行汇总，得出未来流失人力资源需求；

步骤11，将现实人力资源需求、未来人力资源需求和未来流失人力资源需求汇总，即得企业整体人力资源需求预测。

（二）拟定实施计划与保障

为了保证人力资源规划能够落地，还需要对人力资源规划的具体实施设计相应的保障计划。保障计划主要是对人力资源规划实施过程进行监控。实施监控的目的在于为总体规划和具体规划的修订或调整提供可靠信息，强调监控的重要性。人力资源规划的实施过程，会受到内外部不可控因素的干扰，常常出现意料之外的变化或无法预判的问题，为了确保人力规划执行不偏移，有效指导各项人力资源管理工作开展，需要根据过程监控情况，及时优化和调整。此外，监控还能有效保障各项计划与动作的充分执行。

（三）人力资源需求预测方法

目前人力资源需求预测方法主要有两类，分别是定性预测方法和定量预测方法，以下

就其中常用的方法做简要介绍。

1. 定性预测方法

(1) 经验预测法

经验预测法是根据企业以往的经验对人力资源需求进行预测的方法。经验预测法的优点是简便易行；但因为是根据企业以往的经营经验进行预测，预测的效果受经验的影响较大。预测者通过过往的经验，判断企业人员出现流动（如晋升、降职、退休或调出等情况）时的缺口和需求。这是最简单的一种方法之一。经验预测法的不足是对预测者的经验及判断能力依赖程度较高，结果的准确性不能保证。

(2) 描述法

描述法是人力资源规划人员对本组织在未来某一时期的有关因素的变化进行描述或假设，并依据描述、假设、分析和综合，对将来人力资源的需求进行预测规划。由于这是假定性的描述，因此人力资源需求就有几种备择方案，目的是适应和应付环境因素的变化。描述法通常用于应对环境变化或企业开启转型或变革时的需求分析。

(3) 德尔菲法

德尔菲法又名专家会议预测法、集体预测法，是20世纪40年代末在美国兰德公司的“思想库”中发展出来的一种主观预测方法。德尔菲法是发现专家对影响组织发展的某一问题的一致意见的程序化方法。这里的专家可以是基层管理人员，也可以是高层管理人员；可以来自组织内部，也可以来自组织外部。总之，专家应该是对所研究的问题有发言权的人员。这种方法的目标是通过综合专家们各自的意见来预测某一领域的发展状况，适合于对人力需求的长期趋势预测。

德尔菲预测技术的操作方法是：首先，在企业中广泛地选择各个方面的专家，专家的人数以10~15人为宜，每位专家都拥有关于人力预测的知识或专长。这些专家可以是管理人员，也可以是普通员工。总之，这里的专家不是学术意义上的，而是对所研究的问题有深入了解的人员。主持预测的人力资源部门要向专家们说明预测对组织的重要性，以取得他们对这种预测方法的理解和支持，同时通过对企业战略定位的审视，确定关键的预测方向、解释变量和难题，并列举出预测小组必须回答的一系列有关人力预测的具体问题。然后，使用匿名填写问卷等方法设计一个可使专家在预测过程中畅所欲言地表达自己观点的预测系统。使用匿名问卷的方法可以避免专家们面对面集体讨论的缺点，因为专家组的成员之间存在着身份或地位的差别，较低层次的容易受到较高层次的专家的影响而丧失见解的独立性。同时也存在一些专家不愿意与他人冲突而放弃或隐藏自己正确观点的情况。人力资源部门需要在第一轮预测后，将专家们各自提出的意见进行归纳，并将这一综合结果反馈给他们。然后再重复上述过程，让专家们有机会修改自己的预测并说明原因，直到专家们的意见趋于一致。

在预测过程中，人力资源部门应该为专家们提供充分的信息，包括已经收集的历史资料和有关的统计分析结果，目的是使专家们能够做出比较准确的预测。另外，所提出的问题应该尽可能简单，以保证所有专家能够从相同的角度理解员工分类和其他相关的概念。在必要时，可以不问人力需求的总体绝对数量，而应该问变动的百分比或某些专业人员的预计变动数量。对于专家的预测结果也不要求精确，但是要专家们说明对所做预测的肯定程度。德尔菲法分为“背对背”和“面对面”两种方式。背对背方式可以避免某一权威专家对其他专家的影响，使每位专家独立发表看法；面对面方式可以使专家之间相互启发。

(4) 微观集成法

微观集成法可以分为自上而下和自下而上两种方式。自上而下是由高层管理者先拟定组织的总体用人目标和计划，逐级下达到各具体职能部门，开展讨论和进行修改，然后将有关意见汇总后反馈高层管理者，高层管理者据此对总的预测和计划做出修正后，公布正式的目标和政策。自下而上是由组织中的各个部门根据本部门的需要预测将来某时期内对各种人员的需求量，然后由人力资源部进行横向和纵向的汇总，最后根据企业经营战略形成总体预测方案。这种方法的优点在于操作简单，且由高层管理者统筹管控，有利于人力成本与编制管控，适用于短期预测和企业生产比较稳定的情况。不足之处在于需求研讨和修改的基础，也是基于主观经验判断和管理认知，当环境发生重大变化时，不能及时做出灵活调整。

2. 定量预测方法

(1) 回归分析法①

回归分析法是根据数学中的回归原理对人力资源需求进行预测。最简单的回归分析法是趋势分析，即只根据整个企业或企业中的各个部门在过去员工数量的变动趋势来对未来的人力资源需求做出预测。这实际上是只以时间因素作为解释变量，比较简单，但是没有考虑其他重要因素的影响。比较复杂的回归分析法是计量模型分析法，它的基本思想是：确定与组织中劳动力的数量和构成关系最大的一种因素，一般是产量或服务的业务量；然后研究在过去组织中的员工人数随着这种因素变化而变化的规律，得到业务规模的变化趋势和劳动生产率的变化趋势，再根据这种趋势来对未来的人力需求进行预测；最后，预测的需求数量减去供给的预测数量的差额就是组织对人力资源净需求的预测量。如果这一差额是正值，说明组织面临人力的短缺；如果这一差额是负值，就说明面临人力的过剩。

(2) 转换比率法②

转换比率法是首先估计组织需要的关键技能的员工的数量，然后再根据这一数量估计各辅助岗位人员的数量。企业经营活动规模的估计方法是：

经营活动=人力资源的数量×人均生产率

例如，销售收入=销售员的数量×每位销售员的销售额；产出水平=生产的小时数×

① 张一驰．人力资源管理教程［M］．北京：北京大学出版社，2000：77-78.

② 张一驰．人力资源管理教程［M］．北京：北京大学出版社，2000：79-80.

单位小时产量；运行成本=员工的数量×每位员工的人工成本等。转换比率法的目的是将企业的业务量转换为人力的需求，是一种适合于短期需求预测的方法。以一所大学某个学院为例，假设当学院的学生数量增加一个百分比，就相应地要求教师数量增加一个百分比，同时教学辅助人员数量也需要相应地增加一个百分比，以保证学生培养的质量。这个方法是根据组织过去的人力需求数量与某个影响因素的比率来对未来的人事需求进行预测。类似的还有根据过去销售额与销售人员数量的比率来预测未来的销售业务量对销售人员的需求，根据销售人员-销售内勤的比率来预测未来的销售内勤的需求量等。需要关注的是，转换比率法假定组织的劳动生产率是不变的。如果考虑到劳动生产率的变化对员工需求量的影响，可以使用下面的员工总量需求预测方法，其计算公式为：

$$\text{计划期末需要的员工数量} = \frac{\text{目前的业务量} + \text{计划期业务的增长量}}{\text{目前人均业务量} \times (1 + \text{生产率的增长率})}$$

按照上述方法，假设某学院在2021年有学生3 000人，在2022年计划招生增加300人，目前平均每个教师承担15名学生的工作量，生产率保持不变，那么，在2022年该商学院就需要教师220名。需要指出的是，这种预测方法存在着两个缺陷：一是进行估计时需要对计划期的业务增长量、目前人均业务量和生产率的增长率进行精确的估计；二是这种预测方法只考虑了员工需求的总量，没有说明其中不同类别员工需求的差异。

（3）趋势预测法

趋势预测法是利用企业的历史资料，根据某些因素的变化趋势，预测相应的某段时期人力资源的需求。趋势预测法一般要假设其他的一切因素都保持不变或者变化的幅度保持一致，往往忽略了循环波动、季节波动和随机波动等因素。常用的方法有散点图分析法和幂函数预测模型两种。

一是散点图分析法。收集企业过去几年内人员数量的数据，以这些数据做出散点图，把企业经济活动中某种变量与人数间的关系和变化趋势表示出来，如果两者之间存在相关关系，则可以根据企业未来业务活动量的估计值来预测相关的人员需求量，同时，可以用数学方法对其进行修正，使其成为一条平滑的曲线，从该曲线可以估计出未来的变化趋势。

二是幂函数预测模型。该模型主要考虑人员变动与时间之间的关系，其具体公式为：

$$R(t) = atb$$

式中，$R(t)$ 为 t 年的员工人数，a，b 为模型参数。a，b 的值由员工人数历史数据确定，用非线性最小二乘法拟合幂函数曲线模型算出。

（4）技能组合法

假设员工目前的结构或分布为理想状态，或以优秀企业的各类员工比例为标杆，只需将此技能组合比例直接用于人力资源需求预测即可。

需要关注的是，无论使用什么预测方法，都是以函数关系不变作为前提，但这经常是不符合实际的，因此需要用管理人员的主观判断进行修正。第一，提高产品或劳务质量的决策或进入新市场的决策会影响到对新进人员和企业现有人员的能力等特征的需要，这时，只有数量分析是不够的。第二，生产技术水平的提高和管理方式的改进会减少对人力的需求，这是数量分析难以反映的。第三，企业在未来能够支配的财务资源不仅会制约新进员工的数量，也会制约新进员工的质量，因为财务资源制约着员工的薪资水平。

二、人力资源战略规划的供给预测技术

人力资源供给预测（Supply Forecasting of Human Resources）是人力资源规划中的核心内容，是预测未来某一时期，组织内部所能供应的（或经有培训可能补充的）及外部劳动力市场所提供的一定数量、质量和结构的人员，以满足企业为达成目标而产生的人员需求。从供给来源看，人力资源供给分为外部供给和内部供给两个方面。与人力资源需求预测相似，人力资源供给预测可以采取主观判断法和历史统计模型方法。人力资源供给的历史变化趋势并非总是能够作为预测未来人力资源供给的可靠指标。因此，在使用人力资源供给的统计学预测方法时，需要用专家主观判断法加以补充。在此介绍几种常用的人力资源供给预测方法。

（一）替换分析法

替换分析法是针对组织内部的某个或某些特定的职位，确定能够在未来承担该职位工作的合格候选人。它要解决以下问题："如果某个或某些职位在未来出现了空缺，能够填补这一职位空缺的候选人有哪些？他们目前的成熟度如何？胜任新职的可能性有多大？"例如，某家公司制作了该公司的人员替换关系图（见图 3-9），其中总经理、生产经理、销售经理、人力资源经理职位都有自己的继任候选人，并且列出了继任候选人的现任职位及其绩效水平和晋升潜力。当这些职位出现空缺时，如果组织内部有成熟的合适候选人，则可以直接任命这些候选人担任新的职位。当然，很多时候一个职位的未来候选人可能不

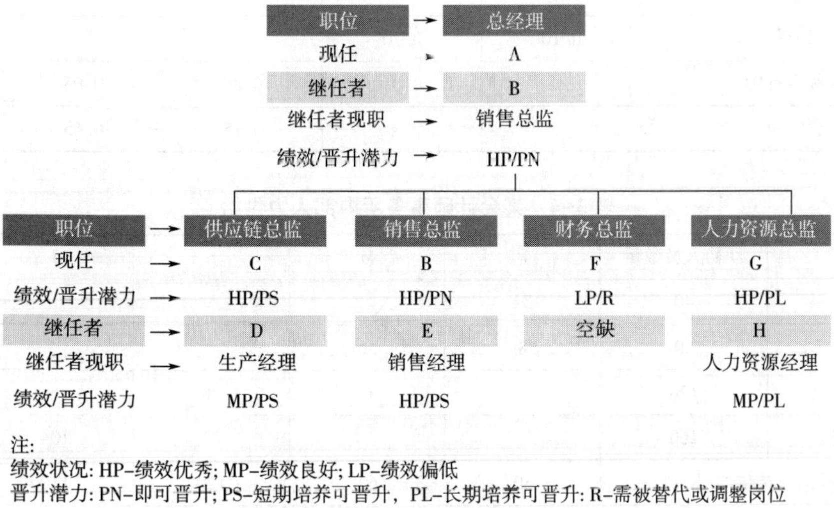

注：
绩效状况：HP-绩效优秀；MP-绩效良好；LP-绩效偏低
晋升潜力：PN-即可晋升；PS-短期培养可晋升，PL-长期培养可晋升；R-需被替代或调整岗位

图 3-9　人员替换关系分析图样例

止一个。

替换分析法主要强调了从组织内部选拔合适的候选人担任相关职位尤其是更高一级职位，这有利于激励员工士气，降低招聘成本，同时，还能为未来的职位填补需要提前做好准备。

（二）马尔可夫分析法①

马尔可夫（Markov）法也称转换矩阵法。它的基本思想是找出过去人事变动的规律，以此来推测未来的人事变动趋势。由于组织通常对根据判断进行的预测不满意，因此越来越强调运用统计技术来预测未来人力资源变化的趋势。转换矩阵实际上指的是转换概率矩阵，这一矩阵描述的是组织中员工流入、流出和内部流动的整体形式，我们可以把它作为预测内部劳动力供给的基础。

这种方法的第一步是作一个人员变动矩阵表，表中的每一个元素表示从一个时期到另一个时期在两个工作之间调动的员工数量的历史平均百分比。这些数据实际上反映的是每一种工作中人员变动的概率，一般以5~10年为一个周期来估计年平均百分比。周期越长，这一百分比的准确性就越高。将计划期初每种工作的人员数量与每一种工作的人员变动概率相乘，然后纵向相加，就可以得到组织内部未来劳动力的净供给量。需要指出的是，尽管马尔可夫分析法得到了广泛的应用，但是关于这种方法的准确性和可行性还没有定论。表3-3是假设的某会计师事务所各个层次员工的流动概率矩阵，将该会计师事务所的期初员工数量与该员工流动矩阵相乘就可以得到员工流动的绝对数量的预测值，并可在此基础上确定事务所在计划期的内部人力供给（见表3-4）。

表3-3　某会计师事务所员工流动概率矩阵

	员工调动的概率				
	P	M	S	J	离职
合伙人	0.80				0.20
经理	0.10	0.70			0.20
高级会计师		0.05	0.80	0.05	0.10
会计员			0.15	0.65	0.20

表3-4　某会计师事务所内部人力供给

	期初人员数量	P	M	S	J	离职
合伙人	40	32				8
经理	80	8	56			16
高级会计师	120		6	96	6	12
会计员	160			24	104	32
预计的人员供给量		40	62	120	110	68

① 张一驰．人力资源管理教程［M］．北京：北京大学出版社，2000：77-78.

马尔可夫分析法不仅可以处理员工类别单一的组织中人力供给的预测问题，也可以解决员工类别复杂的大型组织中的内部人力供给预测。这个方法的应用是有一定前提的，即企业内部员工的转移是有规律的，在这个前提下的预测结果相对准确。

（三）AI 预测

综上，人力资源需求和供给预测的方法随着人力资源实践的探索逐渐丰富，未来也将不断迭代拓展，各种方法均有其优势，也存在一定的局限性。具体采用何种方式，或者结合采用哪几种方式，需要依据企业自身情况综合决策。

补充阅读3-1

“十四五”人才发展规划：布局高质量发展人才工作新体系

在大数据时代，越来越多的企业选择采用大数据及 AI 算法进行人力资源供给的预测，数据基础不仅来源于企业内部，还在更大范围内与行业人才供给、地区人才供给等数据同步计算。AI 算法和大数据的前提是识别影响人力资源供给的各种可能性变量，并通过机器算法学习，探索出更为精准的预测模型，这也将是未来企业人力资源管理数字化转型的重要趋势。

本章小结

本章重点围绕人力资源战略规划展开，首先介绍了人力资源战略规划的含义、功能。人力资源战略规划是通过战略性人力资源管理职能活动及战略性制度安排，以实现组织人力资源的有效获取、开发和优化配置，并支撑企业战略目标实现的系统解决方案和管理过程。人力资源战略规划需要紧密结合企业战略进行，通过人力资源战略使命、愿景与目标分解为人力资源管理的策略行动，设计人力资源规划，同时以人力资源实施保障措施确保落地。人力资源战略规划内容丰富，包括人力资源分析、人力资源战略规划理念梳理与体系建设、开展组织基础建设规划、人力资源数量、素质与结构规划的能力线建设、核心人才队伍规划、战略人力资源职能活动规划、人力资源管理变革规划、人力资源管理信息系统建设规划等。

在开展人力资源战略规划的过程中，人才盘点是必要和关键环节。在本章第二节中，我们学习了人才盘点的定义。人才盘点是对组织结构和人才进行系统管理的一个流程，在此过程中，对组织结构、人员配比、人才绩效、关键岗位的继任计划、关键人才发展、关键岗位的招聘，以及对关键人才的计划和激励进行深入讨论，并制订详细的组织行动计划，确保组织有正确的结构和出色的人才，以落实业务战略，实现可持续成长。此外，我们了解了开展人才盘点工作的意义，并且学习了人才盘点的类别和程序。

在内部人才盘点摸清企业内部人才资源后，我们学习了开展人力资源战略规划的程序，了解如何通过六步法为企业开展人力资源战略规划。人力资源战略规划是一项专业性的工作，其中人力资源的需求与供给是人力资源战略规划的重要内容，通过人力资源供给与需求预测技术的学习，我们可以为更好地开展人力资源战略规划打下良好基础。

习题

实训

实训项目：

企业人力资源战略规划的制定

实训目的：

在理论学习的基础上，通过实地参访，了解企业开展人力资源战略规划的过程、内容、方法等。

实训指导：

（1）参访实习企业，了解企业经营业务、企业文化与企业战略。

（2）对人力资源战略规划工作的组织者进行访谈，了解企业开展人力资源战略规划的时间周期、项目团队、专业方法、实施流程等。

（3）对人力资源战略规划工作的组织者进行访谈，了解人力资源规划战略的复盘开展周期、复盘方法以及人力资源战略规划的评估方法。

实训组织：

（1）把全班同学分成若干小组，每组若干人，以小组为单位进行观察、访谈，收集信息。

（2）以小组为单位对所收集的信息进行分析。

（3）以小组为单位完成实训报告与演讲。

实训考核：

（1）每位学生需填写实训报告。

（2）实训报告应包括实训项目、实训目的、实训本人承担任务及完成情况、实训过程、实训小结、实训评语（由教师填写）。

拓展案例

“互联网+”背景下FH公司人力资源战略规划[*]

第四章　工作分析与岗位评价

学习目标

理解工作分析的概念、作用和原则
理解岗位评价的含义和作用
理解胜任素质的内涵和构成
掌握工作分析的流程
掌握工作说明书的编写方法
掌握岗位评价的基本方法
掌握胜任素质的基本模型和建立步骤

重点概念

工作分析（Job Analysis）
工作描述（Job Description）
任职资格说明（Job Qualification）
工作说明书（Job Instruction）
胜任素质模型（Competency Model）

开篇案例

大制度和小细节①

卢作孚在民生公司的制度设计上有许多创新。首先是定期航行，新辟航线，以客运为主，避开以货运为主和船舶拥挤的航线。其次是稳定运价，建立信誉。他还要求定期直航船一定要定期到港，做到转口货毫不停留，而且保护货物就如爱惜自己的东西，让客户信赖民生就如同信赖自己。据"猪鬃大王"古耕虞回忆，1926年底，他找卢作孚从涪陵运一批羊皮到重庆，卢慨然应允，及时运回，后来打交道越多，他越觉得这人"办事认真，很讲信用"。最后是改善旅客服务，取消船工向旅客索取小费的恶习。轮船内部各工种分工明确，责任到位，实际的工作方式、程序，从早到晚，从开船到靠岸，都规定得详细无遗，比如"经理须知""船长须知""驾驶员须知""轮机须知"

① 傅国涌．短服布衣：卢作孚的轮船报国梦［M］．北京：新星出版社，2020：12.

“理货须知”“茶房须知”“水手须知”等。一开始，民生人手不足，没有专门的茶房，卢作孚就向厨工、水手反复解释，服务好坏关系到业务盛衰，要求大家都能兼做服务，所以“民生”轮上人人都是服务员，端茶送水、迎上送下都是寻常的事。卢作孚以身作则，有时亲自上船为旅客服务。这个传统也一直保留下来，客人多时，有些轮船（如“永年”轮）的经理、领江、茶房、账房会把自己的房间让给客人住，让外国人感到吃惊和稀奇。到1931年，只用五年时间，民生的基础就已奠定。

“大处着眼，小处入手”，办民生之初，卢作孚就重视细节。他在北碚办的“茶房训练班”，有茶房训练纲要、茶房训练细则，专门教授如何敬茶、添饭、叠衣服，如何捆被子乃至洗脸、擦鞋等。“理货人员训练班”指导如何理货、如何保护客户的货物。“茶房须知”对工作职责、工作态度、工作程序、工作方法等，事无巨细都有规定。他有一篇对茶房的讲话，细到“开饭时与客人添饭——手指甲应剪除，手指拇切莫放在饭碗内。摆筷子，应拿筷子的中端。洗碗，应该用开水……”他对船上的经理说，驾驶部有什么问题、客人的招待如何、货物的管理如何、人员的训练如何，每个经理都要负起责任来，并且有五个条件，就是看清楚、做清楚、想清楚、听清楚、问清楚。

曾有职员、练习生在船上随手抛钥匙，结果钥匙掉到江心去了，他也对此事做过一个专门的讲话，说做事要正确地去做，列举了许多不良细节：“递东西不到人的手上，倾水不入水槽，吐痰不到痰盂里边，开门、关门只用力一掀，听话不听清楚，说话不说清楚，想事不想清楚……”

民生逐渐形成一套完整的考核、奖惩制度，包括“逐年加薪，按绩提级加薪”的工资制度。光是考核成绩表就有二十七种之多，范围包括工作、品行、言语态度、仪表四个方面，仪表方面可以细分为服装整洁、佩戴证章、头发、胡须、指甲、帽子、牙齿等七项，每项都有奖惩分数，每月统计一次。

民生十周年时，卢作孚说，民生的成功秘诀是手握现代的两个武器——技术和管理，把握这两者，“就能省略了先进国家产业失败的历程，一脚踏到成功的阶段上去”。

第一节　工作分析概述

工作分析是任何一个组织人力资源管理工作的重要基础，没有细致周密的工作分析，人力资源管理工作的科学性就无从谈起。在人力资源管理实践中经常会遇到这样一些问题，如企业招聘人员的标准是怎么确定的？客户经理的职责和权限是什么？什么样的人才能担任这些特定岗位的工作？要解决类似这样的问题，就需要依靠科学的方法对工作进行分析。

一、工作分析的概念与常见术语

（一）工作分析的概念

工作分析（Job Analysis）又称职位分析、岗位分析，是指运用科学的方法，收集与工作相关的信息的过程，主要包括对各类工作岗位的性质、任务、职责权限、岗位关系、劳动条件和环境，以及员工承担本岗位任务应具备的资格条件等方面的信息进行系统研究，并制定出工作说明书等岗位人事规范的过程①。

具体来说，工作分析就是要为管理活动提供与工作有关的各种信息，这些信息可以用6W1H来概括：

What，做什么？即这一职位的具体工作内容是什么。

Why，为什么做？即从事这些工作的目的是什么。

Who，谁来做？即什么样的人可以胜任这项工作。

When，何时做？即该项工作的时间安排如何。

Where，在哪里做？即该项工作的地点和环境如何。

For Whom，为谁做？即该项工作的服务对象是谁。

How，如何做？即如何开展具体工作。

工作分析的结果是形成工作描述和任职资格，二者共同构成工作说明书的内容。其中，工作描述也称职位描述，是以书面形式描述一项工作的任务和职责，说明工作中需从事的活动，以及工作中所使用的设备和工作条件等信息。任职资格主要说明任职者要成功完成此项工作所应具备的资格标准，如知识、技能、能力、身体素质和个性特征等。

（二）工作分析的相关术语

工作分析过程中会涉及一些常用术语，而这些术语又容易混淆，因此，我们先对这些常用术语加以说明。

1. 工作要素

工作要素也称行动，是指工作活动中不能再继续分解的最小单位。例如，秘书接听电话前拿起电话、司机启动汽车前插入钥匙等。

2. 任务

任务是指工作活动中为达到某一目的工作要素的集合。例如，要打印一份文件，需要系统地做到：①启动打印机；②确认打印机内有相应的墨粉、纸张等材料；③在电脑中打开需打印的文件，并做好打印设置；④确认打印。换句话说，打印一份文件就是上述四个工作要素的集合。

3. 职责

职责指某人在某一方面承担的一项或多项相互联系的任务的集合。例如，监控员工的

---

① 刘燕，曹会勇．人力资源管理［M］．北京：北京理工大学出版社，2019：50.

满意度是人力资源部经理的一项职责，这一职责由下列任务组成：设计关于满意度的调查问卷；进行问卷调查；统计分析调查的结果；向企业高层反馈调查的结果；根据调查的结果采取相应的措施。

4. 职位

职位即岗位，是指一个人完成的一项或多项相关职责的集合。例如，办公室主任这一职位同时担负着单位的人员调配、文书管理、日常行政事务处理等职责。一般来说，职位与任职者是一一对应的关系。

5. 职位族

职务族指企业内部具有非常广泛的相似内容的相关工作群，又称为职位群。比如，企业内所有从事技术的职位组成技术类工作族，所有从事销售工作的职位组成销售类工作族。

6. 职务

职务指主要职责在重要性与数量上相当的一组职位的集合或统称。例如，银行设有两个副行长，一个分管公司金融业务，一个分管个人金融业务，虽然这两个人的职责内容不尽相同，但就整个银行经营来说，这两个职责的重要性一致，因此，这两个职位可以统称为副行长职务。与职位不同，职务与员工并不是一一对应的，一个职务可能有几个职位组成。

7. 职业

职业是指不同时间、不同组织中，工作要求相似或职责相近的职位结合，如会计、医生、教师等。虽然不同单位的会计、医生和教师的具体工作内容和数量不尽相同，但他们所担负的职责和任职要求却是相似的。

8. 职级

职级是指工作责任大小、工作复杂度与难度，以及对任职者的能力水平要求近似的一组职位的组合。例如，中学的一级语文教师与一级英语教师都属于同一职级，大学的副教授、研究院的副研究员、医院的副主任医师都属于副高级这一职级。

二、工作分析的作用

工作分析不仅是企业人力资源管理的重要基石，对于企业战略的落地和组织优化也具有十分重要的意义和作用（如图 4-1 所示）。

（一）工作分析在人力资源管理中的作用

1. 工作分析为人力资源规划提供必要的信息

人力资源部门对企业发展提供战略性支持主要体现在人力资源规划方面，而工作分析可以为企业人力资源规划提供必要的信息。工作分析可以对企业各个职位的工作量进行科学的分析判断，从而为职位增减提供必要的信息，此外，工作分析对任职资格的要求也有助于企业进行人力资源的内部供给预测。例如，组织中有哪些工作岗位、目前的人员配备

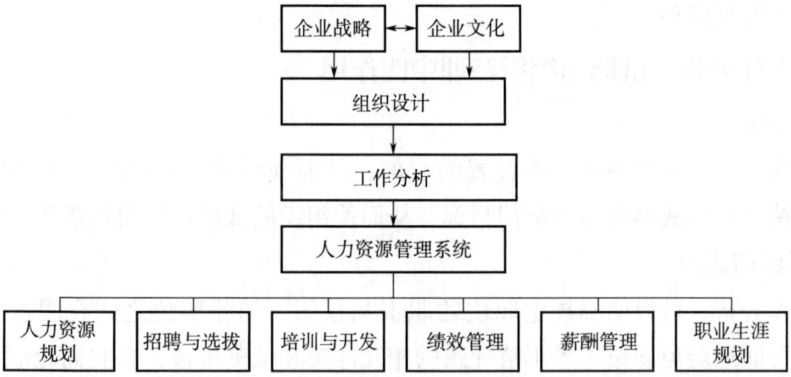

图 4-1　工作分析在战略、组织和人力资源管理体系中的地位和作用

能否达到工作要求、人员结构和数量应该做怎样的调整……都可以依据工作分析的结果做出适当的处理和安排。

2. 工作分析为员工招聘和选拔提供明确的标准

通过工作分析，掌握了工作任务的特点，能够系统地提出有关人员的知识、技能、生理、心理等各方面的具体要求，对岗位的任职者资格要求做充分的分析，从而为员工的招聘和选拔提供了重要的参照标准，减少了主观判断的成分，有利于提高招聘工作的质量，把不合格的人员排除于组织之外。

3. 工作分析为员工的培训与开发指明方向

工作分析对各个岗位的工作内容和任职资格都做出了明确的规定，因此可以据此对新员工进行入职培训。一方面让他们了解自己的工作内容，明确企业对员工的期望和要求是什么；另一方面可以进行培训需求分析，根据员工与任职资格要求的差距进行相应的培训，以提高员工与岗位的匹配程度。

4. 工作分析为员工的绩效考核提供依据

工作分析对工作的任务、性质以及所要达到的标准都做出了规定，企业人力资源管理部门可以在此基础上制定出各类人员的考核标准。这不仅加强了绩效考核的科学性，并且为员工设立了一个标杆，使其能有目标地改进自己的工作，提高工作绩效。

5. 工作分析是建立公平合理的薪酬体系的前提

工作分析对各个岗位的职责、从事的活动、资格要求、工作环境等都做了明确的描述，企业可以根据这些因素判断岗位的重要程度，从而形成一种岗位相对重要程度的排序，并通过工作评价的量化形式来帮助组织确定每个岗位的报酬水平。因此，工作分析是工作评价的前提，有效的工作评价又是建立岗位职能工资制的基础，从而有利于优化组织内部的工资结构，提高报酬的内部公平性。

6. 工作分析与职业生涯规划

从员工的职业生涯规划的角度来看，为了满足员工在组织中的成长和发展需要，工作分析可以为员工的职业咨询和职业指导提供可靠与有效的信息，为员工在组织内的发展指明合适的职业发展路径。

（二）工作分析在战略与组织管理中的作用

1. 实现战略传递

通过工作分析，可以明确工作设置的目的，从而找到该工作如何为组织整体创造价值，如何支持企业的战略目标与部门目标，从而使组织的战略能够得以落实。

2. 明确职位边界

通过工作分析，可以明确界定职位的职责和权限，消除职位之间在职责上的相互重叠，从而尽可能地避免职位边界不清导致的相互冲突和扯皮推诿，并且防止职位之间的职责真空，使组织的每一项工作都能够得以落实。

3. 提高流程效率

通过工作分析，可以理顺职位与其流程上下游环节的关系，明确职位在流程中的角色和权限，消除职位设置或者职位界定的原因所导致的流程不畅、效率低下等现象。

4. 实现权责对等

通过工作分析，在明确职位的职责、权限、任职资格等的基础上，形成职位的基本工作规范，有利于根据职位的职责来确定或者调整组织的授权与权力的分配体系，从而在职位层面上实现权责一致。

三、工作分析的原则

（一）目的原则

在工作分析开始前，首先要明确工作分析的目的。目的不同，分析的侧重点也不一样。如果工作分析是为了明确工作职责，那么分析的重点在于工作范围、工作职能、工作任务的划分；如果目的在于选聘人才，那么分析重点在于任职资格界定；如果目的在于决定薪酬的标准，那么重点又在于对工作责任、工作量、工作环境、工作条件的界定，等等。

（二）系统原则

任何一个组织或单位都是一个相对独立的系统，对某一工作进行分析时，要注意该工作与其他工作的关系以及该工作在整个组织中所处的位置，从总体上把握该工作的特征及对人员的要求。

（三）动态原则

工作分析的结果不是一成不变的，要根据战略意图、环境的变化、业务的调整，经常性地对工作分析的结果进行调整。工作分析是一项常规性的工作，需要定期修订和更新。

（四）岗位原则

工作分析所关注的应该是岗位，而不是任职者。工作分析要从岗位出发，实施的时候不要太多受当前任职者的能力、个性特征、绩效等的影响，而应尽量客观地分析岗位的内容、性质、关系、环境以及人员胜任特征。

（五）参与原则

工作分析虽然是由人力资源部主持开展的，但是它只有得到高层管理者的重视、业务部门的大力支持和全体员工从上到下的全面参与，才能得到详细和有用的信息。

（六）经济原则

工作分析是一项费时、费力、费钱的事情，涉及组织的各个方面。因此，应根据工作分析的目的，采用经济合理的方法。

（七）应用原则

应用原则是指工作分析的结果——工作描述与任职资格形成之后，企业应将其及时应用于管理的各个方面，无论是员工招聘、培训，还是考核、激励，都应以工作分析的结果为基础。如果束之高阁，工作分析就无法体现其价值和作用。

第二节　工作分析流程与方法

一、工作分析的流程

工作分析是一项繁杂、系统的工作，为了保证实施的效果，在实际操作过程中应按照一定的步骤进行。一般来说，工作分析主要包含准备阶段、调查阶段、分析阶段、完成阶段。

（一）准备阶段

在工作分析的准备阶段，应主要完成以下工作。

1. 明确工作分析的目的

工作分析是收集整理有关工作的信息，并对各项管理活动提供支持，但不同管理活动对信息要求的侧重点有所不同。因此，要事先确定工作分析的目的，即主要想解决什么问题，获取信息的用途是什么，等等。目的不同，工作分析的侧重点不同（见表 4-1），所要获取的信息和收集信息的方法也各不同。

表 4-1　工作分析的目的与侧重点

目的	工作分析的侧重点
组织优化	1. 强调对工作职责、权限的明确界定 2. 强调将工作置于流程与战略分解体系中来重新思考该岗位的定位 3. 强调职位边界的明晰化
招聘甄选	1. 强调对工作所需教育程度、工作经验、知识、技能与能力水平的界定 2. 确定各项任职资格要求的具体等级与水平 3. 确定该工作对任职者的心理要求和生理要求

续表

目的	工作分析的侧重点
培训开发	1. 强调工作典型样本、工作难点的识别 2. 强调对工作中常见错误的分析 3. 强调任职资格中可培训部分的界定
绩效考核	1. 强调对工作职责及责任细分的准确界定 2. 收集工作对组织的贡献程度信息 3. 收集工作对组织的过失损害信息
薪酬管理	1. 收集岗位在组织中的地位及其对组织战略的贡献 2. 强调工作所需要的知识、技能与能力水平、工作职责与任务复杂性及难度 3. 收集有关工作环境条件、工作负荷与强度的大小等信息

资料来源：吕菊芳．人力资源管理［M］．武汉：武汉大学出版社，2018：66.

2. 组建工作分析小组

为了保证工作分析的顺利实施，组建一个工作分析小组是十分必要的。从人员构成上看，小组一般由以下几类人员构成：一是企业的高层领导，高层领导的任务是发布相关政策，并动员全体员工配合该项工作，为工作分析的顺利实施铺平道路；二是目标岗位所在部门的人员，包括岗位的任职者和上级主管等，他们最熟悉岗位工作情况，只有获得他们的支持配合，才有可能获取真实详尽的资料；三是工作分析专家，负责在工作分析的方案制定、工具设计、数据分析等方面提供技术支持。专家可以来自组织内部，如人力资源部门的专业人员，也可以从组织外部聘请专家和顾问。

此外，还应注意小组成员的稳定性、分工的明确性和工作的规范性等，并在正式开始调查活动前，做好人员的培训工作。工作分析小组主要承担制定总体实施方案、执行工作分析计划、收集相关信息、撰写工作说明书等职责。

3. 确定信息的来源

信息的来源有多种途径。首先是岗位的任职者，这是信息的重要来源，因为任职者直接完成相关工作，对本岗位的工作任务、工作环境和工作要求等最为熟悉。但任职者可能会夸大对自己有利的信息，从而使信息出现失真。从任职者处获取信息的方式有访谈法、问卷法、观察法等。

其次是岗位的管理者或相关岗位的任职者。管理者能够从组织全局的角度描述岗位在企业中的作用地位、工作关系等信息。不足之处是，由于处于管理岗位，可能会缺乏对具体的工作难度、关键点等信息的详细了解。这些上下级或同事的信息可以提供一个对比，以弥补任职者提供信息的不足与偏颇。

最后，企业相关的背景资料对工作分析也是非常重要的。根据信息来源的不同可以分为组织内信息和组织外信息。组织内信息包括组织结构图、工作流程图、部门职能说明、工作说明书等，组织外信息包括国家职业标准、其他组织中相关岗位的工作说明书等。

4. 选择收集信息的方法

收集工作信息的方法多种多样，如观察法、访谈法、问卷法等，有定性的方法，也有定量的方法。采用何种方法，取决于工作分析的目的、岗位特征、组织规模、工作分析人员的专业水平、岗位任职者的受教育程度、实施成本等因素。比如，当工作分析用于薪酬体系的建立时，适合选用定量的方法，以便对不同工作的价值进行比较；有的工作活动比较外显，如机械操作类，这样的岗位就可以使用观察法；有的方法虽然能得到较多信息，但可能由于时间和资金成本较高而难以采用，等等。

每种方法都有自己的优点与不足（见表 4-2），这需要负责人根据实际情况综合考虑后决定。同时，一次工作分析的实施过程也可能是几种方法搭配使用，以充分发挥每种方法的优点，弥补彼此的不足，确保信息的全面性、合理性和有效性。

表 4-2　部分工作分析方法的比较

方法	优点	缺点	适用工作类型
访谈法	1. 可以对工作者的工作态度与工作动机等较深层次的内容有比较详细的了解 2. 能够简单而迅速地收集多方面的工作分析资料 3. 便于及时沟通	1. 需要专门的访谈技巧 2. 容易受员工主观影响，信息可能会失真	适用群体广泛，既包括脑力职位者，也包括体力职位者
观察法	1. 可以直接观察到具体工作内容 3. 有利于减少访谈中被访谈者的主观倾向	1. 无法了解员工的真实想法 2. 可能会引起被测人员的紧张、反感等情绪	活动特征比较明显的工作
问卷法	1. 可以在短时间内收集众多岗位信息资料 2. 调查范围广，可用于多种目的、多种用途的工作分析	1. 问卷编制的技术要求较高 2. 不同任职者因对问卷中同样问题理解的差异会产生信息资料的偏差	只适用于有文字理解能力并有一定书面表达能力的人群，例如管理类、技术类岗位

资料来源：潘泰萍．工作分析：基本原理、方法与实践［M］．2 版．上海：复旦大学出版社，2018：83.

确定合理的方法后，要及时设计好相关的工作表单、提纲、问卷等。例如，采用访谈法要设计好访谈提纲，采用问卷法要设计好调查问卷，采用观察法要设计观察记录表，等等。

5. 确定调查对象和样本

在调查中，如果采用全面调查的方式，须对每个岗位进行一一调查。但当需要分析的工作很多又比较相似的时候，对所有的工作进行逐个分析必然耗时耗力，这时可以选择有代表性和典型性的样本进行分析。能不能正确地确定调查对象和样本，直接关系到调查结果的完整性和准确性。

（二）调查阶段

调查阶段是工作分析的第二个阶段，主要任务是收集工作分析的相关信息。具体工作包括：

1. 制定工作时间计划进度表

首先制定工作分析的时间计划进度表，以保证各项工作能够有序地推进。工作分析时间进度表示例如表 4-3 所示。

表 4-3　工作分析时间进度表示例

工作项目	日期（月日）	工作日
1. 建立工作分析项目小组并组织学习	7. 1—7. 3	3
2. 编写工作计划并明确小组成员分工	7. 3—7. 4	2
3. 收集工作分析背景资料	7. 5—7. 8	4
4. 小组讨论确定需要分析的岗位名称	7. 9	1
5. 各地召集所有内勤人员召开大会，说明工作分析的目的、作用及各级主管应配合的工作	7. 9	1
6. 所有分析对象填写《工作分析问卷》	7. 10—7. 14	5
7. 收集工作日志、关键事件、观察记录	7. 10—7. 15	6
8. 整理汇总填写《工作分析问卷汇总表》	7. 15—7. 18	4
9. 向岗位任职者确认	7. 19	1
10. 向岗位任职者的直接上级确认	7. 19	1
11. 整理所有资料，录入计算机	7. 19—23	5
12. 撰写《工作说明书》并反复检查	7. 24—25	2
13. 项目小组组长检查《工作说明书》	7. 26—29	4
14. 和岗位任职者的直接上级签认《工作说明书》	7. 30	1

资料来源：吕菊芳．人力资源管理［M］．武汉：武汉大学出版社，2018：68.

2. 收集整理相关信息

一般来说，工作分析需要收集的相关信息包括工作活动、人的活动、工作中使用的设备、绩效信息、背景条件、人员要求等，具体如表 4-4 所示。

表 4-4　工作分析需要收集的信息

信息类型	具体内容
工作活动	1. 承担工作必须进行的与工作有关的活动和过程； 2. 活动的记录； 3. 进行工作所运用的程序； 4. 个人在工作中的权力和责任等
人的活动	1. 人的行为，如身体行动以及工作中的沟通； 2. 作业方法分析中使用的基本动作； 3. 工作对人的要求，如精力的消耗、体力的消耗等

续表

信息类型	具体内容
所使用的机器、工具、设备以及工作辅助用品	如电话、电脑、传真机、汽车、对讲机、仪器、车床等
与工作相关的有形和无形的因素	1. 完成工作所要涉及或者要运用的知识； 2. 工作中所加工处理的材料； 3. 所生产的产品或所提供的服务等
与工作绩效相关的信息	1. 完成工作所耗费的时间； 2. 所需要投入的成本； 3. 工作中出现的误差等
工作的背景条件	1. 工作时间； 2. 工作地点，如是在室内还是在室外； 3. 工作的物理条件，如有没有噪声、是不是在高温条件下等
对任职者的要求	1. 个人特征，如个性和兴趣； 2. 所需要的教育与培训水平； 3. 与工作相关的工作经验等

资料来源：根据相关材料整理，董克用，李超平．人力资源管理［M］.5 版．北京：中国人民大学出版社，2019：113.

收集整理信息的过程中要把握两个原则：一是及时性原则，要及时发现和收集信息，并及时做好记录；二是准确性原则，收集信息时本着实事求是的态度，克服主观随意性，对原始材料认真加以核实等。

（三）分析阶段

1. 整理资料

信息收集之后，首先要将信息按照工作说明书的各项要求进行分类整理，方便后续的审核和分析。在整理过程中如果发现有遗漏的项目，要及时进行补充，重新调查收集。

2. 审查资料

资料归类整理之后，工作分析小组应对信息的完整性、准确性、规范性等方面进行审查，如有疑问，应同岗位的任职者和其上级主管等人员进行确认，并进行相应的补充、修改或完善。同时，请岗位的任职者和其上级主管参与审查工作，也有助于他们未来对工作分析结果的理解和认可。

3. 分析资料

这是工作分析的核心阶段，对工作信息的分析主要包括工作名称分析、工作职责分析、劳动条件和环境分析、工作关系分析、任职条件分析等。

(1) 工作名称分析

工作名称是对岗位工作任务所做的概括，包括职务、职称、等级、工种等项目。一般要求工作名称应准确、标准，使人通过名称就能了解到工作的性质和内容。

（2）工作职责分析

工作职责是指为了达到某一特定目的而进行的多项活动的综合，不仅包括对工作任务范围的分析，还包括对工作责任大小、重要程度的分析。

（3）劳动条件和环境分析

这里主要包括工作的物理环境如工作场所的温度、湿度、粉尘、照明度等，工作的安全环境如工作环境有无危险、可能发生的事故等。对上述因素的定性和定量分析应结合国家各行业主管部门公布的有关标准进行。

（4）工作关系分析

工作关系分析是想了解和明确该项工作的协作关系，包括与哪些工作岗位发生业务关系、业务关系的内容是什么、本岗位的汇报对象、本岗位的监督对象等。

（5）任职条件分析

从事本岗位需要具备什么条件，即对任职者的最低资格要求，这些要求包括文化程度、业务知识、外语水平、工作经验、操作能力、身体要求、心理素质等。

（四）完成阶段

1. 编写工作说明书

第一，根据对资料的分析，按照一定的格式草拟工作说明书的初稿。第二，将草拟的工作说明书与实际工作进行对比。第三，根据对比结果决定是否修正和如何修正，是否需要再次调查研究等。第四，若需要，可重复第二和第三步骤，尤其是特别重要的岗位，可能需要多次修订。第五，形成最终的工作说明书。上述为工作说明书编写的简要步骤，详细内容将在第三节进行介绍。

2. 应用与反馈

工作说明书定稿之后，应将其真正运用到实际工作中，并做好相关的培训工作。在应用的过程中，要注意收集反馈信息，以便后期对工作说明书进行调整与修订，使其能够适应企业的变化。

3. 总结与评估

对整个工作分析过程进行总结与评估，找出成功的经验和存在的问题，并将工作说明书归档保存，为以后的工作分析提供借鉴和信息基础。

二、工作分析的方法

在实践中，工作分析的方法有很多，依照不同的标准，可以划分为不同的类型，例如按照结构性的方法和开放性的方法、直接的方法和间接的方法，等等。这里主要介绍访谈法、观察法、问卷调查法、关键事件法、工作日志法和工作实践法等几种常见的工作分析方法。

（一）访谈法

访谈法也称现场访谈法，是指工作分析人员通过与岗位任职者或主管人员进行面对面地交谈，获取有关工作信息的一种方法。这种方法能够提供标准与非标准的工作信息，也能提供身体和精神方面的信息。访谈法是目前国内外企业运用较为广泛，相对比较成熟和有效的方法。

在访谈之前，工作分析人员应该准备好访谈提纲，以便在访谈时能够按照预定的计划进行。访谈法对工作分析人员的语言表达能力和逻辑思维能力有较高的要求，工作分析人员要能够控制住谈话的局面，既要防止谈话跑题，又要使谈话对象能够无所顾忌地侃侃而谈，访谈过程中要及时准确地做好谈话记录，并避免使谈话对象对记录产生顾忌。

1. 访谈的形式

在收集工作分析信息的时候，可以采用以下三种访谈形式：

个人访谈：指对岗位任职者个人进行的访谈；

群体访谈：指对做同种工作的多名岗位任职者进行的访谈；

主管人员访谈：指对岗位任职者的直线主管进行的访谈。

个人访谈适用于员工的工作有明显差别、工作分析时间又比较充分的情况；群体访谈适用于大量员工做相同或相近工作的情况，因为它能以一种迅速而且代价相对较小的方式了解到工作的内容和职责等方面的情况。无论采用何种形式，都必须使被访者清楚访谈的目的，因为这类访谈常常被误解为对员工绩效的评价，如果被访者这样理解的话，他们往往不愿意对自己或下属的工作进行较为准确的描述。

2. 访谈法的优缺点

访谈法的优点有：第一，适用面较广，能够简单而迅速地收集多方面的工作资料；第二，可以对任职者的工作态度和工作动机等较深层次的内容有比较详细的了解；第三，有助于与岗位任职者进行沟通，缓解工作压力，减少敌对情绪；第四，当面进行沟通，能够对访谈问题进行解释引导，并及时确认和修正所获得的信息。

访谈法的缺点有：第一，访谈法要有专门的技巧，需要受过专门训练的工作分析的专业人员；第二，比较费精力和时间，工作成本较高；第三，被访谈者可能会夸大其承担的责任和工作难度，容易引起工作分析资料的失真和扭曲。

3. 访谈法的注意事项

在运用访谈法时，需要注意以下几个关键问题：第一，要对访谈人员进行培训，具体包括访谈的目的、内容、安排、技巧与注意事项等；第二，要慎重选择访谈对象，访谈对象必须是对该职位比较了解，能够客观陈述岗位主要信息的人员；第三，访谈人员要事先与访谈对象进行沟通，明确告知其访谈目的、意义和主要内容；第四，要合理安排访谈，包括访谈的时间、地点、访谈提纲、录音设备等，选择无人打扰的环境进行面谈，准备一份完整的访谈提纲等（见表4-5）；第五，要熟练掌握访谈技巧，由浅至深地提问，并尽量营造轻松愉悦的氛围，多鼓励被访谈者全面、客观地提供信息；第六，做好谈话记录，并在访谈结束前请被访谈者确认相关信息，以得到最终的认可。

表 4-5 工作分析访谈提纲样例

访谈人员		岗位任职者	
工作岗位		工作部门	
访谈时间		访谈地点	

1. 请用一句话概括您的岗位在本公司中存在的价值是什么，它要完成的主要工作内容和要达成的目标是什么。
2. 请问与您进行工作联系的主要人员有哪些？联系的主要方式是什么？
3. 您认为您的主要工作职责是什么？请至少列出 8 项职责。
4. 您是如何完成这些职责的？在执行过程中遇到的主要困难和问题是什么？
5. 请您谈谈以上各项职责在工作总时间中所占的比重，并指出其中耗费时间最多的三项工作。
6. 请您谈谈以上工作职责中最为重要、对公司最有价值的是什么？
7. 组织所赋予您的最主要的权限有哪些？您认为哪些是合适的，哪些需要重新界定？
8. 请您就以上工作职责，谈谈评价这些职责是否出色完成的标准是什么？
9. 您认为在工作中您需要其他部门、其他岗位为您提供哪些方面的配合、支持与服务？
10. 您认为要出色地完成以上各项职责需要什么样的学历和专业背景？需要怎样的工作经验？
11. 您认为要出色地完成以上各项职责需要具备哪些专业知识和技能？需要怎样的个性品质？
12. 请问您在工作中自主决策的机会有多大？
13. 工作中是否经常加班？工作中是否要求精力高度集中？工作负荷有多大？

（二）观察法

观察法是指工作分析人员直接观察所需分析的工作，记录某一时期该岗位工作的内容、形式、过程和方法，并在此基础上进行分析的方法。观察法通常适用于比较简单、重复又容易观察的工作，如体力劳动和事务性工作等，岗位如搬运工、操作员、流水线工人等；而不适用于脑力劳动成分较高的工作，如设计师、精算师、研发人员等。

1. 分类

由于不同的观察对象的工作周期和工作突发性有所不同，观察法又可分为直接观察法、阶段观察法和工作表演法。

（1）直接观察法

工作分析人员直接对员工工作的全过程进行观察，直接观察法适用于工作周期较短的岗位，比如，保洁员的工作基本是以一天为一个周期，工作分析人员可以一整天跟随保洁员进行直接工作观察。

（2）阶段观察法

当工作具有较长周期性时，为了完整观察员工的工作，需要分阶段进行观察。比如，行政文员需要在每年年终时筹备企业总结表彰大会，工作分析人员就必须在年终时再对该项工作进行观察。

（3）工作表演法

当工作周期较长、有较多突发性事件时，可以请员工表演工作的关键事件，并进行观察。比如保安工作，除了有正常的工作程序外，还有很多突发事件需要处理，如盘问可疑人员等，工作分析人员可以让保安表演盘问的过程，然后观察该过程。

2. 优点和缺点

观察法的优点是：第一，通过观察员工的工作，分析人员能够比较全面、深入地了解工作要求，适用于那些工作内容主要由身体活动来完成的工作；第二，收集的资料多为第一手资料，排除了主观因素的影响，比较客观、准确。

观察法的缺点是：第一，观察法工作量太大，要耗费大量的人力、财力和时间；第二，有关任职资格方面的信息，通过观察法无法获取；第三，分析者的观察可能给员工造成压力，使其产生抵触情绪，甚至影响正常的工作程序和工作方法。

3. 观察法的注意事项

使用观察法时要注意：第一，工作行为样本的代表性，有条件可以多观察几名员工的工作，综合工作信息；第二，观察者在观察时尽量不要引起员工的注意，避免使其分心，影响正常工作和观察结果的准确性；第三，观察前要有详细的观察提纲（见表4-6）和行为标准；第四，避免机械记录，应反映工作有关内容，并对工作信息进行比较和提炼。

表4-6　工作分析观察提纲样例

被观察者姓名		观察者姓名	
工作部门		观察日期	
工作类型		观察时间	

观察内容：

1. 何时开始正式工作？
2. 上午工作多长时间？
3. 上午休息_________次，第一次休息时间从_________到_________，第二次休息时间从_________到_________。
4. 上午完成_________件产品，平均多长时间完成一件产品？
5. 与同事交谈_________次，每次交谈约多长时间？
6. 工作中是否求助他人？
7. 室内温度多少度？
8. 搬了多少原材料？
9. 出了多少件次品？
10. 噪声多少分贝？
11. 什么时候开始午休？

……

（三）问卷调查法

问卷调查法是工作分析中最常用的一种方法，是指采用调查问卷来获取工作分析的信息，实现工作分析目的的方法。采用这种方法时，通常由有关人员设计出一套工作分析的问卷，然后由承担工作的员工或直线主管填写问卷，最后再对问卷收集的信息加以归纳分析，并做好详细记录。

1. 调查问卷的类型

按照问卷的结构化程度不同，可以分为结构化问卷和开放式问卷。结构化问卷由工作分析人员事先准备好的项目组成，代表了工作分析人员希望了解的信息，问卷回答者只需要在问卷项目后填空、选择或对各个项目进行分数评定即可。开放式问卷由工作分析人员事先设计好问题，由问卷回答者针对问题进行主观陈述。在实际情况中，调查问卷通常是介于这二者之间的。

此外，还有一些信度、效度很高的标准化问卷，如职位分析问卷（Position Analysis Questionnaire，PAQ）、管理职位分析问卷（Management Position Description Questionnaire，MPDQ）等。

2. 问卷调查法的优缺点

问卷调查法的优点有：第一，费用低，速度快，节省时间，可以在工作之余填写，不会影响正常工作；第二，调查范围广，可用于多种目的、多样用途的工作分析；第三，调查样本量很大，适用于需要对很多工作者进行调查的情况；第四，调查资料可以量化，由计算机进行数据处理。

问卷调查法的缺点有：第一，对问卷编制的技术要求较高，设计理想的调查问卷要花费较多时间、人力和物力，费用成本高；第二，不同的被调查者可能对问卷中同样问题的理解有差异，从而产生信息资料的偏差；第三，通常由被调查者自行填写问卷，缺少充分交流和沟通，因此被调查者可能不积极配合与认真填写，从而影响调查的质量；第四，不适合对文字理解能力和表达能力较差的人进行问卷调查。

3. 采用问卷调查法的注意事项

第一，请专业人士设计合格的问卷，在发放问卷前做问卷测试，对表中的信息进行认真鉴定，结合实际情况做出必要的调整；第二，在调查前，必须对调查对象进行填写辅导，说明调查意图，就问卷的内容和填写规范进行讲解；第三，对调查过程进行控制，及时沟通与反馈，敦促员工及时填写并回收，保证问卷的填写质量。表 4-7 是工作分析问卷样例。

表 4-7　工作分析问卷样例

姓名		职称		担任职务		工龄	
性别		部门		直接上级		进入公司时间	
年龄		学历		月均收入		从事本工作时间	
工作的时间要求	1. 正常的工作时间每日自（　　）时开始至（　　）时结束。 2. 每周平均加班时间为（　　）小时。 3. 所从事的工作是否忙闲不均。（是，否） 4. 若工作忙闲不均，则最忙时常发生在哪段时间： 5. 外地出差情况每月平均（　　）次，每次平均需要（　　）天。 6. 本地外出情况平均每周（　　）次，每次平均需要（　　）天。 7. 出差时所使用的交通工具按使用频率排序： 8. 其他需要补充说明的问题．						

续表

<table>
<tr><td rowspan="2">工作目标</td><td colspan="3">主要目标</td><td colspan="4">其他目标</td></tr>
<tr><td colspan="3">1.
2.</td><td colspan="4"></td></tr>
<tr><td>工作概要</td><td colspan="7">用简练的语言描述一下您所从事的工作：</td></tr>
<tr><td rowspan="2">工作活动程序</td><td>名　称</td><td colspan="4">程　度</td><td colspan="2">依　据</td></tr>
<tr><td></td><td colspan="4"></td><td colspan="2"></td></tr>
<tr><td rowspan="3">工作活动内容</td><td rowspan="2">名　称</td><td rowspan="2">结　果</td><td rowspan="2">占全部工作时间的百分比</td><td colspan="4">权　限</td></tr>
<tr><td>承办</td><td>报审</td><td colspan="2">全权负责</td></tr>
<tr><td></td><td></td><td></td><td></td><td></td><td colspan="2"></td></tr>
<tr><td rowspan="5">失误的影响</td><td colspan="4">若您的工作出现失误，会发生下列哪种情况？</td><td colspan="3">说　明</td></tr>
<tr><td colspan="4">1. 不影响其他人工作的正常进行。
2. 只影响本部门内少数人。
3. 影响整个部门。
4. 影响其他几个部门。
5. 影响整个公司。</td><td colspan="3">如出现多种情况，请按影响度由高到低依次填写在下面括号中。
(　　)</td></tr>
<tr><td colspan="4">公司形象损害</td><td colspan="3" rowspan="3">1　2　3　4　5
轻　较轻　一般　重　较重</td></tr>
<tr><td colspan="4">经营管理损害</td></tr>
<tr><td colspan="4">其他损害经济损失</td></tr>
<tr><td rowspan="2">接触</td><td colspan="4">内部</td><td colspan="3"></td></tr>
<tr><td colspan="4">外部</td><td colspan="3"></td></tr>
<tr><td>监督</td><td colspan="7">1. 直接和间接监督人员数量。(　　)
2. 被监督的管理人员数量。(　　)
3. 直接监督人员层次：一般职工、基层领导、中层领导、高层领导。</td></tr>
<tr><td rowspan="2">工作的基本特征</td><td>责任性</td><td colspan="6">1. 只对自己负责。
2. 对职工有监督指导的责任。
3. 对职工有分配工作、监督指导的责任。
4. 对职工有分配工作、监督指导和考核的责任。</td></tr>
<tr><td>决定性</td><td colspan="6">1. 在工作中时常做些小的决定，一般不影响其他人。
2. 在工作中时常做些决定，对有关人员有些影响。
3. 在工作中时常做些决定，对整个部门有影响，但一般不影响其他部门。
4. 在工作中时常做些大的决定，对自己部门和相关部门有影响，但一般不影响其他部门。
5. 在工作中要做重大决定，对整个公司有重大影响。</td></tr>
</table>

续表

<table>
<tr><td rowspan="10">工作的基本特征</td><td>权限</td><td colspan="3">1. 有关工作的程序和方法均由上级详细规定，遇到问题时可随时请示上级解决，工作结果须报上级审核。
2. 分配工作时上级仅指示要点，工作中上级并不时常指导，但遇困难时仍可直接或间接请示上级，工作结果仅受上级要点审核。
3. 分配任务时上级只说明要达成的任务或目标，工作的方法和程序均由自己决定，工作结果仅受上级原则审核。</td></tr>
<tr><td colspan="4">1. 完成本职工作的方法和步骤：
（1）完全相同；　（2）大部相同；　（3）有一半相同；
（4）大部不同；　（5）完全不同。</td></tr>
<tr><td colspan="2">在工作中您所接触的信息经常为：</td><td colspan="2">说　明</td></tr>
<tr><td colspan="2">1. 原始、未经加工处理的信息。
2. 经过初步加工的信息。
3. 经过高度综合的信息。</td><td colspan="2">如出现多种情况，请按“经常”的程度由高到低依次填写在下面括号中。
（　　　　　　　）</td></tr>
<tr><td colspan="2">在您做决定时常根据以下哪种资料？</td><td colspan="2">说　明</td></tr>
<tr><td colspan="2">1. 事实资料。
2. 资料、模糊的相关资料。
3. 难以确定是否相关的资料。</td><td colspan="2">如出现多种情况，请按“依据”的程度由高到低依次填写在下面括号中。
（　　　　　　　）</td></tr>
<tr><td colspan="2">在工作中，您需要做计划的程度：</td><td colspan="2">说　明</td></tr>
<tr><td colspan="2">1. 在工作中无需计划。
2. 在工作中需要做一些小的计划。
3. 在工作中需要做部门计划。
4. 在工作中需要做公司整体计划。</td><td colspan="2">如出现多种情况，请按“做计划”的程度由高到低依次填写在下面括号中。
（　　　　　　　）</td></tr>
<tr><td colspan="2">在您的工作中接触资料的公开性程度：</td><td colspan="2">说　明</td></tr>
<tr><td colspan="2">1. 在工作中所接触的资料均属公开性资料。
2. 在工作中所接触的资料属于不可向外公开的资料。
3. 在工作中所接触的资料属于机密资料，仅对中层以上领导公开。
4. 在工作中所接触的资料属于公司高度机密，仅对少数高层领导公开。</td><td colspan="2">如出现多种情况，请按“公开”的程度由高到低依次填写在下面括号中。
（　　　　　　　）</td></tr>
<tr><td rowspan="2">任职资格要求</td><td colspan="2">1. 您常起草或撰写的文字资料有哪些？</td><td>等级</td><td>频　率</td></tr>
<tr><td colspan="2">（1）通知、便条、备忘录　（6）公司文件
（2）简报　（7）研究报告
（3）信函　（8）法律文件
（4）汇报文件或报告　（9）合同
（5）总结　（10）其他</td><td></td><td>1. 极少
2. 偶尔
3. 不太经常
4. 经常
5. 非常经常</td></tr>
</table>

续表

<table>
<tr><td rowspan="14">任职资格要求</td><td colspan="4">2. 学历要求：　□高中　□职专　□大专　□大本　□硕士　□博士</td></tr>
<tr><td colspan="4">3. 为顺利履行工作职责，应进行哪些方面的培训，需要多少时间？</td></tr>
<tr><td>培训科目</td><td colspan="2">培训内容</td><td>最低培训时间（月）</td></tr>
<tr><td></td><td colspan="2"></td><td></td></tr>
<tr><td colspan="4">4. 一个刚刚开始您所从事工作的人，要多长时间才能基本胜任工作？</td></tr>
<tr><td colspan="4">5. 为了顺利履行您所从事的工作，需具备哪些方面的其他工作经历，多少年？</td></tr>
<tr><td>工作经历要求：</td><td colspan="2">最低时间要求：</td><td></td></tr>
<tr><td colspan="4">6. 在工作中您觉得最困难的事情是什么？你通常是怎样处理的？</td></tr>
<tr><td colspan="3">困难的事情：</td><td>处理方法：</td></tr>
<tr><td colspan="4">7. 您所从事的工作有何体力方面的要求？
1 轻　2 较轻　3 一般　4 较重　5 重</td></tr>
<tr><td colspan="4">8. 专业技能的要求（如计算机等）</td></tr>
<tr><td colspan="2">9. 其他能力要求：
（1）指导能力　（6）资源分配能力
（2）激励能力　（7）管理技能
（3）授权能力　（8）时间管理
（4）创新能力　（9）倾听敏感性
（5）计划能力　（10）人际关系
其他</td><td>等级</td><td>需要程度</td></tr>
<tr><td colspan="4"></td></tr>
<tr><td colspan="4"></td></tr>
<tr><td rowspan="3">考核</td><td colspan="4">对于您所从事的工作，您认为从哪些角度进行考核，基准是什么？</td></tr>
<tr><td colspan="2">考核角度</td><td colspan="2">考核基准</td></tr>
<tr><td colspan="2"></td><td colspan="2"></td></tr>
<tr><td rowspan="3">建议</td><td colspan="4">您认为您从事的工作有哪些不合理的地方，应如何改善？</td></tr>
<tr><td colspan="2">不合理处</td><td colspan="2">改进建议</td></tr>
<tr><td colspan="2"></td><td colspan="2"></td></tr>
<tr><td rowspan="3">备注</td><td colspan="4">您还有哪些需要说明的问题？</td></tr>
<tr><td colspan="4"></td></tr>
<tr><td colspan="4">直接上级确认符合事实后，签字：</td></tr>
</table>

资料来源：三茅人力资源网，https：//zl. hrloo. com/file/105938。

（四）关键事件法

关键事件法（Critical Incidents Technique，CIT）就是由调查人员对岗位任职者或其他了解该岗位的人员进行调查，要求他们描述该岗位一段时间内能观察到的并能反映其绩效好坏的“关键事件”，由此收集工作信息并进行分析的方法。

所谓关键事件，是指在工作过程中，给岗位工作任务造成显著影响的事件，主要原则是认定员工与职务有关的行为，并选择其中最重要、最关键的部分来评定其结果。它首先从领导、员工或其他熟悉职务的人那里收集一系列职务行为的事件，然后描述“特别好”或“特别坏”的职务绩效。这种方法考虑了职务的动态特点和静态特点。对每一事件的描述内容主要包括：

导致事件发生的原因和背景；

员工的特别有效或无效的行为；

关键行为的后果；

员工自己能否支配或控制上述后果。

在大量收集这些关键事件后，可以对数据进行分类，并归纳总结出该岗位的关键特征和具体要求。

关键事件法的主要优点是对行为进行观察和衡量，故而描述工作行为、建立行为标准更加准确，能更好地确定每一行为的作用。但这种方法也有两个主要缺点：一是费时，收集与整理关键事件需要花费大量的时间和精力；二是对中等绩效的员工关注不够。

（五）工作日志法

补充阅读4-1

销售工作的15种关键行为

工作日志法是要求岗位任职者按照时间顺序，以工作日志或工作笔记的形式实时记录自己每天所做的工作，然后经过归纳提炼取得所需资料的一种方法。这种方法适用于工作循环周期短、工作状态比较稳定的职位，适用于获取有关工作职责、工作内容、工作关系、劳动强度等方面的信息。

1. 工作日志法的优缺点

工作日志法的优点在于可以对工作进行全面的记录，不容易遗漏一些细节；同时操作方法简单，节省费用。

工作日志法的缺点是使用范围较小，且信息整理量大，归纳工作繁琐。对于填写者来说，每天记录活动缺乏长久的动力，难免马虎敷衍；员工还可能会夸大或低调处理某些活动，导致收集的信息存在误差。因此，工作日志法最大的问题可能是工作日志内容的真实性问题，要求事后对记录和分析结果进行必要的检查。检查工作可由工作者的直接上级来承担。

2. 工作日志法的注意事项

第一，向岗位任职者说明填写工作日志对工作分析的重要性，并在过程中及时提供支持与帮助，减少填写偏差；第二，合理安排工作时间，给予岗位任职者填写工作日志的时间，避免员工担心填写工作日志而影响工作；第三，尽量设计标准的工作日志表格（见表4-8），方便员工填写和工作分析人员整理信息。

表 4-8 工作日志样例

姓名		岗位	
直接上级		所属部门	
从事本业务年限		填写日期	

填写说明：

1. 请您在每天工作开始前将工作日志放在手边，按工作活动发生的顺序及时填写，切勿在一天结束后一并填写；
2. 要严格按照表格要求进行填写，不要遗漏任何细小的工作活动，以保证信息的完整性；
3. 请您提供真实的信息，以免损害您的利益；
4. 请您注意保管，防止遗失。

感谢您的真诚合作！

序号	工作活动名称	工作活动内容	工作活动结果	时间消耗	备注
1	复印	文件	20 页	5 分钟	存档
2	起草公文	代理委托书	800 字	1.5 小时	报上级
3	贸易洽谈	商品出口	1 次	4 小时	参与
4	会议	上级布置任务	1 次	1.5 小时	参与
……	……	……	……	……	……
18	录入数据	经营数据	200 条	45 分钟	承办

（六）工作实践法

工作实践法又称参与法，是指工作分析人员直接参与和从事所需研究的工作，从而细致深入地体验和分析工作特征及要求。这种方法的优点在于能够获得第一手资料，可以准确地了解工作的实际过程以及在体力、知识、经验等方面对任职者的要求。但是这种方法适用范围较窄，只适用于短期内可以掌握的工作或者内容比较简单的工作，如餐厅服务员，而不适合需要进行大量训练和有危险的工作。

第三节 工作分析的结果

一、工作说明书的内容

工作说明书又称职位说明书、岗位说明书，是工作分析的重要成果。一般来说，工作说明书主要包括两部分核心内容：工作描述和任职资格。工作描述也称职位描述，说明了任职者实际在做什么、如何做以及在什么条件下做。任职资格说明了为了完成工作任务，任职者所必须具备的知识、能力、经验和身体条件等。

（一）工作描述

工作描述没有统一的标准，通常来讲，包含以下几个方面的内容。

1. 工作标识

工作标识是关于职位的基本信息，是一个职位区别于其他职位的基本标志。工作标识主要包含职位名称、职位编号、所属部门、职位薪点等内容。

职位名称应当简洁明确，尽可能地反映该职位的主要职责内容，让初次接触此职位的人都能大概明白该职位的工作内容，比如销售部总经理、成本核算会计、人力资源经理、招聘主管、培训专员等。最好按照社会上通行的做法来确定职位名称，这样既便于人们理解，也便于在薪资调查时进行比较。

职位编号主要是为了方便职位的管理和查阅，企业可以根据自己的实际情况来设定应包含的信息。例如，在某企业里有一个职位编号为 HR-03-06，其中 HR 表示人力资源部，03 表示主管级，06 表示人力资源部全体员工的顺序编号。

所属部门是指职位属于哪个部门，一般用组织中的正式部门或者工作小组的名称来表示。如市场部、人力资源部，或者人力资源部招聘组、软件开发部第一研发小组等。

职位薪点是工作评价所得到的结果，反映这一职位在企业内部的相对重要性，是确定这一职位基本工资标准的基础。

2. 工作概要

工作概要是指用简练的语言阐述工作的总体职责、工作性质和工作目标。通过对职位概貌的描述，新上岗的员工能够对本职工作有一个清楚的了解，在招聘和选拔过程中也能用此信息向求职者展示职位概况。比如，某企业物料经理的工作概要可以描述为："负责生产线上所有材料的经济性购买、规范性运输以及存储和分配。"某企业财务经理的工作概要可以描述为："全面负责公司财务管理及财务策划，确保公司资金的正常运作。"

工作概要的撰写可以按照"工作依据+工作行动+工作对象+工作目的"的格式来书写，如图 4-2 所示。

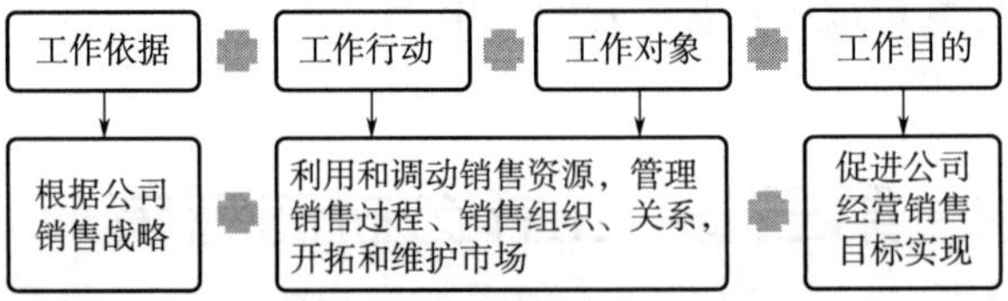

图 4-2 工作概要书写示例

3. 工作职责

工作职责是工作概要的具体细化，是工作描述的主体内容。通常需要将职位的工作活动划分为几项职责，然后再将每一项职责细分，分解为不同的工作任务。

在对工作职责和任务进行描述时，应注意以下几点：

按照动宾短语的格式来描述，即按照"动词+宾语+目的状语"的格式进行描述，并尽量避免使用形容词。例如，"组织拟订、修改和实施公司的人力资源管理政策、制度，以提高公司的人力资源管理水平"，"妥善储存、整理及保管所有待销的商品，以确保出库商品的优良质量”。

尽量避免使用模糊性的动词，如“负责”“管理”“领导”等。工作职责要能准确地表明员工如何完成该项任务以及在该项任务上的权限，而不能过于笼统。

尽量避免采用过于冷僻的专业术语，如确实有采用的必要，须在工作说明书的附件中予以解释。

在涉及多项职责时，不能胡乱地堆砌，应按照职责的内在逻辑、重要性或者所占用的时间多少进行排列。一般来讲，排列时优先考虑逻辑顺序，其次再考虑时间或重要性的因素。

如果可能，需要注明工作任务应完成的时间、应达到的工作结果，以便于任职者对工作要求的结果有清楚的认识。对工作结果，可以从数量要求、质量要求、时间要求、成本要求等几个方面进行衡量。

4. 工作关系

工作关系又称工作联系，表明了该职位的任职者与企业内外部的哪些部门或人员因工作所发生的联系。工作关系的信息一方面描述了任职者必须面对的各种工作关系，另一方面列举了工作联系的频繁程度、接触的目的以及对组织的重要性等，如表 4-9 和表 4-10 所示。

表 4-9　某企业人力资源经理的工作联系

工作报告对象	人力资源副总裁
监督对象	培训开发专员、招聘专员、薪酬福利专员以及秘书
工作合作对象	所有的部门经理和行政管理人员
接触的公司外部人员	外部就业机构、管理人员代理招募机构、政府人力资源和社会保障主管部门

资料来源：刘昕．人力资源管理［M］．北京：中国人民大学出版社，2020：103.

表 4-10　职位工作联系明细

接触对象	接触方式	接触的原因	接触频率

资料来源：刘昕．人力资源管理［M］.4 版．北京：中国人民大学出版社，2020：103.

主要的工作关系有报告工作对象、监督对象、内部的关联对象、外部的关联对象等。比如，人力资源部门经理主要与人力资源总监、各部门经理、人力资源部各主管等内部部门和职位产生工作联系，与劳动就业局、劳动监察部门、社会保障局、各种猎头公司或招聘平台等外部部门产生工作联系。

5. 绩效标准

工作说明书还包括有关绩效标准的内容，说明企业期望员工在执行工作说明书的每一项任务时所达到的标准或要求。通过分析岗位的职责，围绕工作内容来设定工作目标和工作标准，明确规定工作中哪些行为是允许的，哪些行为是不被允许的，以及工作做到什么程度才是符合标准的。合格的绩效标准能够使员工清晰地认识到自己所在岗位需要完成的内容与标准，减少履行工作职责时的盲目性，实现组织管理目标。

制定绩效标准应该达到以下要求①：

(1) 绩效标准应该与工作职责相对应

也就是说，有工作职责就应该有与之相对应的绩效标准要求。一般来说，对于工作说明书中的每一职责和任务都能列出具体的绩效要求，从而形成一套较完整的绩效标准。

(2) 绩效标准应该具体而明确

在确定具体的绩效标准时，应该尽可能使用量化的指标来确定有关的绩效标准。这样一方面有助于员工明确完成该项职责所要达到的标准；另一方面可以减少主观因素对员工绩效的影响，有助于上级对员工的工作进行检查与考核，确保考核的客观性。

(3) 绩效标准应当适度

制定的标准太简单了，员工容易认为工作缺乏难度和挑战性，逐渐失去学习动力和工作热情；制定的标准太高了，员工难以完成，也会逐渐丧失工作热情和信心。因此，要根据社会平均劳动生产率、企业发展战略、企业实际情况以及工作岗位的要求等因素确定合理的绩效标准，使得员工经过努力能够完成。

(4) 绩效标准应该可以度量

例如，文字录入员的一项工作职责为“负责文字的录入工作”，其绩效标准可以设定为“汉字录入速度每分钟120~150个字，录入的出错率应小于0.5%”。

6. 工作权限

工作权限是指根据该职位的工作目标与工作职责，组织赋予该职位的决策范围、层级与控制力度。在实际的工作说明书中，工作权限一般包括三个部分，即人事权限、财务权限、业务权限。如人力资源部经理的权限是：对本部门员工晋升有提名权；对部门下属员工有工作指导权和监督权；对各部门的培训和考核工作有监督权和检查权；对公司人力资源政策有建议权；对各部门及员工的违规行为有制止权和处罚权。

7. 工作条件与环境

这部分主要包括工作的时间要求、地点要求、物理环境条件等。工作时间方面如是否需要经常出差，是否需要经常上夜班等；工作地点方面如工作地点的便捷程度、环境的变化程度、环境的孤独程度等；工作环境如室内还是室外、是否存在特殊性和危险、是否存在对任职者身体健康有害的因素等。由于工作本身或工作环境的特点给任职者带来身体不适或心理压力的因素，将在岗位评价中作为一种补偿性薪资差别因素予以考虑。

（二）任职资格

任职资格是指任职者要胜任该项工作所必须具备的基本资格与条件，如受教育程度、

① 潘泰萍．工作分析：基本原理、方法与实践［M］．2版．上海：复旦大学出版社，2018：107.

所学专业、接受过的培训、工作经验、基本技能、知识和能力要求、身体素质、个性特征以及其他方面的特殊要求等。任职资格是工作说明书的重要组成部分，这些内容对于招聘、选拔晋升、培训开发等人力资源管理活动具有重要意义。

1. 基本要求

年龄：岗位对任职者是否有年龄要求。在实际工作中，有些岗位对任职者的年龄是有要求的，这是因为一些工作需要一定的经验与技能。

性别：岗位对任职者是否有性别要求。例如，矿山的采掘岗位、井下安检岗位等不适合女性，要求任职者为男性。

身体状况：身高、体重、健康状况、力量与体力、运动的灵活性、感觉器官的灵敏度、速度与耐力、身体协调性与柔韧性等。有些岗位对任职者的身体素质有强制要求，必须遵守国家和行业的有关规定，比如，司机不能是红绿色盲。

2. 教育状况

受教育程度：接受的各级各类教育的状况，包括学历、学位、就读与毕业时间、相关特殊进修、短期研修与取得证书的时间等。

所学专业：专业一般要求与岗位相关，比如对于人力资源经理这一岗位，一般需要人力资源管理专业的相应学历。

3. 工作经验

工作经验可以分为社会工作经验、专业工作经验和管理工作经验。第一，社会工作经验指参加工作后的工作经验，包括任职者的所有工作经历。第二，专业工作经验指从事过相同的岗位与专业的经验状况。第三，管理工作经验即是否从事过管理工作、从事过哪类管理工作、从事管理工作的时间等。

4. 工作技能

工作技能是指运用与工作相关的工具、技术、方法。不同的岗位所要求的工作技能有很大的差异，但在工作说明书中，为了便于对不同岗位的技能要求进行比较，一般只关注几项对所有岗位通用的技能，包括计算机技能、外语技能、公文处理技能等，如表 4–11 所示。

表 4–11　工作技能书写示例

技能模块	主要项目要求或等级	选择
外语	1. 不需要 2. 国家英语四级，简单读写 3. 国家英语六级，具备一定的听、说、读、写能力 4. 英语专业，能熟练使用英语表达	
计算机	1. 办公软件 2. MIS 系统 3. 专业软件	

续表

技能模块	主要项目要求或等级	选择
公文处理	1. 仅需看懂一般公文 2. 熟悉一般公文写作格式，能够起草基本的公文，且行文符合要求 3. 能抓住公文要点，并加以归纳整理 4. 具有强的文字表达能力，言简意赅，行文流畅	

资料来源：彭剑锋．人力资源管理概论［M］．3 版．上海：复旦大学出版社，2018：201.

5. 培训要求

培训要求主要指该岗位的任职者一般每年需要多长时间的培训、培训的内容和培训的方式如何等。培训要求时间的度量一般以周为单位，培训方法主要分为在岗培训、脱岗培训和自我培训三种。

6. 知识和能力要求

知识要求包括有关理论知识和技术的最低要求，如专业知识、管理知识、安全知识、机器设备的使用方法、工艺流程、材料性能等，对有关政策、法令规定或文件的了解和掌握程度等。能力是指人们能够从事某种工作或完成某项任务的主观条件，它是知识具体运用的表现形式，常见能力包括逻辑思维能力、分析能力、决策力、判断力、协调能力、组织能力、创造能力、语言表达能力、沟通能力、进取心、责任心、团队合作等。

不同的工作岗位对任职者的能力要求是不同的。例如，在公务员的日常工作中，文书书写、资料阅读、数字资料分析等都是经常面对的工作，这类工作对从业者的能力具有特殊要求，因此，公务员考试主要测试从事行政职业应该具备的一般能力，如数量关系、判断推理、常识判断、言语理解与表达、资料分析等，这些都是从事行政职业即国家公务员所必须具备的一般能力。

7. 其他要求

其他要求包括心理素质、性格特点、品格气质、兴趣爱好等。

表 4–12 所示为某软件公司培训部讲师的工作要求。

表 4–12　某软件公司培训部讲师的工作要求

岗位名称		讲师
所在部门		培训部
基本要求		性别不限，年龄不限，身体健康，形象好，气质佳
教育状况	学历专业	大学本科学历，计算机相关专业
	知识要求	精通 Linux 系统管理、Linux 服务管理、Linux 安全管理等
	工作经验	有从事过 Linux 讲师相关培训经验者，具有 Linux 认证讲师证者优先
能力要求		良好的语言表达能力 快速分析问题和解决问题的能力 良好的沟通能力 能快速引导学生完成相关技能学习的能力

续表

岗位名称	讲师
个性品质	工作严谨认真 能够承受工作压力 富有主动性，热爱教学工作 有亲和力，诚恳耐心 具有强烈的责任心

资料来源：潘泰萍．工作分析：基本原理、方法与实践［M］．2 版．上海：复旦大学出版社，2018：110.

二、工作说明书的编写要求

工作说明书是人力资源管理的基础性文件，对某类职位的工作性质、任务、责任、权限、内容和方法、环境和条件，以及任职人员资格条件所做的书面记录。工作说明书在企业管理活动中的地位极为重要，不但可以帮助任职人员了解其工作，明确责任范围，还可以为管理者的某些重要决策提供参考。

工作说明书在编写时应注意以下几个方面①：

（一）简明清晰

在囊括了所有基本工作要素的前提下，工作说明书的文字描述应简明扼要，避免使用冗长的语句。工作说明书对工作的描述要清楚透彻，任职人员阅读以后，无须询问其他人就可以明白其工作内容、工作程序与工作要求等，应避免使用原则性的评价，专业词汇必须解释清楚，以免在理解上产生误差。

（二）具体细致

在说明工作的种类、复杂程度、任职者须具备的技能、任职者对工作各方面应负责任的程度时，应尽量使用具体的动词，如“分析”“收集”“引导”“运输”“转交”“维持”“监督”等。避免使用笼统含糊的语言，如在一个岗位的职责描述上使用“处理文件”这样的文句，显然有些含混不清。一般来说，层级较低岗位的任务最为具体，工作说明书中的描述也更具体、详细。

（三）指明范围

在界定岗位时，要确保指明工作的范围和性质，如用“为本部门”“按照经理的要求”这样的句式来说明。此外，还要把所有重要的工作关系也包括进来。

（四）文件格式统一

可参照典型工作描述编写样本，但形式和用语应符合本组织的习惯，切记不要照搬其他组织的范本。

（五）不要忽视对绩效期望的描述

工作说明书不仅要让员工通过阅读文件确切了解工作的内容和责任，还要了解公司希

① 杨明海，薛靖，李贞，等．工作分析与岗位评价［M］．3 版．北京：电子工业出版社，2018：125.

望将工作做到什么程度，达到什么样的目标。因此，工作说明书要尽可能写出一种可测量的期望结果；对于难以量化的内容，最好用清楚的语言描述出来。

（六）共同参与

为了保证分析工作的严肃性和科学性，工作说明书的编写应由担任该职务的工作人员、上级主管、人力资源专家共同分析协商。只有将各方面的意见考虑在内，制定出来的工作说明书才会为各方面所接受，才能在工作中真正发挥作用。

最后，我们以中国人民银行某大区分行的一个职位为例（见表4-13）来说明工作说明书的主要内容。需要指出的是，工作说明书的编写格式可以多种多样，所包含的内容可以简单也可以复杂，但总的来说，工作说明书所反映的主要内容基本是类似的。

表4-13　中国人民银行某大区分行职位工作说明书

职位编号	DT003	职位名称	企业景气调查	所属部门	调查统计处
职位类型	业务技术类	直接上级	调查科科长	编制日期	2019年10月20日
职位概要	汇总、审核中心支行上报的各种企业数据以及企业家调查结果，开展专题调查，并对上述数据和调查结果进行统计分析，撰写报告，上报总行，为中国人民银行判断、分析和预测经济运行情况提供依据				
履行职责及考核要点					
关键职责	主要工作内容	频率	工作量占比	权限	工作标准
1. 企业景气分析	·收集、汇总、审核企业月度财务报表；撰写月度数据变动说明及简要分析，按时上报总行，为总行判断、分析和预测经济运行情况提供依据 ·定期走访被调查企业，以深入了解企业实际运行状况，密切和企业之间的联系，保证相关信息收集及时、准确 ·根据实际情况进行调查样本企业的更换和调整，以确保调查对象的代表性	月	30%	报科长审核	·数据及时、完整、准确 ·分析说明及时、重点突出 ·走访企业的次数和收集的有效信息量 ·企业样本选择合理
2. 企业家问卷调查	·收集、汇总、审核企业家问卷调查结果，了解工业生产、经营及资金供求态势，以及企业经营管理者对经济形式的判断和预测情况，并结合当季财务报表撰写季度分析，及时上报总行，为总行制定货币信贷政策和调控经济运行提供准确、及时的信息 ·定期走访被调查企业家，以深入了解企业实际运行状况，密切和企业家之间的联系，保证相关信息收集及时、准确 ·根据实际情况进行调查样本企业家的更换和调整，以确保调查对象的代表性	季	15%	报科长审核	·数据及时、完整、准确 ·分析说明及时、重点突出 ·走访企业家的次数和收集的有效信息量 ·企业家样本选择合理

续表

履行职责及考核要点					
关键职责	主要工作内容	频率	工作量占比	权限	工作标准
3. 专题调查	·根据实际调查分析发现的问题以及总分行的安排，密切关注企业生产经营活动发生的突出变化，并开展相应的专题调查，分析原因，为总行和分行提供对策建议 ·根据上级安排，承办或参与对相关经济或金融问题的专题调查	不定期	40%	报科长审核	·调查主动、及时、针对性强 ·对策建议明确、可行
4. 制度建设	·根据总行下发的企业景气调查相关文件，结合本省的实际情况提出具体的实施意见 ·根据分行的实际情况，制定或修订完善关于企业景气调查的相关制度	不定期	3%	报科长审核	·及时 ·全面 ·可操作性
5. 数据维护	·维护景气调查系统软件，更新和管理企业信息库和历史数据库，并及时备份数据，以保证数据的安全、完整、准确 ·收集、整理、归档以及管理相关制度文件和企业档案等资料，以确保其安全性和完整性	月	3%	自主完成	·数据安全、准确、完整 ·文档齐全、管理完善
6. 业务指导	·指导分支机构的企业景气调查业务的开展，制定省内景气调查工作考核办法，并开展检查、评比工作，以提高省内各中心支行的企业景气调查工作质量 ·完成对省内景气调查员的业务培训工作，以提高相关人员的工作能力	日常	4%	报科长审核	·指导正确、及时 ·分支机构满意度 ·培训数量和质量
7. 其他	·领导交办的其他事项		5%		领导满意

工作关系	直接下属人数	0	间接下属人数	0
	内部主要关系	·处内各科 ·金融研究处、货币信贷处、金融稳定处 ·下辖各中心支行，总行调查统计司		
	外部主要关系	·被调查企业 ·省统计局、发改委		
工作条件	工作场所	·固定		
	工作时间	·固定（每周5天，每天8小时）		
	使用设备	·分行提供的计算机、电话等办公设备		

续表

<table>
<tr><th colspan="5">任职资格要求</th></tr>
<tr><td rowspan="7">一般条件</td><td>最佳学历</td><td>硕士</td><td>最低学历</td><td>本科</td></tr>
<tr><td>专业要求</td><td colspan="3">基准 1：计量经济、统计类
基准 2：财务会计类
基准 3：计算机应用类</td></tr>
<tr><td>资格证书</td><td colspan="3">无</td></tr>
<tr><td>身体条件</td><td colspan="3">健康</td></tr>
<tr><td>外语要求</td><td colspan="3">了解</td></tr>
<tr><td>计算机要求</td><td colspan="3">熟练使用专业计算机应用软件以及常用办公软件</td></tr>
<tr><td>工作经验</td><td colspan="3">相关领域 1 年以上工作经验</td></tr>
<tr><td>必要的
业务培训</td><td colspan="4">· 调查制度和调查方法培训
· 调查分析软件使用培训
· 财务分析方法培训
· 宏观经济分析方法培训</td></tr>
<tr><td>其他事项</td><td colspan="4"></td></tr>
<tr><td colspan="2">任职者（签名）：
日期：</td><td colspan="3">直接上级（签名）：
日期：</td></tr>
</table>

资料来源：刘昕．人力资源管理［M］．4 版．北京：中国人民大学出版社，2020：103.

第四节　岗位评价

一、岗位评价的含义和作用

（一）岗位评价的含义

岗位评价，也称工作评价、岗位价值评估等，是指在工作分析的基础上，按照一定的客观衡量标准，对岗位的性质、任务、责任、难易程度、所需资格条件等方面进行量化评定，从而确定企业内部各种岗位的相对价值，并对它们进行分类分级，为岗位工资的确定提供依据，以确保企业内部工资的公平合理性，实现同工同酬。岗位评价确立了企业内部各岗位的重要性，虽然它不直接决定薪酬水平，但它明确了企业所有工作岗位之间逻辑性的排列关系，并由此构成薪酬结构的基础。

补充阅读4-2

工作说明书编写的误区

要正确理解岗位评价，应注意把握两点：首先，工作分析是岗位评价的基础，工作分析的结果为岗位评价提供各种书面资料，使得在岗位评价环节中可以不用再收集工作内容，可以直接提炼工作评价指标。其次，岗位评价是以公正、理性的态度对企业各类岗位的相对价值进行衡量的过程，针对的是工作岗位，而不是在职人员，它不考虑在职人员的优势和弱势，评估各岗位时，只是以能够完全发挥该岗位职能来测评其对公司的价值，而不是过高地要求或从宽就低。

岗位评价首先要确定岗位评价的需求，如人员流动率高、停工、争吵等都可能源于不合理的岗位工资。其次，要与员工合作，告知员工岗位评价的目的和用途，避免员工担心评价会削减他们的实际工资而不配合工作。最后，由于岗位评价工作的复杂性，企业内部人员可能缺乏相应的知识、工具和经验，可以聘请外部咨询机构来组织实施岗位评价。

（二）岗位评价的作用

第一，岗位评价对性质相同或相近的岗位制定了统一的测量、评判和估价标准，从而使企业便于比较岗位之间相对价值的高低，并具体说明其在企业中所处的地位和作用。

第二，岗位评价对各个岗位工作任务的难易程度、责任权限大小、所需要的资格条件等因素进行科学定量测评，以量值表现岗位特征，为企业岗位归级列等奠定基础。

第三，岗位评价为建立公平、合理的薪酬制度提供了科学的依据。

第四，岗位评价为企业对未来组织结构和劳动力市场变化做出反应提供了策略性框架，同工同酬只有通过正式的岗位评价才能得到体现。

二、岗位评价的基本方法

岗位评价的方法有很多，不同的评价方法有其各自的特点。企业在岗位评价方法的选择上，应该根据自身的组织现状和需要进行。本书主要介绍岗位评价的几种基本方法：排序法、分类法、因素比较法和要素计点法。

（一）排序法

排序法是从整体价值上对各个工作岗位进行比较，将岗位分成若干等级，并按照相对价值的大小进行排序的方法。排序法是岗位评价中使用较早的一种较为简单的评价方法，同时也是最易于理解的。排序法有三种基本类型：简单排序法、交替排序法、配对比较法。

1. 简单排序法

简单排序法也可以称为直接排序法，是一种最简单的岗位评定方法。它由评价人员凭自己的工作经验主观地进行判断，根据岗位的相对价值按高低次序进行排列。采用简单排序法时，将每个工作岗位作为一个整体考虑，并通过比较简单的现场观察，或者凭借一些相关的岗位信息进行相互比较。其具体步骤如下：

步骤 1，由有关人员组成评价小组，并做好各项准备工作。

步骤 2，了解情况，收集有关岗位方面的资料、数据。

步骤 3，评价人员事先确定评判标准，对本企事业单位同类岗位的重要性逐一做出评判，最重要的排在第一位，再将较重要的、一般性的岗位逐级往下排列。

步骤 4，将经过所有评价人员评定的每个岗位的结果加以汇总，得到序号的合计值，然后除以参加评价人数，得到每个岗位的平均排序数。最后根据平均排序数的大小，按照评定出的岗位相对价值，按从大到小或从小到大的顺序做出排列。简单排序法示例如表 4-14 所示。

表 4-14　简单排序法示例

岗位编号	01001	01002	01003	01004	01005
评价人员 A	1	2	3	4	5
评价人员 B	3	2	1	5	4
评价人员 C	2	1	4	3	5
评价人员 D	4	1	2	3	5
评价人员 E	1	3	2	5	4
合计	11	9	12	20	23
平均值	2.2	1.8	2.4	4	4.6
岗位排序	2	1	3	4	5

资料来源：杨明海，薛靖，李贞，等．工作分析与岗位评价［M］．3 版．北京：电子工业出版社．2018：182.

2. 交替排序法

交替排序法也称轮流排序法，是简单排序法的进一步延伸。可以依据以下操作步骤进行：一是评价者先在所有岗位中判断出价值最高的一个，并将岗位名称写在另一页纸的第一行；二是再判断所有岗位中价值最低的一个，将岗位名称写在另一页纸上的最后一行；三是依法效仿，从剩下的岗位中分别选出价值最高的和最低的岗位，填写到另一页纸上的第二行和倒数第二行，整个过程一直持续到所有岗位都进行了排序为止。

3. 配对比较法

配对比较法也称两两比较法，是将每个岗位与其他所有岗位一一进行比较，最后整理汇总得出排序结果。实施时可以将所有要比较的岗位，分别列在表格的各行和列中（见表 4-15），把每个岗位与其余五个岗位逐一比较，做出价值更高、价值近似、价值较低的判断，并进行标记。比如，当行的岗位与列的岗位相比价值更高时，可以在行和列交叉的空白处标记“2”；判断为价值近似时，标记“1”；判断为价值较低时，标记“0”。最后在表中“总分数”一栏中加总，计算出每个岗位的最后得分，得分最高的岗位对组织的价值贡献度也最高，排序也最靠前。

表 4-15　配对比较法示例

岗位名称	经理	副经理	策划	营销	文秘	内勤	总分数
经理		2	2	2	2	2	10
副经理	0		2	2	2	2	8

续表

岗位名称	经理	副经理	策划	营销	文秘	内勤	总分数
策划	0	0		1	2	2	5
营销	0	0	1		1	2	4
文秘	0	0	0	0		2	2
内勤	0	0	0	0	0		0

资料来源：潘泰萍．工作分析：基本原理、方法与实践［M］．2版．上海：复旦大学出版社，2018：166.

4. 排序法的优缺点

排序法的优点在于简单易行，操作时花费的时间比其他方法少，费用成本低，比较适合于规模较小、岗位数量较少的企业或者部门内部岗位评价。

排序法的缺点在于：首先，排序法完全凭借评价人员的知识和经验主观地进行评价，缺乏严格的、科学的评判标准，使评价结果弹性大，容易受到其他因素的干扰。其次，不能确定不同岗位价值差异的大小，不能提供量化的指标作为比较依据，因而无法据此确定基本报酬的具体数额。最后，要做出正确的排序，评价人员必须对每个需要评价的岗位都相当熟悉，在岗位数量较多的组织中做到这一点是很难的。

（二）分类法

分类法是指通过建立明确的岗位等级标准，将各个岗位划入相应等级的一种方法。其前提是不同等级的岗位对技能和责任要求不同，在这一显著特点的基础上，将岗位划分出一套等级系统。

这种方法最关键的一项工作是确定等级标准。各等级标准应明确反映实际上各种工作在技能、责任等要素上存在的不同水平。在确定不同等级标准之前，要选择出构成工作基本内容的基础因素，但如何选择因素或选取多少则依据工作性质来决定。在实际测评时，应注意不能把岗位分解成各构成要素，而是要作为整体进行评定。岗位分类与企业单位以外的职业分类标准存在密切的联系。各类职业分类标准是以企业、国家机关岗位分类为基础制定的。一旦这类标准建立之后，企业在进行岗位分类时，便可依据、参照或执行这类标准。

1. 分类法的实施步骤

（1）收集岗位资料

为了划分岗位的等级，必须掌握每一个岗位的详细资料。由企业的专门人员组成评价小组，收集各种有关的资料、数据，写出调查报告。

（2）岗位分类

按照生产经营过程中的各类岗位的作用和特征，首先将全部岗位划分为若干大类；其次在划分大类的基础上，按每个大类中各种岗位的性质和特征划分为若干中类；最后根据每个中类反映岗位性质的显著特征，将岗位划分为若干小类。

(3) 建立等级结构和等级标准

由于等级数量、等级结构与组织结构有明显的关系，因此这个步骤比较重要和复杂。它包括以下三个方面：

①确定等级数量。等级数量取决于工作性质、组织规模、功能的不同和有关人力资源政策。不同企业根据各自的实际情况选择一定的等级数量，并没有统一的规定和要求。但是，无论对单个岗位还是对组织整体，都要确定等级数量。

②确定基本因素。通过这些基本因素测评每个岗位的重要程度。

③确定等级标准。因为等级标准为恰当区分工作重要性及确定岗位评价结果提供依据，所以它是这一阶段的核心。在实际操作中，一般从确定最低和最高的等级标准开始。

(4) 岗位测评和列等

确定等级标准后，根据这些标准对岗位进行测评和列等，将工作说明书与等级标准逐个进行比较，并将工作岗位列入相应等级，从而评定出不同系统、不同岗位之间的相对价值和关系。对小企业来说，分类法的实施相当简单，若应用到有大量工作岗位的大企业，则会变得很复杂。

2. 分类法的优缺点

分类法的优点是比较简单，容易解释，执行起来速度较快，所需经费、人员和时间也相对较少，对评价者的培训要求少。一旦岗位的等级定义明确，管理起来就比较容易。尤其当组织中存在大量类似的岗位时，很容易将各种岗位归并到一个系统中。

分类法的缺点有：一是在岗位多样化的复杂组织中，很难建立起通用的岗位等级定义和标准；二是对岗位要求的说明可能会比较复杂，对组织变革的反应不太敏感；三是对岗位的评价也是比较粗糙的，只能得出一个岗位应归在哪个等级中的结果，岗位之间价值的量化关系到底是怎样的并不很清楚，因此在应用到薪酬体系中时会遇到一定的困难。

分类法有一定的局限性，适用于岗位性质大致类似、可进行明确分组且改变工作内容的可能性不大的岗位。

(三) 因素比较法

因素比较法是指根据岗位的通用的工作特征，定义岗位的评价要素等级，并以此评价关键岗位，由于关键岗位应得报酬是可知的，那么在评价其他岗位时，只要与关键岗位的各个要素进行比较，就可以得出各评价要素应得的货币价值。

因素比较法是一种比较量化的岗位评价方法，与排序法比较相似，两者的主要区别表现在两个方面：一是排序法仅仅从一个综合的角度比较岗位之间的差异，而因素比较法是选择多种报酬因素进行比较排列；二是因素比较法根据各种报酬因素得到的评价结果设置一个具体的报酬金额，然后汇总得到岗位的报酬总额。

1. 因素比较法的实施步骤

(1) 收集工作信息，确定评价因素

从各个角度收集与工作有关的信息，包括工作说明书、工作日志、相关制度规定，还可以通过访谈、现场写实的方式，对工作的实际状况加以了解，对所收集的工作信息进行汇总整理，并提炼出能够涵盖各岗位的评价因素。岗位评价因素一般包括脑力、技能、体力、职责和工作条件等。

（2）选择基准岗位

在每类岗位中选择一些关键性的岗位作为基准岗位。这些基准岗位应该是组织中普遍存在的、工作内容相对稳定的，而且其所得到的薪酬应是公平合理的、大多数人公认的。基于这些基准岗位的薪酬，对其他岗位的薪酬水平进行调整和确定。

（3）在每个因素上给基准岗位排序

对每个基准岗位的影响因素加以比较，按重要程度的高低进行排序。其排序方法与上述介绍的排序法完全一致。

（4）分配各因素

将每个基准岗位的工资总额按所选的影响因素进行分解，分配到对应的报酬因素上。

（5）汇总工资水平

将组织中尚未评定的其他岗位在每个报酬因素上分别与基准岗位相比较，确定待评定岗位在每个因素上的工资。将分布在各个因素上的工资相加汇总，即得到待评定岗位的工资水平。

例如，某公司在一次工作评价中，有五个岗位评价因素，A、B、C 是基准岗位，工资分别为 1 000 元、2 000 元、4 000 元，X 是待评价岗位。首先将 A、B、C 按照五个因素进行排序，然后将 X 与这三个基准岗位进行比较，得出结果（见表 4-16），岗位 X 的工资为：500+600+600+700+300＝2 700 元/月。

表 4-16　因素比较法示例

工资率	因素				
	工作技能	脑力劳动	体力劳动	岗位职责	工作条件
100 元/月	A				A
200 元/月			A	B	
300 元/月		A		A	X
400 元/月	B				B
500 元/月	X	B	B		
600 元/月		X	X	C	
700 元/月				X	
800 元/月	C	C			
900 元/月			C		C

资料来源：杨明海，薛靖，李贞，等．工作分析与岗位评价［M］．3 版．北京：电子工业出版社，2018：187.

2. 因素比较法的优缺点

(1) 因素比较法的优点

①评价结果较为公正。因素比较法把各种不同工作中的相同因素相互比较，然后将各种因素的工资累计，减少了主观性。

②耗费时间较少。进行评定时，所选定的影响因素较少，从而避免了重复，简化了评价工作的内容，缩短了评价时间。

③减少了工作量。由于因素比较法是先确定标准岗位的系列等级，然后以此为基础分别对其他各类岗位进行评定，大大减少了工作量。

(2) 因素比较法的缺点

①各影响因素的相对价值在总价值中所占的百分比完全是评价人员的直接主观判断，这必然会影响评定的精确度。

②没有明确的比较等级的定义，存在较大误差和随意性。

(四) 要素计点法

要素计点法也称计点法，是一种比较复杂的量化职位评价技术。它首先要确定评价岗位价值需要运用哪些报酬要素，再将各报酬要素分成不同的等级并定义，赋予每个报酬要素不同的权重，赋予每个报酬要素等级不同的点数。然后将需要评价的工作与各项报酬要素进行对比，确定岗位在各项报酬要素上的点数，最终将各岗位的总点数进行比较，从而形成需要评价的岗位的相对价值体系。

要素计点法通常包括三大要素：一是报酬要素；二是反映每一种报酬要素在整个岗位评价体系中的相对重要性的权重；三是数量化的报酬要素衡量尺度。

1. 要素计点法的实施步骤

具体来说，要素计点法包括以下几个操作步骤：

(1) 选取合适的报酬要素并进行定义

报酬要素是多种不同岗位都存在的、企业愿意为之支付报酬的一些可衡量的质量、特征、要求或结构性因素。最常见的报酬要素有责任、技能、体力劳动、脑力劳动和工作条件等。选择报酬要素后还需要进行准确的定义，使评价人员能按报酬要素的定义对所评价的工作进行区分。

企业在选择报酬要素时，应注意几点：首先，所选报酬要素必须对评价的所有岗位来说具有共通性，不能选择那些只适用于小部分岗位的报酬要素；其次，报酬要素必须是与被评价岗位相关的，必须能够涵盖企业愿意为之支付报酬的、与岗位要求有关的所有主要内容；再次，报酬要素之间尽可能不要出现交叉和重叠，以免由于某些报酬要素被重复计算，从而出现评分不科学、不合理的问题；最后，报酬要素的数量要适当，便于计算和管理。报酬要素过多会加大岗位评价者的负担，且对评价结果的有效性没有太多帮助；而报酬要素过少，则不能囊括企业所有岗位的付酬因素。

(2) 对每一种报酬要素的各种不同程度、水平或层次加以界定

每一种报酬要素的等级数量取决于企业内部所有被评价岗位在该报酬要素上的差异大

小，差异程度越大，报酬要素的等级数量越多。比如，如果一家企业的所有岗位在工作条件上的差异不是很大，那么“工作条件”这一报酬要素也许划分为三个等级就足够了；反之，可能要划分为更多的等级。

（3）确定各要素在岗位评价体系中所占的权重

报酬要素在总体岗位评价体系中所占的权重是以百分比的形式表示的，如表 4-17 所示。不同的报酬要素所占权重大小对最终的岗位评价结果会产生很大的影响，它实际上反映了一个组织对岗位重要性的根本看法。确定不同报酬要素的权重时，通常有两种做法，一种是经验法，另一种是统计法。经验法是运用管理人员的经验或者共识来进行决策，而统计法是运用统计技术或者数学技术来进行决策的一种比较复杂的方法。

表 4-17　报酬要素及其权重分布示例

报酬要素	报酬要素的权重（%）	报酬要素	报酬要素的权重（%）
知识	20	预算影响	10
技能	5	沟通	10
监督责任	25	工作条件	5
决策	25	合计	100

资料来源：刘昕．薪酬管理［M］.6 版．北京：中国人民大学出版社，2021：92.

（4）确定各要素的不同等级所对应的点数

在确定权重之后，还需要为岗位评价体系确定一个比较合适的总点数或总分，如 1 000点、600 点或 500 点等。通常情况下，如果被评价的岗位数量比较多，而且价值差异比较大，需要使用的总点数就应该高一些，原则是应当能够准确、清晰地反映出不同岗位之间的价值差异。比如，我们将表 4-17 中的 100%换算成 1 000 点，就可以把各个报酬要素的点数都算出来。

在确定了每个报酬要素的总点数之后，企业还需要确定每种报酬要素每个等级对应的点数。通常运用两种基本方法——几何法和算术法，也可以称为等比法和等差法，如表 4-18 所示。我们将报酬要素的最高等级的点数界定为该报酬要素的总点数，然后按照等比率或等差值的方法，依次推算出其他等级的对应点数。

表 4-18　要素计点法报酬要素等级的点数确定

报酬要素	报酬要素等级	几何法	算术法
知识	1	70	20
	2	91	80
	3	118	120
	4	154	160
	5	200	200

资料来源：部分节选自刘昕．薪酬管理［M］.6 版．北京：中国人民大学出版社，2021：93.

(5) 运用这些报酬要素来分析和评价每一个岗位

在进行岗位评价时，评价者应按照已经制定好的标准，考虑被评价的岗位在每个报酬因素上所处的等级，然后将等级对应的点数加总，就可以得到该岗位的最终评价点数。

(6) 将所有被评价岗位根据点数高低进行排序，建立岗位等级结构

待所有岗位的评价点数都算出来之后，按照点数高低进行排列，然后根据等差的方式对岗位进行等级划分，岗位等级表就做好了。至此，岗位评价的工作宣告完成。

补充阅读4–3

其他典型的岗位评价方法

2. 要素计点法的优缺点

要素计点法的优点是：首先，与非量化的岗位评价方法相比，要素计点法的评价更为精确、可靠，更容易被员工接受；其次，通过点数可以比较价值差距的大小，便于对不同的工作进行横向比较；最后，由于明确指出了岗位比较的基础——报酬要素，因而能够反映组织独特的需求和文化，强调组织认为有价值的那些要素。

要素计点法的缺点是：工作量大，较为费时费力，方案设计成本比较高；工作分析人员在报酬要素界定、等级定义和权重确定等方面，要求具有相当的技能，且存在一定主观性，多人参与时可能意见不一致，增大岗位评价的难度和复杂度。

要素计点法相对适于生产过程复杂，岗位类别、数目多的大中型企事业单位。

第五节 胜任素质模型

在现代人力资源管理中，越来越多的企业开始使用胜任素质模型来分析完成工作所需具备的深层次特征，经过一致界定的胜任素质不仅为整个人力资源管理体系提供了一套既有价值的通用语言，也为员工的职业生涯发展提供了更清晰的路径。

一、胜任素质概念及基本模型

（一）胜任素质的内涵

胜任素质（Competency）也被译为胜任力、胜任能力或胜任特征等，这一概念的提出得益于著名心理学家戴维·麦克利兰对于胜任素质的研究。麦克利兰在1973年发表了一篇题为《测量胜任素质而非智力》的文章，指出传统心理测验（智力测验、学绩测验、性向测验）并不能很好地预测一个人未来的工作绩效，其主要原因在于这些测验内容都是基于一般生活情境，而非特定工作情境[①]。他认为应当基于特定的工作情境来开发胜任素质测验，以此来预测未来的工作绩效，掀起了当时学术界关于胜任素质研究的

① McCLELLAND D C. Testing for Competence Rather Than for Intelligence [J]. American Psychologist, 1973 (28): 114.

高潮。

不同学者对胜任素质的定义存在一定差异，其中麦克利兰的合作者博亚特兹（Richard Boyatzis）的定义比较有代表性，他认为“胜任素质是会导致一个人在某种职位上取得有效或卓越绩效的一系列潜在特征”①。著名胜任素质研究者斯潘塞夫妇（L. M. Spencer and S. M. Spencer）在所著的《工作胜任力：高绩效模型》一书中指出，胜任力是“能将某一工作（或组织、文化）中表现优异者与表现平平者区分开来的个人的潜在的、深层次特征，它可以是动机、特质、自我形象、态度或价值观，也可以是某领域的知识、认知或行为技能，即任何可以被可靠测量或计数的，并且能显著区分优秀绩效和一般绩效的个体特征”。他们进一步将胜任素质区分为鉴别性胜任素质和基准性胜任素质。鉴别性胜任素质指能将某一工作（或组织、文化）中表现优秀者与表现一般者区分开来的个体行为特征。基准性胜任素质指能将某一工作（或组织、文化）中表现合格者与表现不合格者区分开来的个体行为特征②。

总的来说，我们可以将胜任素质界定为：员工为在某种职位上或某种工作角色中达成卓越绩效而必须具备的各种知识、技能、自我认知、个性、动机及其他相关个人特征的总和。胜任素质具有以下几个特征：第一，胜任素质是与组织和工作情境相关的。在不同组织或不同工作情境下，胜任素质存在差异。第二，胜任素质是与高绩效相关的，它通常能够预测一个人未来的高工作绩效。第三，胜任素质是行为化的，能够在工作中通过行为表现出来的，因而是可观察的。第四，胜任素质在一定程度上是可以培养的③。

（二）胜任素质的构成

一项完整的胜任素质应该包含六个要素，即名称、定义、维度、分级、等级标准、行为描述。表4-19举例说明了胜任素质的构成要素。其中，“激励成就的强度和完整性”和“成就的影响范围”是成就欲的两个维度，A1～A7是维度“激励成就的强度和完整性”的七个等级，每个等级又有对应的等级标准和行为描述内容。

表4-19　胜任素质构成示例

名称：成就欲	
定义：希望更好地完成工作或达到一个优秀的绩效标准	
A 激励成就的强度和完整性	
A1	不符合工作上的标准。在工作上漫不经心，只符合基本要求却很关心工作以外的事，如社交活动、地位、兴趣、家庭活动和朋友关系

① BOYATZIS R E. The competent manager：A model for effective performance［M］. New York：Wiley，1982.

② SPENCER L M，SPENCER S M. Competence at work：models for superior performance［M］. New York：Wiley，1993.

③ 刘昕. 人力资源管理［M］. 4版. 北京：中国人民大学出版社，2020：116.

续表

A 激励成就的强度和完整性	
A2	只专注在任务上。虽然努力工作，但对于产出却没有证据显示达到杰出的标准
A3	想把工作做好，想要努力工作，以符合工作上要求的标准。想要把工作做好、做对，偶尔对于浪费与无效率表现出沮丧，例如抱怨时间浪费和想要做得更好，但实际上没有实质性的进步
A4	工作符合其他人的标准。工作符合管理上的标准，例如预算的管理符合销售的业绩品质的要求等
A5	自己设立衡量优异的标准。使用自己特定的方法来衡量产出，而不是使用一套来自上面管理要求的优异标准，例如费用、时间管理、淘汰率、打击竞争者等，或是设立的目标达不到 A7 设立的程度都归纳在这个部分
A6	持续不断地改善绩效。在系统上或工作方法上做出改变以改善绩效，例如降低成本、提高效率、改善品质、顾客满意、士气提升、收益增加，而没有设定任何特别的目标
A7	设定挑战性的目标。设定及达成具有挑战性的目标，例如六个月改善销售/品质/生产力 15%。具有挑战性表示目标有一定的难度但并不是不可能达成的。开始设定及执行具有挑战性的目标就可以计分，即使目标没有达成也给予计分，设定的所谓安全目标不具备挑战性，不予计分
B 成就的影响范围	
B1	只关心个人的表现。通过时间管理技术及良好的工作方式，只为改善个人的工作效率或只影响单个人，如主要部属及秘书的工作效率
B2	影响一个或两个人，影响其在财务上小额的承诺
B3	影响一群人（4~15 人），获得中等数量的销售或财务承诺，通过使工作更系统或使其他人更有效率来改进群体绩效
B4	影响一个部门的人（超过 15 人），获得一项大的业绩或相当程度的财务承诺
B5	影响一个中型组织或是一个大型组织的部门
B6	影响一个大型组织
B7	影响整个产业

资料来源：董克用，李超平．人力资源管理［M］．5 版．北京：中国人民大学出版社，2019：113.

（三）胜任素质的两种基本模型

关于胜任素质的两种最常见的模型就是冰山模型和洋葱模型，冰山模型最早由麦克利兰提出，斯潘塞夫妇在此基础上将冰山模型的六层次改为五层次。洋葱模型是理查德·博亚特兹在 1982 年提出的，二者的构成要素基本类似。

1. 冰山模型

麦克利兰认为，胜任素质主要包括六个方面，即知识、技能、社会角色、自我概念、个性特征与动机，这六方面形成了一个有机的层次体系，如图 4-3 所示。

其中，知识是指某一特定领域的信息；技能是指从事某一活动的行为熟练程度；社会角色是指个体希望在他人面前表现出来的形象（如以企业领导或下属的形象展现自己），是个体对所属的社会群体或组织接受并认为恰当的一套行为准则的认识；自我概念是指对

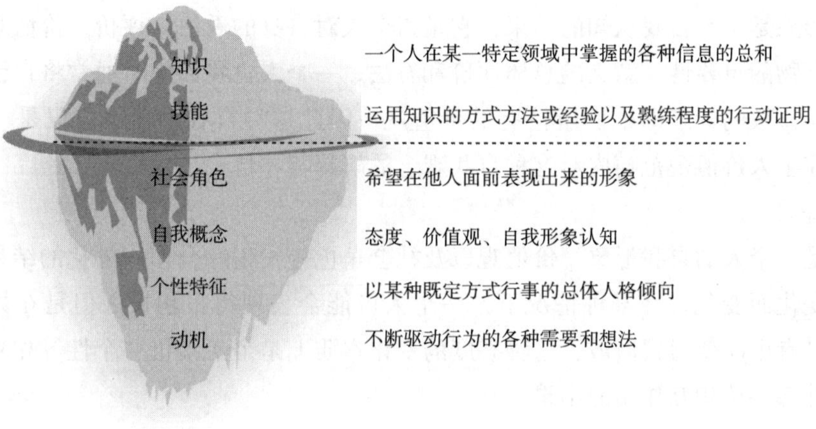

图 4-3　冰山模型

自己的身份、个性以及价值的认识和看法（如将自己视为权威还是教练）；个性特征是指在个体行为方面相对持久稳定的特征（如善于倾听、谨慎等）；动机是指那些决定外显行为的自然而稳定的思想（如总想把自己的事情做好，总想控制、影响别人，总想让别人理解、接纳和喜欢自己等）。

在这六个方面中，处于“冰山在水面以上部分”的知识与技能是最表层的内容，最容易观察到，通过培训和学习加以改善的难度也较小；而在“水面下”的社会角色、自我概念、个性特征和动机是较深层次的内容，难以观察到，同时改善的难度也较大。

2. 洋葱模型

美国学者理查德·博亚特兹在对麦克利兰的胜任素质理论进行深入和广泛研究的基础上提出了洋葱模型。他认为胜任素质构成的几个核心要素（见图 4-4），包括知识、技能、自我形象、态度、价值观以及个性特征和动机。与冰山模型相似的是，洋葱模型由内至外说明了胜任素质的各个构成要素逐渐可被观察与测量的特点。

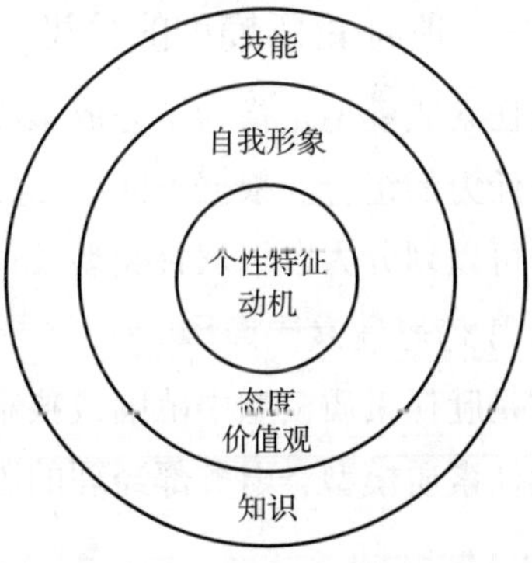

图 4-4　洋葱模型

（1）知识

知识是指一个人在某一个特定领域所掌握的事实型与经验型信息。例如，财务管理必须了解基本的财务知识，这是对他的基本知识要求。

（2）技能

技能是指一个人结构化地运用知识完成某项具体工作的能力，它重点强调对已有知识的灵活应用，而不是机械式的简单记忆。

(3) 自我形象与价值观

自我形象是个人自我认知的结果，它是指个人对自身的看法与评价。价值观是个体对周围各种事物的重要性、意义的总体评价和看法。一个人自我评价时通常将自己与他人进行比较，而比较的标准即他们所持有的价值观。因此这种自我形象不仅仅是一种自我观念，也是在个人价值观范畴内对这种自我观念的解释与评价。

(4) 态度

态度是一个人的自我形象、价值观以及社会角色等发生综合作用外化的结果，它会根据环境的变化而变化。在某种情况下，一个人可能会表现得很积极，但是在另一种情况下，此人又有可能变得很懒散，这种态度的变化本质上是个人动机、个性等相对持久稳定的因素与外部环境相互作用的结果。

(5) 个性特征和动机

个性特征是一个人对外部环境与各种信息做出反应的方式、倾向以及基本特性。动机是推动个人为达到一定目标而采取行动的内驱力。个性特征与动机可以预测一个人在长期无人监督情况下的工作状态。例如，具有成就动机的人常常为自己设定一些具有挑战性的目标，并尽最大努力去实现它，同时积极听取反馈以便做得更好。

个性特征和动机处于洋葱的最内层，中间层为自我形象、价值观和态度，最内层和中间层的胜任素质既难以做出评价，也难以后天习得。最外层是知识和技能，既容易做出评价，同时也容易后天习得。

二、胜任素质模型及其构建

(一) 胜任素质模型的分类

胜任素质模型是指为了完成某项工作，达成某一绩效目标，要求任职者具备的一系列不同胜任力的组合。根据不同的工作性质和特点、不同的时空范围和目标、需求，胜任素质模型可以划分为以下三种类型。

1. 职位胜任素质模型

它是胜任素质模型中范围最狭窄的一种模型，仅适用于某一特定职位。比如，销售总监的胜任素质模型、财务部经理的胜任素质模型，或者儿童医院急诊科护士的胜任素质模型等。

2. 职能性或专业性胜任素质模型

它是适用于某个职位族或者专业领域的胜任素质模型，比如适用于组织内各类管理人员的胜任素质模型，或者适用于各类营销人员、技术研发人员的胜任素质模型。

3. 组织胜任素质模型

它适用于组织全体成员，集中反映了一个组织独特的战略、文化以及核心价值观，有时又称为核心胜任素质，是对全体员工行为的引导和指南。比如阿里巴巴经常强调的“六脉神剑”（即客户第一、团队合作、拥抱变化、诚信、激情和敬业）实际上就是反映阿里巴巴公司价值观和文化的企业通用胜任素质模型。

很多企业在开发出自己的胜任素质模型之后，都会编制成完整的胜任素质词典。一家企业的胜任素质词典通常包括适用于各类职位的组织通用胜任素质，也包括适用于某些特定职位族的职能性或专业性胜任素质。其中会对每一种胜任素质的定义、等级划分、各级行为表现甚至典型具体实例等做出系统全面的描述。这种胜任素质词典会成为一家企业在人力资源管理相关领域开展工作时的通用指南或工作平台之一。

（二）胜任素质模型的构建步骤

胜任素质模型的构建通常需要经历以下几个步骤：准备阶段、原始信息收集阶段、模型初步建立阶段、模型验证阶段。

1. 准备阶段

首先，成立胜任素质模型开发小组。成员通常包括领导、专家、人力资源部门职能人员、业务经理与员工代表等。开发小组要统一思想，对胜任素质模型的内涵、作用以及需完成的胜任素质模型构建工作的程序、方法和目标等达成共识。

其次，明确和分析企业战略与文化。胜任力模型必定源自企业的战略，企业战略既是构建胜任力模型的依据，也是构建胜任力模型的目标，可采取高层管理人员访谈、组织文化诊断以及战略分析等方法来完成。

最后，开发小组还需要制定详细的工作计划，同时收集和整理与被分析的职位有关的组织结构图、工作说明书、工作流程图、现有的绩效评价表格及其他资料。

2. 原始信息收集阶段

在获取胜任素质信息方面，可以采用两种方法：一种是行为事件访谈法（Behavioral Event Interview，BEI），另一种是综合评价法。

获取胜任素质信息的传统方法是行为事件访谈法。这是一种以绩效优秀者为对象的开放式深度访谈技术。首先在需要建立胜任素质模型的职位或职位族中依据一定的绩效标准挑选出绩效优秀者和绩效一般者，然后分别对这两组进行结构化访谈，通过对比分析访谈结果，发现那些能够导致绩效差异的关键行为。访谈时一般要求这些人列出他们的主要工作职责以及在履行职责时遇到的关键情境，再进一步要求他们列出在此工作情境下发生过的若干（通常2~3个）成功或失败的典型事件。事件要按照STAR原则进行描述，即事件的情境（Situation）、自己需要完成的工作任务（Task）、自己实际采取的行动（Action）以及这些行动最后产生的结果（Result）。

然而，一方面由于这种深度访谈技术对访谈者的要求较高，同时耗时较长；另一方面对于有些职位或职位族来说，一个组织内部的绩效优秀者人数并不是很多，因此，完全依赖这种技术来获取胜任素质信息的难度比较大。所以，在实践中，很多企业采取了一种变通措施，即采用综合评价法，这种方法综合采用文献研究、问卷调查、专家评价以及标杆参照等多种方法来获得胜任素质信息。

3. 模型初步建立阶段

胜任素质模型包含特定的胜任素质、每个胜任素质的定义、级别划分以及各个等级行为特点的描述，并附详细解释和取自关键事件访谈资料的示例。要初步建立胜任素质模型，需要对收集的胜任素质原始信息进行整理和提炼，以得出相应的胜任素质的各个模块。

如果采用行为事件访谈法收集原始信息，则需要对访谈记录进行内容分析，计算各种胜任素质要素在访谈中出现的频率，然后对绩效优秀组和绩效一般组在各个胜任素质要素上提及的频率或程度进行统计和比较，找出两组之间的共性特征与差异特征，最后根据不同的主题对胜任素质要素进行模块归类，从而初步形成胜任素质模型。如果采用综合评价法，则需要专家对收集的胜任素质基于对相关职位或职位族的重要性以及发生的频率等标准进行筛选，最终初步确定胜任素质模型。

4. 模型验证阶段

在初步建立胜任素质模型之后，还需要通过实践检验其有效性，即考察在实际绩效评价或考核过程中，绩效优秀者和绩效一般者在这些胜任素质方面是否存在显著的差异。只有在一定时间后，员工的绩效差异符合胜任素质模型所做的预测，才能证明这一胜任素质模型是有效的，可以运用于人力资源管理的各项相关决策之中。但这一步骤往往被很多企业忽视，这就很难保证构建的胜任素质模型真正起到区分绩效差异的作用。在验证之后，通常还需要编写胜任素质词典，最终形成胜任素质模型。

三、胜任素质模型的应用

胜任素质模型的建立为企业人力资源管理活动的开展确立了新的基点，基于胜任素质的人力资源管理与传统人力资源管理存在区别，如表 4-20 所示。

表 4-20　基于胜任力的人力资源管理与传统人力资源管理比较

	传统人力资源管理	基于胜任力的人力资源管理
假设前提	·每个员工都能学会做好几乎任何事 ·改进个人能力“短板”，实现员工的职业生涯发展	·每个员工的潜能都是与众不同且不易改变的 ·扬长避短，激发员工的潜能，构建员工的核心专长与技能
管理实践	·根据员工具备的技能、经验背景进行选拔、任免，甚至晋升与调配 ·基于企业与岗位对人的要求，对员工的知识、技能进行培训与开发 ·通过培训弥补技能差距以及遵循有效的行为标准等方式实现绩效改进 ·员工的职业生涯设计与发展是建立在补齐个人知识技能的短板基础之上的	·基于胜任力（适合做什么）开展员工的选拔、任用、培训以及绩效改进等人力资源管理实践活动，实现企业中人与工作的相互适应 ·基于战略实现以及构建企业核心能力的要求，培养各业务系统员工的核心专长与技能 ·员工的职业生涯规划与发展是建立在有效开发与利用个人的优势与潜能基础之上的

资料来源：彭剑锋．人力资源管理概论［M］．3 版．上海：复旦大学出版社，2018：265.

（一）胜任素质模型与招聘甄选

如今企业招聘甄选的重点已逐渐从满足职位空缺的人员需求，转向为了保证企业战略目标的实现而从多样化的背景中甄选与吸引那些能够帮助企业达成当期以及长期战略意图的、具有高胜任力的人。企业传统的“依据候选人的知识技能以及经验背景”进行招聘甄选的理念与方法已经不能满足企业获得持续竞争力、吸引与开发关系企业长期发展的关键人才的要求，因此开展基于胜任力的招聘甄选工作被提上了日程。胜任素质模型为企业获取进而合理使用人才提供了良好的依据。

（二）胜任素质模型与绩效管理

一方面，企业的绩效管理理念从关注员工的短期绩效（结果导向）转向关注员工当前以及未来的长期绩效（能力导向），而通过胜任素质能够对员工未来的绩效进行合理有效的预期，并因此对企业的人力资源管理实践提供有益的指导，包括晋升调配、培训开发等。

另一方面，胜任素质模型的引入实际上也对企业各级管理者的管理风格提出了新的要求。比如，管理者在帮助下属改进绩效的过程中，不仅要关注下属在达成绩效过程中的不足与问题，还要帮助下属关注自己的潜能，即“我最擅长干什么”“我的潜能将如何影响我未来的绩效”等。显然，这与传统绩效考核只关注“我不能干什么”“我应该改进什么”是有差别的。

（三）胜任素质模型与薪酬管理

在建立了基于胜任力的绩效管理系统之后，企业已经从过去关注员工现在能够创造什么价值转向了包括现在与未来在内的、持续的价值创造能力，因此建立基于胜任力的薪酬管理系统实际上也为企业关注员工未来发展与潜在价值提供了最终的落脚点，从而使员工与各级管理者都能为不断提高现有技能水平、持续发挥自身优势与潜能而努力。此外，建立基于胜任力的薪酬管理系统也能够帮助企业吸纳、保留更多具备高胜任力、高潜质的人才。

（四）胜任素质模型与培训开发

为了有效支撑基于胜任力的人力资源管理系统，特别是绩效管理系统、薪酬管理系统的实践，企业的培训开发系统也要相应贯彻“激发与强化员工的优势与潜能，立足于培育员工的核心专长与技能”的理念。具体来讲，企业要根据员工个人的职业发展计划以及定期的绩效考核结果，在与企业实现战略所需的核心能力要求进行比较的基础上，确定员工的胜任力差距，并据此制定相应的培训计划、设计培训项目与课程，最后通过培训效果的评估对员工胜任力的改进与提升提供反馈与指导。需要强调的是，对于基于胜任力的培训开发系统而言，在培训方式方法的选择上，除了对员工知识、技能的培训之外，关于潜能的培训与开发还要遵循胜任力与行为之间的驱动关系，通过总结、提炼企业内部成功与失败的案例，最终支持员工胜任力的不断提升与绩效的改进。

（五）胜任素质模型与员工职业生涯发展

企业人力资源管理最终要服务于“企业要成为什么”以及“员工要成为什么”两个

基本目标。那么从员工实现个人职业生涯发展的角度而言，胜任素质模型实际上为员工规划个人职业发展确立了基点与有效路径，员工从此能够依据自身的胜任素质特点，结合企业对核心专长与技能的要求，针对性地提升个人能力，提升工作绩效，获得回报的同时最终实现自我价值。

补充阅读4–4

华为的素质模型

本章小结

工作分析是现代人力资源管理所有职能的基础和前提。它是指运用科学的方法，收集与工作相关的信息的过程，主要包括对各类工作岗位的性质、任务、职责权限、岗位关系、劳动条件和环境，以及员工承担本岗位任务应具备的资格条件等方面的信息进行系统研究，并制定出工作说明书等岗位人事规范的过程。

本章主要介绍了工作分析的概念、内容、作用及原则，重点介绍了工作分析的流程，详细介绍了工作分析的常用方法，包括访谈法、观察法、问卷调查法等。完成工作分析的步骤后，最重要的就是工作说明书的编写，一般包括工作描述和任职资格两部分内容。

岗位评价是工作分析的逻辑结果，是系统地确定岗位之间的相对价值，从而为组织建立一个岗位结构的过程。岗位评价的基本方法有排序法、分类法、因素比较法和要素计点法。胜任素质是会导致一个人在某种职位上取得有效或卓越绩效的一系列潜在特征，关于胜任素质最常见的模型是冰山模型和洋葱模型。构建胜任素质模型通常需要四个步骤：准备阶段、原始信息收集阶段、模型初步建立阶段和模型验证阶段。

习题

实训

实训项目：

工作分析实践

实训目的：

在理论学习的基础上，通过实训，进一步掌握工作分析的方法，能够编制出规范的工作分析文件。

实训指导：

（1）针对学校的图书管理员、辅导员或清洁员等工作人员进行工作分析调查。

（2）结合实际情况，设计针对性的访谈提纲和调查问卷，并进行资料的收集。

（3）使用观察法对图书管理员、辅导员或清洁员的工作进行观察，并做好记录。

（4）将以上岗位的信息收集之后，在进行深入分析与总结的基础上，编制工作说明书。

（5）教师对编制的工作说明书进行评阅，选择部分进行讲评。

实训组织：

（1）把全班同学分成若干小组，每组 4~6 人，以小组为单位进行问卷设计、观察、访谈，收集信息。

（2）以小组为单位对所收集的信息进行分析。

（3）以小组为单位编制一份工作说明书。

实训考核：

每位学生需填写实训报告。实训报告应包括实训项目、实训目的、实训本人承担任务及完成情况、实训过程、实训小结、实训评语（由教师填写）。

拓展案例

岗位胜任素质模型搭建应用

第五章　员工招聘与甄选

学习目标

了解员工招聘的意义
理解员工招聘的概念、原则和影响因素
理解员工招聘的流程
掌握内外部招聘的方法和特点
掌握甄选的主要方法和评价中心技术

重点概念

招聘（Recruitment）
甄选（Selection）
面试（Interview）
评价中心（Assessment Center）

微课视频

近现代企业家人才管理思想：选人篇（下）

开篇案例

近代民族企业家的选人思想[1]

一、择人和用人是管理工作的关键

民族企业家刘鸿生认为："缺乏经营管理能力以及缺少训练有素的人才，成为企业经营管理失败的重要原因之一。"并说："要办好一个企业，首先得物色好专门人才，没有人才，不可冒昧从事。"（刘鸿生，《中国工业发展的几个主要问题》）所以说，人才选拔是

① 王同勋．近代民族企业的经营管理思想［J］．山西财经大学学报，2002（6）：19-25.

人力资源开发的前提，而要选拔人才，首先要能够发现和识别人才。穆藕初提出“物色人才与善用人才，实为事业家首务”，并把是否具备“健全之脑力，敏锐之眼光，灵活之手腕，坚固之信用，雄厚之力量”（穆藕初，《藕初五十自述》），作为衡量企业领导者是否称职的标准。民族企业家择人和用人的标准，既考虑专业素质，又考虑其思想素质。张謇提出的用人标准是：“今日用人不患无用，而患无体。其人果正，则必有忠君爱国之心，则勤求事理必于当。”（张謇，《政闻录》）他在这里所讲的“体”与“用”，其实就是品德与才干，而他用人的标准，首先在“体”即品德。他的这种提法，虽然有效忠封建国家、封建制度的意味，但重视人才对企业和国家的忠诚心，还是可取的。卢作孚在用人上坚持任人唯贤的标准，他将品德和才干结合起来，认为用人的标准是“重品德与才干”。刘鸿生又有自己的用人之道，他认为用人不可求全责备，只要有一技之长，他就任用，“全才有全才的用处，偏才有偏才的用处，要学会善用他们”（刘念智，《实业家刘鸿生传略》）。

二、要聘用实干人才

民族企业家所重视的才干，既包括知识，更包括实战经验，注重理论知识和实际经验的结合，是大多数民族企业家所强调的。穆藕初认为，用人“仅有实在经验，而无专门知识，可小就而不可大授。仅有专门知识，而无实在经验，能拟议而不能建设”（穆藕初，《藕初文录》）。卢作孚主张对有学历、有理想、有才干者，一定要想尽办法聘请并委以重任。他对虽无学历但有本领的人，也大胆任用。水手出身的张才廷，为人精明能干又有事业心，人称土专家，原是上海轮船公司的土工程师，因无学历不受重用，卢作孚遂请他到民生公司任职，并委以重任。张才廷在工作实践中，显示出其才能，只用了两个月，就将外国专家认为无法打捞的“万流轮”打捞上岸，为民生公司做出了贡献，也长了中国人的志气。

在人才培养跟不上需要的情况下，民族实业家较多从“实用”出发，广揽实干人才。他们认为，单有文凭而无实在本领，“若虚有其名，无裨实用，不如无学”（荣德生，《乐农自订行年纪事续编》）。这种在选择人才时重视“实用”的思想，在当时民族企业中有一定的代表性。

第一节　员工招聘概述

世界在变，时代在变，不变的只有“人才制胜”的竞争法则，而招聘的重要功能就是为企业获取各种各样的人才，尤其在人才竞争日趋激烈的今天，能否成功吸引和甄选出那些最优秀、最适合的人才，成为企业人力资源管理工作的重要一环。

一、招聘的概念和目标

（一）招聘的概念

所谓招聘，是指在企业总体发展战略规划的指导下，根据人力资源规划和工作分析的数量与质量要求，制订相应的职位空缺计划，并通过信息发布和科学甄选，获得所需合格人员填补职位空缺的过程①。要准确理解招聘的概念，应注意把握以下要点：

一是人力资源规划和工作分析是招聘工作的两项基础，是确保招聘科学有效的前提。人力资源规划能够确定企业招聘职位的类型和数量，而工作分析的结果能够使管理者了解什么样的人应该被招聘进来填补这些空缺。做好这两项工作，能够使招聘工作建立在比较科学的基础之上。

二是招聘工作主要包括招募、甄选和录用三部分。招募是企业发布招聘信息，通过多种方式吸引候选人前来应聘的过程。甄选是指企业采用特定的方法对候选人进行分析和评价，以挑选出最合适人选的过程。录用则是指企业确定最终人选，并进行初始安置、试用、正式录用的过程。

企业招聘人员的原因一般来讲有以下几种：第一，新组建一个企业；第二，原有企业由于业务发展而人手不足；第三，员工队伍结构不合理，需要调整；第四，企业内部由于原有员工调任、离职、退休或死伤出现岗位空缺。

（二）招聘的目标

良好的招聘活动必须达到 6R 的基本目标②：

恰当的时间（Right Time），就是要在适当的时间完成招聘工作，以及时补充企业所需的人员，这是对招聘活动最基本的要求。

恰当的范围（Right Area），就是要在适当的空间范围内进行招聘活动，这一空间范围只要能够吸引到足够数量的合格人员即可。

恰当的来源（Right Source），就是要通过适当的渠道来寻求目标人员，不同的职位对人员的要求是不同的，因此要针对那些与空缺职位匹配程度较高的目标群体进行招聘。

恰当的信息（Right Information），就是在招聘之前要对空缺职位的工作职责内容、任职资格要求以及企业的相关情况做出全面准确的描述，使应聘者能够充分了解有关信息，以便对自己的应聘活动做出判断。

恰当的成本（Right Cost），就是要以最低的成本来完成招聘工作，当然这是以保证招聘质量为前提条件的，在同样的招聘质量下，应当选择费用最少的方法。

恰当的人选（Right People），就是要把最合适的人员吸引过来参加企业的招聘，并通过甄选挑选出最合适的人选。

二、招聘的意义

招聘在人力资源管理工作中占据着十分重要的位置，招聘工作的有效实施具有非常重要的意义，主要体现在以下几个方面。

---

① 刘燕，曹会勇．人力资源管理［M］．北京：北京理工大学出版社，2019：88.

② 董克用，李超平．人力资源管理概论［M］．5 版．北京：中国人民大学出版社，2019：173.

（一）招聘是企业获取人力资源的重要手段

企业的人力资源状况总是处于变化之中，在发展的各个时期都会有一定的人才需求。对于初创企业来说，员工招聘更显重要，企业只有通过招聘才能快速获取所需人才，以保障企业尽快进入正常运营。对于已经处于运营阶段的企业，也要根据实际情况不断调整人力资源结构和数量，招聘则成为企业补充人员的基本途径。

（二）招聘是企业创造竞争优势的基础环节

现代企业的竞争归根到底是人才的竞争，一个企业拥有什么样的人力资源，就在一定程度上决定了它在市场竞争中处于何种地位。招聘工作直接关系到企业人力资源的形成，不仅是企业保证正常运营的前提，还对提升企业竞争力、实现发展目标具有重要影响。从这个角度说，员工招聘是企业创造竞争优势的基础环节。

（三）招聘是企业人力资源管理工作的重要内容

企业人力资源管理工作包括人力资源规划、工作分析、招聘、培训、绩效、薪酬等环节，招聘作为其中的重要一环，不仅影响着人力资源管理的成本，与其他环节也有着紧密的联系。比如，人力资源规划和工作分析是招聘的基础，合理的薪酬体系是吸引人才的前提，绩效考核是招聘工作的评估途径等。

（四）招聘是企业对外宣传的有效途径

招聘不仅是企业吸引和招募人才的过程，也是树立和宣传企业形象、提升知名度和影响力的有效途径。招聘工作涉及面广，企业在对外发布招聘信息的过程中，也常常需要向外界展示自己的基本情况、发展方向、方针政策、企业文化等信息，这些都有助于企业更好地展现自身风貌，营造良好的外部环境，从而有利于企业的发展。有研究表明，招聘过程质量的高低明显地影响着应聘者对企业的看法，招聘人员的素质和招聘工作的质量在一定程度上被视为企业管理水平和效率的标志。尽管很多招聘不是以形象传播为目的，但招聘过程客观上具有这样的作用，是企业不可忽视的一个方面。现在很多企业对校园招聘都给予了高度重视，一方面是为了吸引优秀的人才，另一方面也是在为企业做广告。

三、招聘的原则

为了做好招聘工作，真正选到企业所需人才、充分发挥招聘作用，企业在招聘过程中应注意遵循以下原则。

（一）因事择人原则

因事择人是指以事业的需要、岗位的空缺为出发点，根据企业的人力资源规划和工作说明书来选用人员。人力资源规划决定了未来一段时间内需要招聘的职位和部门、数量、时限、类型等；工作说明书为空缺岗位提供了详细的工作信息和具体的任职资格要求，是人员招聘的主要依据。只有这样，才能做到事得其人，人适其事，防止因人设事、人浮于事的现象。

（二）人岗匹配原则

人岗匹配是招聘工作的重要目标，也是指导企业招聘工作的重要原则。人岗匹配是一种双重匹配，一方面指岗位要求与员工的素质、能力、性格等特征相匹配，在招聘中要从候选人的专业素质、技能水平、通用能力、个性特征等方面来衡量人与岗位的匹配程度；另一方面，也要求岗位所提供的报酬与员工的工作动机、需求相匹配，从而更好地吸引、激励和留住人才。

（三）德才兼备原则

德才兼备是我国自古以来的一条用人准则。《资治通鉴》记载了中国历史上一次非常惨痛的用人教训，春秋末年晋国大夫智宣子错误地选择了多才少德的智伯为继承人，结果导致强大的智氏家族惨遭灭族之祸。为此，北宋史学家司马光评论道："智伯之亡也，才胜德也"，并提出"才者，德之资也；德者，才之帅也"的著名论断。对企业来说，"德"指员工自身的品性德行、职业操守等；"才"指员工的专业知识、专业技能等，是胜任本职工作的前提，二者缺一不可。

补充阅读5-1

稻盛和夫：企业中的脊梁——"德才兼备"的经营者

（四）效率优先原则

不管企业采用何种方法进行招聘，都会产生一定的成本，主要包括广告费用、宣传资料费用，对候选人进行评价、考核和审查的费用等。效率优先原则要求企业在招聘过程中，选择恰当的招聘渠道和评价手段，制定合理的招聘流程等，力争用最少的招聘成本获得最适合企业需求的人选。

（五）公开、公平、公正原则

企业在招聘过程中，首先应遵守国家相关法律法规，按要求公示招聘信息，这样既可以将招聘工作置于社会监督之下，避免不正之风；也可以广揽社会人才，吸引潜在的符合要求的候选人。其次，企业应在招聘过程中努力做到公平、公正，不人为地制造各种不平等的限制，以严格的标准、科学的方法对候选人进行全面考核，择优录取，创造一个公平竞争的环境。

四、招聘的影响因素

招聘活动的实施往往受到多种因素的影响，为了保证招聘工作的效果，在规划和实施招聘活动之前，应对这些因素有所了解并进行分析。归纳来看，影响招聘活动的因素主要有外部因素和内部因素两大类。

（一）外部因素

1. 国家的法律法规

由于法律法规的本质是规定人们不能做什么事情，因此在一般意义上，国家的法律法规对企业的招聘活动具有限制作用，它往往规定了企业招聘活动的外部边界。例如西方国家的法律规定，企业在招聘信息中不能涉及性别、种族、年龄的特殊要求，除非证明这些是职位所必需的。我国劳动合同法、就业促进法等相关法律，对于向劳动者提供平等的就业机会和公平的就业条件方面也都做了相关规定，如表5-1所示。在一些特殊情况下，政府还会为促进退伍军人、返乡人员、大学毕业生等各类特殊群体的就业而实施促进政策，这些也会对招聘工作产生影响。

表5-1　我国与招聘相关的部分法律

关键法律	关键环节	需要关注内容	法条链接
《中华人民共和国劳动合同法》	招聘广告内容设计	广告中要明确录用条件	第八条 用人单位招用劳动者时，应当如实告知劳动者工作内容、工作条件、工作地点、职业危害、安全生产状况、劳动报酬，以及劳动者要求了解的其他情况；用人单位有权了解劳动者与劳动合同直接相关的基本情况，劳动者应当如实说明
	签订过程平等协商，关键录用信息必须公开透明	劳动者拥有知情权，签订合同应当遵循合法、公平、平等自愿、协商一致、诚实信用的原则	第三条 订立劳动合同，应当遵循合法、公平、平等自愿、协商一致、诚实信用的原则
	及时签订劳动合同	为了避免劳动纠纷，员工入职后要及时签订劳动合同，逾期需支付双倍工资的赔偿	第十条 建立劳动关系，应当订立书面劳动合同。已建立劳动关系，未同时订立书面劳动合同的，应当自用工之日起一个月内订立书面劳动合同。用人单位与劳动者在用工前订立劳动合同的，劳动关系自用工之日起建立
	招聘抵押保证	招聘录用新员工时任何抵押、担保都是无效的	第九条 用人单位招用劳动者，不得扣押劳动者的居民身份证和其他证件，不得要求劳动者提供担保或者以其他名义向劳动者收取财物
	试用期规定	劳动合同对于延长试用期要有清晰的规定，最长不能超过6个月（含），超期视同员工自动转正	第十九条 劳动合同期限三个月以上不满一年的，试用期不得超过一个月；劳动合同期限一年以上不满三年的，试用期不得超过二个月；三年以上固定期限和无固定期限的劳动合同，试用期不得超过六个月。同一用人单位与同一劳动者只能约定一次试用期
	试用期待遇标准	我国各城市最低工资标准不尽相同，要留意当地人力资源和社会保障局的网站或当地报纸等媒体发布的信息	第二十条 劳动者在试用期的工资不得低于本单位相同岗位最低档工资或者劳动合同约定工资的百分之八十，并不得低于用人单位所在地的最低工资标准
	妇女"三期"保护	女员工处于"三期"时，不得解除劳动合同	第四十二条 劳动者有下列情形之一的，用人单位不得依照本法第四十条、第四十一条的规定解除劳动合同：……（四）女职工在孕期、产期、哺乳期的

续表

关键法律	关键环节	需要关注内容	法条链接
《中华人民共和国就业促进法》	就业歧视问题	要避免就业歧视，招聘广告中禁止出现性别、民族、户籍、职业等歧视信息	第三条 劳动者依法享有平等就业和自主择业的权利。劳动者就业，不因民族、种族、性别、宗教信仰等不同而受歧视
《中华人民共和国社会保险法》	按时缴纳社保	主要包括养老、医疗、失业、工伤和生育保险	第八十六条 用人单位未按时足额缴纳社会保险费的，由社会保险费征收机构责令限期缴纳或者补足，并自欠缴之日起，按日加收万分之五的滞纳金；逾期仍不缴纳的，由有关行政部门处欠缴数额一倍以上三倍以下的罚款
《中华人民共和国妇女权益保障法》	工作安全和健康	依法保护妇女在工作和劳动时的安全和健康	第二十六条 任何单位均应根据妇女的特点，依法保护妇女在工作和劳动时的安全和健康，不得安排不适合妇女从事的工作和劳动。妇女在经期、孕期、产期、哺乳期受特殊保护

资料来源：贺清君．招聘管理从入门到精通［M］．北京：清华大学出版社，2015.

2. 外部劳动力市场

由于招聘特别是外部招聘，主要是在外部劳动力市场上进行的，因此市场的供求状况会影响招聘的效果。一般来说，当劳动力市场比较宽松，即劳动力供给大于需求时，企业吸引和招聘应聘者就会比较容易。相反，当劳动力市场比较紧张，即供给小于需求时，招聘工作的难度就会上升，各企业对劳动者尤其是优秀人才的竞争就会更加激烈。在分析外部劳动力市场的影响时，一般要针对具体的职位层次或职位类别来进行，例如现在技术工人比较紧缺，企业招聘这类人员往往要投入更大的人力、物力和财力等。

3. 竞争对手情况

在招聘活动中，竞争对手也是非常重要的一个影响因素，应聘者往往是在进行比较之后才做出决策的，如果企业的招聘政策和竞争对手存在较大差距，那么就会影响企业的吸引力，从而降低招聘的效果。因此，在招聘过程中，取得针对竞争对手的比较优势是非常重要的。

（二）内部因素

1. 岗位因素

显然，空缺岗位的性质和特征会对招聘工作产生影响，它决定了招聘什么样的人、招聘渠道和招聘难度，等等。在其他条件一定的情况下，空缺岗位的层级和对候选人的要求越高，招聘的难度往往越大；反之，招聘则更容易完成。此外，职位本身如果包含倒班或轮班工作、上夜班、工作环境差、经常需要出差等某些令人不愉快的特征，则企业获得大量合格应聘者的可能性也会有所下降①。在实践中，很多企业都在尽量减少或矫正这些不

① 刘昕．人力资源管理［M］．北京：中国人民大学出版社，2020.

受欢迎的因素，以提升招聘效果，如完善薪酬福利保障、实行弹性工作制、畅通职业发展空间等，从而增强对潜在应聘者的吸引力。

2. 企业自身形象

一般来说，企业在社会中的形象越好，对招聘活动就越有利，良好的形象会对应聘者产生积极的影响，使他们对企业空缺岗位产生兴趣，从而有助于提高招聘的效果。而企业的形象又取决于多种因素，例如企业的规模、发展趋势、薪酬待遇、工作机会、企业文化等。一些形象良好的企业，比如华为、腾讯、海尔、联想、南方报业等，往往都是大学毕业生择业的首选。在一些评选活动中榜上有名的企业，在招聘时的难度也会更小一些。例如，在美国《财富》杂志 2020 年“全球最受赞赏公司全明星榜”中，苹果公司高居榜首；福布斯“2020 世界最佳雇主榜”中，三星排行第一，中国方面则华为排行最高，排在第 14 位。

3. 企业的招聘预算

由于招聘活动必须要支出一定的成本，因此企业的招聘预算对招聘活动有着重要的影响，充足的招聘资金可以使企业拓宽招聘渠道、扩大招聘范围、选择更多的招聘方法等，可以花大量的费用来进行广告宣传，选择的媒体也可以是影响力比较大的；相反，有限的招聘资金会使企业进行招聘时的选择机会减少，这会对招聘产生不利的影响。

4. 企业的政策

企业的相关政策对于招聘活动有着直接的影响：一方面，企业的人力资源管理政策决定了岗位的薪酬福利竞争力、绩效管理体系合理性、培训开发与职业发展的机会等，这些对候选人的吸引力越强，招聘难度越小。另一方面，选择哪个渠道、何种来源来填补空缺岗位，往往也取决于企业的政策。企业在进行招聘时一般有内部招聘和外部招聘两个渠道，有些企业可能倾向于外部招聘，有些企业则倾向于内部招聘；有些企业愿意从学校进行招聘，有些企业更愿意从社会上进行招聘。

补充阅读5-2

未来招聘的五大预测

第二节　员工招聘的流程

员工招聘的流程是一个复杂、系统而又连续的程序化操作过程，一般指从企业内出现岗位空缺到候选人正式进入企业的整个过程。为了保障招聘工作的科学化、规范化，应按照一定的程序来组织招聘工作。

广义的招聘包括招聘准备、招聘实施和招聘评估三个阶段。狭义的招聘即指招聘的实施阶段，主要包括招募、甄选和录用三个环节。具体流程如图 5-1 所示。

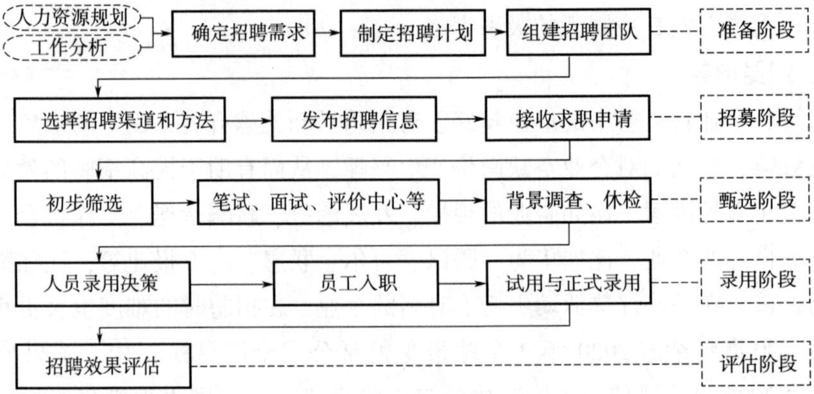

图 5-1 员工招聘的流程

一、准备阶段

招聘准备阶段的主要任务包括确定招聘需求、制定招聘计划和组建招聘团队。

（一）确定招聘需求

确定招聘需求是整个招聘活动的起点，只有明确获知招聘需求，才能开始进行招聘。招聘需求是在人力资源规划和岗位分析的基础上，根据各部门的实际用人需求确定的，一般包括数量和质量两方面，数量指空缺岗位的种类和数量，质量指所需的任职资格和胜任素质等。

招聘需求一般由用人部门提出并向人力资源部门提交“人员需求申请表”。每个企业可以根据实际情况制定不同的申请表，但须依据工作描述或工作说明书制定。

一般来说，人员需求表可包括以下内容①：所需人员的部门、职位；工作内容、责任、权限；所需人数及何种录用方式；人员基本情况（年龄、性别等）；要求的学历、经验；希望的技能、专长；其他需要说明的内容。

最后由人力资源部审核，根据人力资源规划的内容，对人力需求及资料进行审定和综合平衡，对有关费用进行评估，做出是否受理的具体建议，并报送上级审批。表 5-2 是人员需求申请表的示例。

表 5-2 人员需求申请表示例

申请职位	职位名称		需求人数		申请日期	
	所属部门		现有人数		期望到职日期	
	直接负责人		定员人数		可晋升职位	
	联系电话		工作地点		可相互转换职位	

① 许莹，方茎．人力资源管理理论与实务［M］．北京：人民邮电出版社，2013：95-96.

续表

<table>
<tr><td>申请理由</td><td colspan="8">A. 增设职位：
B. 原职位增加人力：
C. 储备人力：</td></tr>
<tr><td colspan="9">工作内容及职责：</td></tr>
<tr><td rowspan="5">任职要求</td><td>性别</td><td></td><td>年龄</td><td></td><td>专业</td><td></td><td>学历</td><td></td></tr>
<tr><td colspan="8">1. 经验及行业背景</td></tr>
<tr><td colspan="8">2. 培训经历</td></tr>
<tr><td colspan="8">3. 专业知识及技能</td></tr>
<tr><td colspan="8">4. 性格特征</td></tr>
<tr><td colspan="2">部门负责人：

年 月 日</td><td colspan="2">主管副总：

年 月 日</td><td colspan="3">人力资源部经理：

年 月 日</td><td colspan="2">总经理：

年 月 日</td></tr>
<tr><td colspan="9">实际录用和到位情况（由人力资源主管填写）：

签名： 年 月 日</td></tr>
</table>

资料来源：三茅人力资源网，https：//zl. hrloo. com/file/486546

（二）制订招聘计划

招聘需求经过批准后，人力资源管理部门将会同用人部门共同制订招聘计划。一般来说，招聘计划主要包括以下几个方面的内容：招聘规模、招聘范围、招聘渠道、招聘时间和招聘预算等，企业也可以根据自身情况调整或增加其他内容。

1. 招聘规模

招聘规模是指企业准备通过招聘活动吸引多少应聘者。这个规模需要大小适中，否则，太大会增加企业的招聘成本，太小则不利于企业招到合适的人才。一般来说，企业通过招聘录用的金字塔模型来确定招聘的规模①，即将整个招聘录用过程分成若干阶段，以每个阶段参加人数和通过人数的比例来确定招聘规模，如图 5-2 所示。

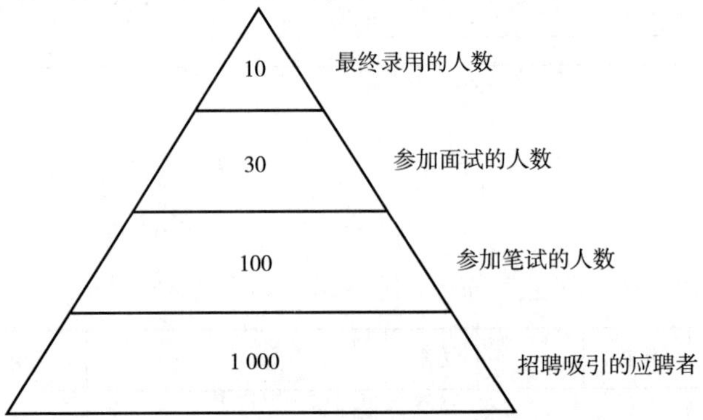

图 5-2　招聘录用的金字塔模型

在使用金字塔模型确定招聘规模时，一般按照从上到下的顺序进行。假设企业最终录用的人数为 10 个，面试与录用的比例为 3：1，则需要 30 人来参加面试。如果笔试与面试的比例为 10：3，则需要 100 人来参加笔试。应聘者与笔试人数为 10：1，则需要 1 000 人前来应聘，即招聘规模为 1 000 人。

该模型确定的招聘规模，主要取决于两个因素：一是企业招聘录用的阶段数量，阶段越多，招聘规模一般越大；二是各阶段通过的比例，这些比例的确定需要参考企业以往的历史数据和同类企业的经验。

2. 招聘范围

所谓招聘范围，是指企业需要在多大的地域范围内进行招聘活动。一般来说，招聘范围越大，企业越有可能招聘到合适的人才，但招聘成本也会同步增加。因此，招聘范围也应是适度的，不能太大也不能太小。

招聘范围主要取决于职位本身的要求、劳动力市场状况以及企业的战略定位等。首先，通常情况下，职位对任职者的要求越高，招聘的范围会越大。比如，如果要招聘的只是一个普通职员，那么通常在企业所在地就能招聘到合适人选。如果要招聘的是高级经理或者总裁级别，那么则需要将范围扩展到全国甚至全球才可能招聘到合适人选。其次，劳动力市场的状况反映了候选人的地区可得性，如果当地的劳动力比较紧缺，相关职位的人员供给较少，则需要扩大招聘范围。

3. 招聘时间

招聘时间是指整个招聘活动所需要的总时间长度以及各阶段的时间进度安排。为了避免缺少人员而影响企业的正常运转，企业要合理确定招聘时间，以保证空缺职位的及时填补。

① 董克用，李超平．人力资源管理概论［M］．5 版．北京：中国人民大学出版社，2019：177.

确定招聘时间最常用的方法是时间流逝数据法（Time Lapse Data，TLD），该方法显示了招聘过程中关键决策点的平均时间间隔，通过计算这些时间间隔可以确定招聘的时间。表 5-3 为一个招聘时间示例，从表中可以看出，企业应当在计划上岗日期前 15 周开始招聘。

表 5-3　人员招聘时间

招聘过程各阶段	通常需要多长时间完成
人员招募	3 周
筛选简历	2 周
安排第一次面试	2 周
第一次面试	1 周
安排第二次面试	2 周
第二次面试	1 周
完成录用手续	1 周
候选人接受录用	1 周
候选人开始工作	2 周

资料来源：胡欣，杨喜梅，蔡世刚．招聘与录用［M］．大连：大连理工大学出版社，2014.

使用这种方法确定招聘时间时，要考虑两个因素：整个招聘录用的阶段和每个阶段的时间间隔。阶段越多，每个阶段的时间越长，那么招聘开始的时间就要越早。因此，为了将招聘时间控制在合理范围内，企业还应合理地设计招聘流程，避免因流程过于繁琐冗长而增加招聘时间，降低应聘者体验以及影响企业的正常运转。

4. 招聘预算

招聘需要一定的成本，在制定招聘计划时，需要对整个招聘活动所需要的费用进行估计，以保证招聘工作的顺利进行。招聘过程发生的费用一般包含以下几方面：

人工费用：企业招聘人员的工资、福利、差旅费、生活补助、加班费等；

业务费用：包括通信费（比如电话费、上网费、邮资、传真费）、专业咨询与服务费（比如获取中介信息支付的费用）、广告费（在电视、报纸等媒体发布广告的费用）、资料费（企业印刷宣传材料和申请表的费用）、办公用品费（比如纸张、文具的费用）等；

其他费用：包括设备租赁费用、设备折旧费、水电费、物业管理费等。

在计算招聘费用时，应仔细分析各种费用的来源，并归于相应的类别中，避免遗漏或重复计算。

（三）组建招聘团队

人力资源的有关工作不是全部由人力资源部门负责，需要其他部门分工协作共同完成，招聘工作也是如此。一般来说，招聘团队应由人力资源部门和具体的用人部门挑选出来的成员组成，由具体的用人部门共同参与招聘工作，这是因为用人部门从专业的角度出发，能多方面、多角度、深层次地测试出应聘者的真实水平，减少招聘失误，以免耽误时机和浪费人力资源成本。而人力资源部门更多地承担组织、协调、建议等辅助角色，如表5-4所示。

表5-4　招聘过程中人力资源部门和用人部门的职责分工

人力资源部门	用人部门
1. 招聘信息的发布	1. 负责增员计划的编制与报批
2. 应聘者申请登记，资格审查	2. 招聘工作说明书及录用标准的提出
3. 通知参加面试的人员	3. 应聘者初选，确定参加面试人员的名单
4. 甄选工作的组织	4. 负责应聘者甄选工作
5. 应聘人员个人资料的核实和体检	5. 确定录用人员名单，人员工作安排
6. 发出录用通知	6. 负责员工试用期工作的管理
7. 试用合同的签订	7. 员工入职培训的决策
8. 试用人员报到及生活安置	8. 正式录用的决策
9. 招聘活动的评估	9. 协助招聘活动的评估
10. 人力资源规划的修订	10. 协助人力资源规划的修订

资料来源：吕菊芳．人力资源管理［M］．武汉：武汉大学出版社，2018.

二、招募阶段

招聘准备工作就绪后，就将正式实施招聘计划，首先进入的是招募阶段。这一阶段的主要任务是根据前期的招聘计划，通过适当的招聘渠道发布招聘信息，并收集整理各种求职申请，为下一步的人员甄选做好准备。

（一）选择招聘渠道和方法

员工招聘的渠道多种多样，随着社会的发展，招聘渠道也在不断拓宽。人力资源工作者应注意开发和维护多重招聘渠道，以保障招聘工作的顺利开展。按照候选人来源的不同，招聘渠道可划分为内部招聘和外部招聘。选择内部招聘还是外部招聘，要根据企业的实际情况而定，如考虑本企业的人员状况、空缺岗位的任职条件以及信息发布的费用成本等。采用内部招聘，可考虑职位公告、员工推荐等方法；采用外部招聘，可采用广告、中介机构、招聘会、校园招聘等方式。关于招聘渠道的具体内容，我们将在第三节中详细介绍。

（二）发布招聘信息

补充阅读5-3

山东文旅传媒集团有限公司招聘公告

1. 招聘信息的主要内容

招聘信息主要包括企业简介、岗位名称、招聘人数、工作职责、任职资格要求（如学历、专业、经验、能力等）、薪酬福利、工作条件和工作地点、申请方式和要求、招聘流程、联系方式等。

2. 发布招聘信息的原则

（1）广泛原则

发布招聘信息的面越广，接收到该信息的人就会越多，应聘的人也会越多，这样招聘到合适人选的概率也会越大。

（2）及时原则

在条件许可的前提下，招聘信息应尽早地向社会发布，这样有利于缩短招聘进程，而且有利于更多的人获取招聘信息，增加应聘人数。

（3）层次原则

由于潜在的应聘人员都是处在社会某一层次或领域的，应该根据招聘岗位的特点，选择合适的渠道或方式发布招聘信息，以使信息能够精准投放，提高招聘的有效性。

（4）真实原则

企业发布的招聘信息一定要客观真实，避免发布虚假信息而误导应聘者。在招聘过程中，企业和员工都是双向选择，员工只有通过真实的招聘信息客观地了解企业，才能做出正确的选择。

招聘信息发布之后，应聘者的简历和求职申请会通过各种渠道投递到企业，人力资源部门应及时对资料进行分类整理，并初步剔除明显不符合要求的人员，为下一步的人员甄选做好准备。

三、甄选阶段

甄选是从人和事两个方面出发，使用恰当的方法，从众多的候选人中挑选出最适合空缺岗位的人员的过程。在人员选择的过程中，不能仅仅进行定性的比较，还要尽量以工作岗位职责为依据，以科学、具体、定量的客观指标为准绳。常用的人员甄选方法有初步筛选、笔试、面试、心理测验、评价中心等。需要强调的是，在实践中这些方法往往相互搭配，综合运用。具体的人员甄选方法在本章第四节进行详细介绍。

应聘者在进入录用阶段之前，需要进行背景调查和体格检查。背景调查一般委托专业的服务机构来进行，对方会提供详细的调查报告。体检一般委托医院进行，确定应聘者的身体状况是否能够适应工作要求，特别是那些对身体素质有特殊要求的岗位，在这方面的检查则更为严格。

四、录用阶段

录用是指根据前期甄选的结果做出录用决策，通知录用者报到并办理入职手续，进行试用并最终正式录用的过程。在这个阶段，企业和应聘者都会做出自己的决策，以便达成个人与工作的最终匹配。

（一）录用决策

录用决策成功与否对招聘工作有着十分重要的影响，如果决策失误，可能使整个招聘工作功亏一篑。录用决策主要是对甄选过程中产生的信息进行综合分析与评价，明确每个应聘者的胜任素质与能力特点等，根据预先设计的人员录用标准对所有候选人进行客观、公正的评价，确定最符合企业要求的人选。

在做出录用决策时，应时刻考虑到招聘的重要原则——人岗匹配原则，即最合适的才是最好的，而最好的不一定是最合适的。要注意通过背景调查等方式，核实候选人信息的真实性，对于弄虚作假、品行不端的人员坚决不予录用。此外，拟录用的人选名单最好适量超过实际录用人数，以备后期人员试用过程中可能有人不能满足企业实际需求，或者有人放弃这次工作机会等。

（二）通知录用者及未录用者

1. 录用通知

在做出录用决策后，企业要及时通过正式信函、电话、电子邮件等方式通知录用者，让录用者了解具体的职位、职责、薪酬等，并知会报到时间、地点、方法及报到应携带的资料与注意事项等。发放录用通知时，最重要的是及时原则，如果通知不及时，很可能会失去优秀人才。表 5-5 所示为录用通知书示例。

表 5-5　录用通知书示例

录用通知书

尊敬的＿＿＿＿＿先生/女士：

我们很高兴地通知您，您以优异的成绩通过了公司的面试考核，现诚挚地邀请您来公司担任＿＿＿＿＿＿＿＿＿一职，请您于＿＿＿＿＿年＿＿＿月＿＿＿日时到（公司地址）报到。

1. 报到须知

报到时请携带以下材料：

（1）此录用通知书。

（2）个人简历。

（3）与原单位解除劳动关系的证明材料。

（4）身份证原件及复印件。

（5）学历证书及资格证书原件及复印件。

（6）指定医院个人近期体检报告。

（7）个人 1 寸免冠照片两张。

2. 要约条款

（1）聘用岗位：＿＿＿＿＿，岗位工作内容：＿＿＿＿＿＿＿＿＿＿＿＿＿＿＿＿＿＿＿

（2）合同期：试用期＿＿＿个月，合同期＿＿＿＿年，自＿＿＿＿年＿＿＿月＿＿＿日至＿＿＿＿年＿＿＿月＿＿＿日。

（3）薪资福利：

①薪资构成：基本薪资+岗位津贴+绩效奖金，试用期基本薪酬————元/月（税前），转正基本薪酬＿＿＿＿元/月（税前）；交通补助＿＿＿＿元/月；午餐补助＿＿＿＿元/月；绩效奖金视个人绩效表现而定。

②福利待遇：公司按国家标准缴纳五险一金；提供公费出游。

（4）工作时间：周一至周五，周末双休，节假日正常休息。

（5）工作地点：＿＿＿＿＿＿＿＿＿＿＿＿＿＿＿＿＿＿＿＿＿＿＿＿＿＿＿

若您对上述条款没有异议，请与＿＿＿＿年＿＿＿月＿＿＿日前回复是否接受此通知。

人力资源部电话：　　　　　　　　　　E-mail

续表

3. 签字栏 （1）公司（盖章）：____________ ________年_____月_____日 （2）个人签字：____________ ________年_____月_____日 备注： 1. 本录用通知于________年_____月_____日前有效。 2. 若出现下列情形之一，本录用通知自动失效： ①录用人员未与原单位依法解除劳动关系的。 ②录用人员学历证书、资格证书造假的。

资料来源：郑芳．资深 HR 手把手教你做招聘管理［M］．天津：天津科学技术出版社，2018：176.

2. 辞谢通知

除了通知录用者，企业还应该在第一时间以礼貌的方式通知未录用者，而这是很多企业经常忽视的一个环节。及时给予未录用者反馈，能够彰显企业以人为本、尊重人才的风采，能够在广大应聘者心中树立起良好的企业形象。

辞谢通知就是企业给未录用者的回复，目的是向其传达应聘结果，并对其积极参与企业招聘工作表达感谢之情。通知一般以电话、邮件的方式发送给应聘者。表 5-6 为辞谢通知书的示例。

表 5-6 辞谢通知书示例

辞谢通知 尊敬的________先生/女士： 十分感谢您对我们公司的支持，在上周五的面试中，您良好的学识与风采给我们留下了非常深刻的印象。遗憾的是您的条件与公司的实际情况不太符合，因此暂时没有机会与您合作。我们已经将您的资料列入人才储备库，希望我们今后有共事的机会。 再次感谢您对我们公司的信任与支持。 ××公司人力资源部 ________年_____月_____日

资料来源：郑芳．资深 HR 手把手教你做招聘管理［M］．天津：天津科学技术出版社，2018：176.

（三）员工入职

在这一阶段员工需要完成一系列的入职手续。一般来说，主要有以下几方面：第一，到人力资源管理部门报到，填写新员工档案登记表，提交各项审核资料等；第二，签订劳动合同，并办理档案、党组织关系等转移手续；第三，新员工所在部门的管理者需要帮助新员工明确职责，熟悉与工作相关的各类事情；第四，企业还应该开展新员工培训，帮助新员工了解企业的历史、现状和未来发展计划、工作流程等；第五，新员工要到相关部门办理各类手续，比如，要到行政部门领取办公设备、门卡等日常办公用品等。

在众多手续中，签订劳动合同是最为关键的一环，企业一定要注意遵循相关法律规定，秉承合法、公平、平等自愿、协商一致、诚实信用的原则与员工签订劳动合同。

（四）试用和正式录用

新入职的员工在签订劳动合同后，通常有一段试用期，试用期期限要符合法律要求。试用期满且通过试用期考核之后，要根据劳动合同法办理转正手续。对于一些表现优异的员工，企业出于人才挽留的目的，往往会给予提前转正的机会。那些表现较差，经过培训仍然无法满足录用条件的，则会被淘汰，但企业需注意遵守法律规定，否则将承担非法解除劳动合同带来的法律责任。在办理完转正手续后，员工就成为企业的正式员工，开始承担正式员工的责任与义务、享有正式员工的各项权利。

五、评估阶段

招聘评估是企业招聘过程的最后一步，也是十分重要的一个环节。招聘评估可以帮助企业发现招聘过程中存在的问题，便于对以后的招聘计划、招聘渠道、招聘方法等诸多内容进行优化迭代，不断提升招聘效果。招聘评估可以分为三个方面：招聘时间评估、招聘成本评估和招聘人员评估。

（一）招聘时间评估

在招聘计划中一般都有对招聘时间的估计，在招聘活动结束后可以将招聘总时间与要求时间对比，还可以将招聘过程中各个阶段所用的时间与计划的时间进行对比，对计划的准确性进行评估和分析，为以后更加准确地制定招聘时间奠定基础。

$$\text{招聘时间比}=\frac{\text{实际到岗天数}}{\text{计划到岗天数}}\times 100\%$$

（二）招聘成本评估

招聘成本评估是指对在招聘过程中发生的费用进行检查、核实，并对照预算进行评价的过程。一般来说，招聘总费用包括人事费用、业务费用、其他一般开支等，企业在核算成本时应避免漏算或重复，以免产生偏差。

除了招聘总成本外，企业还需关注招聘单位成本，也可称为人均招聘费用，作为衡量企业招聘效率的一个重要指标。

$$\text{人均招聘费用}=\frac{\text{招聘总费用}}{\text{最终录用人数}}$$

（三）招聘人员评估

招聘人员评估是指根据招聘计划，对招聘人员的数量和质量进行评价的过程。

1. 招聘应聘比

招聘应聘比能反映企业招聘信息的发布效果和挑选余地。该比率越大，说明招聘信息发布得越广、越有效，企业的挑选余地越大；同时，也侧面反映出录用员工的素质可能相对较高。

$$招聘应聘比=\frac{应聘人数}{计划招聘人数}\times 100\%$$

2. 招聘录用比

招聘录用比也可以反映企业的挑选余地。该比率越大，说明企业可供选择的人员越多，企业的挑选余地越大，录用员工的素质可能就越高。但招聘录用比过大，也说明企业本次招聘成本可能较高。

$$招聘录用比 = \frac{录用人数}{应聘人数} \times 100\%$$

3. 招聘完成比

招聘完成比说明本次招聘计划的完成情况，如果招聘完成比等于或大于 100%，则说明此次招聘工作在数量上全面或超额完成任务。

$$招聘完成比 = \frac{录用人数}{计划招聘人数} \times 100\%$$

除了运用招聘录用比和招聘应聘比两个数据来侧面评价招聘人员的质量，还可以根据员工以后的工作表现、绩效考评等内容进行评价，如在该批次的录用员工中，计算业绩优良的员工占比、获得晋升的员工占比等。

第三节　招聘渠道的类别与选择

企业的招聘渠道主要有两种：内部招聘和外部招聘。内部招聘是指当企业出现岗位空缺的时候，优先从企业内部寻找合适人选并最终调整到该岗位。外部招聘则是指从企业外部的众多候选人中选拔符合空缺岗位工作要求的人。这两种渠道各有利弊，二者相辅相成，共同为企业获取人员提供保障。

一、内部招聘

内部招聘按候选人的来源可细分为公开招聘、提拔晋升、平级调动、岗位轮换、重新聘用等五种形式。其中，公开招聘主要是面向企业全体员工，提拔晋升、平级调动和岗位轮换则局限于部分员工，重新聘用主要针对那些暂时离岗或已经离岗的员工（如下岗人员、长期休假人员、因企业不景气等原因被裁撤的人员等）。

内部招聘的方法主要有工作公告、档案筛选、员工推荐等。

（一）工作公告

这是企业内部招聘中十分常见的方法，指通过在企业内部公开发布岗位招聘信息，吸引符合要求的员工前来应聘。这种方法起初主要适用于普通员工，随着管理理念的发展变化，应用范围也逐渐扩大至技术岗位和管理岗位。工作公告通常包括空缺岗位名称、工作内容、资格要求、工作时间、薪资等级等内容，如表 5-7 所示。

表 5-7 工作公告示例

为促进集团系统内部人才合理有序流动，发挥集团整体人才优势，构建人才晋升通道，集团总部面向集团系统内部招聘管理岗位及专业岗位共 10 人，欢迎符合条件的集团系统员工踊跃投递。现将有关事项通知如下：

一、基本原则

本着公开、公正、竞争、择优的原则，引导集团人才有序流动。

二、招聘岗位

本次内部招聘包含管理岗位和专业岗位，共 10 人。

（一）技术专家岗

招聘人数：2

所属部门：研发中心

直线上级：研发中心副主任/主任

岗位职责：

1. 配合部门领导，组织开展科研项目、优质工程、工法、标准、专利、科研课题、BIM 成果等申报与研究工作；

2. 配合部门领导梳理整合集团技术科研成果，完成集团技术科研成果的推广应用；

3. 参与二级产业集团重点重大工程的创优与重大课题的研究工作；

4. 协助二级产业集团对高、大、新、难、尖工程进行技术管理与指导，直接解决处理重大工程的技术难题；

5. 对接二级单位，负责组织开展“鲁班奖”等省级以上优质工程评杯创优工作；

6. 完成领导交代的其他任务。

任职资格要求：

1. 统招二本及以上学历。

2. 建筑工程、结构、工民建等相关专业优先。

3. 高级工程师及以上职称，持一级建造师（房建优先）、注册结构师等执业资格优先。

4. 8 年以上一线项目（房建方向优先）管理经验、担任过项目总工或项目经理；3 年以上建筑公司技术管理经验，具有创优经验和创新能力；有大型施工项目技术管理业绩；取得过省级及以上工程创优及技术创新成果。

5. 精通项目的施工管理、技术管理、质量管理、合同管理等专业知识和相关业务流程，熟悉相关法律法规知识。

6. 有高度的敬业精神和责任心，抗压能力强；具备良好的组织协调能力、沟通能力、执行能力和学习创新能力、解决问题能力。

（部分省略）

三、招聘条件

1. ××集团系统内入职 1 年（含）以上员工。

2. 学历、职称和工作经历等符合岗位任职条件。

3. 具有扎实的相关专业知识基础和较强的工作能力。

4. 专业岗位年龄 35 周岁及以下，管理岗位年龄 45 周岁及以下。

5. 身体健康。

四、应聘方式

应聘者如实填写《内部招聘信息登记表》所列各项内容（须粘贴电子相片），并附身份证、学历、学位、专业技术资格等相关证书扫描件。

发送至社会招聘邮箱 zhaopin@ xaceg. cn，电子邮件主题统一命名为“内部应聘+应聘岗位+姓名”。

五、报名截止时间

2019 年 2 月 20 日 18：00

续表

六、招聘程序

1. 应聘者根据个人情况进行投递应聘。

2. 集团总部对应聘人员进行资格审查。

3. 集团总部对初选人员进行面试；对于通过分管领导面试的应聘者，人力资源部将通知应聘者与现所在部门负责人、HR 部门负责人和单位负责人逐一沟通，沟通同意后方可进入终试名单。

4. 集团总部确定拟招聘人员。

5. 根据内部调动/新招聘手续完成调动/招聘。

七、工作要求

总部各部（室）、集团下属各二级单位应大力支持集团内部招聘工作，鼓励本单位符合条件的人员积极参与应聘。

八、联系方式

联系人：集团人力资源部李凤琴/于妍

联系方式：029-898520××/20××

工作时间：9：00—12：00，14：00-18：00

邮箱：zhaopin@ xaceg. cn

资料来源：根据网络资料整理，http：//www. xaceg. cn/Activ/show. aspx？ id = 3159

工作公告通常发布在企业内网、内部平台、内部出版物或者工作场所的公告栏中，给员工提供一个公平选择工作岗位的机会，为员工的职业发展提供更多可能，有利于调动员工的积极性。但这种方法若采用不当，也可能会影响员工的积极性和企业的稳定性，在使用时应注意以下事项：

公告应置于企业内部人员都可以看到的地方，以便有资格的人员都能有机会申请这些职位；

公告应保留一定的时间，避免有些人因工作外出看不到；

确定入围名单后，应当通知所有的申请者，使无论申请成功还是不成功的员工都能得到反馈信息。

（二）档案筛选

人力资源管理部门一般都有员工的个人资料档案，从中可以了解到员工在教育、培训、经验、技能、绩效等方面的信息。通过筛选这些信息，企业的高层和人力资源管理部门就可以确定符合空缺岗位要求的候选人，再通过进一步的面谈和评价，并结合应聘者本人的意愿选择合适的人选。当然，随着科学技术的发展，档案的形式也在发生变化，从过去的纸质档案到如今不同形式的电子档案，以及复杂的人力资源管理信息系统等，越来越便捷和高效。从这个角度讲，档案筛选法也可称为人才库、人力资源管理信息系统或员工信息库筛选法等。

使用这种方法进行内部招聘时要注意两个问题：一是档案资料的信息必须真实可靠、全面详细，还要及时更新，这样才能保证筛选的准确性和候选人的质量；二是确定人选后，应当征求本人的意见，看其是否愿意进行调整。

（三）员工推荐

员工推荐是指让员工为企业内出现的岗位空缺推荐合适的其他同事，供人力资源部门进行选择和考核。由于员工对企业和同事往往都比较了解，所以成功的概率较大，也是企业经常采用的一种方法。这里的员工也包括主管，主管对本部门员工的工作能力通常有较为全面的了解，提名的候选人匹配度相对较高，主管个人也会因为具有决策权而有较高的满意度。但这需要主管客观、公正地做出评价，否则如果出现任人唯亲的局面，会使其他员工感到不公平，影响员工的工作积极性。

此外，应注意的是，内部推荐通常适用于普通岗位人员的招聘，中高层管理者的招聘若采用这种方式，容易使企业内部的人际关系复杂化。

二、外部招聘

外部招聘按候选人的来源可以分为校园招聘和社会招聘。校园招聘主要是针对高校应届毕业生而开展的，一般每年会有秋招、春招两次固定的集中招聘。校园招聘是外部招聘的常见方法之一，我们会在下文详细介绍。社会招聘则主要针对各类社会人员，如社会在职人员、失业人员、老年群体、退伍军人、自由职业者等。一般情况下，当空缺岗位需要有一定工作经验的人员时，企业通常会采用社会招聘的方式。社会招聘一般都是不定期开展，根据企业的实际需要随时进行。

外部招聘的常见方法有广告招聘、熟人推荐、职业中介机构、人才招聘会、校园招聘等。

（一）广告招聘

广告是企业进行外部招聘时最常用的一种方法，具有传播范围广、速度快、受众层次丰富等特点。同时，招聘广告也是企业形象的载体，一定程度上起到了宣传企业形象的作用。在选择广告招聘的方式时，有两个问题需要注意，一是广告媒体的选择，二是广告内容的设计。

1. 广告媒体的选择

广告可选择的媒体很多，传统媒体如报纸、杂志、电视和广播等，现代媒体如互联网、微信等网络媒体。企业在选择广告媒体的时候，除了匹配招聘岗位的层次和类型外，还应考虑媒体本身的信息承载能力、传播范围、受众群体及其他优缺点等。主要广告媒体的优缺点及适用范围比较如表 5-8 所示。

表 5-8　主要广告媒体的比较

媒体类型	优点	缺点	适用范围
报纸	成本低；版面大小可以灵活选择；发行广泛；分类广告便于查找	制作质量比较差；对象没有针对性；容易出现招募竞争；容易被忽视	潜在的应聘者集中在某一地区并且通常阅读报纸找工作

续表

媒体类型	优点	缺点	适用范围
杂志	印刷质量好；保存时间长；针对性比较强；版面大小也可以灵活选择	发行时间较长；发行地域广，见效期较长	招募的职位比较专业；时间没有限制；招募范围比较大
广播电视	容易引起注意；灵活性强；传递信息更为直接和主动	费用高；传递的信息简单；持续时间短；不能选择特定的应聘者	需要迅速引起人们的注意；无法使用印刷广告；某一地区有多种类型的潜在应聘者
印刷品	容易引起应聘者的兴趣，并引发他们的行动	宣传力度较有限，有些印刷品可能会被随手丢弃	在特殊场合比较适用，如展示会、招聘会等
互联网	费用低；速度快；传播范围广；信息容量大	信息过多，容易被忽略；有些人不具备上网条件；容易出现竞争	全球范围的招募
微信	费用低；速度快；传播范围广；形式多样、新颖，有吸引力	制作有一定的难度与要求；只能针对特定的人群	关注企业公众号的人群；朋友圈

资料来源：董克用，李超平．人力资源管理概论［M］．5 版．北京：中国人民大学出版社，2019：184.

值得一提的是，在众多媒体中，网络招聘（也称电子招聘）越来越有取代传统媒体招聘的趋势。网络招聘的方式之一是企业在自己的网站上开辟专门的招聘专栏，长期或不定期地发布各种人才招聘信息，以吸引应聘者应聘。这种方式成本低，不仅可以持续地吸引人才，还有助于增强公众对企业的了解，提升知名度。

但企业如果知名度不高，难以吸引潜在的应聘者前来浏览信息，那么企业往往会采用另一种方式——通过大型的招聘网站发布信息。这些网站能够吸引大量的应聘者，储备大量的求职信息，能为企业提供比较合适的候选人。目前，我国已经形成了一些规模比较大的招聘网站，如表 5-9 所示。

表 5-9　常见的招聘网站

序号	网站名称	网址	网站特征
1	智联招聘	www. zhaopin. com	三大经典招聘网站
2	前程无忧	www. 51job. com	三大经典招聘网站
3	中华英才网	www. chinahr. com	三大经典招聘网站
4	一览英才网	www. job1001. com	行业细分招聘网站
5	中国国家人才网	www. newjobs. com. cn	国家级政府所属招聘网站

续表

序号	网站名称	网址	网站特征
6	应届生求职网	www. yingjiesheng. com	大学生求职网站
7	大街网	www. dajie. com	大学生求职网站
8	58 同城	www. 58. com	中低端人才
9	赶集网	www. ganji. com	中低端人才
10	猎聘网	www. liepin. com	中高端人才
11	举贤网	www. juxian. com	中高端人才
12	拉钩网	www. lagou. com	专注互联网行业
13	BOSS 直聘	www. zhipin. com	综合性直聘平台

资料来源：根据网络资料整理。

此外，随着我国社交网络的飞速发展，各类社交媒体不断涌现，通过 QQ、微信、微博等社交媒体平台进行招聘，也成为企业招聘的一个新的趋势。

2. 广告内容的设计

好的招聘广告不仅能够吸引更多的应聘者关注，还有助于树立良好的企业形象。因此，为了使广告达到预期效果，还应注意广告内容的设计，一般来说，广告设计应遵循 AIDA 原则：A（Attention），即广告要引起人们的注意；I（Interest），即广告要激起人们对空缺职位的兴趣；D（Desire），即广告要唤起人们应聘的愿望；A（Action），即广告要能够促使人们采取行动。

（二）熟人推荐

补充阅读5-4

撰写招聘广告的注意事项

熟人推荐是指通过企业的员工、客户、合作伙伴等熟人推荐候选人，其中，最常用的是员工推荐。这种招聘方式最大的优点是企业和应聘者双方掌握的信息较为对称，且招聘成本低，可靠性较高。介绍人对候选人了解比较准确，会告知企业候选人的真实情况；同时候选人也会通过介绍人提前了解企业内部的情况，从而做出理性选择。介绍人和候选人也通常会顾及彼此的影响，介绍人认为候选人不会给自己带来不良影响时才会推荐，候选人一旦被录用后，顾及介绍人的关系，工作也会更加努力。目前，很多企业都建立了内部推荐制度，并设置了一定的激励措施，以鼓励员工推荐。

补充阅读5-5

腾讯的伯乐文化：52%的员工来自内部推荐

（三）职业中介机构

职业中介机构也可以称为就业服务机构，通常承担着双重角色，既为企业寻找人才，也为应聘者寻找合适的就业机会。社会上这类机构很多，既有政府设立的公共机构，如人事部门开办的人才交流中心、劳动部门开办的职业介绍机构；也有私营机构，如普通的职业介绍所、专门为企业招聘中高端人才的猎头公司；还有其他各种非营利机构。

利用公共就业服务机构作为招聘来源，主要有两方面的好处①：一是这种就业服务通常是免费的，因此招聘成本很低。二是通过这种招聘渠道获得的应聘者大多处于失业状态，一旦被录用就可以很快入职，填补职位空缺的速度比较快。但这种招聘渠道也存在一些明显问题，最主要的问题是很难从中挑选到素质较高的潜在应聘者，而且有些人可能存在一些不良特征。

当企业需要招聘高级管理人才、高级技术人才以及其他一些稀缺人才时，可以选择猎头公司。它们在招聘高级人才方面更加专业，拥有专业的招聘技术和丰富的人才储备，搜寻潜在候选人时，速度快、质量高；但缺点也显而易见，向企业收取的费用较高，通常是被雇用人才年薪的25%~30%。

无论企业选择哪种职业中介机构，都应注意以下问题：首先，要选择一家可靠的就业机构。目前市场上的就业机构良莠不齐，选择一家合法、正规、口碑好、有实力的中介机构就显得十分重要。其次，应向中介机构提供一份准确而完整的工作描述或工作说明，有利于机构增进对企业和空缺岗位的了解，从而匹配到合适的人员。再次，要注意监督中介机构的工作。比如限定人员甄选的工具和方法、定期查阅候选人资料等，以及时发现可能存在的问题。最后，尽量与选定的中介机构建立起长期的合作关系，有助于增进双方了解，提升招聘的精准度。

（四）人才招聘会

各类人才机构每年都会在体育馆、展览馆之类的大型场地举办一些人才招聘会。招聘会的种类有很多，从招聘对象上分，有针对特定人群的招聘会，如针对大学毕业生、退伍军人、残疾人以及再就业人员等；也有不区分招聘对象的常规招聘会。从参展企业来看，有单独某个企业的专场招聘会，这种情况往往企业规模较大，有大量的人才需求；也有成百上千家企业共同参加的大型招聘会。

与职业中介机构相比，人才招聘会为企业和应聘者提供了一个直接接触和沟通的机会，在条件允许的情况下，甚至可以进行现场面试，提高招聘的成功率。但如果想让这种渠道充分发挥作用，企业应注意以下方面：

1. 选择对自己有价值的招聘会

企业在选择招聘会时，应重点看招聘会的层次和面向对象，与自身招聘定位相匹配。其次，要看招聘会的组织者，其组织能力、社会影响力、宣传力度等都将影响招聘会的声势及应聘者的数量和质量。

2. 做好充足的准备工作

企业在参加招聘会之前，应做好充足的准备工作，包括选择和设计一个有吸引力的展

---

① 刘昕．人力资源管理［M］．北京：中国人民大学出版社，2020.

位；准备好会上所用的资料和设备，如宣传资料、登记表格、纪念品、投影设备等；参会人员做好准备，提前对应聘者可能提出的问题以及企业方面、职位方面、待遇方面等情况要了解清楚；与有关协作方沟通联系，提前了解协作方的要求，也可提出需要协作方帮助的事项。

3. 参加招聘会

招聘人员代表着公司的形象，在招聘会现场要时刻注意自己的言行举止，保持良好的精神风貌，要尽量微笑、礼貌，充分尊重应聘者，不要当面评价和背后议论。招聘会现场要反应迅速，做好记录，把握好时间。

4. 招聘结果及时反馈

招聘会结束后，招聘人员应尽快完成对简历的分类整理，方便后期筛选，并在最短的时间内向应聘者反馈结果。

（五）校园招聘

学校是人才高度集中的地方，也是企业获取人力资源的重要来源。高校每年都有大量的毕业生走向社会，在他们当中有不少人会成为企业最富有潜力的员工。有研究表明①，企业的人才引入越来越侧重毕业生。以单家企业的平均招聘量计，2021 应届毕业生招聘量比 2017 年增加了 39%。社招和校招比从 2017 年的 5∶1 上升到 2021 年的 3∶1。

1. 校园招聘的方式

在校园招聘中，企业除了直接与学校的就业服务机构或相关院系取得联系，让他们推荐毕业生之外，常见的方式还有高校宣讲会、应届毕业生双选会、网络招聘以及实习留用等四种。很多企业为了不断地从学校获取人才，还通过赞助校园文化活动、学术活动等方式提升知名度，吸引优秀人才注意。一些知名企业还在学校设立奖助学金，与学校建立长期稳定的关系，使学校成为未来员工的培养基地。另外，很多大型企业为学生提供暑期实习机会，为未来确定长久的雇佣关系打好基础。

2. 校园招聘的特点及注意事项

校园招聘有很多优势，如学生可塑性强、选择面广、层次多样、战略性强、可信度高、有助于宣传企业形象，等等。同时，也存在一些不足，如：策划组织投入较多，耗时耗力、成本较高；学生缺乏工作经验，培训成本较高；学生容易对职场抱有理想化的期待，对自身能力也可能有不现实的估计，容易对工作现实产生落差；学生毕业后的最初几年工作更换频率较高，可能增加企业的人才重置成本等。

因此，为了保证校园招聘的效率和质量，企业应注意以下几方面：①要注意了解国家在大学生就业方面的一些政策规定，避免选中的人才由于各种手续上的限制无法进入企业；②在校园招聘外，通过日常的各种活动与学校建立长期联系，并增强学生对企业的了

① 2021 大学生雇主招聘观察报告［EB/OL］.（2021-8-18）［2023-09-26］. https：//www. 163. com/dy/article/GHM01UR30530VI8E. html.

解；③对学生普遍关心的问题做好准备，并确保口径一致，有条件的可以将这些问题印在宣传资料上；④与学生签署协议时，应注意明确双方责任，尤其是违约责任，同时留有备选名单，以便替换。

一般来说，每年10月左右，企业纷纷开始实施校园招聘计划，通过校园宣讲、网申、笔试、面试等一系列流程，基本在第二年的1月底之前都能完成招聘工作，确定人选。有的企业为了争抢人才，时间会更早。通常录用人员要到7月毕业后才能正式上岗，其间可以安排1~2个月的实习和培训。

补充阅读5-6

还在用传统校园招聘那一套？是时候加点儿“酷”

三、招聘渠道的选择

（一）内部招聘与外部招聘的优劣势对比

对企业来讲，内部招聘与外部招聘各有利弊，二者在一定程度上是互补的。表5-10是内部招聘与外部招聘的优劣势对比。

表5-10　内部招聘与外部招聘的优劣势

招聘渠道	优势	劣势
内部招聘	1. 招聘风险低，成功率较高 2. 员工了解企业和工作情况，能够迅速开展工作 3. 提升高绩效员工有利于鼓舞员工士气 4. 提高员工忠诚度，有利于个人和企业的长期发展 5. 成本低、效率高	1. 人员选择面狭窄，容易使企业失去活力，缺乏创新 2. 容易造成近亲繁殖，使人际关系复杂 3. 可能因操作不公或员工心理问题，造成内部矛盾 4. 需要在企业建立完善的员工发展晋升通道
外部招聘	1. 选择范围广，可以招到优秀人才 2. 带来新思想新方法，给企业带来活力 3. 避免企业内部相互竞争所造成的紧张气氛 4. 给内部员工压力，激发员工发展技能 5. 树立组织形象，扩大组织影响	1. 招聘甄选的难度和风险较大 2. 内部员工得不到机会，积极性可能受影响 3. 不了解企业情况，需要较长时间适应 4. 可能不认同企业文化和价值观，给企业稳定造成影响 5. 人才获取的成本较高

在招聘渠道的选择上没有标准的答案，但通常内外部结合才会产生最佳的效果。一般来说，对需要保持稳定的组织，中高层管理人员更多地需要从内部提拔；相反，如果需要引入新的思路、新的竞争，选择外部招聘则比较合适。很多企业在招聘渠道上都有自己的特色，如IBM、惠普的CEO大多从外部“空降”，但美国通用电气公司则一直坚持从内部选拔CEO，日本企业的管理特色之一也是从内部选拔人才。企业在进行招聘时，应结合自身特点，同时考虑职位的类型、层次、能力要求等，选择合适的招聘渠道。

（二）招聘渠道选择的影响因素

1. 企业发展阶段和经营战略

当企业处于发展初期，根据未来发展战略和业务拓展要求，需要大批量人才时，内部招聘难以满足需求，适合采取外部招聘的方式获得人才。当企业不断壮大后，对人才储备的需求较大，则可以通过校园招聘、网络招聘等形式，储备和培养所需人才。

2. 企业现有人力资源状况

企业是选择内部还是外部招聘渠道，应考虑企业当前的人力资源状况是否能满足需求。如果空缺岗位比较重要，企业内部又没有合适人选和可培养对象，或者培养成本较高时，则应选择从外部招聘。

3. 招聘成本及预算

选择招聘渠道时必须考虑各个招聘渠道的成本和本次招聘的预算。招聘渠道的费用不尽相同，招聘人员应在分析企业特征、岗位特征和预算要求的情况下，选择性价比最高的渠道。比如，对于中低层次的人才，可选择费用相对低廉的招聘会、员工推荐等方式；而对于高层次和重要岗位的人才，可选择费用相对较高的猎头公司。

4. 招聘渠道的目标受众

不同的招聘渠道适用于不同类型的人才招聘，因此，在选择招聘渠道时，应将空缺岗位所需的人才类型与渠道的目标受众相匹配，选择在招聘对象接触最多的媒介上发布招聘信息，做到有的放矢。比如，招聘电焊工、搬运工等操作工人，可以选择职业中介机构、电视媒体广告等渠道；招聘专业人才，可选择专业细分的招聘网站、专业性的杂志等媒介。

5. 时间因素

时间因素是指空缺岗位对于到岗时间的要求。比如，有的岗位到岗时间特别紧迫，这就需要招聘人员在最短时间内获取应聘者信息，因此可以选择那些信息传播范围广、见效快的渠道，或者同时选择多个渠道，以保证人才能够按时到岗；对于那些到岗时间比较宽裕的岗位，招聘人员则可以选择更加精准、专业的招聘渠道，择优录取。

（三）招聘渠道选择的原则①

1. 时效性原则

企业的招聘工作通常都有一定的周期限制，对岗位需求人员的到岗时间有明确的要求，因此，时效性原则是招聘人员在选择招聘渠道时要优先考虑的因素。总的来说，招聘渠道要能保证在招聘的计划时间内有效地完成招聘任务。

2. 经济性原则

企业的招聘工作归根到底是一种经济行为，强调以最少的投入获得最大的回报，因此，招聘工作也要注重经济性原则，将招聘成本控制在合理范围内。在确保能够招聘到合适人才的情况下，要选择招聘成本最低、性价比最高的渠道。

---

① 郑芳．资深 HR 手把手教你做招聘管理［M］．天津：天津科学技术出版社，2018：105-106.

3. 目的性原则

招聘渠道的选择最终是为招聘工作的结果负责的，因此一定要坚持目的性原则，确保能够招聘到合适人才。不同的渠道有不同的人才类型，招聘人员要以岗位类型为基础，选择对口的招聘渠道。

4. 可行性原则

招聘渠道的选择要基于企业的现实状况，具有可操作性，不能为了求新求奇，选择企业无法操作的一些招聘渠道，这样必然会影响企业的招聘效率。

第四节　甄选及主要方法

一、甄选的含义和程序

（一）甄选的含义

甄选是招聘工作中最为关键的一步，也是技术性最强的一步。它是指企业通过一定的工具和手段，对已经招募到的应聘者进行鉴别和考察，区分他们的人格特点与知识技能水平、预测他们未来的工作绩效，从而最终挑选出符合岗位要求和企业需要的人员的过程。要准确理解甄选的含义，应注意把握两个方面：一是甄选的标准和依据，主要参照空缺岗位所要求的任职资格条件和胜任素质；二是甄选的内容，既要评价人员的知识、能力和个性，也要注意预测其未来的绩效。

甄选过程的复杂性在于，企业需要在较短的时间内，在信息不对称的情况下，正确地判断出应聘者能否胜任所应聘的岗位、能否认同本组织的企业文化与价值观，从而在未来的岗位上达成优良的绩效。在甄选的过程中，企业需要解决如何挑选合适的人，并将他们正确地配置在合适岗位上的问题。需要注意的是，甄选的目的在于谋求岗位与应聘者的最优匹配，而不一定是那些最优秀的人。

做好甄选工作对一个企业来说是非常重要的。首先，企业的总体绩效是建立在员工的个人绩效基础之上的，能否找到合适的员工是确保企业实现战略目标的最大保障。其次，如果甄选工作失误，对企业和员工都将带来伤害。企业将付出较高的直接成本和机会成本；员工面对无法胜任或缺乏挑战的工作，也可能丧失自信或错失发展良机。

（二）甄选的内容

一般来说，甄选主要考虑候选人以下几方面的内容。

1. 基本生理/社会特征

基本生理/社会特征指性别、年龄、身体特征、婚姻状况、户籍等。但应注意的是，企业要了解相关法律规定，谨慎设定对这些特征的要求，避免涉嫌就业歧视等问题。

2. 知识技能特征

知识技能特征指学历、专业、工作经历、培训经历、资格证书、技能水平等。这些通常是完成岗位工作所必须具备的，在岗位说明书中会有详细的要求和说明。在对知识技能的考查上，除了通过文凭、证书等显而易见的材料来判断外，还应通过一些成就测试来考查候选人实际的知识技能水平。

补充阅读5-7

国外著名企业人员甄选标准

3. 心理特征

心理特征指各种胜任力、人格、兴趣偏好、动力等。相比于前两种特征对候选人的“硬约束”，心理特征更像是对候选人的一种“软约束”，是个人内在的一种相对稳定的特征。对心理特征的要求，更多地通过胜任素质模型来体现，不仅会清晰地界定岗位所需的胜任力类型，还会根据岗位要求确定理想的等级，作为人员甄选的依据。对心理特征的考察，一般都会用到专业的心理测试，如人格测试、职业兴趣测试、价值观测试等。

（三）甄选的程序

如图 5-3 所示，人员甄选一般包括以下程序：

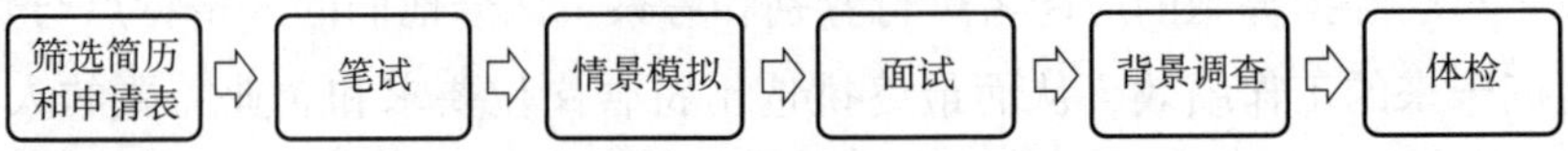

图 5-3　人员甄选的程序

1. 筛选简历和申请表

甄选的第一步是对收集到的简历和申请表进行初步筛选，这个环节一般侧重考查应聘者的学习经历、工作背景和专业资格等硬性指标。

2. 笔试

在实际的甄选工作中，笔试往往作为应聘者真正的初试环节，并作为选拔性测试，成绩合格者才能继续参加下一轮测试。笔试作为一种测评的形式，可考查的内容很多，既可以考查基础知识和专业知识，也可以考查应聘者的个性、职业倾向、动机和价值观等。

3. 情景模拟

情景模拟作为评价中心技术的核心内容，越来越多地被企业运用到甄选工作中。例如，无领导小组讨论、角色扮演以及其他不断创新的情景模拟形式，被广泛运用到校园招聘中，给求职的学生带来生动体验的同时，也使企业的甄选形式更加灵活多样。

4. 面试

企业在甄选过程中，往往设置了至少两轮面试：第一轮通常由人力资源部主持，有关各方组成招聘专家组，全面了解应聘者的各项信息；第二轮通常由用人部门主导，重点评价工作中所需的专业技能和实际工作能力等。当然这并不绝对，企业需要根据实际情况来设定面试的具体流程。

5. 背景调查和体检

经过前面的层层筛选后，最后还要进行背景调查，审核应聘者材料的真实性；安排拟录用的人员体检，确认其具备岗位要求的身体条件。

二、甄选方法的基本要求

甄选的主要目标在于对应聘者进行准确预测，企业希望自己在甄选过程中能尽可能准确地判断哪些应聘者符合岗位要求、能带来良好绩效。为此，就必须确保企业在甄选中所使用的方法或工具能够带来可靠而有效的应聘者信息。总的来说，要想确保一种甄选方法的科学性，基本要求是其应当具有较好的信度和效度。

（一）信度

信度即可靠性与一致性，是指一种测试手段不受随机误差干扰的程度。一个好的测试工具必须稳定可靠，或者不产生错误，或者产生的是系统误差。信度的高低通常是用信度系数来表示的，信度系数介于0~1。0表示信度最差，1表示信度最好。一般情况下，信度系数不低于0.7的测试工具被视为信度较好。

此外，一项测试的信度可能受到主试、被试、测试内容、测试环境、意外干扰等多种因素的影响，因此，要想达到较高的信度，需要注意以下几个问题：第一，测试过程要尽量标准化；第二，选取的样本要具有广泛的代表性；第三，注意保持良好的测试环境；第四，注意测试的难度和长度适中。

常用的信度指标有重测信度、复本信度、内部一致性信度和评价者信度等几种类型。

1. 重测信度

重测信度又称再测信度，是指用同一测试工具对同一群人在不同时间进行测试，所得结果之间的一致性程度。它可以用来考察一种测试工具在时间上的稳定性，具体信度系数用多次测试所得结果之间的相关系数来表示。在评估重测信度时，两次测试之间的时间间隔很重要，间隔太短，被试可能还记得上次答案，因而产生较强的记忆效应和练习效应；间隔太长，又会有很多其他影响因素。因此，根据一般经验，时间间隔为半个月到半年可能比较合适。

2. 复本信度

复本信度又称等值性系数，是指同一组被试接受两种功能等值但表面内容并不相同的测试时，所得到的两次分数之间的相关程度。复本是指在测试的结构、实际测试效果等方面与最初的测试工具基本保持一致的另一种测试工具，最常见的复本如高考及很多重要考试中用到的A卷和B卷。复本信度的高低反映了两种复本在内容上的等值程度。

3. 内部一致性信度

内部一致性信度主要反映同一测试内部的各个题目之间得分一致性程度。它考察了同一项测试中的若干题目是否确实都在测量同一个内容或特质。一种很好的测试工具必须具有很好的内部一致性。

考察内部一致性信度的方式主要有两种，即分半信度和同质性信度。分半信度是指将一个测试中的题目一分为二，然后考察这两个半份测试结果之间的相关系数。同质性信度是指一种测试内部的所有题目考察同一内容的程度。

4. 评价者信度

评价者信度是指不同评价者针对同样的对象，使用同样的测试工具时所给出的分数之间的一致性程度。在一些测试中，不同的评价者对于被测试者表现出的同样的行为或问题的回答可能会得出不一样的判断和评价，这是因为评价者本身的阅历、看问题的视角甚至个人偏好都会影响他们的评价结果。这种情况在情景模拟测试、投射测验、面试、无领导小组讨论等需要由专家或评价者来打分的时候，都有可能出现。

（二）效度

效度即有效性或精确性，它反映了一种测试工具对于它所要测量的内容或特质进行准确测量的程度。一种甄选测试工具要想有用，仅具有较好的稳定性是远远不够的。如果只是测试结果稳定，但却测不到想要考察的内容，那么也是没有意义的。

常用的效度指标有内容效度、效标效度和构想效度，其中与人员甄选最相关的是前两者。

1. 内容效度

内容效度是指一项测试的内容与测试所要达到的目标之间的相关程度，即一项测试的内容能够代表它所要测量的主题或特质的程度。从人员甄选的角度来说，内容效度所要考察的是在测试中所设计的问题或者设置的难点能否很好地反映实际工作情境或代表在实际工作中存在的典型问题。

内容效度的检验主要采用专家判断法，因为主观性较强，因此应尽量将判断过程中的推测成分减至最少，多用于知识测验和实际操作测验，不适用于对能力或潜力的预测。

2. 效标效度

效标效度也称效标关联效度，是指一种测试对被试者的一种或多种工作行为或工作绩效进行预测的准确程度。在人员甄选中，企业最关注的问题实际上是通过某种测试所得到的结果能否准确地预测出应聘者在未来的工作中取得成功或招致失败的程度。比如，一个人的测试分数与实际工作绩效之间存在明显的相关关系，便可以证明这种测试具有较好的效标关联效度。

两种常用的效标关联效度是预测效度和同时效度。预测效度所要考察的是员工被雇用之前的测试分数与其被雇用之后的实际工作绩效之间是否存在实证性联系。尽管预测效度是效标效度的一种很重要的形式，但是它也存在一个明显的问题，这就是企业必须等待很长的时间，才能得到考察效标效度所需要的数据。在这种情况下，还可以通过另外一种形式来考察效标效度，这就是同时效度或同步效度，即直接针对那些已经在岗的员工，获取他们的测试分数和绩效数据，并考察相关性。

3. 构想效度

构想效度也称结构效度，是指一项测试对于某种不可观察的、比较抽象的构想或特质进行测量的程度，即一项测试的结果能否证实或解释某一理论上的假设、术语等构想以及解释的程度如何。影响构想效度的因素主要有两个：一是理论上的构想代表性不足；二是构想代表性过宽，以至于包括了无关事物。

三、甄选的主要方法

员工甄选的方法有很多，如简历筛选、履历分析、心理测试、情景模拟、面试、评价中心技术、背景调查、体检等。限于篇幅，本书重点介绍心理测试、成就测试、面试和评价中心技术等内容，其中，评价中心技术在本节第四部分单独介绍。

（一）心理测试

心理测试是一种通过一系列的工具或手段，将人的某些心理特征加以量化来衡量个体心理因素水平和个体心理差异的科学测量方法。科学的心理测验始于 20 世纪初，世界上第一个心理测验是 1905 年法国心理学家比奈（A. Binet）和西蒙（T. Simon）编制的用于鉴别智障儿童的智力测验。后来心理测验逐步扩展到教育、军事、商业及政府部门等领域，并发展出人格测试、职业性向测试等多种测试工具，也成为人才甄选的主要技术。

从测试内容看，心理测试可以划分为能力测试、人格测试和职业兴趣测试三大类。能力测试的目的是测试一个人是否具有从事一项特定工作的潜在能力，人格测试的目的是了解被测试者的人格特质，职业兴趣测试则试图揭示人们想做什么以及喜欢做什么。

1. 能力测试

能力测试主要介绍智力测试和职业能力倾向测试两种。

（1）智力测试

智力测试是对人的一般认知功能进行的测量。它测量的不是一个人的某种单一特质，而是一个人的多种能力，如记忆能力、思维能力、语言能力、数学能力等，这些能力是从事任何一种工作都必须具备的一些基本脑力能力。科学测验源于智力测验，智力测验也是最早用于人员测评和选拔的。常用的智力测验有韦克斯勒智力量表、瑞文推理测验等。智力测试的结果常用智商 IQ 来表示，不同的智力量表用不同的分数来评估智商。

（2）职业能力倾向测试

职业能力倾向是一个人所具有的有利于其在某一个职业领域成功的能力素质的总和。职业能力倾向测试是针对特殊职业或职业群而设计的能力测试，通过测量人的某些职业能力，从而预测其在一定职业领域中成功的可能性。

职业能力倾向测试可以分为两类：一类是一般职业能力倾向测试，如美国劳工就业保险局编制的《一般能力倾向测试》（General Aptitude Test Battery，GATB）和北京人才评价与考试中心（BEC）开发的《BEC 职业能力测验》（I 型）。其中，《一般能力倾向测试》包括几种职业能力倾向：一般能力（G）、言语能力（V）、数理能力（CN）、书写能力

(Q)、空间判断力（S）、形状知觉（P）、运动协调（K）、手指灵活度（F）、手腕灵巧度（M）。这套测试所涵盖的各种能力与不同的职业类型密切相关，经过测试可以对应聘者是否适宜从事所应聘的职位做出判断，例如手指灵活度不高的人，就不适宜从事打字员这一职位。另一类是特殊职业能力倾向测试，主要针对一个人在从事某种特定职业方面所需要的能力。如我国公务员录用考试中使用的《行政职业能力测试》（Administrative Aptitude Test，AAT）、针对企业管理工作的需要开发的《企业管理能力测试（MAT）》等。其他典型测试还有明尼苏达文书测试、西肖音乐能力测试、梅尔美术判断测试等。在使用此类测试时，企业要根据空缺岗位的类别来选择相应的测试方法。

2. 人格测试

人格又称个性，是个体在长期发展过程中形成的相对稳定的心理特质和行为倾向的总和，如情绪、动机、兴趣、态度、性格、气质、价值观等。由于人格在很大程度上决定着一个人的行为方式，而不同的职业要求的行为方式又不尽相同，因此对应聘者的人格进行测试有助于判断他们能否胜任未来的职位。人格测试方法有很多，主要可以分为自陈式和投射式两种。

（1）自陈式

自陈式测试就是编制好一套人格测试问卷后，由被测试者根据自己的实际情况或感受来回答。常用的测试方法有："大五"人格测验、卡特尔16种人格因素问卷（16PF）、MBTI人格类型测试、DISC人格测试、艾森克人格问卷（EPQ）、明尼苏达多项人格量表（MMPI）等。

（2）投射式

补充阅读5-8

常用人格测试方法介绍

投射式测试是指向被测试者提供一些未经组织的刺激情境，然后让被测试者在不受限制的情境下自由表现出自己的反应，通过分析反应的结果，从而判断被测试者的人格。与其他人格测验相比，投射测验具有这些特点：①使用非结构的任务；②测量目标具有隐蔽性；③强调解释的整体性。

投射测验的种类很多，常见的有罗夏墨迹测验（见图5-4）、主题统觉测验（见图5-5）、房-树-人测验、完成句子测验，等等。

图5-4 罗夏墨迹图示例

图 5-5　主题统觉测验图示例

3. 职业兴趣测试

一个人的职业兴趣在很大程度上反映了其职业偏好，它会影响到一个人的职业选择和从事有关职业的积极性，长期来看，还会影响到一个人的职业发展水平和最终成就。了解职业兴趣最主要的途径就是采用职业兴趣测验量表或问卷，如斯特朗-坎贝尔职业兴趣量表（Strong-Campbell Interest Inventory）、霍兰德职业兴趣量表（Holland Occupation Interest Scale）、库德职业兴趣量表（Kuder Occupational Interest Survey）和我国 BEC 编制的《BEC 职业兴趣测验》等，其中最有影响力的是霍兰德职业兴趣测试。

霍兰德（John Holland）提出了六种基本的职业兴趣类型，即现实型、研究型、艺术型、社会型、企业型和常规型，并按照顺序分别标注在一个六边形上，如图 5-6 所示。霍兰德经过调查发现，在职业兴趣六边形中，哪两种职业兴趣的位置比较接近，则它们的相似点就越多。不难看出，如果某人的主导职业兴趣和第二职业兴趣是相似的，那么此人在选择职业时会相对容易和明确。反之，如果是不相似的，那么此人在选择职业时会比较矛盾和困难。

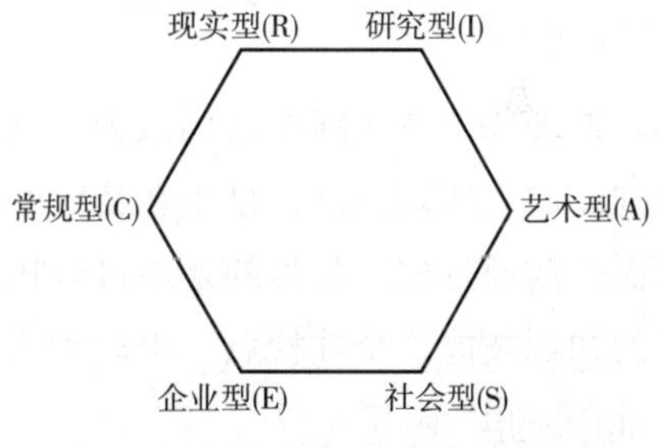

图 5-6　霍兰德职业兴趣类型图

（二）成就测试

成就测试又称熟练性测试或学绩测验，目的是考查一个人在多大程度上掌握了对于从事某种具体工作而言非常重要的那些知识或技能。成就测试通常包括知识测试和工作样本测试两大类。

1. 知识测试

知识测试就是通常我们所说的考试，考查一个人在特定领域掌握的知识的广度和深度，在招聘中主要用来衡量应聘者是否具备完成岗位职责所要求的知识。知识测试可以分为综合知识测试、专业知识测试、外语测试等各种不同类型。不同的职位，知识测试的内容也不一样，例如录用会计人员，就要测试与会计有关的知识；录用人力资源管理人员，就要测试人力资源管理相关知识。

知识测试通常以笔试的方式完成，但并非所有笔试都属于知识测试。在实践中，一次笔试往往会融入多种测试内容。知识测试的好处是比较简单，便于操作，不需要特殊的设备；可以同时对很多应聘者进行测试，因此费用也比较低，也可以节约时间；相对来说比较公平，受主观因素影响较小。但由于可能对实际工作的能力考查不够，因此知识测试往往作为一种辅助手段和其他方法一起使用。

2. 工作样本测试

工作样本测试是指在一个对实际工作的一部分或全部进行模拟的环境中，让应聘者实地完成某些具体工作任务的一种测试方法。常见的工作样本测试如对计算机编程人员实施的编程测试、对物流货运人员实施的标准驾驶测试、对管理人员实施的公文处理测试等。

在实施工作样本测试时，首先要挑选出职位中的关键任务；然后让应聘者来完成这些任务，同时由测试者对他们的表现进行监测并记录任务的执行情况；最后由测试者对应聘者的表现和工作完成情况做出评价。

工作样本测试是在工作分析的基础上设计的，测试的内容与被测试者未来需要承担的工作之间有很高的相关性，因此具有很高的效标效度和内容效度。工作样本测试的缺点在于：针对专门职位设计，普遍适用性较低，且开发成本相对较高；通常需要对每个应聘者单独进行测试，实施成本比较高；不适用于那些周期比较长的任务。

（三）面试

面试是现代企业实践中运用最为广泛的一种人员甄选方法，几乎所有的人员甄选过程都会用到面试。所谓面试，是指在特定的时间和地点，发生在面试官与被面试者之间的一个面对面的沟通过程。其目的是通过分析被面试者的回答以及观察他们的各种反应，了解应聘者的知识技能、个性特点、求职动机等是否符合相关岗位的任职资格条件。

1. 面试的类型

按照不同的标准，面试可以分为不同的类型。

（1）根据面试结构划分

根据面试的结构化程度，可以分为结构化面试、非结构化面试和半结构化面试。

结构化面试又称标准化面试，是依据预先确定的面试内容、程序和评分结构等进行的面试。在面试之前会有一个固定的框架或问题清单，面试考官要根据这份面试提纲逐一对被面试者进行提问。此外，为记录应聘者的面试表现，面试官还会使用标准的面试评价标准，并填写统一的面试评价表格。这种面试的优点是标准化程度高，面试结构严密、层次性强，评分模式固定，便于分析比较、减少主观性，面试的公平性以及面试的信度和效度都比较高；缺点是由于问题都是事先设定好的，面试官没有发挥的余地，对于面试过程中发现的某些问题点不便过多提问。

非结构化面试无固定题目，不存在结构化的面试指南或必须遵循的既定格式，面试官甚至没有统一的打分规则和评价标准。在这种面试中，面试官完全可以根据自己的兴趣点去进行跟踪式提问，对不同应聘者也很可能会提出不同的问题。非结构化面试优点在于沟通过程可能比较自然顺畅，能够针对被面试者的特点进行深入挖掘。但缺点也很明显，面试随意性较强，受面试官的个人因素影响较大，对考官要求较高；公平性欠佳，而且很难确保所有关键问题都会被问到。大量研究证明，非结构化面试的信度和效度比结构化面试的信度和效度低得多。

半结构化面试则是介于结构化面试和非结构化面试之间的一种面试形式，它结合了二者的优点，有效避免了任何单一方法的不足。在这种面试中，有些内容会做统一要求，有些则不会，面试官可以在一部分预先设计好的问题基础上，向被面试者提出另外一些针对性的问题。由于半结构化面试兼具一定的结构性和灵活性，因此在实践中得到了越来越多的运用。

（2）根据面试组织形式划分

根据面试的组织形式，可以分为单独面试、小组面试和集体面试等类型。

单独面试又称“一对一”面试，是指面试官与被面试者两个人单独进行面试。单独面试的优点是效率快、压力小，谈话的连续性和逻辑性较好；缺点是可能出现面试官舞弊行为，或者单独一位面试官进行甄选决策的时候，准确性难以保证。

小组面试又称“多对一”面试，是指一组面试官在同一时间和场所，共同对同一位被面试者进行面试的过程。在小组面试中，多位面试官可以从不同的角度考察应聘者，从而全面准确地做出评价；但被面试者可能会感觉到较大压力，显得较为紧张或拘谨。

集体面试又称“多对多”或“一对多”面试，是指多位被面试者在同一时间和同一场合，共同接受面试官询问的一种面试形式。在这种面试中，通常是面试官提出问题后，应聘者自由发表意见，而面试官在旁边观察应聘者的回答和反应。这种方法可以节省面试官的时间，同时可以对多个应聘者回答同一问题的表现进行对比，有助于考查应聘者在一个群体中的思维方式以及行为方式。

（3）根据面试内容划分

根据面试的内容，可以分为行为面试和情境面试两大类。

行为面试又称行为描述面试（Behavior Description Interview，BDI），关注被面试者过去实际发生过的行为，依据候选人对其过去实际行为的描述来评价其能力。行为面试的假设是过去的行为是预测未来行为的最好指标。它认为一个人的行为模式是相对稳定的，不会在较短时间内发生大的变化。应聘者在讲述具体事例时，考官应遵循“STAR”原则，引导应聘者完整描述出事例的背景（Situation）、任务（Task）、行为（Action）和结果（Result）四个方面。

情境面试是给被面试者呈现所应聘工作中可能遇到的情境，然后了解被面试者在这些假设情境中将如何行动。情境面试方法灵活多样，具有一定的模拟性和逼真性，应聘者的才能可以得到更充分的展现，面试官也能做出更全面和深入的评价。

行为面试和情境面试都关注候选人在目标职位可能会遇到的典型情境时的表现，只不过行为面试关心过去实际的行为，而情境面试则关心将来可能的反应，对比如表 5-11 所示。实践证明，行为面试和情境面试均是比较有效的面试方法，二者的信度、效度没有很明显的差别①。

表 5-11　行为面试与情境面试对比

对比点	行为面试	情境面试
情境	所应聘工作可能遇到的类似情境	所应聘工作可能遇到的类似情境
行为	真实发生过的行动	可能采取的行动
题目示例	“请描述在完成老师布置给你的任务中，你能够自己打破传统做法、有效达成目标的实际例子”	“假设你在新任部门经理三个月的时候，你的副手经常越过你向你的上级汇报，你会如何处理此事？”

（4）一些特殊的面试形式

除了上面讲到的面试类型，还有一些比较特殊的面试形式，比如压力面试、电话和视频面试等。

压力面试是指让应聘者置于一种人为的紧张气氛中，面试官以富有压力的问题让应聘者接受诸如挑衅性、攻击性或刁难性的提问，以考察应聘者的压力承受能力、情绪调节能力以及应急应变能力等。需要注意的是，如果对压力面试掌控不好，面试就有可能会因为过于具有侵犯性或有违一般道德规范而被质疑甚至起诉，因此，如果不是岗位需要，没必要一定采用这种做法。

除了以现场面对面的形式进行面试，电话面试和视频面试也是比较普遍的。电话面试通常作为初步筛选应聘者的手段。随着互联网和技术的发展，视频面试得到快速发展，并在多种招聘场景下得到应用推广。

2. 面试的基本程序

（1）面试准备

①明确评价标准和制定评分表。面试是选人的过程，而选什么样的人这一问题毫无疑问在面试前就必须明确。主要根据工作分析、岗位说明书、胜任素质模型和用人部门的实际情况来确定对应聘者的具体要求，再将所需要的素质一一列出并赋予相应的权重。不同的工作岗位职责不同，任职资格就不同，面试中的评价要素和侧重点也不同。比如，如果招聘销售人员，语言表达能力就十分重要；如果招聘专业技术人员，那么专业知识和技能就是重点，语言表达能力则不太重要。表 5-12 为面试评分表示例。

---

① 田效勋，柯学民，张登印. 过去预测未来：行为面试法［M］. 3 版. 北京：中国轻工业出版社，2018：7.

表 5-12 面试评分表示例

<table>
<tr><td>姓名</td><td colspan="2"></td><td>应聘岗位</td><td colspan="3"></td></tr>
<tr><td rowspan="2">面试评分要素</td><td rowspan="2">分值</td><td rowspan="2">评分要点</td><td colspan="3">评分等级</td><td rowspan="2">评分</td></tr>
<tr><td>好</td><td>中</td><td>差</td></tr>
<tr><td>仪态举止</td><td>5</td><td>仪表端庄自然，服饰得体大方，举止稳重朴实，精神面貌良好</td><td>4~5</td><td>2~3</td><td>0~1</td><td></td></tr>
<tr><td>沟通表达能力</td><td>10</td><td>言语是否清晰、标准，表达是否准确、流畅，以及条理性、感染力与说服力</td><td>8~10</td><td>5~7</td><td>1~4</td><td></td></tr>
<tr><td>诚实和忠诚度</td><td>10</td><td>对企业或个人真实无欺、遵守承诺，并且愿意为企业的发展贡献自己的一份力量</td><td>8~10</td><td>5~7</td><td>1~4</td><td></td></tr>
<tr><td>逻辑思维能力</td><td>10</td><td>思维的敏捷性、条理性与广度、深度；逻辑性和严密性；判断分析问题是否全面、准确、辩证、深刻，有理有据</td><td>8~10</td><td>5~7</td><td>1~4</td><td></td></tr>
<tr><td>协调与应变能力</td><td>10</td><td>反应的机敏程度；人际沟通、合作的意识、能力与技巧；面对压力的心理承受力和自制力</td><td>8~10</td><td>5~7</td><td>1~4</td><td></td></tr>
<tr><td>专业素养</td><td>20</td><td>对专业理论及相关知识的了解、掌握程度，专业素养的高低</td><td>15~20</td><td>9~14</td><td>1~8</td><td></td></tr>
<tr><td>解决实际问题能力</td><td>25</td><td>能否理论联系实际；分析、处理问题的原则性、灵活性、有效性；适应岗位需求的实际工作能力与业务能力</td><td>20~25</td><td>14~18</td><td>1~12</td><td></td></tr>
<tr><td>研究与发展潜力</td><td>10</td><td>个人对本专业发展前瞻性认识和创造能力、研究能力、完成能力；有无新观点、新思路、新办法</td><td>8~10</td><td>5~7</td><td>1~4</td><td></td></tr>
<tr><td>合计</td><td>100</td><td colspan="4">总分</td><td></td></tr>
<tr><td colspan="7">考评者意见：

签名：　　　　　　　　　　　　　　　　日期：</td></tr>
<tr><td colspan="7">最终决定：□复试　□拒绝　□录用　□考虑　□存档留用</td></tr>
</table>

资料来源：根据网络资料整理，https：//zl. hrloo. com/file/651902。

②面试题目设计。明确了评价标准和关键素质后，人力资源部门就需要设计相应的面试题目。每个关键素质一般设置 1~3 个问题。面试题目类型很多，常见的有背景性问题、智能性问题、情境性问题、行为性问题、压力性问题、意愿性问题等。表 5-13 总结了不同类型的面试题目含义及示例。

表 5-13　常见面试题目类型

题目类型	含义及特点	举例
背景性问题	有关应聘者个人基本情况的问题，主要作为面试导入问题	请简单介绍下你自己。 你有什么兴趣爱好？ 请谈谈你过去的工作经历
智能性问题	通常提出一些值得思考并富有争议性的社会问题或现实问题，让应聘者阐述自己的看法，主要考查综合分析能力、言语表达能力和逻辑推理能力	有人认为企业用人应任人唯贤，也有人认为企业用人应以德为先，你认为企业用人应注重什么？为什么？
情境性问题	描述一个与工作相关的假定情境，让应聘者讲述或模拟自己会如何做	假设你预约拜访某客户，但到了才发现对方工作人员失误，忘记预约领导时间，此时你会怎么办？
行为性问题	让应聘者讲述他们在过去某种情境或背景下实际做了什么	近三年中，你做过的最令自己满意的事情是什么？ 请谈谈你曾做过的最有挑战的工作，面对什么挑战？你是如何做的？ 请回忆一次你在工作中与人发生冲突的经历，当时你是如何做的？
压力性问题	根据面试对象特点提出一些刁难性的问题，故意给应聘者施加压力	你只是应届毕业生，没有工作经验，怎么胜任我们的岗位？ 这次来应聘的人都很优秀，但我没有发现你有什么独特优势，你觉得我们为什么要录用你呢？
意愿性问题	主要考查应聘者的价值取向、生活态度、求职动机、职业兴趣等，关注其在职业选择方面的想法	你在找工作时最看重哪些因素？ 你在上一家公司表现良好、人际关系也不错，那你为什么会离职呢？ 你怎么看待有些公司要求员工加班，但是却不给加班费的问题？ 5 年之后你的职业发展目标是什么？

③面试其他准备。除了以上准备，面试前还应做好如下准备：一是面试官的准备，包括熟悉工作说明书和评分标准、熟悉应聘者的有关材料、熟悉面试提纲或面试问题等。二是面试场地的准备，选择安静无干扰、干净整洁的场地，并注意营造舒适、平等、和谐的氛围。如果是压力面试，可以布置得庄严而有压力感，以配合试题来测试应聘者的心理承受能力和情绪稳定程度。

（2）面试实施

在做好相关准备之后，就进入实际的面试实施阶段。在这个阶段，面试官需要尽可能多地获得有关应聘者素质与能力的真实信息，并做好面试要点记录和评价，为最终的录用决策提供重要的依据。这一阶段可大致分为三个环节：

①引入阶段。这个阶段可以与应聘者讨论一些与工作无关的话题，如交通、天气等，通过简单的寒暄减少应聘者的紧张感，营造轻松融洽的气氛。

②正题阶段。在这一阶段，面试官开始正式的面试，一般按照由易到难的顺序，根据面试提纲对应聘者进行提问，同时观察和记录应聘者的反应和回答要点。以行为面试为例，通常面试官会使用一个开放性的问题引出话题，再聚焦到某个关键行为事件，并适时通过探索性的问题进行追问。面试官在面试过程中，还要注意以下几个方面：提问应明确、简短，避免歧义；注意面试进程的把控；对应聘者的回答不做评价，不要出现异常的肢体语言，以免影响应聘者发挥；最后还要注意自己的态度举止，尊重对方、保持礼貌，注意维持良好的面试氛围，树立良好的企业形象。

③收尾阶段。相关问题提问完毕之后，就进入面试的收尾阶段。这时可以让应聘者提出一些自己感兴趣的问题并进行回答，同时提醒应聘者关注面试结果的通知，并对其参加此次面试表示感谢。

（3）面试结束

面试结束后，应尽快整理面试评价表、面试记录等文件，以便于全部面试结束后进行综合评定，做出录用决策。

补充阅读5-9

企业最常用的面试10问

3. 面试的技巧和常见误区

（1）面试的技巧

①面试提问的技巧。第一，灵活运用多种类型的面试题目进行提问，从不同角度考查应聘者的能力。第二，短时间内不能进行太多提问，注意提问的节奏，给应聘者一定的思考时间。第三，提问应做到通俗、简明和清晰准确，比如使用简短的句子、避免过于专业化的用词、避免歧义等。第四，尽量避免使用诱导性问题，如“你当时是不是考虑到团队的和谐，所以保持了沉默？”，应聘者可能会感觉到这是考官所期望的，所以选择朝这个方向来回答，但他本意可能并非如此。这也就是诱导性问题容易引发的“社会称许性效应”，不仅会限制应聘者的思路，还可能掩盖应聘者的真实情况。第五，通过及时和恰当的追问获取关键信息，比如“有哪些因素影响了你的决策”，或者“你们在合作过程中遇到了哪些困难”……但要注意追问不宜过多，避免喧宾夺主。

②面试过程的控制技巧。在面试过程中，面试官会遇到各种各样的应聘者，面试官应注意把控好面试进程和时间，避免应聘者支配整个面试而难以获取决策所需的相关信息。

其一，遇到滔滔不绝型的应聘者时，应注意其在各个面试问题上的时间分配，避免其在前面问题花费太多时间，而使其他面试问题没有时间提问。在进行干预时，可以通过“好”“是”“对”等语气词进行暗示，如果对方没有发觉，再礼貌地出言打断，如“我明白你说的意思了，但由于时间有限，我们继续下一个问题好吗？”

其二，有些人天生不太爱说话，或者表达比较简练，几句话就讲述完了。但这一特点并不能完全说明他不能胜任目标岗位的工作，所以本着充分获取应聘者信息的目的，面试官在遇到这种类型的应聘者时，应更多地采用一些具体问题来进行引导，比如，“你当时是怎么考虑的?”“你当时遇到的困难是什么?”……把问题细化，直到能获取所需的信息。

（2）面试的常见误区

①首因效应，即常说的“第一印象”。面试官容易在面试开始的几分钟就凭借对应聘者的第一印象做出判断，随后的面试过程中这一判断很难改变。如果第一印象很好，面试官会有意无意地证明应聘者确实不错；相反，面试官就会努力证明应聘者确实不行。

②晕轮效应。晕轮效应是指以事物某一方面的突出特点掩盖了其他方面的全部特点。在面试活动中，晕轮效应的具体表现是，应聘者表现出来的某一突出特点容易引起面试官的注意，而使其他素质的信息被忽视。比如，应聘者的语言表达能力很强，给面试官留下良好的印象，那么有的面试官由于受到晕轮效应的影响，可能武断地认为该应聘者的一切都好；相反，应聘者对某个问题的回答很不好，或者令人反感，给面试官留下了不好的印象，那么面试官可能据此认为该应聘者的一切都差。

③刻板效应，也可称为“刻板印象”，是指根据个体所属的某一类社会团体或阶层的典型行为方式来判断个体。比如，看见穿破洞牛仔裤的就认为思想开放，大学生总是很激进，等等。在面试中，面试官评价应聘者时可能不自觉地按应聘者的年龄、性别、专业等特点进行归类，并根据头脑中已有的关于这一类人的固定印象来判断应聘者的特点，从而造成判断不准确。

④类我效应。在面试中，面试官容易将与自己相似的应聘者的优点放大，以至于忽略其缺点，从而不能对应聘者做出全面客观的评价。比如，当面试官听到应聘者与自己是老乡或是同一所大学毕业时，可能会对他产生好感和同情，以致在面试中失去公允。

⑤对比效应。面试顺序有时候会影响面试官的评价，比如，面试官连续面试了数位能力比较一般的面试者之后，突然出现一个能力相对较强的应聘者，面试官就容易打很高的分数。但可能这个应聘者实际上并没有那么高的能力水平，并不满足目标岗位优秀人才的标准，只是在与其他人对比之下给人这种错觉。这也提醒面试官要以工作分析和评价标准为依据进行评判，而不是“矬子里拔将军”。

⑥负面效应。这是指面试官受负面信息的影响要大于受正面信息的影响。比如，面试官对应聘者的印象容易由好变坏，但不容易由坏变好。对待同等程度的优点、缺点，往往容易强调缺点而忽视优点。

四、评价中心技术

（一）评价中心技术的含义

评价中心（Assessment Center，AC）又称评价中心技术，它不是指某种单一的测评工具，而是综合运用若干种不同的测试手段对候选人进行甄选的过程。其定义较为权威的是2000年5月在美国加利福尼亚州举行的第28届评价中心国际会议上做出的定义：评价中心是基于多种信息来源对个体行为进行的标准化评估。它使用多种测评技术，多名经过训练的评价者对个体在特定的测评情境表现出的行为做出评价，评价者将各自的评价结果集中在一起进行讨论以达成一致或用统计方法对评价结果进行汇总，得到对应聘者行为表现的综合评价，这些评价是按照预先设计好的维度或变量来进行的。

简单来说，评价中心技术就是以情景模拟为核心，由多个评价者从多方位、多角度对被测评者的个性特征和行为表现进行标准化评估的一系列测评方法的总称。评价中心通过情景模拟的方法对应聘者进行评价，它与工作样本比较类似，但不同的是工作样本用实际的工作任务进行测试，而评价中心用模拟的工作任务进行测试。评价中心技术可能用到面试、心理测试、主题演讲、角色扮演、公文筐测试以及无领导小组讨论等多种甄选方法，这里重点介绍几种常用的情景模拟方法。

（二）评价中心技术的特点

评价中心技术主要有以下优点[①]：评价中心综合使用了多种测评技术，由多个评价者进行评价，依次提供了从不同的角度对被测评者的目标行为进行观察和测评的机会，能够得到大量的信息，从而能够得出较为可靠和有效的结果。评价中心多采取的情境性测评方法是一种动态的测评方法，在被测评者与其他人进行交往和解决问题的过程中，被测评者的某些特征会得到更加清晰的暴露，有利于对其较复杂的行为进行评价。评价中心所采取的测评手段很多是对真实情境的模拟，而且很多情境是与拟任工作相关的情境。人员的实际工作能力和潜在能力经过测评、考察后选拔上来的应聘者，可以直接上岗，节省了大量的培训费用。

但是，评价中心也有其缺点：首先，成本较高，需投入较多的人力、物力、财力和时间；其次，组织过程复杂，操作难度较大，对施测者的要求较高，如果考官没有经过专门的训练或培训，很难胜任测评工作。

（三）常用的情景模拟方法

1. 公文筐测试

公文筐测试又称文件筐测试、公文处理测验，是评价中心技术中最常用和最核心的技术之一，也是针对管理人员的有效测评方法。它是在假定的环境下，让应聘者以管理者的身份去处理该职位在真实环境中需要处理的各类公文。这些公文可能是报告、备忘录、来电记录、信函、声明、上级指示、下级请示、客户投诉信等各种资料，一般被放在文件筐中或者计算机的文件夹里，让应聘者在限定的时间内进行现场处理；也可能通过纸笔测验的形式，让应聘者作答每个公文的处理办法。在练习完成后，训练有素的专家会对应聘者处理文件过程中的行为表现和书面答案进行评估，从而评价他们的计划能力、授权能力、组织能力、预测能力、决策能力以及沟通能力等。

① 林忠，金延平．人力资源管理［M］．5版．大连：东北财经大学出版社，2018：115.

公文筐测试的优点十分明显，包括：仿真性和情境性强，有较高的内容效度和效标效度；综合性强，材料可能涉及市场、人事、财务或客户等企业组织的各个方面，考察全面；非常适合评价管理人员，尤其是中层管理者；操作比较简单，对场地也没有过多要求。

公文筐测试的缺点包括：成本较高，测试的设计、评分都要耗费较长时间，需要的精力和费用都较高；评分较为困难，不同的评价者由于自身背景、工作经验、管理理念不同，对不同公文处理方式的看法也会不同；对评价者的要求较高，评价者必须通晓材料之间的内部联系，对可能的答案了如指掌；由于应聘者单独作答，因而无法考察其人际交往等能力。表5-14所示为公文筐测试案例。

表5-14　公文筐测试案例

假定您是本公司人力资源部经理，本公司人力资源部下设招聘培训组、绩效与薪酬组、劳动关系组，主要处理招聘与培训、绩效与薪酬、劳动关系等工作。在1小时中请您查阅文件筐中的各种信函、电话录音以及电子邮件等，并用如下回复表作为样例，给出您对每个文件的处理意见。

1. 回复方式（请在相应选项前的"□"里画"✓"）

□信件/便函　□电子邮件　□电话　□面谈　□不予处理　□其他处理方式（请注明）

2. 回复内容（请做出准确、详细的回答）：

公文1（电话录音）

李经理，您好！我是××软件开发公司技术主管李某，我们为贵公司定制的人力资源管理软件系统的试运行正在进行。按照协议规定，在6月20日之前完成试运行。按照合同规定，7月之前完成对贵公司使用者的培训。由于贵公司一直无法安排时间进行培训，贵公司财务人员以此为由，拒绝支付剩余款项。我们希望，能否与您见面协商一下费用的支付问题及其他事宜，谢谢您。

××软件开发公司技术主管李某

2017年7月9日

公文2（电子邮件）

李经理，您好！我是国际事业部的刘某，去年10月中旬，人力资源部曾要求各部门上报2017年的大学生招聘计划。由于我部业务的特殊性，不仅要求较高的英语水平，而且要懂一定的专业知识，这类人员在校内招聘的难度很大。此外，由于我们公司薪酬水平较低，即使招聘来也很容易流失，过去几年的流失率高达74%。为此我们国际事业部多次召开会议，并初步达成共识：公司需要制订中长期的人才规划以吸引并留住优秀人才。但是，到底该如何操作，尚无具体方案。我刚和总裁通过电话，他建议我直接与您沟通，不知您有何意见想法，请尽快告知。

国际事业部刘某

2017年7月8日

公文3（电话录音）

李经理，您好！我是王某，有件事情非常紧急，今早七点，我接到郑州交通管理局的电话，六点十分在郑州203国道上发生重大交通事故，我公司销售部的刘某某驾车与一辆大货车相撞，刘某某当场死亡，对方司机重伤，目前正在医院抢救，与刘某某同车的还有公司的销售人员蔡某某、隋某和王某某，二人都不同程度受伤，但无生命危险。目前事故责任还不能确定，我准备立刻前往郑州处理相关事务，希望您能尽快和我联系，商量一下应对措施。

人力资源部劳动关系组王某

2017年7月10日

续表

公文4（书面请示） 李经理，您好！我是张某，公司4月在南非首次承接的420工程现已开工，工程部准备委派6名高级技术人员到南非提供技术服务。可是，这6名技术人员英语水平较差，虽经过为期半年的在岗英语培训，但效果不尽如人意。因此，工程部计划临时安排他们去英语学校参加封闭式培训，培训时间为2个月，费用为每人1万元。该计划已经上报人力资源部。可是昨天工程部来电称，财务部不同意支付培训费用，理由是该培训事先没有计划和预算，资金周转不过来，这几名员工原计划10月赴南非，工程部担心如果不能按期派人提供技术支持，可能会影响合同的执行和公司声誉。目前，工程部非常焦急，请求您出面协调，敬请尽快回复。 人力资源部招聘与培训组张某 2017年7月8日 公文5（总裁便函） 李经理，你好，10号下午你是否有空？我刚刚看过上半年的绩效考评结果，综合过去两年来各部门运行情况，我觉得有必要对公司的中层干部进行调整。另外，公司明年要上一些项目，需要有针对性地补充一些管理人员，我想听听你的意见，请准备一下相关资料，并与我联系。 钱某 2017年7月8日

资料来源：吕菊芳．人力资源管理［M］．武汉：武汉大学出版社，2018：120.

2. 无领导小组讨论

（1）无领导小组讨论的含义和特点

无领导小组讨论（Leadless Group Discussion，LGD）是评价中心中应用较广的测评技术，它将几个应聘者（通常是5~7人）组成一个小组，给他们提供一个议题，事先并不指定主持人，让他们通过小组讨论的方式在限定的时间内给出一个决策，考官通过观察应聘者在讨论中的言语及非言语行为对他们做出评价。在无领导小组讨论中，可以不给被评价者指定特别的角色，也可以指定一个彼此平等的角色（定角色的无领导小组讨论），但都不指定领导者，也不指定每个被评价者应该坐在哪个位置，而是让所有被评价者自行安排和组织。

无领导小组讨论比较独特的地方在于它能考察出应聘者在人际互动中的能力和特性，比如人际敏感性、社会性和领导能力。同时，通过观察讨论过程中每个人自发承担的角色可以对应聘者的计划组织能力、分析问题和创造性地解决问题的能力，主动性、坚定性和决断性等意志力进行一定的考察。近年来，无领导小组讨论在很多企业的校园招聘中被广泛运用。

但无领导小组讨论也存在一定问题，主要表现在：首先，对题目的要求通常较高，需要经过精心准备和专家讨论；其次，对评价者要求较高，要求他们必须经过专门的培训，以减少个人主观意见和偏见对评价结果的影响；最后，应聘者可能有意识地表现或掩饰自己，以达到通过测试的目的。

（2）无领导小组讨论的类型

无领导小组讨论有多种类型，按照题目不同可大致分为开放式、两难式、多项选择式、资源争夺式、操作式等五种，表5-15为这五种类型的对比。

表 5-15 无领导小组讨论题目类型对比

类型	含义及考察要点	优缺点	举例
开放式	问题没有固定答案，主要考查思考问题的全面性和针对性，思路是否清晰，是否有新观点和新见解	优点：题目容易出 缺点：不太容易引起争辩，考查能力范围有限	你认为什么样的领导是好领导
两难式	在两种互有利弊的答案中选择一种。主要考查分析能力、语言表达能力、说服能力等	优点：通俗易懂，能引起充分辩论；编制题目方便，评价较为有效 缺点：使两种答案具有同等程度的利弊比较难	你认为以工作为取向的领导是好领导，还是以人际关系为取向的领导是好领导
多项选择式	在多种备选答案中选择有效的几种，或按重要性进行排序。主要考查分析问题，抓住问题本质方面的能力	优点：有利于评价被测试者的能力、价值观以及人格特点 缺点：出题难度较高	针对如何调动下属的工作积极性这一问题，列出了 12 项措施，请按照有效性进行分类
资源争夺式	让处于同等地位的被测试者就有限的资源进行分配。主要考查分析问题、逻辑思维、语言表达、说服能力和反应灵活性等	优点：能引起充分辩论，有利于评价者进行评价 缺点：对题目质量要求较高	校团委准备拿出 2 000 元支持社团活动，每个参测者手上有一个社团活动方案，要求团队从这些方案中选出资金数额不超过 2 000 元的方案提交给决策层。过程中，要求参测者尽可能推荐自己的方案
操作式	给被测试者提供一些材料、工具或道具，让他们利用这些材料设计出一个或一些指定的物体。主要考查能动性、合作能力以及在实操性任务中充当的角色	优点：比较直观，趣味性较强 缺点：考查能力范围有限；适用范围较小；对考官和题目要求较高	请利用所给的材料，在 30 分钟内设计完成一件适合 3~5 岁儿童的玩具，演示并说明玩具的功能

资料来源：部分内容来自田效勋，连旭，胡炜．发现领导潜能：情景模拟测验技术应用手册［M］．北京：人民邮电出版社，2011：62-63.

3. 角色扮演

角色扮演又称模拟面谈，是由招聘人员设计一个模拟情境，在这个情境中会出现很多矛盾和冲突，应聘者要以某种角色进入该情境，去处理解决这些矛盾和冲突。该情境中的其他角色通常由招聘人员或其专门安排的人员扮演，这些人随时会为应聘者制造一些棘手的问题，并要求其在一定时间内解决。以招聘推销员为例，面试官会要求应聘者推销某一种产品，应聘者扮演推销员，而面试官扮演消费者，在推销的过程中，面试官会故意设计一些较难的问题，目的是要通过对应聘者在这样的情境下表现出来的行为进行观察和记录，评价其是否具备与拟招聘岗位相符合的素质。该方法主要考察应聘者的随机应变能力、解决问题能力、情绪控制能力，以及处理问题的方法和技巧等。

角色扮演的优点在于：主题通常选材丁实际工作中的典型问题，与实际工作相关性较大；给应聘者充分表现自我、施展才华的机会，调动应聘者的参与积极性；通常一对一进行，对应聘者的观察会更加充分。

角色扮演的缺点在于：题目设计和开发的难度较高、时间较长；对扮演角色的工作人员要求较高，需要花费较多的精力进行培训；扮演角色的工作人员面对不同应聘者可能表现不一致，从而可能会影响对应聘者的评价。

角色扮演任务的典型情景如表 5-16 所示：

补充阅读5-10

大数据时代
百度的人才招聘

表 5-16　角色扮演任务的典型情景

典型情景	举例
与上级互动	参测者扮演一个员工，向他的主管提出一个新想法，提供信息，并证明其决定的正确性等
与同事互动	参测者和他的同事一起讨论、解决一个问题或者共同完成一个项目。 或者是部门间的互动，参测者要和其他部门间的同事交流（如生产主管和销售主管的面谈）来解决两个部门之间的问题，或者两个部门共同攻克一个难题
与下级互动	参测者扮演一位主管，与他的下属就一个纪律问题（如工作表现不好、出勤率不好、人际冲突等）进行面谈。 或者是参测者与层级相对较低的主管进行面谈，并提供领导力方面的指导
与客户互动	参测者扮演一位客服人员，应对一位比较难对付的客户。 或者是参测者扮演一位销售人员，需要尝试说服一位客户购买某种产品或服务
与合作伙伴互动	参测者和另一个组织的代表进行互动，目标在于与该组织形成一种新的合作伙伴关系，且就目前双方关系中存在的问题进行讨论。 或者是参测者要应对一个媒体代表，回应其对本组织存在的一些问题所提出的质疑

资料来源：田效勋，连旭，胡炜．发现领导潜能：情景模拟测验技术应用手册［M］．北京：人民邮电出版社，2011：84-85.

本章小结

员工招聘和甄选是人力资源管理的重要内容之一，是制约企业人力资源管理工作效率的瓶颈所在。同时，招聘和甄选也是人力资源管理中培训、绩效评估、薪酬管理、劳动关系管理环节的基础。如何按照企业的经营目标与业务要求，在人力资源规划的指导下，根据岗位说明书让合适的人才匹配合适的岗位，是企业成败的关键之一。

本章介绍了人员招聘的概念、意义、原则和影响因素，在招聘环节，重点介绍了招聘的流程，包括准备阶段、招募阶段、甄选阶段、录用阶段和评估阶段，分析了常见内外部招聘渠道及其优劣势，介绍了招聘评估的内容及方法。在甄选环节，介绍了甄选的含义和程序、甄选方法的信效度，重点介绍了人员甄选的方法与技术，如心理测试、面试、评价中心技术等。

习题

实训

实训项目：

模拟招聘会

实训目的：

在理论学习的基础上，通过实训，进一步掌握招聘与甄选的相关知识，运用人员甄选的方法与技术。

实训指导：

（1）“招聘信息组”编写并发布两个不同的岗位招聘信息。

（2）“面试组织组”根据具体的岗位要求编制相应的面试题目和评价表。

（3）“面试官组”负责招聘的面试实施工作，进行模拟面试并进行评价。

（4）两组“应聘人员组”参与面试环节。

（5）根据面试结果宣布应聘成功的人员。

（6）教师对所有材料表格进行评阅，针对部分表格和面试过程进行讲评。

实训组织：

（1）把全班同学分成若干小组，每组 5~7 人，每个小组有不同的职责。

（2）分别成立招聘信息发布组、面试组织组、面试官组、应聘人员组。

（3）以小组为单位编制相应的材料表格。

实训考核：

每位学生需填写实训报告。实训报告应包括实训项目、实训目的、实训本人承担任务及完成情况、实训过程、实训小结、实训评语（由教师填写）。

实战模拟

无领导小组讨论

目的：在理论学习的基础上，通过实战模拟，进一步掌握无领导小组讨论的相关知识和实操流程。

组织：

（1）把全班同学分成若干小组，每个小组有不同的职责。

（2）分别成立组织策划组3组，每组3~5人；相同数量的考官组与考生组，考官组每组2人，考生组每组5~8人。

各组分工与流程：

（1）教师进行活动整体介绍和安排。

（2）组织策划组负责编写并发布岗位招聘信息，根据岗位要求确定无领导小组讨论题目、评价表、桌签等材料，并进行现场布置。

（3）考官组作为无领导小组讨论的考官，学习测评技巧，现场进行观察并对负责小组进行打分。

（4）考生组根据题目，进行无领导小组讨论。

（5）各组考官对本小组成员表现进行简要评价，并说明依据。

（6）教师对所有材料表格进行评阅，针对部分表格和讨论过程进行讲评判。

总结：

各组对本次活动中的本组表现进行书面总结，同时提交其他相关材料。

拓展案例

A银行的校园招聘，到底哪里出了问题？*

第六章 员工培训与开发

学习目标

熟悉培训需求分析方法

了解培训规划的具体内容

了解培训实施环节的全过程

掌握培训评估的基本方法

重点概念

培训（Training）

培训需求（Training Needs）

培训规划（Training Planning）

培训评估（Training Evaluation）

微课视频

近现代企业家人才管理思想：育人篇

开篇案例

荣氏企业的人才培训之道

荣宗敬，江苏省无锡荣巷人。荣德生之兄，中华人民共和国原副主席荣毅仁之伯父，我国著名的民族资本家。早年经营过钱庄，从1901年起，与荣德生等人先后在无锡、上海、汉口、济南等地创办保兴面粉厂、福兴面粉公司、申新纺织厂，被誉为中国的“面粉大王”“棉纱大王”。1928年，任私立南通大学校董。著有《实业救国刍议》等书。

荣德生，江苏无锡人，中华人民共和国原副主席荣毅仁之父，民族工业巨擘荣宗敬之弟，我国民族资本家、慈善家、实业家，著有《乐农氏纪事》。荣德生从事纺织、面粉、机器等工业60余年，历经帝国主义、封建主义、官僚资本主义的反动统治和压迫，享有

"面粉大王""棉纱大王"的美誉。曾任北洋政府国会议员、国民政府工商部参议等职。

荣氏集团是近代中国规模最大、发展最快的民族资本企业之一，尤其是在面粉业、纺织业领域独领风骚。在其引人注目的发展史中，人才培养是荣氏集团成功的重要管理密码。

首先是重视技术、重视培养管理人才。荣氏兄弟深知，一切技术设备归根到底要由人来操作和管理，企业的技术进步和管理改革也与专业人员的文化技术水平密切相关。第一次世界大战以后，纺织、面粉两个行业方兴未艾，荣氏兄弟深知欧美技术日新月异，必须实地考察，于是派遣员工先后到美国、法国、英国以及日本等地考察游历，学习外国先进的技术经验。与此同时，荣氏兄弟还经常聘请行业知名人士和专家了解国外情况并进行演讲。

其次是重视一线员工以及新员工的培训。为适应企业需要，培养纺织专门人才，1928年，荣德生决定以申新总公司的名义，在无锡工商中学原址开办"申新纺织总公司职员养成所"，学制两年，招收高中和中专毕业生，学员半天上课，半天到工厂实习。曾留学英国的专家沈泮元担任养成所所长，兼授纺织专业课程，培训师资力量雄厚，可谓人才济济。除此之外，荣氏企业还设立了机工养成所、女工养成所，对新工人进行系统的职前培训。1930年开办的"机工养成所"，旨在培养具有纺织机械常识的机工。1932年设立的"女工养成所"，目的是招收15~20岁的女青年为"养成工"，加以培训，为工厂源源不断地供应一线员工。每个养成工都要通过识字、算术考试，并要经过持续性测验、记忆力测验、注意力测验、个别谈话和体格检查。录取后，她们还要接受3个月的技术培训和文化教育。培训期间，每天学习操作8小时，上课3小时，膳宿均由厂里供给。学习期满、成绩合格，她们会被分配到相应的工作岗位，每天除工作12小时外，仍要上课1小时。

从荣氏企业的人才培训实践可以看出，只有重视人才培训，才能确保企业健康可持续发展。企业的发展不但需要厂房、机器、设备等硬实力，更需要人才软实力。只有"软硬兼备"，企业才能在激烈的市场竞争中赢得更大的主动权，才能真正实现高质量发展。

第一节　员工培训与开发概述

一、培训的意义

近年来，人们都在谈论知识经济的挑战，实际上知识经济最核心的问题是人的素质问题，也就是人力资源的形成、使用和开发问题。说到底，企业培训是一种双赢投资，一方面员工的工作积极性、胜任力和创造力将得到不断提高，从而增加企业产出的价值，使企业获得更大的商业价值；另一方面，员工整体素质得到提升，获得一份终生保值的财富。培训体系在人力资源管理系统中的地位和作用可以从图6–1中得到体现。

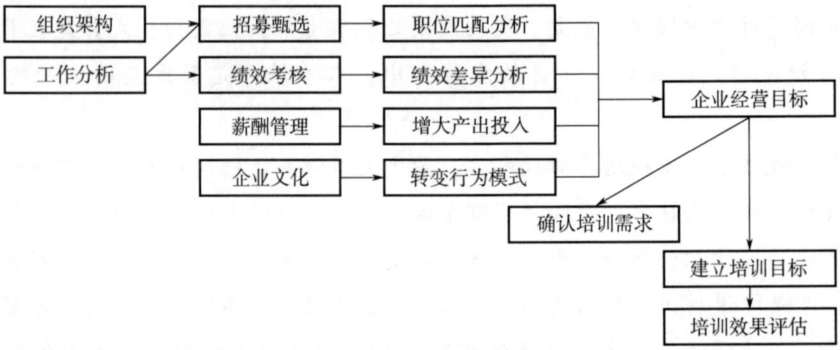

图 6-1　培训工作的地位

（一）培训对企业的意义

1. 员工培训是提高员工素质、建立人才储备的良好手段

加强对员工的培训，可以提高员工的专业技能与综合素质，极大地开发员工的潜能，最大限度地调动员工工作的积极性，不断提高员工的工作效率和工作质量。

2. 重视员工培训是构建企业文化、建立学习型组织的基础

企业向员工不断地宣导企业价值观，培养共同做事的行为规范，使员工能够自觉地按照惯例工作，形成良好、融洽的工作氛围，增强工作满意度和成就感，为企业建立学习型组织、确保业务的有效开展打下基础。

3. 培训是高回报的投资，是可以增强企业竞争力的有效途径

一位管理学家曾经说过："员工培训是企业风险最小、收益最大的战略性投资。"人力资源的开发和培训已经成为企业增强自身竞争力的重要途径。据美国培训与发展年会统计：投资培训的企业，其利润的提升比其他企业的平均值高 37%，人均产值比平均值高 57%，股票市值的提升比平均值高 20%。在过去 50 年间，国外企业的培训费用一直在稳步增加。美国企业每年在培训上的花费约 300 亿美元，约占雇员平均工资收入的 5%。目前，已有 1 200 多家美国跨国企业包括麦当劳、惠普等都开办了商学院，甚至建立了自己的企业大学。对中国企业来说，企业培训发展部门也成为企业战略发展的重要支持部门，如宝钢人才发展中心、中国电信学院等。

4. 培训是提高组织解决问题能力的有效措施

对于企业不断出现的各种问题，培训有时是最直接、最快速和最经济的管理解决方案，提高组织中核心员工发现和解决问题的能力，比自己摸索的周期短，比招聘有相同经验的新进人员更有效率。

同时我们还不可忽视员工培训是对员工的重要激励。金钱对于有技术、知识型员工的激励是暂时的，短期内可以，长时间不行，他们更看重的是通过工作得到更好的发展和提高。

（二）培训对员工的意义

1. 增强就业能力

现代社会职业的流动性使员工认识到“充电”的重要性，换岗、换工主要依赖于自身技能的高低，培训是刚走出校门的企业员工增长自身知识、技能的一条重要途径。因此，很多员工要求企业能够提供足够的培训机会，这也成为一些人择业时考虑的一个方面。

2. 获得较高收入的机会

员工的收入与其在工作中表现出来的劳动效率和工作质量直接相关。为了追求更高收入，员工就要提高自己的工作技能，技能越高报酬越高。

3. 增强职业的稳定性

企业为了培训员工特别是培训特殊技能的员工，提供了优越的条件，所以在一般情况下，企业不会随便解雇这些员工，为防止他们离职给企业带来损失，总会千方百计留住他们。员工把参加培训、外出学习、脱产深造、出国进修等当作企业对自己的一种奖励。经过培训，员工素质、能力得到提高后，在工作中表现得更为突出，就更有可能受到企业的重用或晋升，员工因此也更愿意留在企业服务。

4. 培训可以让自己更具竞争力

未来的职场将是充满竞争的职场，随着人才机制的不断创新，每年都会有大量新的人才加入竞争队伍之中，员工每时每刻都面临着被淘汰的风险。面对竞争，要避免被淘汰的命运，只有不断学习，而培训则是最好、最快的学习方式。

二、培训的误区

在国内的企业中，经常可以发现这样一种有趣的现象：企业经营者一方面强调培训员工在企业发展中的地位是非常重要的，另一方面又将培训置于次要位置。企业如果经营得好，培训所做的工作被认为是理所当然；企业如果经营得不好，培训作为浪费钱的事，首当其冲会被拎出来，培训预算大大缩水，令企业培训寸步难行。培训工作的开展之所以在企业里困难重重，与企业管理者对培训的误解有很大的关系。通常误区体现在以下几个方面：

（一）误区一：培训是浪费金钱

松下幸之助曾经说过：“培训员工很贵，但不做的话代价更贵。”现代人力资源管理理论和实践反复向人们指出，培训是一项回报率极高的投资。美国布卡兰德训练中心总裁布卡兰德就曾明确指出这一点，他举例：一家汽车公司经过一年培训，花去培训费 20 万每元，但当年就节省成本 200 万美元，第二年又节省成本 300 万美元。

（二）误区二：培训要马上见效

企业培训工作是一个持续的工作，企业家江苏九州投资集团董事长刘灿放说：一个可持续发展的企业，肯定是一个不断学习和创新的过程；一个企业的发展过程就是一个不断学习和创新的过程。

（三）误区三：培训是培训部门的事，效果不佳也是培训部门的事

有相当一部分的部门管理人员认为，培训只是培训部门或者人力资源部的事，与自己无关。培训做得好，是各部门配合的结果；培训做得不好，就是培训部门没做好。其实，在一个组织里，培训需要方方面面的支持，尤其需要企业最高管理者和各级管理人员在实际工作中对下属的辅导与支持，这样才能形成培训和学习的氛围，促进培训学习在工作实际中的有效展开。

（四）误区四：培训等同于教育

培训作为教育的延伸，是广义的教育的重要组成部分，但是培训与教育的区别是显而易见的。企业培训主要是传授工作知识、工作技能和职业态度等，其中80%是在职训练，目的在于改善员工的工作表现，更好地达成工作绩效目标。

三、培训的类型

一般来说，企业培训可以按照培训对象、培训性质、培训内容、培训地点、培训时间进行不同的分类，其中比较常见的是按照培训时间阶段进行分类。

（一）职前培训

职前培训也称入职培训，即企业职工上岗前的培训。通过职前培训可为企业提供一支专业知识、业务技能与工作态度均符合经营要求的职工队伍，这对企业发展具有至关重要的作用。职前培训依其性质与目的的不同，分为两类：

一般性职前培训，主要目的是向新录用的人员介绍企业的一般情况（如组织结构、各部门职能、公司历史、主要的政策法规、今后发展方向及职工的权利义务与责任等），以增进新进人员对本企业的了解与信心。

专业性职前培训，主要目的在于使新员工切实了解处理业务的原则、技术、程序与方法，以期在培训结束后新员工能适应并胜任所分配的工作。

（二）在职培训

在职培训是指企业职工在工作场所以及在完成生产任务过程中所接受的培训。在职培训是职前培训的继续和发展，是从低水平或培训的初级阶段迈向中级阶段的重要方法与步骤。职前培训是为企业职工做好就业的准备，是每个职工加入企业的必经之路；而在职培训则是职前培训的深化过程，持续的时间比职前培训要长。对一个注重培训的企业来讲，在职培训会始终贯穿每一个职工就业的全过程。在职培训按性质与目的不同可分为管理人员培训和专业性培训。

（三）职外培训

职外培训指因企业业务发展或职工由于工种变更、职位提升等而需要进行的某种专业训练。这种培训要求受训职工暂时脱离岗位或部分时间脱离岗位参加学习或进修，因此称

为职外培训。根据受训时间安排、受训职工脱产时间的长短，职外培训可分为全日式、间日式与兼时式培训。

四、培训的体系

培训目前在中国企业中的地位日趋重要，企业也越来越多地把资源投入培训工作。但是，能够将培训工作构建成体系的企业并不多，如果一个企业的培训没有形成体系，那么培训工作就难以取得好成绩，图 6-2 是企业培训体系的模型，显示了培训工作是如何开展的。

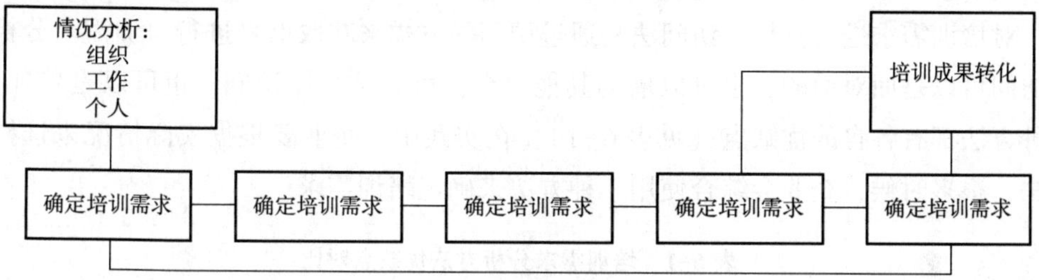

图 6-2　企业培训体系

培训从需求分析开始到效果评估结束，一般可以分为培训需求分析、培训规划、培训实施和培训评估等环节，如图 6-3 所示。

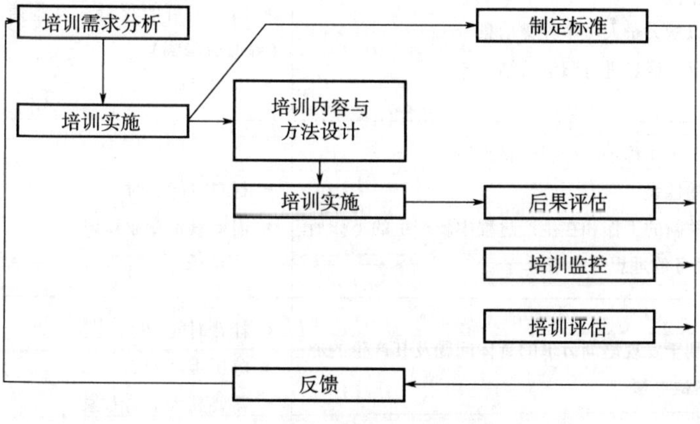

图 6-3　企业培训不同阶段

第二节　培训需求分析与培训规划

一般来说，企业首先要识别企业及其员工的培训需求，然后才能开展相应的培训规划设计。

一、培训需求分析

培训需求分析是培训管理工作的首要环节，是否能准确地预测和把握真实的需求直接决定了培训的合理性和有效性，从而影响到整个企业的绩效和经营目标的实现。一般而言，进行培训需求分析的方法有很多，其中最为常用的方法有四种：观察法、问卷调查法、资料查阅法和访问法。

观察法指直接到工作现场，通过观察员工的工作过程来进行培训需求分析。问卷调查法是将有关问题编制成问卷，通过让员工填写问卷来收集信息进行培训需求分析。资料查阅法是通过查阅有关的资料，如专业期刊、技术手册、工作记录、员工的工作绩效考核结果等，对培训需求进行分析。访问法是通过访问的方式来获取信息进行培训需求分析的方法。访问可以是面对面的，也可以借助其他媒介；可以是集体访问，也可以是单独访问。这几种方法都有各自的优缺点（见表 6-1），在实践中，企业要根据实际情况来选择合适的方法，很多时候，企业会综合使用几种方法来确定培训需求。

表 6-1　培训需求分析方法优缺点对比

方法	优点	缺点
观察法	• 可以得到有关工作环境的信息 • 将分析活动对工作的干扰降至最低	• 需要高水平的观察者 • 员工的行为方式可能因为被观察而受到影响
问卷调查法	• 费用低 • 可以从大量人员中收集信息 • 易于对信息进行归纳总结	• 耗费时间 • 回收率可能很低，有些信息可能不符合要求（虚假或隐瞒） • 不够具体
资料查阅法	• 有关工作程序的理想信息来源 • 目的性强 • 有关新的工作和在生产过程中新产生的工作所包含任务的理想信息来源	• 材料可能过时 • 需要具备专业知识
访问法	• 有利于发现培训诉求的具体问题及其产生的原因和解决办法	• 耗费时间 • 分析难度大 • 需要高水平的专家

对于培训需求分析的内容，传统的培训需求分析包括组织分析、任务分析和人员分析，而以战略为导向的培训需求分析还包括企业战略分析和员工职业生涯分析。

（一）企业战略分析

企业的战略决定着企业的发展方向，企业的发展方向意味着企业需要相应的知识结构和能力的人才，企业要想成功实现任何一个战略，首先必须有人才保证。虽然人才可以通过招聘获得，但招聘并不能解决所有的人才需求，培训才是解决战略人才需求的重要方式。战略对培训需求的影响主要表现在对培训的类型、数量，以及培训所需要的资金、培训者所需要的时间等方面。不同的战略对培训需求的影响是不一样的。

基于战略的企业培训不仅可以将企业培训纳入正规化、标准化和系统化管理，还可以大大缓解企业培训管理者的工作压力，起到事半功倍的作用。构建以企业战略为导向的培训模式，可以搭建起有效的培训基础管理平台，进一步保证企业培训活动效果达到预期的设想，在此基础上完善企业培训体系的结构和内容，企业培训才会取得长期的、稳定的成果。通过构建战略导向培训体系的模式，企业培训才能发挥长效的、持久的作用。

（二）组织分析

组织分析是指在企业经营战略的条件下，确定企业范围内的培训需求，决定相应的培训，为培训提供可利用的资源及管理者和员工对培训活动的支持，以保证企业培训的内容符合企业的整体目标和战略要求。

培训的组织分析要求企业从战略发展高度对企业未来的技术、销售市场和组织结构可能发生的变化，以及人力资源数量和质量的需求状况进行预测，从而确定适应企业发展需要的员工能力。具体包括：一是工作分析，包括工作内容、工作的独立性和多样化程度、员工的劳动行为规范、完成工作的方法和步骤等；二是责任分析，包括工作的重要性、配备相应权限、保证责任和权力对应性等；三是任职条件分析，包括使用的机器设备、材料性能、工艺过程、操作规程及操作方法、工具的选择和使用、安全技术、企业管理以及其他管理和专业知识的最低要求；四是督导与组织关系分析，包括对工作的协作关系和隶属关系的分析，如直属上级、直属下级，该工作制约哪些工作，受哪些工作制约，在哪些工作范围内升迁或调换，协作关系等；五是组织文化分析，包括组织哲学、经营理念、组织精神风气等。工作分析的结果应以工作说明书的形式准确、规范地表达出来并作为相应的培训标准。

（三）任务分析

任务分析通过确定重要的任务以及需要具备的知识、技能、行为方式等，以帮助员工胜任本职岗位的工作任务。

任务分析一般分四个步骤：首先，根据企业的经营目标和部门职责选择有代表性的工作岗位。其次，根据该工作岗位的说明书列出初步的任务及完成这些任务所需要的知识、技能和能力清单。再次，确认工作任务和所需技能，具体包括：其一，反复观察员工的工作过程，特别是操作性、重复性较强的工作，以确认工作说明书中的工作任务、工作技能要求是否符合实际。其二，与有经验的员工、离休人员、部门主管以及制定工作说明书的部门负责人进行访谈，对工作任务和所需技能进行进一步确认。其三，向专家或企业顾问委员会再次求证，以确定任务的执行频率，完成每一项任务所需的时间、质量标准，以及完成任务所需的技能要求和规范的操作程序等。最后，为该工作岗位制定针对培训需要分析的任务分析表，包括已经量化的指标，如工作量要素、工作质量要求、工作技能要求、工作操作规范等内容。

（四）人员分析

人员分析是指将员工现实的工作能力与达到业绩标准的素质要求进行比较，发现两者之间是否存在差距。

1. 确定培训人员

培训的一个重要目的就是让不符合岗位知识和技能要求的员工，通过培训符合要求。因此，企业首先要确定需要培训的人员。

2. 明确员工差距

对于每一个重点培训对象，都要明确其与目标的差距。由于每个员工的岗位或具体工作能力不同，在明确员工差距方面应该单独进行。培训管理者要将每个员工的差距记录下来，以供下一步制定培训规划时参考。

3. 确定培训内容

完成企业战略分析、任务分析、人员分析以后，培训管理人员就要确定培训内容，如企业介绍、产品知识、先进技术、财务常识等。

（五）员工职业生涯分析

员工职业生涯分析是指企业或个人把个人发展与企业发展相结合，对决定个人职业生涯的个人因素、企业因素和社会因素等进行分析，制定个人一生在事业发展上的战略设想与规划安排。职业生涯分析对于员工的个人发展与企业的发展都具有重要的意义，是人力资源开发的重要内容，与培训有着密切的联系。

确定员工培训需求时，要重视员工职业生涯分析。其目的有三：一是可以了解员工参与培训的动机、员工的期望值、他们对培训规划的选择，职业生涯理念的变化对员工所需的知识产生何种影响；二是为每一位员工提供一个令人满意的环境，员工可以根据自己的实际情况选择职业生涯发展途径；三是企业有可能优化人力资源管理，只有把工作分析和职业生涯分析结合起来考虑，才有可能明确培训的需要和目的。

二、培训规划

培训规划包含的要素有：培训目的与目标、培训对象和内容、培训范围、培训规模、培训时间、培训地点、培训费用、培训方式方法、培训教师、培训规划实施等。

（一）培训目的

培训目的主要是说明员工为什么要进行培训。无论何种类型的培训规划都要开宗明义，简要概括说明员工培训的目的。

（二）培训目标

培训目标主要是解决员工培训应达到什么样的标准。它是根据培训的目的，结合培训资源配置的情况，将培训目的具体化、数量化、指标化和标准化。目标的确定还可以有效地指导培训者和受训者掌握衡量培训效果的尺度和标准，明确今后发展和努力的方向，为培训规划的贯彻实施奠定基础。

（三）培训对象和内容

确定培训对象和内容，即明确培训谁，培训什么，进行何种类型的培训。这项内容一般在培训需求分析中通过对工作任务的系列调查和综合分析就已经确定。

（四）培训范围

培训范围一般包括四个层次，即个人、基层（班组或项目小组）、部门（职能和业务部门）和企业。如学徒培训、自学、岗位技能培训、劳动纪律与法规培训、安全生产与劳动卫生管理、文化基础知识培训、计算机技能培训、公共管理培训、任职资格培训等。

（五）培训规模

培训规模受很多因素影响，如人数、场所、培训的性质、工具以及费用等。

（六）培训时间

培训时间受培训的范围、对象、内容、方式和费用，以及其他与培训有关因素的影响。例如，专题报告一般安排半天到一天即可；较为复杂的培训内容，一般则要集中培训，其时间需根据培训的内容具体划定。

（七）培训地点

培训地点一般指学员接受培训的所在地区和培训场所。例如，只针对个人的岗位技能培训，一般安排在工作现场或车间；其他类型的培训可以安排在工作现场，也可以安排在特定的培训场所。

（八）培训费用

培训费用即培训成本，指企业在员工培训的过程中所发生的一切费用，包括培训之前的准备工作、培训的实施过程，以及培训结束之后的效果评估等各种与之相关活动的各种费用的总和。培训成本由以下两个部分构成：

直接培训成本，是指在培训企业实施过程之中培训者与受训者的一切费用总和，如培训教师的费用，学员的往来交通、食宿费用，教室设备的租赁费用，教材印发购置的费用，以及培训实施过程中的其他各项花费等。

间接培训成本，是指在培训企业实施过程之外企业所支付的一切费用总和，如培训项目的设计费用、培训项目的管理费用、培训对象受训期间的工资福利，以及培训项目的评估费用等。培训计划应当按照直接培训成本和间接培训成本进行核算，以便上报、审批、纳入企业人力资源管理费用的总体计划，从资金上确保员工培训规划各项目标的实现。

（九）培训方式方法

培训方式方法是实现员工培训规划各项目标的重要保障，它所要解决的是“船”或“桥”的问题。为了更好地达到培训的目的，完成培训规划预定的目标，培训规划必须根据培训资源配置的状况，正确地选择适用的方式方法。例如，采用集中培训还是分散方式；采用在职学习，边实践边学习，还是进行离职培训等。到底选择何种培训方式方法应当由培训的目的、目标、对象、内容和经费以及其他条件来决定。例如，高层培训、管理培训、员工文化素质培训和某些基本技能培训宜采用集中的培训方式，专业技能培训应采用边实践边学习的方法。

（十）培训教师

企业培训应当以员工为中心，培训的管理工作应当以教师为主导。在企业人力资源开发的活动中，员工作为受训者是整个培训活动的中心，是培训部门提供服务的“客户”，而培训师是培训活动的主导者，他既是教学过程的实施者，又是专业知识的传输者、专业技能的教练者。在培训过程中，教具、课件、教材、教室等资源配置再好再先进，如果培训师的水平不高，那么员工的培训也将难以达到和实现理想的境界和目标。因此，制定企业培训规划时，一定要根据培训的目的和要求，充分全面地考虑培训师的选拔和任用问题。

（十一）培训规划的实施

为了保证培训规划的顺利实施，培训规划还应当提出具体的实施程序、步骤和企业措施，包括：选好培训班的负责人及管理人，做好相关部门的协调工作，让受训者明确培训目的、要求、内容和程序，确保培训的时间、参加培训人数以及资金投入，定期进行培训评估，改进培训工作，保证教学质量的措施，等等。

第三节　培训实施

一、培训实施方法

（一）适宜知识类培训的直接传授培训方法

培训方法的选择要和培训内容紧密相关，不同的培训内容适用于不同的培训方法。不同培训方法有不同特点，在实际工作中，应依据企业的培训目的、培训内容以及培训对象，选择适当的培训方法。

1. 讲授法

讲授法是指教师按照准备好的讲稿系统地向受训者传授知识的方法。它是最基本的培训方法，适用于各类学员对学科知识、前沿理论的系统了解，主要有灌输式讲授、启发式讲授、画龙点睛式讲授三种方式。教师是讲授法成败的关键因素。

讲授法的优点是：传授内容多，知识比较系统、全面，有利于大面积培养人才；对培训环境要求不高；有利于教师的发挥；学员可利用教室环境相互沟通，也能够向教师请教疑难问题；员工平均培训费用较低。

讲授法的缺点是：传授内容多，学员难以吸收、消化；单向传授不利于教学双方互动；不能满足学员的个性需求；教师水平直接影响培训效果，容易导致理论与实践相脱节；传授方式较为枯燥单一，不适合成人学习。

2. 专题讲座法

专题讲座法形式上和课堂教学法基本相同，但在内容上有差异。课堂教学一般是系统知识的传授，每节课涉及一个专题，接连多次授课；专题讲座是针对某一个专题知识，一般只安排一次培训。这种培训方法适合于管理人员或技术人员了解专业技术发展方向或当前热点问题等方面知识。

专题讲座法的优点是：培训不占用大量的时间，形式比较灵活；可随时满足员工某一方面的培训需求；讲授内容集中于某一专题，培训对象易于加深理解。

专题讲座法的缺点是：传授的知识相对集中，内容可能不具备较好的系统性。

3. 研讨法

研讨法是指在教师引导下，学员围绕某一个或几个主题进行交流，相互启发的培训方法。

（1）研讨法的类型

①以教师为中心的研讨和以学生为中心的研讨。以教师为中心的研讨从头至尾由教师组织，教师提出问题，引导学生做出回答。教师起着活跃气氛、使讨论不断深入的作用。讨论的问题除主题本身外，有时也包括由学生的回答引出的问题。讨论也可以采用这种形式：教师先指定阅读材料，然后围绕材料提出问题，并要求学生回答；研讨结束后，由教师进行总结。

以学生为中心的研讨常常采用分组讨论的形式。有两种方法：一是由教师提出问题或任务，学生独立提出解决办法；二是不规定研讨的任务，学生就某议题进行自由讨论，相互启发。

②既不以教师为中心，也不以学生为中心，而是由某一个组织举办，参加者以平等的身份就某一主题展开讨论。

③任务取向的研讨与过程取向的研讨。任务取向的研讨着眼于达到某种目标，这个目标是事先确定的，即通过讨论弄清某一个或几个问题，或者得出某个结论。组织这样的研讨需要设计能够引起讨论者兴趣、具有探索价值的题目，如“知识经济时代中国农业科技创新转移模式”。

过程取向的研讨着眼于讨论过程中学生之间的相互影响，重点是相互启迪，进行信息交换，并增进了解、加深感情。

一个成功的研讨应当是任务-过程取向的研讨，既能得出某个结论，又能达到相互影响的目的，这需要对讨论进行精心的组织。例如，先分成小组讨论，小组内进行充分的交流，意见达成一致；然后小组推举一人在全体学员的讨论会上发言。

（2）研讨法的优点

①多向式信息交流。在讨论过程中，教师与学员间、学员与学员间相互交流、启发和

借鉴，及时反馈，有利于学员取长补短，开阔思路，促进能力的提高。

②要求学员积极参与，有利于培养学员的综合能力。研讨法要求在调查准备的基础上，就研讨内容提出自己的观点，找出解决办法，因而学员必须独立思考，收集、查阅各种资料，分析问题，并用语言表达，同时还要能判断评价别人的观点并及时做出反应。

③加深学员对知识的理解。通过对实际问题的研究、讨论，为学员提供运用所学知识的机会，加深学员对原理知识的理解，提高其运用能力，并激发进一步学习的动力。

④研讨法形式多样、适应性强，可针对不同的培训目的选择适当的方法。

(3) 研讨法的难点

对研讨题目、内容的准备要求较高。

对指导教师的要求较高。

(4) 选题注意事项

题目应具有代表性、启发性。

题目难度要适当。

研讨题目应事先提供给学员，以便做好研讨准备。

(二) 适宜技能培训的实践性培训方法

实践法是通过让学员在实际工作岗位或真实的工作环境中，亲身操作、体验，掌握工作所需的知识、技能的培训方法，在员工培训中应用最为普遍。这种方法将培训内容和实际工作直接相结合，具有很强的实用性，是员工培训的有效手段。适用于从事具体岗位所应具备的能力、技能和管理实务类培训。

实践法的优点是：经济，受训者边干边学，一般无须特别准备教室及其他培训设施；实用、有效，受训者通过实干来学习，使培训的内容与受训者将要从事的工作紧密结合，而且受训者在“干”的过程中，能迅速得到关于他们工作行为的反馈和评价。

实践法的常用方式如下。

1. 工作指导法

工作指导法又称教练法、实习法，是指由一位有经验的工人或直接主管人员在工作岗位上对受训者进行培训的方法。教练的任务是指导受训者如何做，提出如何做好的建议，并对受训者进行激励。

工作指导法的优点是应用广泛，可用于基层生产工人培训，如让受训者通过观察教练工作和实际操作，掌握机械操作的技能；也可用于各级管理人员培训，让受训者与现任管理人员一起工作，后者负责对受训者进行指导，一旦现任管理人员因退休、提升、调动等原因离开岗位时，训练有素的受训者便可立即顶替，如设立助理职务培养和开发企业未来的高层管理人员。

这种方法不一定要有详细、完整的教学计划，但应注意培训的要点：一是关键工作环节的要求；二是做好工作的原则和技巧；三是须避免、防止的问题和错误。

2. 工作轮换法

工作轮换法是指让受训者在预定时期内变换工作岗位，使其获得不同岗位的工作经验的培训方法。以管理岗位的工作轮换培训为例，让受训者有计划地到各个部门学习，如生产、销售、财务等部门，在每个部门工作几个月。实际参与所在部门的工作，或仅仅作为观察者，以便了解所在部门的业务，扩大受训者对整个企业各环节工作的了解。

（1）工作轮换法的优点

能丰富受训者的工作经验，增加对企业工作的了解；使受训者明确自己的长处和弱点，找到适合自己的位置；改善部门间的合作，使管理者能够更好地理解相互间的问题。

（2）工作轮换法的缺点

工作轮换法鼓励“通才化”，适合于一般直线管理人员的培训，不适用于职能管理人员。

3. 特别任务法

特别任务法是指企业通过为某些员工分派特别任务对其进行培训的方法，此法常用于管理培训。其具体形式如下。

（1）委员会或初级董事会

这是为有发展前途的中层管理人员提供的，培养分析全企业范围问题的能力，提高决策能力的培训方法。一般初级董事会由10~12名受训者组成，受训者来自各个部门，他们针对高层次的管理问题，如企业结构、经营管理人员的报酬以及部门间的冲突等提出建议，并将这些建议提交给正式的董事会，通过这种方法为这些管理人员提供分析企业高层次问题的机会。

（2）行动学习

这是让受训者将全部时间用于分析、解决其他部门而非本部门问题的一种课题研究法。4~5名受训者组成一个小组，定期开会，就研究进展和结果进行讨论。这种方法为受训者提供了解决实际问题的真实经验，可提高他们分析问题、解决问题以及制订计划的能力。

4. 个别指导法

个别指导法和我国以前的“师傅带徒弟”或“学徒工制度”相类似。目前我国仍有很多企业在实行这种帮带式培训方式，其主要特点在于通过资历较深的员工的指导，使新员工能够迅速掌握岗位技能。

（1）个别指导法的优点

新员工在师傅的指导下开始工作，可以避免盲目摸索；有利于新员工尽快融入团队；可以消除刚从高校毕业的学生进入工作状态的紧张感；有利于企业传统优良工作作风的传递；新员工可从指导者处获取丰富的经验。

（2）个别指导法的缺点

为防止新员工对自己构成威胁，指导者可能会有意保留自己的经验、技术，从而使指导流于形式；指导者自身水平对新员工的学习效果有极大影响；指导者不良的工作习惯会影响新员工；不利于新员工的工作创新。

（三）参与式培训方法

参与式培训方法是调动培训对象积极性，让其在培训者与培训对象双方的互动中学习的方法。这类方法的主要特征是每个培训对象积极参与培训活动，从亲身参与中获得知识、技能和正确的行为方式，开阔思维，转变观念。其主要形式有自学、案例研究法、头脑风暴法、模拟训练法、敏感性训练法和管理者训练法。

1. 自学

自学适用于知识、技能、观念、思维、心态等多方面的学习。自学既适用于岗前培训，又适用于在岗培训，而且新员工和老员工都可以通过自学掌握必备的知识和技能。

（1）自学的优点

①费用低。自学只需要为自学者创造一定的学习条件或者对自学进行必要的组织，如购买书籍，而不需要聘请教师、购置大件教学设备，不需要解决学员的食宿问题，因此自学费用比课堂培训低得多。

②不影响工作。与集中培训不同，自学往往在业余时间进行，学习和工作不会发生矛盾，对工作一般不会产生影响。

③学习者自主性强。自学者可根据自己的具体情况安排时间和进度，有重点地选择学习内容，学习者自主性强，可弹性安排学习计划。

④可体现学习的个别差异。自学者可以对学习内容进行选择，着重学习自己不熟悉的内容。同时，学习者可按照自己习惯的方法学习。

⑤培养员工的自学能力。在信息时代，每个人都必须终身受教育，学会如何学习对于每个人都非常重要。自学的过程是学习者主动地掌握知识的过程，必然会提高学习能力。

（2）自学的缺点

①学习的内容受到限制。自学时缺少交流、演练和指点，通过交流、演练和指点才能掌握的东西显然不适合自学。

②学习效果可能存在很大差异。每个员工的自学能力和主动性不同，学习效果可能存在很大差异。

③学习中遇到的疑问和难题往往得不到解答。在课堂培训时，教师会对重点和难点进行着重讲解，使学生能够听懂。在自学时，学习者遇到不懂的问题可能无法得到解答。

④容易使自学者感到单调、乏味。在讲授时，教师一般通过生动的讲解引起学员的兴趣，营造良好的学习气氛。自学是单个进行，如果学习者对学习的内容缺乏兴趣，就会产生单调、乏味的感觉。

2. 案例研究法

案例研究法是一种信息双向性交流的培训方式，它将知识传授和能力提高两者融合到一起，是一种非常有特色的培训方法。可分为案例分析法和事件处理法两种。

（1）案例分析法

案例分析法又称个案分析法，它是围绕一定的培训目的，把实际中真实的场景加以典型化处理，形成供学员思考分析和决断的案例，通过独立研究和相互讨论的方式，来提高学员的分析及解决问题的能力的一种培训方法。

案例分析法中的案例用于教学时应满足以下三个要求：一是内容真实，二是案例中应包含一定的管理问题，三是案例必须有明确的目的。

案例分析可分为两种类型：第一种是描述评价型，即描述解决某种问题的全过程，不论其实际结果是成功还是失败。这样，留给学员的任务只是对案例中的做法进行事后分析，以及提出"亡羊补牢"性的建议。第二种是分析决策型，即只介绍某一待解决的问题，由学员分析并提出对策。本方法能更有效地培养学员分析决策、解决问题的能力。上述两种方法不是截然分开的，中间存在着一系列过渡状态。解决问题的过程有七个环节，如图 6-4 所示。

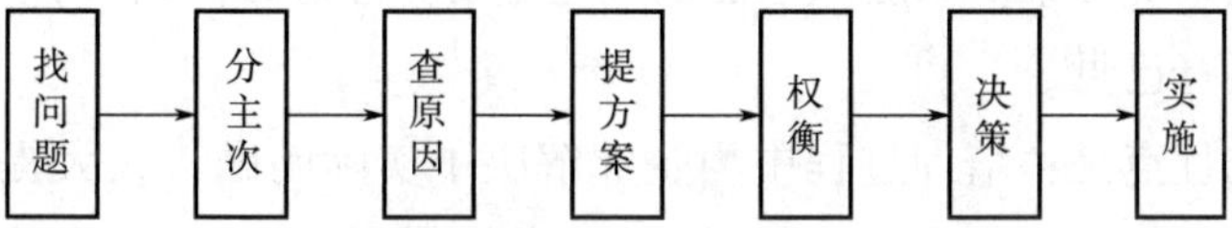

图 6-4　解决问题的七个环节

一个案例可以终止于七个环节中的任何一个。例如，若进行到第三个环节，即已找到问题产生的原因，那么学员要做的事便是对症下药，列出若干备选方案，逐一权衡比较，然后制定出决策等；若只找出了问题，分清了主次，则查明原因这一环节就有待学员去做，学员的任务便加重了，案例的分析难度也相应增加。如此逐步上溯，若案例只介绍了头绪纷繁的一种管理情景，则学员应找出此情景中究竟存在哪些问题，案例研究的难度也就更大了；反之，若案例的七个环节均已覆盖，即介绍了解决问题的全过程及其结果，学员已能对此做法做一番评价，这才属于描述评价型的案例。

（2）事件处理法

事件处理法是指让学员自行收集亲身经历的案例，将这些案例作为个案，利用案例研究法进行分析讨论，并用讨论结果来处理日常工作中可能出现的问题。学员间通过彼此亲历事件的相互交流和讨论，可使企业内部信息得到充分利用和共享，同时有利于形成一个和谐、合作的工作环境。

事件处理法的适用范围：适宜各类员工了解解决问题时收集各种情报及分析具体情况的重要性；了解工作中相互倾听、相互商量、不断思考的重要性；通过自编案例及案例的交流分析，提高学员理论联系实际的能力、分析解决问题的能力以及表达、交流能力；培养员工间良好的人际关系。

事件处理法的优点是：参与性强，使学员由被动接受变为主动参与；将提高学员解决问题的能力融入知识传授中；教学方式生动具体，直观易学；学员之间能够通过案例分析达到交流的目的。

事件处理法的缺点是：案例准备的时间较长且要求高；案例法需要较多的培训时间，

同时对学员能力有一定的要求；对培训顾问的能力要求高；无效的案例会浪费培训对象的时间和精力。

3. 头脑风暴法

头脑风暴法又称研讨会法、讨论培训法或管理加值训练法，其特点是培训对象在培训活动中相互启发思想、激发创造性思维，它能最大限度地发挥每个参加者的创造能力、提供解决问题的更多更好的方案。

头脑风暴法需注意以下操作要点：只规定一个主题，即明确要解决的问题，保证讨论内容不泛滥。把参加者组织在一起，无拘无束地提出解决问题的建议或方案，组织者和参加者都不能评议他人的建议和方案。事后再收集各参加者的意见，交给全体参加者。然后排除重复的、明显不合理的方案，重新表达内容含糊的方案。组织全体参加者对各可行方案逐一评估，选出最优方案。头脑风暴法的关键是要排除思维障碍，让参加者消除心理压力、轻松自由地各抒己见。

头脑风暴法的优点是：培训过程中为企业解决了实际问题，大大提高了培训的收益；可以帮助学员解决工作中遇到的实际困难；学员参与性强；小组讨论有利于加深学员对问题理解的程度；集中了集体的智慧，达到了相互启发的目的。

头脑风暴法的缺点是：对培训顾问要求高，如果不善于引导讨论，可能会使讨论漫无边际；培训顾问主要扮演引导的角色，讲授的机会较少；研究的主题能否得到解决也受培训对象水平的限制；主题的挑选难度大，不是所有的主题都适合用来讨论。

4. 模拟训练法

模拟训练法以工作中的实际情况为基础，将实际工作中可利用的资源、约束条件和工作过程模型化，学员在假定的工作情境中参与活动，学习从事特定工作的行为和技能，提高其处理问题的能力。其基本形式包括：人和机器共同参与模拟活动，人与计算机共同参与模拟活动。

模拟训练法的优点是：学员在培训中工作技能将会获得提高；通过培训有利于加强员工的竞争意识；可以带动培训中的学习气氛。

模拟训练法的缺点是：模拟情景准备时间长，而且质量要求高；对组织者要求高，要求其熟悉培训中的各项技能。

这种方法与角色扮演类似，但并不完全相同。模拟训练法更侧重于培训操作技能和反应敏捷，它把参加者置于模拟的现实工作环境中，让参加者反复操作装置，解决实际工作中可能出现的各种问题，为进入实际工作岗位打下基础。这种方法比较适用于对操作技能要求较高的员工的培训。

5. 敏感性训练法

敏感性训练法又称 T 小组法，简称 ST（Sensitivity Training）法。敏感性训练要求学员在小组中就参加者的个人情感、态度及行为进行坦率、公正的讨论，相互交流对各自行为的看法，并说明其引起的情绪反应。它的目的是提高学员对自己的行为和他人的行为的洞察力，了解自己在他人心目中的“形象”，感受与周围人群的相互关系和相互作用，学习与他人沟通的方式，发展在各种情况下的应变能力，在群体活动中采取建设性行为。

敏感性训练法适用于组织发展训练、晋升前的人际关系训练、中青年管理人员的人格塑造训练、新进人员的集体组织训练、外派工作人员的异国文化训练等。

敏感性训练法常采用集体住宿训练、小组讨论、个别交流等活动方式。具体训练日程由指导者安排。内容可包括问题讨论、案例研究等。讨论中，每个学员充分暴露自己的态度和行为，并从小组成员那里获得对自己行为的真实反馈，同时了解自己的行为如何影响他人，从而改善自己的态度和行为。

6. 管理者训练法

管理者训练法（Manager Training Plan）简称 MTP 法，是产业界最为普及的 管理人员培训方法。这种方法旨在使学员系统地学习，深刻地理解管理的基本原理和知识，从而提高他们的管理能力。

管理者训练法适用于培训中低层管理人员掌握管理的基本原理、知识，提高管理的能力。一般采用专家授课、学员间研讨的培训方式。企业可进行大型的集中训练，以脱产方式进行。管理者训练法的操作要点：指导教师是管理者训练法的关键，一般采用外聘专家或由企业内部曾接受过此法训练的高级管理人员担任。

二、培训的组织实施

（一）培训师的培训与开发

1. 授课技巧培训

教师的授课技巧是影响培训效果的关键因素。授课技巧很多、因人而异，因情况而异。

2. 教学工具的使用培训

培训师必须能熟练使用现代化的教学工具。

3. 教学内容的培训

从教师的两个来源来看，外部聘请的教师可能理论知识比较扎实，但其对企业的实际情况并不了解，就要对其进行这方面知识的补充，这样他们在授课时才能做到有针对性，将理论与实践结合起来。内部开发的教师对企业的情况比较了解，业务技能也很娴熟，但这类教师的缺点在于对专业范围内的理论新动向或新开发的技术或产品并不了解，这就是他们在培训中需要补充的东西。

4. 对教师的教学效果进行评估

教师的教学效果评估包括两部分内容：一是对教师在整个培训中的表现进行评估，二是对教师在培训教学中的表现进行评估。

5. 教师培训与教学效果评估的意义

这种评估必不可少，它是企业获取高质量培训教师资源的一个很好的手段。很多企业在首次培训中选择教师的标准可能只是其名气声望或者是一些人的推荐，但这并不能代表其具备真实能力。每次培训项目完成以后，培训管理者不但要对培训对象与培训项目做一个评估，还应该对培训教师进行相关评估，这样可以确切反映其在培训中所发挥的作用。对于教学效果较好的教师，可以长期保持联系，为以后的培训储备资源。

（二）培训课程的开发与建设

一般而言，每个企业都需要根据自身的发展和需要，固化并持续优化相应的培训课程，这就是课程建设，精品课程是培训效果的基本前提。课程建设的基本任务就是课程开发和优化，在课程开发时，首先要反哺培训目标，从目标着手，推演企业需要哪些课程以及什么样的课程。培训课程的开发也应符合成人培训的认知规律。在课程设计、培训模式和培训组织等方面都应该符合目的明确、方向精准、工作导向等成年人学习和认知规律，这样才能激发参训学员的学习兴趣，提高学习获得感，真正促进工作绩效和实绩得到提升。

1. 课程开发的主要程序

（1）前期的组织准备工作

此时，应由企业培训主管部门组织培训师、各职能部门培训管理人员以及部分员工组成课题小组负责培训课程的开发工作。小组应承担并完成以下工作任务：设定培训课程的目标；收集课程设计所需要的数据材料；制订课程设计的工作计划，等等。

（2）信息和资料的收集

在此充分挖掘与课程开发相关的各类信息资源，识别可利用的、有价值的信息，并有效加以利用。

（3）培训课程模块设计

这包括课程内容设计、课程教材设计、教学模式设计、培训活动设计、课程实施设计以及课程评估设计等。

（4）课程的演练与试验

针对新开设的培训课程做一次全程演练，应安排相关专家、学员代表等进行评价。

（5）信息反馈与课程修订

在此应根据专家意见或学员反馈信息，适时调整课程。这样才能及时发现问题、解决问题，有利于保障培训效果。

2. 课程开发的要素

（1）封面

封面主要用于描述设计文件的用途、设计者的姓名、起草日期、审查人员的姓名，以及他们的签字栏。

（2）导言

导言部分包括：

①项目名称，包括课程名称、课程的发布、版本或修订次数序号。

②项目范围，描述项目涉及的领域。

③项目的组成部分，包括培训解决方案的构成（包括印刷资料和电子资料）。

④班级规模，描述班级的最大、最小和最优化规模。

⑤课程时间长度，估算学员完成本课程所需的时间。

⑥学员的必备条件，描述学员在参加本课程之前必须完成的课程，必须参加的资格培训、测试或其他条件。

⑦学员，描述培训对象的特点，如岗位职务、工作责任、服务年限、社会背景、工作经验、现有能力、教育程度、态度、学习习惯、思想作风、兴趣偏好、具备的条件，以及对课程的期望值等。

⑧课件意图，介绍课程的目标、培训的意图、培训如何与课程相协调（如果培训适用的话）、培训如何使学员受益、培训成功的绩效标准等。

⑨课程评估，根据培训方案的要求对培训课程的内容和实效做出全面分析。课程评估包括：学员对培训活动过程的反馈和学员对学习层次的判断；对学员的测试，并根据绩效目标来确定他们的学习层次（高、中、低）。

（3）内容大纲

内容大纲包括：

①教学资源，列举了提供给学员、教师和考官的课程资料和表格，其中包括印刷资料或电子资料，以及得到资料的前提条件，如网络连接、邮寄等。

②资料的结构，描述了构成课程的每个部分，如单元、章节、课时和练习。对每一部分的描述涉及它的内容、历时、与其他部分的协调方式，以及它的用途。

③课程目标和绩效目标，说明课程的目标，并列出课程的所有绩效目标。

④教学顺序和活动，描述了课程题目的次序，并对每个课题做简短的概念性描述。

⑤内容，描述每个内容片段，其中包含课程结构的所有层次，如单元、章节、课时、练习。为了清晰地表明课程的内容，应该在本部分列出课程所涉及的项目清单。

⑥交付时间，说明交付课程的时间，包括完成每个内容片段所需的预期时间，也就是课程交付的时间表。

（4）开发要求

课程开发的要求主要说明开发培训项目所需要的资源，包括软件、硬件、文件、链接、操作手册、界面、程序、用户身份、安全存取、内部人员、咨询服务、项目团队成员、实验器材、会议设施、测试设备、工具、现场考察、模拟器材、录像器材和人员，以及其他有利于促进和完善课程开发流程的必需信息和资源。

（5）交付要求

交付要求主要介绍交付培训项目所需的资源，如教学器材、会议设施等，其中可能包括“开发要求”部分提出的大部分信息和资源。

（6）产出要求

培训项目产出要求主要说明制作培训资料所必需的资源，如网络管理人。

（三）培训课程的实施与管理

一个完善的培训计划在拟订阶段，必然会涉及许多在实施中将发生的事情，包括学员、讲师的选择，培训时间、场地的安排，教材、讲义的准备，培训经费的落实，培训的评估方法等。所以，培训计划能否成功实施，除了有一个完好的培训计划外，讲师的素质、培训人员的学习成效及环境、时间相关因素的配合等都不可忽视。

培训课程的实施是指把课程计划付诸实践的过程，它是达到预期课程目标的基本途径。课程设计得再好，如在实践中不能有效实施，也没有什么意义。课程实施是整个课程设计过程中的一个实质性阶段。

1. 前期准备工作

在新的培训项目即将实施之前做好各方面的准备工作，是培训成功实施的关键。准备工作包括以下几个方面的内容。

（1）确认并通知参加培训的学员

如果先前的培训计划已有培训对象，在培训实施前必须先进行审核一次，看有无变化，须考虑的相关因素如下：从事的工作内容、工作经验与资历、工作意愿、工作绩效、企业政策、所属主管的态度等。

（2）培训后勤准备

确认培训场地和设备，须考虑的相关因素如下：培训性质、交通情况、培训设施与设备、行政服务、座位安排、费用（场地、餐费）等。

（3）确认培训时间

须考虑的相关因素如下：学员的工作状况；培训时间的长度，原则上白天 8 个小时，晚上 3 个小时为宜；符合培训内容；教学方法的运用；时间控制。

（4）教材的准备

主要包括课程资料编制、设备检查、活动资料准备、座位或签到簿印制、结业证书等。

（5）确认理想的讲师

尽可能与讲师事先见面，授课前说明目的、内容。须考虑的相关因素如下：符合培训目标、讲师的专业性、讲师的配合性、在培训经费预算内。

2. 培训实施阶段

（1）课前措施

准备茶水，播放音乐。

学员报到，要求在签到簿上签名。

引导学员入座。

课程及讲师介绍。

学员心态引导，宣布课堂纪律。

（2）培训开始的介绍工作

做完准备工作以后，课程就要进入具体的实施阶段。无论什么培训课程，开始实施后要做的第一件事都是介绍工作。具体内容如下：

培训主题。

培训者的自我介绍。

后勤安排和管理规则介绍。

培训课程的简要介绍。

培训目标和日程安排的介绍。

“破冰”活动。

学员自我介绍。

(3) 培训器材的维护、保管

对培训的设施、设备要懂得爱护，小心使用，不能粗暴。例如：收录机或录像机的磁带要轻柔地插入或取出；许多人使用麦克风时，要注意保持麦克风清洁，以免传播疾病；对设备要定期除尘，不要把食物、饮料放在设备附近。

3. 知识或技能的传授

传授新知识或技能的方法有很多，通常包括培训者讲授、通过教学媒体传授、有组织的讨论、非正式的讨论以及提问和解答等。

培训过程应注意以下事项：注意观察讲师的表现和学员的课堂反应，及时与讲师沟通、协调；协助上课、休息时间的控制；做好上课记录（录音、摄影、录像）。

4. 对学习进行回顾和评估

一般在培训的最后阶段，当学员听到“现在我们来总结一下所学的内容”时，他们就开始松弛下来，认为培训结束了，该下课了。实际上，这短暂的总结非常重要，而且是他们在今后的工作中继续学习的开端。所以，为了吸引大家的注意力，最好使用下面这样的话语：“请大家想一想，今天培训的内容有哪些可以用在今后的工作中。”虽然通过总结可以帮助大家复习学过的内容，但由于此时学员只是被动地听，所以效果并不好。即使在培训的最后阶段，也不能忘记学员的参与是培训成功的关键。这时学员的参与更为重要，因为这关系到能否把学到的知识运用到工作中去，即培训的目标能否最终实现。

做任何一件事情都要有始有终，培训也是一样。但培训者通常都很重视开始和整个培训过程，而忽略了结束部分。当然，好的开始可以给学员和培训者带来信心，而整个培训过程更是传授新知识和技能的主要环节，所以能留给总结部分的时间就不多了。但只要能给结束部分留出相当于全部培训时间的5%左右的时间，就能取得意想不到的效果。

5. 培训后的工作

培训后的工作包括：

向讲师致谢。

作问卷调查。

颁发结业证书。

清理、检查设备。

培训成果评估。

第四节 培训评估

一、培训评估的类型

完整的培训评估体系一般包括对培训前、培训中和培训后三个层次的评估，之后才能进行整体评估结果的反馈。培训前的评估能够再次确认培训需求的客观性和科学性，也能确保培训计划和业务培训需求的合理衔接。培训过程中的培训能够确保整个培训的组织实施按计划进行，也能够促进培训执行的各项要求得到真正的贯彻落实，这种过程监督有助于直接问题的发现和解决。培训后效果评估可以从整体上了解培训项目或课程是否达到了既定目标和要求，是否让参训学员有了获得感和满意感，是否使得参训学员在知识、态度、技能等方面有了发展或行为转变，培训管理者在培训组织实施方面是否得心应手和顺畅自如。培训评估的操作流程如图 6-5 所示。

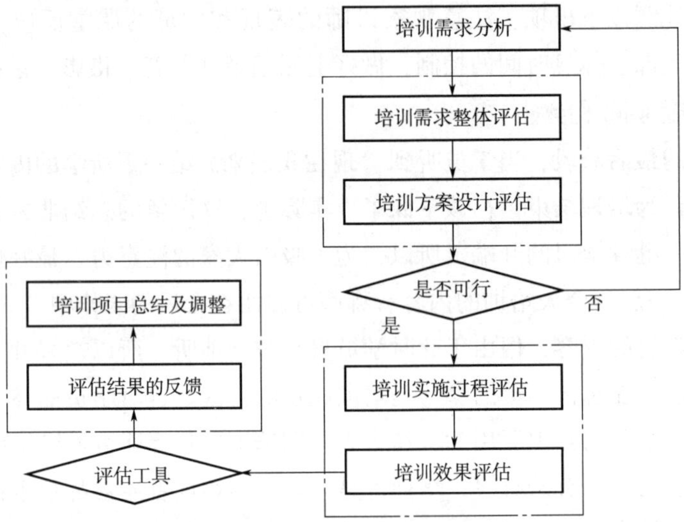

图 6-5 培训评估的操作流程

（一）培训前期评估

它包括培训需求整体评估和培训方案设计评估两个环节。其一，年初培训。主管部门要求各业务职能部门提交年度培训需求，由培训主管部门对相关培训需求进行评估，提交领导层决策后组织实施。其二，各业务职能部门在组织培训项目前，向培训主管部门提交培训实施方案，培训主管部门对其可行性、实效性、可操作性等方面进行全面评估，并按“三性”原则对培训方案提出修改意见。方案审核评估通过后方可进入实质性操作阶段。

（二）培训实施过程评估和培训效果评估

培训实施过程评估采取委派专人跟班评估和委托主办部门评估两种模式，原则上培训主管部门在各专业培训班开班、培训进行中和培训班结束三个阶段，均委派专人到培训班现场进行评估考察，同时委托主办部门全程跟踪评估。评估要素包括培训组织准备工作情况、培训学员参与培训情况、培训内容和形式、培训师和培训组织者的工作状况、培训进度和中间效果、培训环境和培训设施等，评估采取现场考察和问卷调查等形式进行。

培训效果评估是在培训结束后通过问卷调查综合评估培训效果，这个环节也是整个培训评估体系的核心部分。根据企业培训特点设计调查问卷，调查问卷整体上分为三个部分，即参训者基本信息、参训者对培训班的满意程度、参训者对培训班的建议及需求。问卷设计除要求参训者填写个人基本情况外，还要充分考虑到培训完成后参训者个人的感受，突出培训对实际工作的促进情况，将员工个人培训需求与所在部门实际工作要求相结合，从主客观两个方面共同评估培训效果。学员在培训结束时填写调查问卷，由培训主管部门收集汇总，并撰写培训评估报告。

（三）培训评估结果反馈

培训评估的目的并不只是检验培训项目的好坏，而是为改进培训项目提供依据，最终实现培训价值的提升。培训评估结果反馈主要是就培训报告和总结的内容，尤其是报告中关于培训班的成功经验、主要不足以及学员对培训班的建议和意见，及时反馈到举办培训的职能部门，并上报领导层审阅，同时以经验交流材料的形式发送到各职能部门传阅，便于各部门相互借鉴，共同提高培训效能。同时将培训评估结果进行归纳整理、存档，作为年终对各职能部门举办培训班进行评比以及今后申请举办类似培训审核的参考依据。

二、培训评估模型

目前最为人所知和广泛应用的培训评估模型是美国人力资源管理学家唐纳德·柯克帕特里克在 1959 年提出的柯氏四级评估模型（见表 6-2）。首先是反应评估（Reaction）：评估被培训者的满意程度；其次是学习评估（Learning）：测定被培训者的学习获得程度；再次是行为评估（Behavior）：考察被培训者的知识运用程度；最后是结果评估（Result）：计算培训创造的经济效益。也有人在这个基础上发展了第五级——投资报酬率评估（ROI）。

表 6-2　柯氏四级评估模型

评估级别	主要内容	可以询问的问题	评估时间	评估方法	评估人员
一级评估 反应评估 （Reaction）	观察和评估学员的反应，如学员对具体培训课程、培训讲师和培训组织等满意度情况	是否喜欢该培训课程？ 课程对受训者是否有效？ 对培训讲师及培训组织有何意见？ 课堂反应是否积极？	培训结束后	问卷、评估调查表填写、评估访谈	培训管理者

续表

评估级别	主要内容	可以询问的问题	评估时间	评估方法	评估人员
二级评估 学习评估 （Learning）	检查学员的学习成果，如检查学员对培训内容、概念、业务知识点和工作技巧等掌握情况	在培训项目中学到了什么？ 培训前后，受训者知识、理论、技能有多大程度的提高？	培训过程中、结束后	笔试、绩效考核、案例研究	培训管理者
三级评估 行为评估 （Behavior）	衡量培训前后的工作表现，判断学员在培训过后是否发生行为改善	在学习上是否有改善行为？ 在工作中是否用到培训内容？	培训后的3~6个月内	绩效考核测试、行为绩效记录	学员上级、同事、客户等工作相关者
四级评估 结果评估 （Result）	衡量企业经营业绩的变化，尤其是通过同比、环比等数据的对比来判断企业业绩是否因为培训而得到提升	行为的改变对组织的影响是否积极？ 企业是否因为培训而经营得更好？	培训后的3~24个月内	考察质量、事故、生产率	学员上级、同事、客户等工作相关者

（一）反应评估

反应评估是柯氏评估模型中三角形的最上端，用来评估学员对培训课程、培训教师和培训安排的喜好程度，与最下层的基础部分所获取的评估信息类型不同，这些信息并不一定能反映培训对企业的实际绩效有何作用。有些培训教师把这种评估称为“快乐单”。尽管如此，这类评估也不是什么作用也没有。柯克帕特里克认为，反应评估就像评估顾客满意度一样。要使培训有效，首先是学员对培训有积极的反应，评价的信息显示大多数学员喜欢该培训项目就说明培训的内容是学员能接受的；否则，学员没有动机与主动学习的态度来参加培训，培训内容再有用也难以成为学员的知识或技能，更难以转化为员工有效的实际行动。表6-3为某企业针对反应评估的调查问卷实例。

表6-3　反应评估调查问卷表

请告诉我们您对这次培训的看法，您的评价将帮助我们改进这个培训，您可以作无记名的答复，希望您正式、客观地发表意见，谢谢您的配合。

课程讲师：

培训课程：

1. 对这次培训总体效果的满意度

□很不满意　□不太满意　□不确定　□比较满意　□非常满意

2. 对课程安排的满意度

□很不满意　□不太满意　□不确定　□比较满意　□非常满意

续表

3. 对培训内容深浅的满意度 □很不满意　□不太满意　□不确定　□比较满意　□非常满意 4. 对讲师专业知识的满意度 □很不满意　□不太满意　□不确定　□比较满意　□非常满意 5. 对讲师授课技巧的满意度 □很不满意　□不太满意　□不确定　□比较满意　□非常满意 6. 对培训设施的满意度 □很不满意　□不太满意　□不确定　□比较满意　□非常满意 7. 对这次培训活动的企业安排的满意度 □很不满意　□不太满意　□不确定　□比较满意　□非常满意 8. 对培训时间合理性的满意度 □很不满意　□不太满意　□不确定　□比较满意　□非常满意 9. 您了解本次培训的目的吗？ □很不清楚　□不太清楚　□不清楚　□比较清楚　□非常清楚 10. 这次培训的主题内容与您的兴趣相符吗？ □很不符合　□不太符合　□不符合　□比较符合　□非常符合 11. 您认为这次培训对您的工作有帮助吗？ □毫无帮助　□无帮助　□不确定　□有些帮助　□帮助很大
您参加这次培训的收获是什么？
您对这次培训还有哪些建议？

（二）学习评估

在培训中，传授的内容包括知识、技能和态度。在学习评估中，要评估的主要方面相应为：学到了什么知识？学到或改进了哪些技能？改变了哪些态度？评估学习结果也是非常重要的，因为如果没有知识、技能和态度的获得与改变作为基础，就很难有行为和结果上的改变。在进行学习评估时，设计培训评估方案非常重要，通常会通过前后比较或设置控制组的方式对培训的学习效果进行评估，这些在后面一节会详细介绍。学习评估可以采取测验的形式。有些企业在进行培训后，会要求学员参加考试，考试合格才向学员颁发相应的证书。

（三）行为评估

行为评估更多地考虑到学员在接受培训回到工作岗位后在工作中表现出的变化。它实际上评估的是知识、技能和态度的迁移。在行为评估时，评估表的设计特别重要，一般采用一种偏向于试验型的问卷量表，表 6-4 是开展领导力培训后的针对参训学员自身的行为评估问卷量表，该问卷将此次领导力培训中两个最重要的能力（第一个是理解和激励，第二个是导向和培训）进行了工作场景的试验问题设计。

表 6–4 领导力培训行为评估表（参训学员）

以下陈述是为了帮助我们更好地了解领导方法培训的效果，请根据您的真实情况作答，您的回答对我们改进课程会很有帮助，谢谢您的配合。

项目	和过去比较在这个方面所花的时间和精力的大小				
	5＝比过去多很多	4＝比过去多一些	3＝和过去一样	2＝比过去少一些	1＝比过去少很多
理解和激励					
1. 接触和了解员工	5	4	3	2	1
2. 倾听下属	5	4	3	2	1
3. 对下属好的行为给予表扬	5	4	3	2	1
4. 和员工聊一些有关他们生活和家庭的话题	5	4	3	2	1
5. 征询下属的意见	5	4	3	2	1
6. 走动管理	5	4	3	2	1
导向和培训					
7. 关心新员工的家庭	5	4	3	2	1
8. 与新员工沟通过去的工作经历	5	4	3	2	1
9. 带领新员工参观部门	5	4	3	2	1
10. 把新员工介绍给其他同事	5	4	3	2	1
11. 当下属工作中有失误时，能及时指出并帮助改进	5	4	3	2	1
12. 在工作中培训和指导下属	5	4	3	2	1

表 6–5 是参训学员的下属（同事、上级甚至客户都可以）针对上级参加领导力培训后的行为评估。

表 6–5 领导力培训行为评估表（下属）

项目	与半年前相比				
	5＝非常符合	4＝比较符合	3＝不确定	2＝不太符合	1＝极不符合
我的经理对我的工作有了更好的了解	5	4	3	2	1
我的经理更加注意我工作中的成绩	5	4	3	2	1
我的经理更多地发挥我的特长	5	4	3	2	1

续表

项目	与半年前相比				
	5＝非常符合	4＝比较符合	3＝不确定	2＝不太符合	1＝极不符合
我的经理更加让我了解他对我的工作期望	5	4	3	2	1
我的经理更频繁地和我讨论我的工作表现	5	4	3	2	1
我的经理更多地让我表达我的想法和意见	5	4	3	2	1
我的经理更加关注我的发展	5	4	3	2	1
我的经理更多地帮助我提高	5	4	3	2	1

（四）结果评估

这一阶段的评估要考察的不再是受训者的情况，而是在部门和企业的大范围内，了解企业因培训发生的改变，即要回答“培训为企业带来了什么影响”，可能是经济上的，也可能是精神上的，如产品质量得到了改变，生产效率得到了提高，客户的投诉减少了，等等。这一阶段评估的费用最多、时间最长、难度最大，但对企业的意义也是最重要的。以某一主管为例，对其培训后的结果评估的指标往往是“产量的增加”“缺勤和怠工的减少”“成本的下降”“离职率的下降”，等等；而销售类和客户关系类的结果培训指标则可能大相径庭，究其原因是岗位的类别不同，销售类的更应侧重于“销售量”等销售指标，而客户关系类的更应侧重于“订单的准确性”等维持和提高客户关系及其满意度的指标（见表 6-6）。

表 6-6　不同类别岗位的行为评估指标

主管/管理培训	销售培训	客户关系培训
产量的增加 缺勤和怠工的减少 成本的下降 离职率的降低 员工建议数的增加 士气和员工态度的改变	销售量 平均销售规模 累计销售量 新旧账户比 每张订单的数目	订单的准确性 订单大小 每日交易数目 失去的顾客数 顾客投诉量

以上培训评估的四个层次，实施从易到难，费用从低到高。一般最常用的方法是阶段一，而最有用的数据是培训对企业的影响。是否评估、评估到第几个阶段，应根据培训的重要性决定。

补充阅读6-1

某企业培训规划书实例

本章小结

企业的竞争本质上是人才的竞争，企业要在市场竞争中立于不败之地，就应该树立新世纪的人才观念，认识到人才的重要性。因此企业应不断地进行职工培训和开发，让员工可以更好地胜任目前及未来的工作，为企业的短期和长远发展服务。

本章首先介绍了培训需求分析与培训规划，阐述了培训需求分析的方法与培训规划的要素。其次介绍了培训实施，其中重点分析了培训的各种方法与其优缺点，及培训组织实施的过程。最后，阐述了培训评估的内容，重点介绍了柯氏四级评估模型，让广大读者对培训评估全流程有了更加全面的了解。

习题

课堂活动

课堂提问：同学们思考一下为何要对培训进行评估，如何开展培训评估。

课堂讨论：请教已参加工作的学长学姐或朋友，入职时是否参与企业培训，讨论分析培训的全过程。

实训

实训项目：

了解员工培训工作

实训目的：

在理论学习的基础上，通过实训，了解企业人力资源部门如何开展员工培训工作，以及如何评价培训工作。

实训指导：

（1）到某企业人力资源管理部门了解培训的开展，收集相关分析资料。

（2）对人力资源部门负责培训的员工进行访谈，了解基本工作内容。

（3）以访谈企业实际培训需求情况，为其规划一场相应的培训。

根据访谈目的和访谈层级制定访谈提纲，以下访谈提纲仅供参考：

高层管理者访谈提纲

一、2022 年公司工作回顾

（一）简单介绍一下 2022 年公司工作目标及其实现情况。

（二）其中有哪些关键工作事项？这些关键事项的完成情况怎么样？

（三）从 2022 年的目标和计划实现情况来看，您认为在 2023 年有哪些需要开展的培训？

（四）对 2022 年培训工作有哪些不满意的地方？对 2023 年的培训您有哪些好的建议？

二、2023 年公司发展思路和发展目标展望

（一）2023 年公司的外部经营环境（市场、竞争、客户、法律等）有没有大的变化？

（二）2023 年公司的目标有哪几项？与去年相比有哪些变化？2023 年公司工作重点有哪个方面？

（三）2023 年公司内部（组织结构、人力资源政策等）有没有大的调整？组织机构的调整以及部门职能的调整将对员工有哪些新的要求？

（四）明年与今年相比，我们有哪些新的领域需要去开拓？对员工有哪些新的要求？

三、公司管理人员表现评价

（一）目前公司的目标管理和计划管理开展情况如何（是否有明确的目标管理和计划管理规范，是否按固定的周期执行和检查）？

（二）您如何评价各部门目标和计划完成情况？

（三）公司管理人员的知识和技能方面，在 2023 年最需要提高的有哪些？

四、人才梯队建设和骨干人才培养

（一）除了中层管理岗位外，对公司而言最关键的岗位还有哪些？您对于目前在岗人员的工作是否满意？您觉得他们还需要学习哪些方面的知识和技能才能达到您的期望？

（二）目前本公司最稀缺的是哪个类别的人才？

（三）从公司未来三到五年的发展来看，您觉得哪些类别人才的培养最为关键（后备干部、技术人才、新大学生等）？

（四）您对于这些类别人才的培养，有怎样的期望？

五、自我学习与提升

（一）2022 年感觉不太满意的是哪些方面？

（二）2022 年感觉比较吃力的是哪些方面？

（三）2023 年工作目标和计划当中，比较有挑战的是哪些方面？

（四）2023 年打算在哪些方面去进一步提升自己？希望通过什么样的方式？

实训组织：

（1）把全班同学分成若干小组，以小组为单位进行观察、访谈，收集信息。

（2）以小组为单位对所收集的信息和培训规划进行分析和总结。

实训考核：

每位学生需填写实训报告。实训报告应包括实训项目、实训目的、实训本人承担任务及完成情况、实训过程、实训小结、实训评语（由教师填写）等内容。

拓展案例

培训需求调研分析报告样例

第七章 绩效管理

学习目标

理解绩效、绩效考核、绩效管理的概念
理解指标、标准和权重的概念与设计
了解绩效管理的流程体系、应该注意的问题
掌握绩效考核的基本方法

重点概念

绩效（Performance）
绩效考核（Performance Appraisal）
绩效管理（Performance Management）
目标管理法（Management By Objectives，MBO）
关键业绩指标法（Key Performance Indicators，KPI）
平衡计分卡（Balanced Scorecard，BSC）
目标与关键结果（Objectives and Key Results，OKR）

微课视频

近现代企业家人才管理思想：用人篇

开篇案例

范旭东的绩效思想

毛泽东在谈到中国工业发展时曾说，有四个人不能忘记：讲重工业，不能忘张之洞；讲轻工业，不能忘张謇；讲化学工业，不能忘范旭东；讲交通运输，不能忘卢作孚。由此可见范旭东在中国化学工业中的地位和作用。

范旭东（1883—1945），中国化工实业家，中国重化学工业的奠基人。1910 年毕业于京都帝国大学化学系，1914年起，先后创办和筹建久大精盐公司、永利制碱公司、黄海化学工业研究社等企业，其所形成的“永久黄”团体，是近代中国第一个大型私营化工生产和研究组织，被毛泽东称赞为中国人民不可忘记的四大实业家之一。

范氏企业制定严格的人事考核制度，以确保生产任务的完成，具体由人事室负责进行。对于工人的考核，标准一般分为行为与业务工作两个方面。行为方面包括责任、纪律、操守、态度、嗜好等；业务工作方面，根据不同的工种和技能提出不同奖惩措施、行为规则。工人在工作上有功绩或犯过的，范氏企业通常对工人进行奖励和惩罚。对有功绩的奖励为记功（三小功当一大功）、增工资、奖金（最高为百元）和提升职务四种；对工人犯过，其处罚办法大致分为记过（三小过当一大过）、罚金、开除三种，如在久大盐业公司，对于职员任用的考核程序就分为试任、升任、特任三种，而每一程序都必须经过考试或严格的审查合格后方才正式任用。

回首百年前的范氏企业，对员工的考核已经非常全面，并不只看产出，责任、纪律、操守、态度甚至嗜好都是检验员工是否合格的标准。这在某种程度上，表明百年前的民族企业在用人方面，已经非常看重员工的内在价值观，从考核员工嗜好与操守就能理解一二。且奖惩分明，升迁途径清晰有序，对员工是一种内部公平性的体现。这些都是值得现代企业学习的地方。

第一节 绩效管理概述

一、绩效、绩效考核、绩效管理的概念

（一）绩效

1. 绩效的定义

从字面意思分析，绩效是绩与效的组合。绩就是业绩，是员工工作的结果，体现企业的利润目标。效就是效率、效果、态度、品行、行为、方法、方式，是一种行为。也就是说，绩效是结果与过程的统一体。本书认为，除了结果与过程，绩效在某种程度上还能反映员工的工作潜力。

在管理学中，绩效的概念有其特殊的意义。一般可以从个体、团队、组织三个层面理解。层面不同，绩效所包含的内容、影响因素和测量方法也不同。本书的定义更多地从员工个体层面出发，认为绩效是指具有一定素质的员工围绕岗位职责所达到的阶段性工作结果以及在其过程中的行为表现和发展潜力。

2. 绩效的性质

（1）多因性

多因性，即员工绩效水平的高低会受到多种因素的共同影响，主要包括技能、激励、

环境和机会四个方面。其中技能和激励是内因，环境和机会是外因。绩效并不是哪个单一因素可以决定的，绩效和影响绩效的因素之间的关系可以用下面的公式来表示：

$$P = f(S, M, E, O)$$

此公式说明，绩效是技能（Skill）、激励（Motivation）、环境（Environment）和机会（Opportunity）四个变量的函数，如图 7-1 所示。例如，对于一个装卸工来说，他所掌握的装卸货物的技能水平（S）、高效完成装卸任务后能获得的物质奖励和职位通道晋升等（M）、装卸工具的性能和装卸环境（E），都会影响其绩效水平；任务分配的偶然性也会产生影响，有可能装卸工甲的技能优于装卸工乙，但是由于甲不在现场或者未被分派任务，无从表现。所以，“机会”也会存在，现实生活中不可能做到完全的公平，此因素也是不可控的。

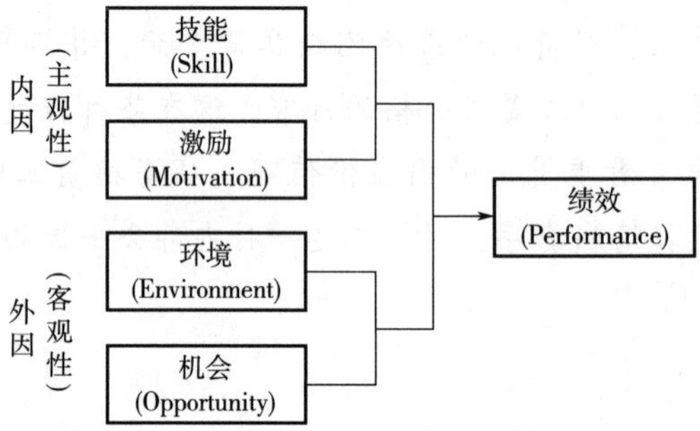

图 7-1　绩效的多因性

（2）多维性

多维性，即应多维度去分析与考核，员工的工作结果和工作过程都属于绩效考核范畴。例如一名操作员工的考核，除了产品数量、质量、原材料损耗等工作业绩以外，还包括出勤、团队合作意识、纪律等工作态度方面，通常需要综合评价得出结论。一般企业会选择从德、能、勤、绩四个方面进行综合考核。考核者应根据绩效考核的不同目的和不同对象，选择不同的考核指标。

（3）动态性

动态性，即员工的绩效并不是固定不变的。在不同的因素影响下，一位员工在不同考核周期中往往会呈现出不同的表现和成绩。这种动态性也解释了为什么企业要设置考核周期。所以考核者要以发展的眼光看待员工的绩效，切不可以僵化的、静态的方式去衡量。

（二）绩效考核

绩效考核是指考核者对照工作目标或绩效标准，采用一定的考核方法，评定员工的工作任务完成情况、员工的工作职责履行程度和员工的发展情况，并将上述评定结果反馈给员工的过程。

有效的绩效考核不仅能确定每位员工对企业的贡献与不足，更能够在整体上为人力资源管理提供决定性的评估资料，改善组织的反馈机能，提高员工的工作绩效，也是公平合理地酬赏员工的依据。

（三）绩效管理

绩效管理是指各级管理者和员工为了达成组织经营目标，共同参与绩效计划制定、绩效辅导沟通、绩效考核评价、绩效结果应用、绩效目标提升的持续循环过程。绩效管理的目的是持续提升个人、团队和组织的绩效水平。

这个定义指出了绩效管理的一般特征：

第一，绩效管理的目的是更有效地实现组织目标。绩效管理本身并不是目的，之所以要开展绩效管理是要最大程度提高企业的管理效率、企业资源的利用效率，进而不断提高企业绩效，最终达到企业经营与发展目标。更有效地实现企业的预定目标是绩效管理的终极目的。

第二，绩效管理的主体不仅包括掌握人力资源管理知识、专门技术和手段的绩效管理人员，还包括每一位参与绩效管理的员工。绩效管理由相关管理者推动，落实到员工身上，最终由每一位员工的具体实践操作实现。

第三，绩效管理是一套完整的 P-D-C-A 循环体系。P-D-C-A 循环即计划（Plan）、实施（Do）、考核（Check）、调整（Adjust）。

二、绩效管理的过程

（一）绩效管理流程模型

如前所述，绩效管理是绩效管理者与员工之间持续不断地进行绩效计划、绩效实施、绩效考核、绩效诊断与提高的循环过程，即 P-D-C-A 循环，如图 7-2 所示。

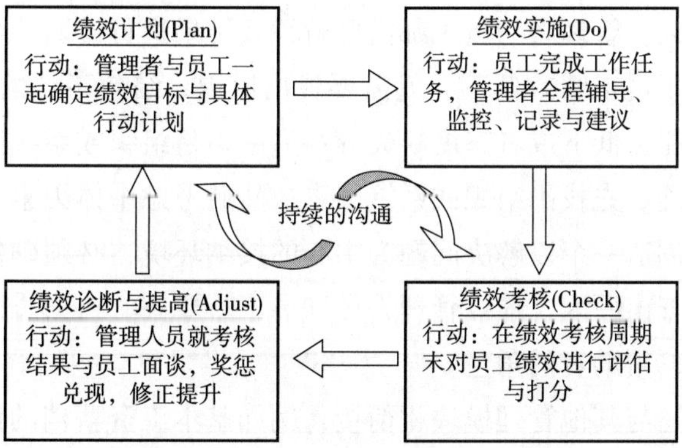

图 7-2　绩效管理流程模型

（二）绩效管理的各个环节

绩效管理是管理人员与员工在不断的沟通中进行的一系列工作的步骤，我们分别来进行讨论。

1. 绩效计划

绩效计划，即绩效管理人员与员工合作，就员工应该履行的工作职责、各项任务的重要性等级和授权水平、绩效的衡量、绩效管理人员提供的帮助、可能遇到的障碍及解决的方法等一系列问题进行探讨并达成共识的过程，是整个绩效管理体系中最基础、最重要的环节。只有计划有针对性且可行性强，后续的步骤开展得才有意义。

2. 绩效实施

绩效实施，即绩效管理人员与员工双方在计划实施期内保持持续的沟通联系，全程追踪计划进展情况，及时排除遇到的障碍，必要时修订计划，做好记录。这是绩效管理体系的灵魂与核心。实施效果如何直接关系到所得出的绩效评估结果的公正性，员工会非常关注评估结果是否公正。

3. 绩效考核

在绩效周期末，采用科学的评估方法对员工的实际工作绩效进行量化打分的过程。在充分参与绩效计划和绩效沟通的基础上，员工能亲身感受和体验到绩效管理不是和他们作对，而是为了齐心协力提高绩效，他们因此会少些戒备，多些坦诚；同时考核不会出乎意料，因为在平时动态、持续的沟通中，员工们已就自己的业绩情况和绩效管理人员基本达成共识，此次绩效考核只是对平时讨论的一个复核和总结。此时，绩效管理人员已从考核者转变为帮助者和伙伴。考核面谈的目的是鼓励员工自我评价，运用数据、事实来证明。绩效管理人员同样也可用数据、事实来证明自己的观点。如果绩效计划和绩效沟通认真执行，则考核时产生严重分歧的可能性很小。

绩效考核是一个操作性较强的过程，通常企业会建立绩效考核体系或方案，这在下一节具体介绍。

4. 绩效诊断与提高

一个绩效周期结束，管理者与员工都需要就绩效结果进行诊断、面谈，目的是提高下一轮的绩效。一旦发现员工绩效低下，就需要找出原因。绩效不佳的原因可以分成两类：一类是个体因素，如能力低下或者态度缺失等；另一类是组织或系统因素，如工作流程不合理、官僚主义严重等。先找出组织或系统因素，然后考虑个体因素。员工是查找原因的重要渠道，但要努力创造一个以解决问题为中心的接纳环境，必须确保员工不会因为吐露实情而遭惩罚。一旦查出原因，绩效管理人员和员工就要齐心协力排除障碍，此时，绩效管理人员充当了导师、帮助者的角色。

当然，绩效结果还与其他管理模块相衔接，例如基本工资薪档的调整及季度、年度奖金的分配，职位晋升与调整，培训与再教育，人力资源规划与开发，职业生涯管理，等等。

完成上述过程之后，绩效管理的一轮工作就算结束，开启新一轮的绩效管理。

三、绩效管理与绩效考核的关系

（一）绩效管理与绩效考核的联系

从上述概念的介绍，我们可以认识到绩效考核是绩效管理过程中不可或缺的组成部分，绩效考核可以为企业绩效管理的改善提供资料，帮助企业不断提高绩效管理水平，提升管理有效性，使绩效管理真正帮助管理者改善管理水平，帮助员工提高绩效能力，帮助组织获得理想的绩效水平。绩效管理以绩效考核的结果作为衡量的参照，通过与标准的比较，寻找两者之间的差距，提出改进的方案，并推动方案的实施。

（二）绩效管理与绩效考核的区别

绩效管理与绩效考核的区别如表 7-1 所示。

表 7-1 绩效管理与绩效考核的区别

绩效管理	绩效考核
一个完整的绩效管理过程	管理过程中的局部环节和手段
贯穿于日常工作，循环往复进行	只出现在特定时期
具有前瞻性，能有效规划组织和员工的未来发展	回顾过去一个阶段的成果
注重双向的交流、沟通、监督、评价	事后的评价
侧重日常绩效的提高	注重进行绩效结果的评价
注重个人素质能力的全面提升	注重员工的考核成绩
绩效管理人员与员工之间是绩效合作伙伴的关系	绩效管理人员与员工站到了对立的两面

绩效管理包括制订绩效计划、动态持续的绩效沟通、绩效考核、诊断与提高，是一个完整的绩效管理过程；而绩效考核只是这个管理过程中的局部环节和手段。

绩效管理是一个过程，贯穿于日常工作，循环往复进行；而绩效考核是一个阶段性的总结，只出现在特定时期，如月末、季度末、年末等。

绩效管理具有前瞻性，能帮助组织和管理者前瞻性地看待问题，有效规划组织和员工的未来发展；而绩效考核则是回顾过去一个阶段的成果，不具备前瞻性。

绩效管理以动态持续的绩效沟通为核心，注重双向的交流、沟通、监督、评价；而绩效考核只注重事后的评价。

绩效管理根据预期目标，评价绩效结果，提出改善方案，侧重日常绩效的提高；而绩效考核只比较预期的目标，注重进行绩效结果的评价。

绩效管理充分考虑员工的个人发展需要，为员工能力开发及教育培训提供各种指导，注重个人素质能力的全面提升；而绩效考核只注重员工的考核成绩。

绩效管理能建立绩效管理人员与员工之间的绩效合作伙伴的关系；而绩效考核则使绩效管理人员与员工站到了对立的两面，距离越来越远，制造紧张的气氛和关系。

四、绩效管理的作用与定位

（一）绩效管理的作用

绩效管理作为人力资源管理的核心吸引了越来越多企业的关注，企业管理者越来越认识到绩效管理的重要性，想方设法提高员工的绩效，进而提高自己的管理绩效和组织的战略绩效。绩效管理的作用主要有以下几方面。

1. 绩效管理促进组织和个人绩效的提升

绩效管理通过设定科学合理的组织目标、部门目标和个人目标，为企业员工指明了努力方向。管理者通过绩效辅导沟通及时发现下属工作中存在的问题，给下属提供必要的工作指导和资源支持，下属通过工作态度以及工作方法的改进，保证绩效目标的实现。在绩效考核环节，对个人和部门的阶段工作进行客观公正的评价，明确个人和部门对组织的贡献，通过多种方式激励高绩效部门和员工继续努力提升绩效，督促低绩效的部门和员工找出差距改善绩效。在绩效反馈面谈过程中，通过考核者与被考核者面对面的交流沟通，帮助被考核者分析工作中的长处和不足，鼓励下属扬长避短，促使个人得到发展；对绩效水平较差的组织和个人，考核者应帮助被考核者制定详细的绩效改善计划和实施举措；在绩效反馈阶段，考核者应和被考核者就下一阶段工作提出新的绩效目标并形成共识，被考核者承诺达成目标。在企业正常运营的情况下，部门或个人新的目标应超出前一阶段目标，激励组织和个人进一步提升绩效，经过这样绩效管理循环，组织和个人的绩效就会得到全面提升。

2. 绩效管理促进人力资源满足组织发展的需要

绩效管理通过对员工进行甄选与区分，保证优秀人才脱颖而出，同时淘汰不适合的员工。绩效管理能使内部人才得到成长，同时能吸引外部优秀人才，使人力资源能满足组织发展的需要，与任职资格、职业生涯晋升通道结合，营造一种良好的工作氛围，在辅助员工个人能力提升的同时，组织实现资源的最有效利用，从而获取最优的市场竞争力，最终实现组织与员工的共同利益最大化。

3. 绩效管理促进管理流程和业务流程优化

绩效管理避免了单一考核的片面性，从全局和整体层面出发，是对管理观念的更新和管理手段的创新。各级管理者都应从企业整体利益及工作效率出发，尽量提高业务流程的效率，进一步优化企业管理流程和业务流程。它的作用更多的是改变管理者的管理理念与行为，改变员工的思维方式和行为方式。

4. 绩效管理保证组织战略目标的实现

绩效管理将组织的战略价值观、利润目标转化为具体的行动方案计划，并分解成每位员工的工作目标，形成组织目标上下一致的局面，有效地提高个体与组织的工作效率。

（二）绩效管理在人力资源管理系统中的定位

在人力资源管理过程中，绩效管理承担着具体的落地任务。它将企业的战略目标分解成各个业务单元，进一步分解到每个岗位，而岗位职责最终由员工实现。因此，对每位员工的绩效进行管理、改进和提高，从而提高企业整体绩效，使得企业的生产力和价值随之提高，企业的竞争优势也就由此而获得。可以看出，绩效管理在人力资源管理这个有机系统中占据着核心的地位，发挥着重要的作用，同时也与人力资源管理中的其他模块实现了很好的对接，表现为：

1. 与工作分析的对接

工作分析是绩效管理的重要基础。在绩效管理的实施过程中，每位员工的绩效指标提炼前提是必须有明确的岗位工作职责，从岗位说明书中提取关键指标。

2. 与薪酬体系的对接

员工绩效的高低决定其薪酬结构中变化的部分，例如绩效工资、奖金等，激发员工的工作积极性。这部分内容将在下一章节展开分析。

3. 与招聘甄选的对接

通过绩效考核的结果可以实现对企业现有员工的分类，将员工与岗位进行合适的匹配，绩效优秀者晋升，绩效良好者进一步培养，绩效合格者做针对性培训，等等。相关历史信息与数据亦能帮助企业更有效地招聘新员工。

4. 与培训开发和人力资源规划的对接

绩效管理帮助员工了解自身的优势与不足，进而改善和提高绩效，因此培训开发是绩效考核之后的重要工作。人力资源部门也能根据员工绩效考核的结果，对企业的人力资源进行统筹规划。

第二节　绩效考核体系建立

绩效考核是一项系统工程，包含很多环节，只有每一个环节工作都落实到位，考核工作才能出实效。考核的结果要公平客观，得到员工的认可，一开始的绩效指标、绩效标准和指标权重的建立尤为关键，被称为绩效考核体系三要素。只有当绩效是可以衡量和控制的，我们才可以具体设计绩效指标和绩效标准，并对绩效进行考核与管理。本节重点学习绩效指标、绩效标准和指标权重。

一、绩效指标、绩效标准与指标权重的建立

（一）绩效指标

绩效指标指的是从哪些方面对工作产出进行衡量或评估，解决的是我们需要评估“什么”（What）的问题。例如，是产量、质量、原材料损耗率，还是出勤率、客户满意度？

1. 绩效指标确立需要遵循的原则

基于企业战略原则：企业的各级绩效指标原则上就是在企业战略的指导下通过层级逐级分解而形成的。

基于岗位分析原则：清晰的岗位分析工作可以帮助企业建立可靠的管理信息系统，有效的绩效考核指标很大程度上就来源于管理信息系统提供的信息资源。

效度原则：所谓效度是指评估测量的准确程度。评估测量的效度越高，表示它所测量的结果越能正确反映工作绩效。

信度原则：信度是指所得分数的稳定性或可靠性。在这里，信度实际上与绩效的资料收集方法特点有关，即一致性和稳定性。

2. 绩效指标的种类

业绩指标：用具体数量或金额表示的工作成果，例如利润额、销售收入、产量、费用等。

行为指标：工作中的相关行为是否符合企业规范和要求，例如出勤率、事故率、表彰率、客户满意度等。

能力指标：考核员工在岗位工作中发挥出来的能力，例如专业知识水平、相关技能、工作经验、体能等。

态度指标：指的是员工在工作中付出的努力程度，例如工作主动性、创新性、敬业度、自主性、忠诚度等。

从上述分类来看，业绩指标和行为指标都可以用绝对数值表示，我们可以称之为硬指标；而能力指标和态度指标需要先分级说明，再对不同的级别赋分，我们称之为软指标。

（二）绩效标准

绩效标准指在各个指标上分别应该达到什么样的水平或目标，解决的是被评估者要做得"怎样"或完成"多少"（How）的问题。例如，在产量指标下是达到 50 个、100 个还是 200 个才算合格？达到优秀的标准又是什么？

一般而言，我们可以将绩效标准分为基本标准和卓越标准两类。基本标准指的是期望所有员工达到的水平。这种标准是每个被评估对象通过努力都可以达到的水平，用于判断被评估者的绩效是否能够满足基本的岗位要求。卓越标准指的是对被评估对象未作要求和期望，但是少数人通过付出较大的努力也可以达到的绩效水平，主要用于识别角色榜样。举一个大学生学习的例子，每一门功课达到 60 分，是一个基本标准，结果能够顺利毕业；每一门功课达到 90 分，就是一个卓越标准，结果可能是拿到奖学金或者保送研究生等。

绩效标准的建立需要遵循两个原则：

一是考核标准的压力要适度。考核标准建立的水平应该是大多数员工在经过努力之后都能达到的。过高或过低的标准都会造成员工工作效率降低，滋生懈怠情绪。

二是考核标准要有一定的稳定性。考核标准是考核员工工作绩效的权威性文件，一经制定，其基本框架短时间内不应发生改变。必要的稳定性保证了标准的权威性。

表 7–2 举例说明某人事专员岗位的若干绩效指标与绩效标准。

表 7–2　人事专员的绩效指标与绩效标准示例

指标名称 1	社会保险基数申报及年检及时准确性				
衡量方法	提交时间；发现出错次数				
绩效得分	100（优秀）	80（良好）	70（中等）	60（及格）	50（不合格）
绩效标准	规定时间内申报；报表数据准确	申报延误不超过 1 个工作日；发现出错次数不超过 2 处	申报延误不超过 2 个工作日；发现出错次数不超过 4 处	申报延误超过 2 个工作日；发现出错次数超过 4 处	无法独立完成申报及年检工作

续表

指标名称 2	招聘费用预算达成率				
衡量方法	（实际招聘费用-预算费用）/预算费用×100%				
绩效得分	100（优秀）	80（良好）	70（中等）	60（及格）	50（不合格）
绩效标准	按费用预算计划进行有效控制；偏差率不超过 5%	按费用预算计划进行有效控制；偏差率不超过 10%	按费用预算计划进行有效控制；偏差率不超过 20%	按费用预算计划进行有效控制；偏差率不超过 30%	无费用预算计划；或偏差率超过 30%

（三）指标权重

权重是一个相对概念，是针对某一个指标而言的。某一指标的具体权重是指该项指标在整体绩效考核体系中的相对重要程度。

指标权重的确定过程，实际也是对系统评估指标进行排序的过程，在只有一级指标的时候，所有指标权重之和为 1。在二级指标体系中，权重值的构成同样也有这一性质，以此类推。

假设某指标体系有两级指标，一级指标为 $\{A_i \mid i=1, 2, \cdots, n\}$，其对应的权重为 $\{W_i \mid i=1, 2, \cdots, n\}$，二级指标为 $\{B_{ij} \mid i=1, 2, \cdots, n; j=1, 2, \cdots, m\}$，其对应的权重体系为 $\{W_{ij} \mid i=1, 2, \cdots, n; j=1, 2, \cdots, m\}$，则应满足以下的条件：

$$0 < W_i \leqslant 1,\ 0 < W_{ij} \leqslant 1 \quad i = 1, 2, \cdots, n;\ j = 1, 2, \cdots, m$$

$$\sum_{i=1}^{n} W_i = 1$$

$$\sum_{i=1}^{n}\sum_{j=1}^{m} W_i W_{ij} = 1$$

对于三级指标体系、四级指标体系也是如此类推。表 7-3 举例说明中国大学国际化竞争力排名指标与权重。

表 7-3　中国大学国际化竞争力排名指标与权重

一级指标	权重（%）	二级指标	权重（%）	三级指标	权重（%）
国际化教育	40	千人计划师资	10	千人计划人数	5
				青年千人计划人数	5
		中外合作办学	20	中外合作办学机构数量	9
				中外合作办学硕士及以上项目数量	6
				中外合作办学本科项目数量	5
		留学生	10	海外留学生占学校学生总人数比例	5
				出国留学生占学校学生总人数比例	5

续表

一级指标	权重（%）	二级指标	权重（%）	三级指标	权重（%）
国际化科研	20	顶尖学科	10	ESI 前 1 学科数	10
		顶级论文	10	在 Cell，Nature，Science 发表论文数量	5
				ESI 高被引论文篇数	5
国际化合作	20	国际合作科研机构	10	国际合作科研结构数量	10
		“111”计划	10	“111”计划数量	10
国际化奖项	20	诺贝尔奖	10	诺贝尔奖数量	10
		其他重大国际奖项	10	菲尔兹奖数量	2
				图灵奖数量	2
				沃尔夫奖数量	2
				克拉福德奖数量	2
				拉斯克医学奖数量	2

至此，指标、标准与权重构成了绩效考核体系的三个主要方面。任何一方面的缺失都将使得员工的绩效得分无法量化或衡量。

二、绩效考核过程中的关键点

（一）绩效考核的内容

为了使绩效考核更具有可靠性和可操作性，应该在对岗位工作内容分析的基础上，根据企业的管理特点和实际情况，对考核内容进行分类。比如将考核内容划分为“重要任务”考核、“日常工作”考核和“工作态度”考核三个方面。

“重要任务”是指在考核期内被考核人的关键工作点，往往列举一至三项最关键的即可，如对于研发人员可以是考核期的研发任务，销售人员可以是考核期的销售业绩。“重要任务”考核具有目标管理考核的性质。我们往往把其称为关键绩效指标（Key Performance Indicators，KPI），后文还会进一步讲解。

“日常工作”的考核条款一般以岗位职责的内容为准，如果岗位职责内容过杂，可以仅选取重要项目考核。它具有考核工作过程的性质。我们把这些日常工作指标称为一般业绩指标（Common Performance Indicators，CPI）。

“工作态度”的考核可选取能够影响工作的个人态度，如协作精神、工作热情、礼貌程度等。对于不同的岗位，考核有不同的侧重，比如，“工作热情”是行政人员的一个重要指标，而“工作细致”可能更适合财务人员。另外，要注意一些纯粹的个人生活习惯等与工作无关的内容不要列入“工作态度”的考核内容。

不同分类的考核内容，其具体的考核方法也不同。例如，评估一名银行信贷员的工作。这项工作的行为指标可能包括“及时为客户准备好各种信贷文件”，而从工作成果的角度看，绩效指标可能是“每月贷出低风险贷款500万元”。比较这两项指标，显然后者更重要，如果该信贷员每月能贷出500万元低风险贷款，他的工作将会受到上级的赏识；但是如果该信贷员仅仅是能“及时为客户准备好各种信贷文件”而完不成工作成果的要求，则他的工作仍然是不能令人满意的。因此“每月贷出低风险贷款500万元”就是关键绩效指标，“及时为客户准备好各种信贷文件”就是一般业绩指标。

（二）绩效考核的周期

设定绩效考核的时间间隔对评估操作过程来说，是必不可少的一环。绩效评估周期的设定因评估目的的不同而有所不同。一般企业会设置月度考核、季度考核、半年度考核、年度考核和不定期考核等几种考核周期。对于一般员工的日常工作考核，往往会选择较为固定的月度或季度考核；对于人事变化调动或晋升，往往需要较长时间的间隔，以免被员工投机取巧的短期行为所蒙蔽。

1. 月度考核

月度考核一般适用于企业的基层员工。在考核的同时，配合绩效工资的发放，可以在短期内充分调动员工的工作积极性，起到对员工及时激励、对企业及时纠偏的良好效果。然而，这样频繁的考核在实际运作中也存在着一定的问题：首先，对基层员工的月度考核过于频繁会加重部门经理、人力资源部等相关考核统计人员和部门的工作量；其次，月度考核之后所对应月度绩效工资的发放，对企业的短期现金流提出相对较高的要求；最后，对于普通员工而言，月度考核可能导致员工更加重视自己的短期行为，而忽视自身的长期成长和发展。

2. 季度考核

季度考核一般适用于基层员工和基层管理者，是对被考核者一段时期内工作的督导和评价。对于大部分职能部门来讲，以季度为考核周期既可以避免月度考核工作量较大的问题，又可以相对有效、及时地反映各个岗位在一个季度内的工作成效。然而对于业务类、营销类的基层岗位而言，三个月的统计周期就显得有些长，不能起到快速响应市场的作用。

3. 半年度考核

半年度考核一般适用于企业的中高层管理人员，是对管理人员一段时间内工作的考核。考虑到中高层管理者既要对公司整体的战略负责，又要对公司的整体经营目标负责，所以对其考核的很多指标都只适合在中长期进行，采用半年度的考核对这类管理者比较适合。不过以半年为单位进行考核也会存在一定的问题，周期较长，不利于对被考核者的日常行为与态度进行监控。

4. 年度考核

年度考核一般适用于公司全体员工，对所有的员工而言，年度考核是对一年工作的检查和校验，其中不仅包含了对所有员工经营业绩完成情况的考核，还包含对员工一年来工作能力态度的考核。所以对员工而言，年度考核一般是一个相对综合全面的考核。这样的考核配合日常的月度考核、季度考核，从过程到结果都可以起到比较完善的监控作用。当然，年度考核也会存在一些问题，比如考核的工作量问题，年度考核经常会和最后一个月的月度考核、第四季度的季度考核在同一时间段进行，不少员工都发现有大量的大同小异的表要填，某种程度上一定会影响到工作的进度，需要企业进行合理归并。

5. 不定期考核

不定期考核通常发生在以特定项目完成周期为考核周期的情况或者是临时性的情况，例如，新管理咨询公司可能会按照所承接项目的完成周期来设定相应的考核周期，不同项目完成的周期可能是三个月、一年甚至三年不等。

（三）绩效考核的主体

绩效考核的主体是指对员工的绩效进行考核的人员。合格的绩效考核者应了解被考核者职位的性质、工作内容、要求以及绩效考核标准，熟悉被考核者的工作表现，最好有近距离观察其工作的机会，同时要公正客观。一般考核前要对考核主体进行针对性培训，以免低级错误的发生。从主体的角度，绩效考核可分为直接上级考核、同事考核、下级考核、员工自我考核、客户考核等。

1. 直接上级考核

直接上级考核的优点是对工作性质、员工的工作表现比较熟悉，考核可与加薪、奖惩相结合，有机会与下属更好地沟通，了解其想法，发现其潜力。但也存在一定缺点，由于上司掌握着切实的奖惩权，考核时下属往往心理负担较重，不能保证考核的公正客观，可能会挫伤下属的积极性。所以一定要重视对考核主体的专业培训与指导，把员工看成合作伙伴，把自己定义为“辅导员”、“记录员”和“公证员”的角色，该维度考核才会做得更好。

2. 同事考核

同事考核的优点是对被考核者了解全面、真实、及时。但由于彼此之间比较熟悉和了解，受个人利益和人情关系等因素影响，可能会使考核结果偏离实际情况。最适用的情况是在项目小组中，同事考核维度的加入对揭露问题和鞭策后进起着积极作用。

3. 下级考核

下级考核可以帮助上级发展领导管理才能，也能达到权力制衡的目的，使上级受到有效监督。但下级考核上级有可能相对片面、不够客观；由下级进行绩效考核也可能使上级在工作中缩手缩脚，影响其工作的正常开展。受企业文化的影响，下级考核并不被所有企业接受。同时，只有在提供适当保护的情况下，评估的结果才会可靠有效。

4. 员工自我考核

自我考核是最轻松的考核方式，不会使员工感到很大压力，能增强员工的参与意识，而且自我考核结果较具建设性，会使工作绩效得到改善。缺点是自我考核倾向于高估自己的绩效，因此只适用于协助员工自我改善绩效，在其他方面（如加薪、晋升等）不足以作为评判标准。

5. 客户考核

客户考核一般出现在服务性行业，由员工的服务对象来进行考核。客户考核有助于员工更加关注自己的工作结果，提高工作质量。采用该维度的企业重视自身在公众心目中的形象，强化以客户满意度为导向的企业文化。缺点是客户更关注员工的工作结果是否符合自己的预期，而容易忽略工作过程中员工的付出，不容易形成客观公正的评价。

近几年，还出现了外部专家考核。外部专家考核的优点是有绩效考核方面的技术和经验，理论修养高，与被考核者没有瓜葛，较易做到公正客观。缺点是外部专家可能对公司的业务不熟悉，因此，必须有内部人员协助。此外，聘请外部专家的成本较高。

三、绩效考核的误差

绩效考核的误差是指考核的结果与实际情况之间存在一定的误差，员工业绩水平的高低判断一旦失真，其结果就很难为后续的职位晋升、工资调整、奖金分配、员工培训等环节提供有效的信息和依据。如何有效减少绩效考核的误差，首先要对考核误差产生的根源进行分析。绩效考核误差主要分为两类。

（一）有意识的误差

有意识的误差与考核者的动机有关，它是指考核者有意抬高或压低被考核者的考核等级或考核分数，或者保守性地给出处于中间状态的平均分，避免给出高分和低分，主要包括过宽误差、过严误差和居中误差等。过宽误差和居中误差是比较常见的绩效考核误差；而过严误差则是出现在某些特定条件下的考核误差，即考核者出于教训被考核者，向被考核者传递应该尽快离开本部门的信号，或对被考核者施加压力，迫使他们服从等方面的原因而故意制造出来的考核误差。从中国本土的企业来看，居中误差存在的现象比较明显，这与相对中庸的社会文化不无关系。

（二）无意识的误差

无意识的误差往往是考核者在评价时不知不觉中发生的误差，是由于考核者根据不准确的信息来源做出判断或者是自身专业认知不够产生偏差所造成的，主要包括由于晕轮效应、首因效应、近因效应、刻板印象、类我效应等原因产生的考核误差。前文已有介绍，此处不再赘述。

企业在对员工进行绩效考核之前，首先需要对考核者进行专业的指导与培训，减少考核者产生上述考核误差的概率。

补充阅读7–1

管理故事：
阿喀琉斯之踵

第三节　绩效考核技术

一、非系统的绩效考核技术

非系统绩效考核的方法多种多样，也更适合员工个体绩效的考核。任何一种考核方法都有其优势与劣势，并有其特定的适用范围，企业应该针对性地选择合适的考核方法。本书将非系统的绩效考核方法大致分为比较法、量表法和描述法。

（一）比较法

比较法是指通过比较，按员工绩效的相对优劣程度确定每位被考核者的相对等级或名次。常用的比较法有简单排序法、交替排序法、配对比较法和强制分布法。比较法简单易操作，可以避免宽大化、严格化和中心化倾向的误区，适用于作为奖惩的依据。但是这种方法并不能提供有效的反馈信息，对于发挥绩效管理的作用帮助不大。因为这类方法不是对员工的具体业绩、能力、态度和潜力进行考核与评估，只是从整体上按员工绩效水平高低排序，不同部门之间的员工也无法进行比较。

1. 简单排序法

简单排序法是指将员工按工作绩效从好到坏依次排列，这种绩效表现既可以是整体绩效，也可以是某项特定工作的绩效。其优点是比较简单，便于操作；但这种方法是概括性的、不精确的，所评出的等级或名次只有相对意义，无法确定等级差。

这种绩效排序考核方法仅适用于被考核对象比较少、组织较小、任务单一的情况。当企业员工的数量比较多、职位工作差别性较大时，以这种方法区分员工绩效就比较困难，尤其是对那些绩效中等的员工。

例如，第一生产车间八名工人 ABCDEFGH，月度考核结果：表现最优的为 B，第二名 G，第三名 C……一直到第八名 A。这样第一生产车间的当月考核结果就出来了。

2. 交替排序法

该方法基于个体所具有的认知感觉差异化选择性的特征——人们可以比较容易发现群体中最具差异化的个体。绩效考核中人们往往最容易辨别出群体中绩效最好的及最差的被考核者。应用交替排序法进行绩效考核，第一步是把绩效最好的员工列在名单首位，把绩效表现最差的员工列在名单末尾；然后从剩余的被考核者中挑选出绩效最好的列在名单开首第二位，把绩效表现最不好的列在名单倒数第二位……这样依次进行，不断挑选出剩余被考核者中绩效最好的和最差的员工，直到排序完成。排序名单上中间的位置是最后被填入的。

例如，上文中提到的第一生产车间八名工人 ABCDEFGH 的月度考核，先找到绩效最优者 B，再找到绩效最差者 A；在剩余六人中找到绩效最优者 G，绩效最差者……该方法虽与简单排序法非常类似，但内在逻辑性和说服力会更强一点。

3. 配对比较法

配对比较法是将每一位员工与其他员工一一配对，分别进行比较。比较时用排列组合法决定对数，对于每一对员工，比较其工作，判断谁优谁劣，两两比较之后，以得优次数进行排序。配对比较法也被称为对偶比较法或两两比较法。

例如，某企业被考核员工有 A、B、C、D、E 五名，应用此方法进行考核，对五名员工进行两两比较，较好的一方记为“+”，较差的一方记为“-”，最后按照获得“+”的数量进行排序。如表 7-4 所示，D 是该评估组中绩效表现最优者，累计四个“+”；B 员工是绩效表现最差者，累计零个“+”，其他员工的排序也是一目了然。

表 7-4 配对比较法示例

对比对象	被评估员工				
	A	B	C	D	E
A		-	+	+	-
B	+		+	+	+
C	-	-		+	-
D	-	-	-		-
E	+	-	+	+	
“+”个数	2	0	3	4	1

从避免居中现象出现及降低比较过程难度方面衡量，配对比较法较有优势。其优点是考虑了每一个员工与其他员工的绩效的比较，更加客观，准确度比较高；缺点是操作繁琐，在员工很多的情况下，需要进行相当多次数的比较。

假设被考核员工人数为 N，两两配对比较的次数为 M，那么

$$M = N \times (N - 1)/2$$

例如，表 7-4 所示的 5 名员工两两比较，需要比较 10 次［5×（5-1）/2］才能完成。如果人数达到 10 人，则需要比较 45 次，工作量显然增加不少。所以一旦人数众多，我们并不推荐此方法。

4. 强制分布法

强制分布法是按照事物“中间大、两头小”的正态分布规律，预先确定评价等级，以及各等级所占总数的百分比，然后按照每个被考核者绩效的相对优劣程度，将其强制分配到其中相应的等级。使用这种方法，重点在于要提前确定按照一种什么样的比例将被考核者分布到每一个工作绩效等级上去。例如，按照表 7-5 的比例来确定员工的工作绩效分布情况，或者以图 7-3 的正态分布形式表达。

表 7-5　强制分布法示例

绩效等级	被考核者绩效分布比例（%）
绩效优秀	5
绩效良好	15
绩效中等	60
绩效及格	15
绩效不及格	5

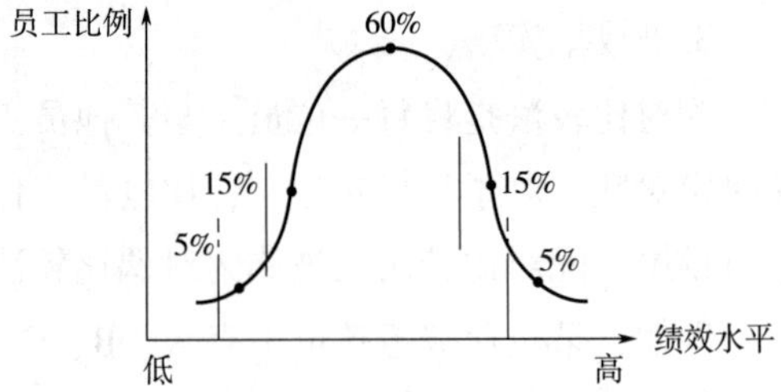

图 7-3　强制分布法示例

强制分布法来源于美国通用电气公司前 CEO 韦尔奇在 20 世纪 80 年代提出的著名"活力曲线"，有人称之为"钟形曲线"，因为曲线的形状就像一口钟。韦尔奇按照绩效和能力，将所有员工分成若干类进行管理。对于绩效优秀的员工，采取的策略是不断奖励，包括职位晋升、工资提升、股权激励等；对于绩效良好的员工，适当给予提升工资，工作给予认可，提供有针对性的培训等；绩效不及格的员工则会被企业淘汰。

末位淘汰制是一种强势管理，给员工施加了压力，也激发了他们的积极性，通过有力竞争使整个企业处于一种积极向上的氛围，进而提高工作效率。华为就是通过这个制度催赶着员工不断进步。

强制分布法的主要优点为：适合在人数较多情况下对员工总体绩效状况的考核；考核过程简易方便；可以避免考核者偏宽、偏严或高度趋中之类的偏差；利于管理控制，特别是在引入员工淘汰机制的公司中，能明确筛选出淘汰对象；由于员工担心因多次落入绩效最低区间而遭解雇，强制分布法因而具有较强的激励和鞭策作用。企业也要注意，不要形成内耗、猜疑甚至破坏的工作氛围。

（二）量表法

量表法是将绩效考核的指标和标准制作成量表，同时赋予每个指标相应的权重，由考核者根据员工在各个评价指标上的表现情况，对照标准对员工进行判断并打分，最后汇总计算出总分，得到最终的绩效评价结果。它的优点是，有了客观的标准，评价结果更客观准确，并且可以实现跨部门跨团队不同员工之间的横向比较。使用量表法得出的评价结果能够直接有效地运用于各类人力资源管理决策中，例如人员晋升、薪酬调整等。但是量表法需要花费大量的时间和精力，评价指标和权重的设计专业性也比较高，通常需要人力资源专家的协助。如果对评价指标的理解不一致，那么就会出现主观误差。下面介绍两种比较典型也比较常用的量表法——图尺度评级法和行为锚定等级考核法。

1. 图尺度评级法（Graphic Rating Scale，GRS）

图尺度评级法是指将绩效考核的指标和标准制作成量表（即尺度），并依此对员工的绩效进行考核的方法。图尺度评级法是应用最为广泛的绩效考核方法之一。应用图尺度评级法进行绩效考核，通常要先进行维度分解，再沿各维度划分出等级，并通过设置量表来实现量化考核。实际使用图尺度评级法时，要设计一套可操作的考核表格。设计过程具体包括下面三个步骤：

选定考核维度并赋予权重。

确定考核量表的尺度。

界定量表等级。

图尺度评级法具有较全面、结果量化、可比性强等优点。但是，由于维度分解、等级界定很难做到准确、明晰，因此考核的主观性仍然难以避免。表 7-6 是图尺度评级法的示例。

表 7-6　图尺度评级法示例

基本信息	评价尺度定义
姓名： 职位： 评价考核期间： 考核者姓名： 考核者职位： 所属部门：	O：杰出（Outstanding），各方面绩效均出色 V：很好（Very Good），大多数方面超出职位要求，绩效高质量 G：好（Good），一种称职可信赖的绩效水平 I：需要改进（Improvement Needed），绩效的某一方面需要改进 U：不令人满意（Unsatisfactory），绩效水平总体无法让人接受

被考核职位：行政秘书

工作内容与职责	评价等级				
A. 公文处理　　权重：30%	O	V	G	I	U
1. 以每分钟 80 字的速度准确地将各方面的指令打印成文件； 2. 打印通知、会议议程、工作日程和其他要求打印的文件	30	24	18	12	6
B. 接待能力　　权重：25%	O	V	G	I	U
1. 热心帮助来电者和来访者； 2. 接听电话，转达消息、提供信息或将电话例行转给某人； 3. 接待来访者，提供信息或直接将客人引到相应的办公室	25	20	15	10	5
C. 计划安排　　权重：20%	O	V	G	I	U
1. 对工作日程进行安排，进行有效管理； 2. 为上级约见会面人员，协助进行年度会议的安排； 3. 对组织的各项设施的使用进行计划安排	20	16	12	8	4
A. 公文处理　　权重：30%	O	V	G	I	U
D. 资料管理　　权重：15%	O	V	G	I	U
1. 创建并维护文件管理系统，按照要求迅速地放置和取出文件； 2. 将资料放进文件夹适当位置； 3. 从文件夹中查找并取出需要的资料	15	12	9	6	3
E. 办公室一般服务　　权重：10%	O	V	G	I	U

续表

工作内容与职责	评价等级				
1. 以一种受欢迎的方式和既定的程序来履行相关的办公室职责； 2. 通过邮递中心处理邮件、寄送文件； 3. 负责公告栏的书写，完成其他预订工作	10	8	6	4	2
合计分：					

2. 行为锚定等级考核法（Behaviorally Anchored Rating Scale，BARS）

行为锚定法由美国学者史密斯（Patricia Smith）和肯德尔（L. Kendall）于20世纪60年代提出。它的原理是将同一岗位可能发生的各种典型行为进行评分度量，建立一个锚定评分表，并以此为依据对员工工作行为进行测评计分，属于量表评定法和关键事件法的结合。使用这种方法可以对源于关键事件的有效和非有效的工作行为进行更客观的描述。在使用过程中，会通过一张登记表反映出不同的业绩水平，并且对员工的特定工作行为进行描述。熟悉一种特定工作的人能够识别这种工作的主要内容。然后他们对每项内容的特定行为进行排列和证实。因为行为锚定等级考核法的特点是需要有大量员工参与，所以它可能会被部门主管和下属更快地接受。

如表7-7所示，行为锚定等级考核法的特点在于将特别优良和特别低劣的绩效叙述加以等级性量化，从而将关键事件法和量表法的优点结合起来，因此具有较强的客观性与公平性。

表7-7 行为锚定等级考核法示例

赋分	等级	绩效考核指标：教学内容讲授
		行为锚
7	优秀	教师能够融入课程思政介绍国内外相关案例，并给予清楚的讲解
6	很好	教师能够使用适当的例子辅助自己讲解
5	好	教师能够生动地传授知识，但是缺乏新意
4	中等	教师能够传授知识
3	合格	教师讲课缺乏新知识，照本宣科
2	较差	教师对传授的知识缺乏理解
1	极差	教师讲授知识点有错误

运用行为锚定等级考核法进行员工绩效考核，通常要遵循以下五个步骤：

（1）工作岗位分析

首先要求对工作比较了解的人员对一些代表优良绩效和劣等绩效的关键事件进行描述。这些人员通常包括工作承担者及其主管。

（2）建立绩效评价等级

由前述人员将关键事件合并成为数不多的若干关键绩效指标（如5~9个），并对绩效指标的内容加以界定。

（3）对关键事件进行重新分配

由另外一组同样对工作比较了解的人对原始的关键事件进行重新排列，将所有关键事件分别放入他们认为最合适的绩效指标中。通常情况是，如果就同一关键事件而言，第二组中某一比例以上（通常是50%~80%）的人将其放入的绩效指标与第一组人将其放入的绩效指标是相同的，那么，这一关键事件的最后位置就可以确定了。

（4）对关键事件进行评定

第二组人会被要求对关键事件中作描述的行为进行评定，以判断他们能否有效地代表某一工作绩效指标所要求的绩效水平。对行为进行评定大多会选择7点或9点等级尺度评定法。

（5）建立最终的工作绩效评价体系

对于每一个工作绩效指标来说，都将会有一组关键事件作为其“行为锚”，每组中通常会有6~7个关键事件。

行为锚定等级考核法设计起来较为麻烦，使用起来也比其他绩效考核方法要花费更多的时间和精力，比较适合服务型行业，员工的工作行为表现不太容易量化，但是对企业业绩与形象影响较大。

（三）描述法

描述法是指考核主体用叙述性的文字记录员工在考核期内的工作表现的方法。通常情况下，这类方法用来作为其他量化考核方法的补充与辅助，因为它提供了对员工进行考核和反馈的事实依据。较为典型的一种描述法被称为关键事件法（Critical Incident Method，CIM）。

关键事件法是由考核者观察、记录被考核者的关键事件，而对被考核者的绩效进行考核的一种方法。关键事件是指那些会对企业或部门的整体绩效产生积极或消极影响的事件。关键事件法是其他绩效考核方法的一种很好的补充。

例如，积极行为：一位客服人员正在接听某客户的反馈电话，声音温柔而坚定，对客户提出的一系列问题首先给出了积极的回应，并在自己的笔记本上用事先做好的表格实时记录，给客户一种专业而耐心的接待体验。而这一切正好被路过其工位的主管看在眼里，主管及时将该情景更新到了自己的员工表现记录表中，用作后续考核的补充说明。

关键事件法的主要优点是：可以为考核者向被考核人员解释绩效考核结果提供确切的事实证据；绩效考核所取得的关键事件是在一年内累积而来的，考核者在对被考核者的绩效进行考察时，所依据的是被考核者在整个考核期的表现，可以避免近因效应的误区。当然，应用关键事件法进行考核的过程较长，需要长期地观察、了解员工的工作行为，操作成本较高；考核过程主要是针对被考核者的行为进行，从而缺乏比较，对于人力资源决策的参考性不强；考核的结果依赖于考核者个人的评价标准，主观随意性较大，这是它的主要缺点。

二、系统的绩效考核技术

此类型的方法着眼于企业发展战略，用于绩效管理的全过程，贯穿于绩效指标构建、执行、考核与评价的整个绩效管理流程。这类方法能够帮助企业更有效地确定各层级绩效目标，保证目标体系的战略导向性、衔接性和一致性。

常见的方法有目标管理法、关键业绩指标法、平衡计分卡和目标与关键结果法。这类方法更适合团队绩效考核与组织绩效考核，更为系统化。

（一）目标管理法

1. 目标管理法的起源

“目标管理”的概念是美国管理学家德鲁克于 1954 年在《管理的实践》一书中最先提出来的。德鲁克认为，并不是有了工作才有目标，而是先有了目标才能明确每个人的工作，所以“企业的使命和任务，必须转化为目标”，如果某一业务领域没有目标，这个领域的工作必然被忽视。因此管理者应该根据工作目标对下级进行管理，当企业决策层明确了组织目标后，必须对其进行有效分解，转变为各个部门以及个人的分目标，管理者根据分目标的完成情况对下级进行考核与奖惩。

2. 目标管理法的定义

目标管理法是由员工与主管共同协商制定个人目标，个人的目标依据企业的战略目标及相应的部门目标确定，并与它们保持一致；该方法用可观察、可测量的工作结果作为衡量员工工作绩效的标准，以制定的目标作为对员工考核的依据，从而使员工个人的努力目标与组织目标保持一致，减少管理者将精力放到与组织目标无关的工作上的可能性。

3. 目标管理法的特点

（1）明确目标

研究人员和实际工作者早已认识到制定个人目标的重要性。美国马里兰大学的早期研究发现，有明确的目标要比只要求员工尽力去做更容易产生高绩效，且高水平的业绩是和高目标相联系的。在企业中，目标技能的改善会继续提高生产率。

（2）参与决策

传统的目标设定是单向由上级给下级规定目标，然后分解成子目标落实到组织的各个层级。目标管理中的目标是用参与的方式，上下级共同参与选择设定各对应层次的目标，即通过上下协商，逐级制定出整体组织目标、经营单位目标、部门目标直至个人目标。因此，目标管理的目标转化过程既是“自上而下”的，又是“自下而上”的。

（3）规定时限

目标管理强调时间性，制定的每一个目标都有明确的时间期限要求，如一个季度、一年、五年等。在大多数情况下，目标的制定可与年度预算或主要项目的完成期限一致。一般认为，组织层次的位置越低，为完成目标而设置的时间越短。

（4）评价绩效

目标管理寻求不断地将实现目标的进度情况反馈给个人，以便员工能够调整自己的行动。也就是说，员工承担自己设置具体的个人绩效目标的责任，同时承担与自己的直接上级一起检查这些目标的责任。每个人因此对他所在部门的贡献就变得非常明确。尤其重要的是，管理人员要努力督促下级员工对照预先设立的目标来评价业绩，积极参与评价过程，用这种鼓励自我评价和自我发展的方法，鞭策员工投入工作，并创造一种激励的环境。

（二）关键业绩指标法

补充阅读7-2

马拉松运动员的故事

1. 关键业绩指标法的定义

关键业绩指标法是通过对组织内部流程的输入端、输出端的关键参数进行设置、取样、计算、分析，衡量流程绩效的一种目标式量化管理指标，是把企业的战略目标分解为可操作的工作目标的工具，是企业绩效管理的基础。

关键业绩指标法遵循一个重要的管理原理：二八原理。在一个企业的价值创造过程中，存在着“二八”规律，即20%的员工创造了企业80%的价值；且在每一位员工身上，80%的工作业务是由20%的关键行为完成的。因此，必须抓住20%的关键行为，对之进行分析和衡量。

2. 关键业绩指标遵循的原则

确定关键绩效指标有一个重要的 SMART 原则。SMART 是五个英文单词首字母的缩写：

S 代表具体的（Specific），指绩效考核要切中特定的工作目标，适度细化，不能笼统。例如，“增强客户意识”这种指标对目标的描述就很不明确，因为增强客户意识有许多具体做法，到底要从哪些方面突破？但是如果是“将客户投诉率从3%降低到1.5%”这样的指标就比较具体，员工也比较清楚从哪些方面着手。

M 代表可度量的（Measurable），指绩效指标是数量化或者行为化的，验证这些绩效指标的数据或者信息是可以获得的。例如，“为质量部所有员工安排进一步的管理培训”这个指标，“进一步”是一个既不明确又不容易衡量的概念，到底什么是“进一步”？如果把目标改成“三月底完成质量部全体员工关于‘六西格玛管理’主题的培训，且学员评分85分以上”，这样的目标就是可以衡量的。

A 代表可实现的（Attainable），指绩效指标在付出努力的情况下可以实现，避免设立过高或过低的目标。可以制定跳起来“摘桃”的目标，不能制定跳起来“摘星星”的目标。

R 代表相关的（Relevant），指绩效指标必须和岗位职责具有相关性，与其他指标高度融合，共同指向工作目标的完成。例如，车间操作工的考核指标一定与产量、原材料损耗等相关，不可能考核其参与管理培训的次数，那样就跑偏了。

T 代表有时限的（Time-bound），指完成绩效指标是有时间限制的。没有时间限制的目标没有办法考核，或者会带来考核的不公。例如，“尽快完成”这样的表达，不同的人认知程度不同，容易伤害工作关系。“2021 年 8 月 2 日之前完成”这样的表达会让双方都比较清晰，也更容易安排其他事情。

总之，无论是团队的工作目标，还是员工的绩效目标，都必须符合上述原则，五个原则缺一不可。制定指标的过程也是对部门或团队先期的工作掌控能力提升的过程，完成计划的过程也就是对自己管理能力历练和实践的过程。

（三）平衡计分卡

1. 平衡计分卡的起源

平衡计分卡是 20 世纪 90 年代初由哈佛商学院的卡普兰（Robert Kaplan）和美国复兴全球战略集团创始人兼总裁诺顿（David Norton）共同开发的一种绩效管理工具。当时的目的在于找出超越传统以财务量度为主的绩效评价模式，以使组织的策略能够转变为行动，是一种全新的组织绩效管理方法。平衡计分卡自创立以来，在国际上，特别是在美国和欧洲，很快引起了理论界和客户界的浓厚兴趣与反响。据统计，《财富》1000 强企业中，有 70%的企业采用平衡计分卡，全球经典管理学杂志《哈佛商业评论》更是将其列为 20 世纪最有影响力的管理工具之一。

2. 平衡计分卡的定义

平衡计分卡以企业战略和使命为基础，从财务维度、客户维度、内部流程维度和学习与成长维度，制定衡量指标和目标值，同时配合以达成目标的行动方案，形成一套对企业战略进行衡量的考核指标体系（见图 7-4）。这四个考核维度将财务指标和非财务指标有机结合在一起，打破了以财务指标为核心的传统的绩效管理系统框架。同时，平衡计分卡实现了财务指标和非财务指标的平衡、组织内外部指标的平衡、前置指标和滞后指标的平衡、长期指标和短期指标的平衡。

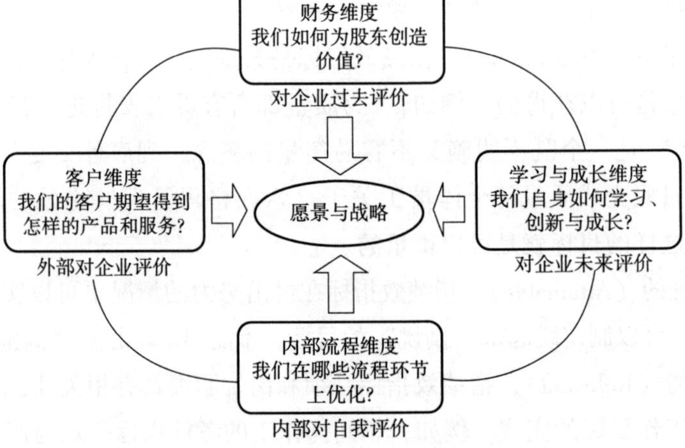

图 7-4 平衡计分卡基本框架

3. 平衡计分卡的四个维度

财务维度，主要关注如何满足所有者的利益。公司在市场竞争中，必然要通过盈利获取生存和发展，因此财务指标是一种重要的指示器。企业关注自身学习与成长，力争改善内部流程，获取客户满意度，最终都是为了提升财务方面的表现，所以财务指标是其他维度目标和指标的核心。

客户维度，主要关注客户如何看待企业，企业在多大程度上提供客户满意的产品和服务，在吸引客户、保留客户和提高客户机制方面的能力有多强。在这方面重要的指标有市场份额、客户满意度、客户保有率、新客户开发率、市场份额等。

内部流程维度，主要关注企业在哪些流程上表现得优异才能实现战略目标，反映的是企业内部运营的资源和效率。例如，为获得客户满意，为提供高质量的产品，为获取市场领先地位，在内部各个流程上分别应该做到什么程度。常见的指标包括产品合格率、生产周期、新产品开发速度、产品迭代速度等。

学习与成长维度，主要关注企业必须具备或提高哪些关键能力才能提升内部流程进而达到客户维度和财务维度的目标。学习与成长维度关注组织未来的发展潜力，主要指标包括员工满意度、保留率、员工培训率、战略信息覆盖率等。

平衡计分卡四个维度的指标和目标都来源于企业的使命、愿景和战略，是对使命、愿景、战略的分解、细化和支撑。四个维度存在层层支撑、层层传递的内在联系，构成了一个紧密联系、有机统一的整体。

（四）目标与关键结果法

1. 目标与关键结果法（Objectives and Key Results，OKR）概述

目标与关键结果法是一套定义和跟踪重点目标及其完成情况的管理工具和方法。Objectives 是目标，是对驱动组织往期望方向前进的定性描述，主要回答“我们做什么”。Key Results 是关键结果，是对衡量特定目标达成情况的定量描述，主要回答“我们如何知道自己是否达到目标的要求”。OKR 要求企业、部门、团队和员工个人不但要设置目标，而且要明确达成目标的具体行动，是企业进行目标管理的一个简单有效的系统，能够将目标管理自上而下贯穿到基层。OKR 目前广泛应用于 IT、风险投资、游戏、创意等以项目运作为主要经营单位的企业中。

2. 目标与关键结果法的实施步骤

（1）第一步，设定目标 O（从战略开始确定年度目标、季度目标）

目标务必是具体的、可衡量的，具体到时间段、数量、金额等，最好是量化数字；目标要是有野心的、有一些挑战的、有些让你不舒服的，顺理成章或没有太大挑战即可达成的目标是不能作为 O 的。目标必须是在管理者与员工直接充分沟通后的共识，没有达成共识的目标不能算作目标，目标的设定以达成共识为终点。实施的关键流程是从上至下的，目标的设立顺序应该是公司到部门到团队到个人。

（2）第二步，明确每个目标的 KR（从季度目标到“关键结果”的分解）

KR 就是为了完成这个目标我们必须做什么，也就是所有的目标都是通过行动来实现的，那么这个行动是什么？简单地说，为了达到这个目标 O，你打算怎么干？主要结果要有完成时间、可量化的成果。

（3）第三步，推进执行

每项关键结果会派生出一系列任务，交给不同的同事负责；关键结果负责人就成了名副其实的项目经理，来组织协调各人；关键结果的项目经理是团队非常重要的成员，他们能够调度和影响企业资源。如果他还不具备这个权力，就把这个权力给他；至少，项目经理和企业决策者之间应当保持绝对通畅的沟通。

我们必须在 OKR 确定后，制定详细的落地方案，也就是具体的作战计划。空盯着目标是没用的，只有具体的任务才有利于执行。遵循 PDCA 原则，定期检查让我们能及时发现问题，调整一些错误。建议每周每月做常规检查，每个负责人分别做汇报，包括以下内容：目标，进度，遇到的问题，问题的原因，需要的支持，下一步计划。执行过程中，如果发现设定的 OKR 有明显问题，比如有的 KR 只是锦上添花的，有的 KR 制定得过高或过低，有的负责人明显不够负责，那么果断地做出调整。当然，OKR 在整体上必须保持稳定。在执行时，经常会遇到常规业务与 OKR 的资源冲突，这时 OKR 要优先。

（4）第四步，定期回顾

每季度结束，小组成员坐在一起分析和小结，并制定下一个季度的 OKR。

OKR 对于企业来说，虽然需要投入一定的人力、时间和资源，但是 OKR 也能带给企业明显的收益。第一，它可以帮助企业提升财务业绩。第二，OKR 易于理解，能增强员工的接受度和使用意愿。第三，OKR 的实施相对简单，能提升组织的敏捷性和快速应对变化的能力。第四，OKR 能让企业、员工的注意力聚焦在最重要的事情上。第五，OKR 对充分沟通的要求使得跨部门之间的步调一致，且员工敬业度会得到提升。

第四节　绩效反馈与应用

一、绩效反馈

绩效反馈是绩效管理过程中的一个重要环节。它主要通过考核者与被考核者之间的沟通，就被考核者在考核周期内的绩效情况进行面谈，在肯定成绩的同时，找出工作中的不足并加以改进。

绩效反馈的目的是让员工了解自己在本绩效周期内的业绩是否达到所定的目标，行为态度是否合格，让管理者和员工双方达成对评估结果一致的看法；双方共同探讨绩效未合格的原因并制定绩效改进计划，同时，管理者要向员工传达组织的期望，双方对绩效周期的目标进行探讨，最终形成一个绩效合约。绩效反馈在绩效考核结束后实施，而且是考核者和被考核者之间的直接对话，因此，有效的绩效反馈对绩效管理起着至关重要的作用。

（一）绩效反馈的基本原则

1. 常态原则

绩效反馈应当是经常性的，而不是一年一次。这样做的原因有两点：首先，管理者一旦意识到员工在绩效中存在缺陷，就有责任沟通纠正。如果员工的绩效在 1 月时就低于标准要求，而管理人员却非要等到 12 月再去对绩效进行评价，那么这就意味着企业要蒙受 11 个月的生产率损失。其次，绩效反馈过程有效性的一个重要决定因素是员工对于评价结果基本认同，因此，考核者应当向员工提供经常性的绩效反馈，使他们在正式的评价过程结束之前就基本知道自己的绩效评价结果。

2. 针对原则

在绩效反馈面谈中，双方应该讨论和评估工作行为和工作绩效，也就是工作中的一些事实表现，而不是讨论员工个性特点。员工的个性特点不能作为评估绩效的依据，比如个人气质的活泼或者沉静。但是，在谈到员工的主要优点和不足时，可以谈论员工的某些个性特征，但要注意这些个性特征必须是与工作绩效有关的。例如，一个员工不太喜欢与人沟通，这个特点使他的工作绩效受到影响，这样关键性的影响绩效的个性特征还是应该指出来的。

3. 提问原则

发号施令的经理很难从上司转换到帮助者、伙伴的角色。我们建议管理者在与员工进行绩效沟通时遵循 20/80 法则：80%的时间留给员工，20%的时间留给自己，而自己在这 20%的时间内，可以将 80%的时间用来提问，20%的时间才用来“指导”“建议”。因为员工往往比经理更清楚本职工作中存在的问题，换言之，要多提好问题，引导员工自己思考和解决问题，自己评价工作进展，而不是发号施令，居高临下地告诉员工应该如何做。

4. 未来原则

绩效反馈面谈中很大一部分内容是对过去的工作绩效进行回顾和评估，但这并不等于说绩效反馈面谈要集中在讨论过去。谈论过去的目的并不是停留在过去，而是从过去的事实中总结出一些对未来发展有用的东西。因此，任何对过去绩效的讨论都应着眼于未来，目的是制订未来发展的计划。

5. 积极原则

不管员工的绩效考核结果是好是坏，一定要多给员工一些鼓励，至少让员工感觉到：虽然我的绩效考核成绩不理想，但我得到了一个客观认识自己的机会，我找到了应该努力的方向，并且在我前进的过程中会得到主管人员的帮助。总之，要让员工把一种积极向上的态度带到工作中。

6. 制度原则

绩效反馈必须建立一套制度，只有将其制度化，才能保证它能够持久地发挥作用。

（二）绩效反馈的准备工作

1. 主管的准备工作

（1）收集资料

主管要在部门内设立目标管理卡或做好绩效计划表。这是当初主管和员工共同的承诺，是共识的结果，也是绩效管理整个过程的依托，直到绩效反馈，它依然是重要的信息来源。

职位说明书是绩效面谈的内容之一。管理活动是个动态的过程，员工的工作有可能在过程当中发生改变，可能增加一些当初制订绩效目标时所未能预料的内容，也有可能一些目标因为一些原因没能组织实施，那么，这个时候，职位说明书作为重要补充将发挥重要作用。所以，员工的职位说明书一定要置于案头以备查阅。

绩效考评汇总表填好后，各评价主体要认真分析数据，从中分析出员工的优势和劣势。在绩效反馈时，主管要把它拿出来等着员工签字认可，因为员工不会对自己签过的东西反悔。

在平时的管理活动中，在跟踪员工绩效目标的时候所发现和记录的内容，是后续作为绩效评价的重要辅助资料，是生成事实的证据。这个工作可能是某些管理者的薄弱环节，平时无暇收集这些资料，也有可能根本就忽视了这个环节。如果主管没有收集员工的绩效资料，没有建立员工绩效档案的话，就无法向员工解释考评结论，员工也不会认可主管的结论，那么主管会陷入尴尬的僵局或面红耳赤的争吵。进行考核的部门主管从开始考核时就要做好这项工作。

（2）安排面谈计划

通常一个主管有若干个下属，所以面谈方式可以是一对一的，也可以是一对多的。一对一常用于涉及私事或保密情况中，一对多常用在有共同话题时。主管必须有一个统筹的安排，根据自己的工作安排，与员工进行适当的沟通之后，拟订一个行之有效的面谈计划，并将计划告诉员工，让员工有心理和行动上的准备。

面谈时间最好控制在10~15分钟；若是月度考核，一月一次，则不少于30分钟；年度考核，则应多于1小时。地点应安排在安静且不受干扰的地方。每次绩效考评结束后一周内安排绩效反馈面谈。

2. 员工的准备工作

只有主管做准备是不行的，面谈是主管和员工共同完成的工作，只有双方都做了充分的准备，面谈才有可能成功。所以，在面谈计划下发的同时也要将面谈的重要性告知员工，让员工做好充分准备。员工要主动搜集与绩效有效的资料，实事求是，有明确的、具体的业绩，以使人心服口服。同时，员工要认真进行自我评估，内容要客观真实、准确清晰。

（三）反馈技巧与面谈方法

1. 反馈技巧

第一，反馈前做好充分的准备。“凡事预则立，不预则废”，如果在反馈前做好充分的准备，包括了解员工的基本情况，安排好反馈面谈的时间地点以及大致程序等，就可以很好地驾驭整个反馈面谈过程。

第二，与员工建立融洽的职场关系。不要让员工觉得有压力，比如可以谈谈与反馈内容无关的话题，拉近彼此的距离。

第三，以事实为依据。对事不对人的原则非常关键，反馈尽量拿出事实依据来，就事论事。不要伤害员工的人格和尊严。

第四，从肯定成绩开始。对员工表现好的地方一定要给予充分的肯定，这有利于增强员工的自信和消除员工的紧张心理。

第五，差别化分析与对待不同员工。不同类型的员工反馈的重点应该不同，对工作业绩和态度都很好的员工，应该肯定其成绩，给予奖励，并提出更高的目标；对工作业绩好但态度不好的员工应该加强了解，找到态度不好的原因，并给予辅导；对工作业绩不好但态度很好的员工应该帮助分析绩效不好的原因，制定绩效改善计划；对工作业绩和工作态度都不好的员工则应该重申工作目标，把问题的严重性告知对方。

2. 面谈方法

准备工作固然重要，但相对来说，面谈的过程更加重要。所以，一定要在面谈过程中注意方式、方法，使面谈在融洽的气氛中进行，在愉快告别中结束，真正起到帮助员工提高的目的，而不要演变成批斗会、辩论场。通常一个员工的绩效表现有正反两个方面，有表现优秀、值得鼓励的地方，也有不足须加以改进之处，所以反馈也应该从正反两个方面着手，既要鼓励员工发扬优点，也要鞭策员工改进不足。

对于正面反馈，第一要真诚。真诚是面谈的心理基础，不可过于谦逊，更不可夸大其词。主管要让员工真实地感受到确实是满意他的表现，表扬是真情流露，而不是套近乎、拉关系。只有这样，员工才会把表扬当成激励，在以后的工作中更加卖力。通俗地说，主管的表扬和溢美之词一定要“值钱”，不是什么都表扬，也不是随时随处都表扬，而是在恰当之处表扬，表扬要真诚、发自肺腑。

第二要具体。在表扬员工和激励员工的时候，一定要具体，要对员工所做的某件事有针对性地提出表扬，而不是笼统地说员工表现很好就完事。比如，员工为了赶一份计划书而加了一夜的班，这时不能仅仅说员工加班很辛苦、表现很好之类的话，而是要把员工做的具体事特别点出，比如：“小王，你加了一夜的班赶计划书，领导对你的敬业精神很赞赏，对计划书的编写很满意。”这样，小王就会感受到不仅加班受到了表扬，而且计划书也获得了通过，受到了赏识，可能更会对小王有激励作用。

第三要有建设性。正面的反馈要让员工知道他的表现达到或超过了主管的期望，让员工知道他的表现得到了主管的认可，要强化员工的正面表现，使之在以后的工作中不断发扬，做出更优秀的成绩。同时，要给员工提出一些建设性的改进意见，以帮助员工获得更大提高和改进。

对于反面的反馈，要注意以下几点：首先，具体描述员工存在的不足，对事而不对人，描述而不做判断，这一点要作为重要的原则特别加以注意。不能因为员工的某一点不足，就做出否定员工的感性判断。其次，要客观、准确、不指责地描述员工行为所带来的后果。客观准确地描述员工的行为所带来的后果，员工自然就会意识到问题所在。所以，在这个时候不要对员工多加指责，指责只能僵化主管与员工之间的关系，对面谈结果无益。再次，从员工的角度，以聆听的态度听取员工的看法，听员工怎么看待问题，而不是一直喋喋不休地教导。最后，与员工探讨下一步的改进措施，共同商定如何改进未来的工作，并形成书面内容，经双方签字认可。

二、绩效考核结果应用

绩效考核结果是企业花费大量成本获得的，对于改进企业的整体绩效，提升企业经营业绩具有重要的价值。但在现实中，很多企业止步于获得考核结果，并未对其进行合理利用，造成企业内部流于形式和不公平的企业文化出现，不利于企业的良性发展。一般而言，绩效考核结果的应用包含两方面：一是绩效改进，即对考核结果进行分析，诊断员工存在的绩效问题，找到原因，制定绩效改进计划，帮助员工提高绩效；二是管理作用，即根据绩效考核结果做出相关的人力资源管理决策。

（一）绩效改进

绩效改进是指确认工作绩效的不足和差距，查明产生的原因，制定并实施有针对性的改进计划和策略，不断提高竞争优势的过程。绩效改进是绩效考核的后续应用阶段，是连接绩效考核和下一循环计划目标制定的关键环节。绩效考核的目的不仅仅是作为确定员工薪酬、奖惩、晋升或降级的标准，员工能力的不断提高以及绩效的持续改进才是其根本目的，而实现这一目的的途径就是绩效改进。

1. 绩效诊断

绩效诊断（Performance Diagnosis）就是分析引起各种绩效问题的原因，通过沟通寻求支持与了解的过程。绩效诊断在于帮助员工制定绩效改善计划，作为上一循环的结束和下一循环的开始，连接着整个绩效管理循环，使之不断循环上升。

绩效诊断包括直接绩效诊断与间接绩效诊断。直接绩效诊断是指对绩效管理活动中的各个环节以及相关因素进行全面分析判断的过程。间接绩效诊断是在找出绩效管理存在问题的同时，及时发现企业组织上存在着的各种各样的问题。无论是对企业还是对员工个人，绩效诊断都十分重要，通过诊断分析，既有利于改进企业总体系统，也有利于提高员工的素质和工作质量。

绩效诊断的内容包括对企业绩效管理制度的诊断、对企业管理体系的诊断、对绩效考评指标和标准体系的诊断、对考评者全面全过程的诊断、对被考评者全面全过程的诊断、对企业组织的诊断。

2. 制订绩效改进计划

通常，制订员工绩效改进计划需要经历以下过程：

员工与主管人员进行绩效考核结果沟通，在主管人员的帮助下，使员工认识到自己在工作中哪些方面做得好，哪些方面做得不够好。

员工与主管人员双方就员工绩效方面存在的差距分析原因，找出员工在工作能力、方法或工作习惯等有待改进的地方。

员工与主管人员根据未来的工作目标的要求，在工作能力、方法或工作习惯方面有待改进的方面中，选取员工目前最为迫切需要改进且易改进的方面作为个人未来一定时期内将要发展的项目。

双方共同制定改进工作能力、方法或工作习惯的具体行动方案，确定个人发展项目的期望水平、实现期限以及改进的方式。

列出员工有待发展的项目达到期望水平所需要的资源，并指出哪些资源需要主管人员提供帮助和支持。

3. 指导和监控

在制定绩效改进计划后，员工进入下一个绩效改进周期，管理者与员工保持不断沟通，适时给予员工指导和帮助，避免员工再次出现偏差，在下一个绩效考核周期中，员工的绩效才能实现提升。

（二）根据绩效考核结果做出相关人力资源管理决策

绩效考核结果能够影响以下人力资源管理决策。

1. 薪资调整

对于绩效不良的员工，要降低绩效工资，促进其尽快改善。对于绩效优秀的员工，根据标准进行合理的调整。绩效结果运用于薪资调整能起到提高内部公平感的作用。

2. 奖金分配

奖金分配的形式多种多样，但很多企业由于没有客观的绩效考核标准，导致内部矛盾加剧，甚至员工离职。如果有公开透明的标准，员工都能自己算出该拿多少奖金，矛盾就会大大减少。

3. 培训需求分析

管理者可根据员工绩效考核结果及相关记录，发现员工与岗位工作标准的差距，进行培训需求分析，判断员工是否需要培训，需要哪方面的培训。绩效考核的目的是帮助员工提高和改善绩效，帮助员工成长，这一点很重要。

4. 人事调整

对于连续考核优秀的员工，要予以晋升，对于连续绩效不良的员工，要降级或调岗。

5. 员工职业发展计划

企业在实现战略目标的同时，员工也在实现自己的职业目标。绩效考核结果运用可以使员工职业生涯实现有序发展，而员工职业生涯的发展也会促进企业的发展，可以说是相辅相成、双赢的局面。

合理运用绩效考核结果，能使绩效考核的激励功能达到最大化。但要想合理运用绩效考核结果，则需要完善的流程及人事制度作为支撑。

本章小结

绩效管理是一个循环的动态的系统，绩效管理系统所包含的几个环节紧密联系、环环相扣，任何一个环节的脱节都将导致绩效管理的失败，所以在绩效管理过程中应重视每个环节的工作，并将各个环节有效地整合在一起，力求做到完美。

如图 7-5 所示，虚线框中显示了整个绩效管理的动态流程，并且在此基础上添加了输入端和输出端。输入端为工作分析，这是绩效管理的基础。工作分析的内容在前面章节已学过，即确定某个岗位需要做什么和由什么样的人来做，据此制定对这个岗位进行绩效考核的指标和标准。输出端是绩效考核结果的具体应用。员工的考核成绩有高有低，对于表现优秀的员工可以获得职位提升、薪金奖励和地位认可；对于考核成绩不理想的员工可以进行针对性的培训，适当地换岗，甚至辞退。

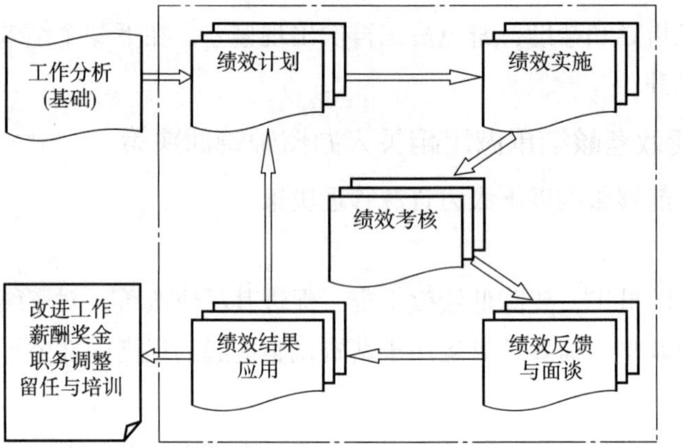

图 7-5　绩效管理流程图

西方管理学认为，只有“封闭的环”才是可靠的和可控的，才具备不断提升和改善的条件。上述这些环节的有效整合，使得绩效管理过程成为一个完整的、封闭的环。其中，绩效计划属于前馈控制阶段，绩效实施属于过程控制阶段，而绩效考核、绩效反馈与面谈、绩效结果应用都属于反馈控制阶段。连续不断的控制带来连续不断的反馈，连续不断的反馈保证了连续不断的提升，这样才能使企业在绩效管理的过程中得到业绩的提高。

习题

实训

实训项目：

战略地图-平衡计分卡——关键绩效指标的企业应用

实训目的：

以某商贸流通公司为例，通过对该公司关键绩效指标的提取流程进行讨论和分析，帮助学生理解和掌握如何基于组织战略进行关键绩效指标的提取。

实训组织：课堂教学讨论时间控制在一次课（2 个学时以内），具体安排如表 7-8 所示：

表 7-8　课堂教学安排

流程	形式	内容	时间
开场白	教师讲授	介绍案例背景和组织战略地图	15 分钟左右
分组讨论	8～10 人一组，每组成员现场面对面讨论	围绕关键绩效指标的提取流程进行讨论，梳理清楚脉络关系	30 分钟左右
分组发言	每组选派一人，阐述观点	发言人阐述小组观点 接受其他小组提问	25 分钟左右
现场互动	每组选派一人，点评他组	发言人点评其他小组的亮点与不足	10 分钟左右
教师点评	板书，讲解	案例分析讲解 结合企业实践，引导学生思考	10 分钟左右

第八章　薪酬管理

学习目标

理解薪酬的概念、构成和功能
理解奖金的种类
理解法定福利的组成
了解影响薪酬策略的因素
了解宽带薪酬、能力薪酬、精神薪酬
掌握基本工资的设计步骤，岗位评估的方法

重点概念

薪酬（Compensation）
基本工资（Base Pay）
因素计点法（Point Factor Method）
奖金（Incentive Pay）
员工福利（Employee Benefits）
宽带薪酬（Broad band Compensation）
能力薪酬（Person-based Pay）
精神薪酬（Psychological Compensation）

微课视频

近现代企业家人才管理思想：留人篇

开篇案例

范旭东的薪酬管理思想

如何有效地留住人才，降低企业因人员频繁更替和短缺而增加成本和损失？范旭东知道企业要兴旺发达要靠全体职工的共同努力，要充分发挥他们的积极性和创造性。因此，范旭东在创办企业的过程中很注重逐步提高职工工资福利。职工进厂时虽然工资待遇不算高，但视营业情况，基本上是逐年或隔年加薪一次（也有因工作成绩低劣不加的）。平时不发奖金，每年除了一部分利润作为职工分红外，年终还加发两个月的“双薪”。例如，永利碱厂的工资福利比当时一般民族资本企业都高，并有员工奖励制度。按照永利章程规定，每年所得纯利，提出应交税款和公积金后，其余以四分之一作为员工奖励金。工人工资8元至10元，最高者达98元，艺徒6元。职员中工业专科毕业的技术员为30元，1931年大学毕业的月薪44元，职员最高为400元。

企业每年给职工一定的休假，具体为例假、婚丧假、伤假和病假。其中例假不扣工资（每年8天），后面的三种给予一定的期限，在期限内不扣工资。事假以60天为限，而“全年事假未满三十日者，年底发给申薪一个月”，“全年未请病假者，上项申薪外，再加给申薪五天”。另外，工作满三年的技术人员，给予三个月的休息，并给予路费去外地旅游。范旭东还认识到当时“我们的国家，尚谈不到国民人人有工作，使人人得免除匮乏与疾病。但最低限度，在某部分有工作之员工，应使之得安心工作，并解除家室之累”，因此，久大塘沽工厂开办后，“即先为单身工人建宿舍，逐年扩充，成为可容七八百人之建筑物。宿收诸工人。理发洗澡，全不取资”，为了解决职工家属住宿，企业“修筑工人眷属住室，房租贱而水电自由”。

1920年，久大、永利共建永久医院，职工及家属看病实行免费治疗。同时，久大、永利“所设小学是员工子女一律待遇，完全免收学费”。这在当时的旧中国，一家私营企业能有如此的福利水平，确实不多见。因此许多学有专长的人才愿意到范氏企业工作，并能长期安心服务。

第一节　薪酬管理概述

在整个人力资源管理体系中，健全的薪酬管理系统是吸引、激励、发展与保留员工的最有力的工具。薪酬管理系统作为人力资源管理系统中的一个子系统，向员工传递着企业的价值导向和管理风格。同时，它也需要与企业发展战略保持一致，让员工的努力和行为都能助力企业实现经营业绩。

一、薪酬演变历程

现代意义上的薪酬支付现象发生于18世纪中后期英国工业革命所引发的工厂制企业中。企业主雇佣体力劳动者从事一线生产，即蓝领工人。工人根据产出数量领取相应报酬，主要是计件时薪、日薪或者周薪。这时使用的是“工资”（Wage）概念，工人所得只有工资，没有奖金、福利之说，且非常之低。

19世纪中后期，企业雇佣的就不只是蓝领工人了，还有专门从事经营管理工作和技术工作的脑力工作者，即白领阶层。他们从事相对复杂的脑力劳动，不能按件计薪，支付给他们的就不是按产出计量的“工资”，而是每隔一段时间按其承担岗位责任大小或专业技能高低一次性支付相对固定的报酬，即“薪酬”（Salary），一般称为月薪，这是薪酬和工资最大的区别。

从19世纪80年代开始，德国的一些企业主兴办了医疗、娱乐等方面的福利设施，支付给员工的薪酬也开始包括医疗保险、养老保险、工伤保险等福利项目。企业主还给一些优秀员工额外支付一部分带有激励性的报酬，鼓励他们更加努力工作或不断提高工作技能，绩效工资慢慢产生。与此同时，为补偿员工在特殊劳动条件下的额外劳动消耗和生活费用，津贴也慢慢出现。随着20世纪60年代“人力资本”理论的兴起和企业竞争日益加剧，西方企业纷纷对核心员工进行股权激励或分红，给予人力资本“剩余价值索取权”，高管层股票期权计划、员工持股计划兴起。福利占薪酬总额的比例也在提高，薪酬一词已经很难概括“薪酬”的全部意义，于是在80年代，Compensation被引入了人力资源管理学科，字面意思为平衡、弥补、补偿。结合企业情境，薪酬实际上反映了企业与员工之间是一种“交换”关系，是一种付出之后的回报，这是薪酬永恒不变的本质。

进入20世纪90年代，企业薪酬的组成形式越来越多样化，各种显性和隐性的薪酬形式层出不穷，福利、股权占薪酬的比重越来越高，尤其是企业高管或核心员工，各种福利项目的价值、股权收益或利润分享成为薪酬的核心部分，最高可达80%~90%。有学者引入Total Compensation的概念，把劳动者从资方获得的所有形式的经济性收入和有形服务的价值都归在Total Compensation的范畴中，一般翻译为总体薪酬或者全面薪酬。

当然，随着社会发展和人们生活水平的不断提高，马斯洛需求层次理论中的社交需要、尊重需要和自我实现需要的重要性也日益突出，所以有学者提出心理薪酬的概念。传统的基本工资、津贴、奖金、福利和股权等被称为经济薪酬，或者叫外在薪酬、物质薪酬。工作中的成就感、职业生涯发展等精神激励就被称为心理薪酬，或者叫内在薪酬、精神薪酬。这二者合在一起被称为Total Rewards，Rewards侧重于奖赏、报答、回报、致谢的意思，自然包含了情感、心理、精神方面的付出与回报，因此比Compensation更好地涵盖了现代企业中薪酬的全部内涵。Total Rewards也被翻译为总体报酬。薪酬演变过程如图8-1所示。

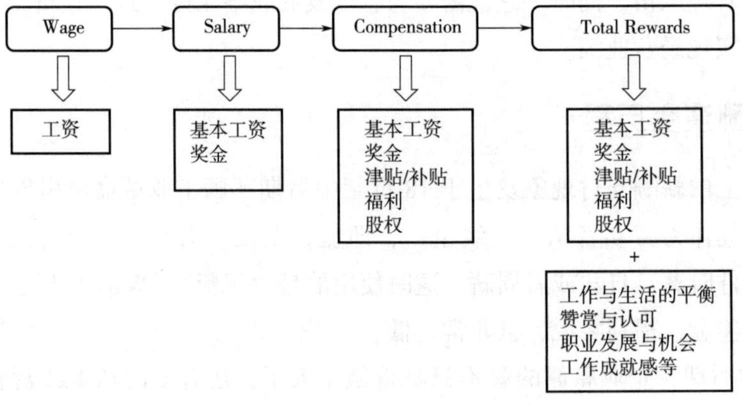

图8-1 薪酬演变过程

在本书中，我们主要讨论经济薪酬，将薪酬界定为企业向员工所提供的各种形式的经济收入以及有形的福利和服务，用以吸引、保留、发展和激励员工。

补充阅读8-1

Salary的来源

二、薪酬的构成

在企业中，总体报酬首先分为物质薪酬和精神薪酬。物质薪酬主要由直接薪酬和间接薪酬两部分组成，其中直接薪酬包括基本工资、奖金、津贴及其他奖励，一般以现金形式支付；间接薪酬则包括福利和股权两部分，通常以非现金形式延期支付。精神薪酬则是由工作本身、工作环境和组织发展带来的自豪感和满足感，主要是一种心理效用。本书主要分析直接薪酬和间接薪酬。

（一）直接薪酬

1. 基本工资（Base Pay）

基本工资是指企业根据员工所承担的工作或者所具备的技能而支付给他们的较为稳定的经济收入，是员工薪酬的最基本部分。基本工资主要取决于职位在企业中的相对价值以及市场薪酬水平参数。基本工资往往有小时工资、月薪、年薪等形式。

2. 奖金（Bonus）

奖金是薪酬组成中直接与绩效挂钩的部分，或称为浮动薪酬或可变薪酬。奖金主要取决于员工绩效完成情况、企业盈利情况等。所以奖金对员工有较强的激励作用，对企业绩效目标的达成也起着非常积极的推动作用。

3. 津贴或补贴（Allowance）

津贴是指职工在特殊劳动条件或工作环境下的额外劳动消耗和生活费用的额外支出的补偿。与生产相关的补偿称为津贴，与生活相关的补偿称为补贴。津贴分配的唯一依据是劳动所处的环境和条件的优劣，而不与劳动者的技术水平及劳动成果直接相关，所以它是一种补充性的工资分配形式。

（二）间接薪酬

1. 福利（Benefits）

福利是员工薪酬的重要组成部分，大多表现为延期支付的非现金收入形式。福利是对劳动的间接回报，一般不按照工作时间和员工个人贡献给付，只要是企业的正式员工都可以获得基本福利，其基本目的是为员工提供各种必需的保障，让员工可以安心工作。福利通常分为法定福利和非法定福利，取决于政府政策和公司规定，包括社会保险、带薪休假、儿童看护、工作餐饮、定期体检等。

2. 股权（Stock）

股权是一种激励性长期报酬形式，早期的股权激励对象主要是企业高管，后来慢慢扩大到各个层次的员工，主要包括员工持股计划和股票期权计划。如果说奖金是对员工的短期激励，那么这两种计划就是对员工的长期激励。近些年来股权计划已经越来越受到中国企业的青睐。

在直接薪酬和间接薪酬中，基本工资、奖金和福利这三个要素是几乎所有企业都会设置的薪酬构成部分，三者的差别如表 8-1 所示。

表 8-1　薪酬的构成

薪酬构成	基本功能	决定因素	变动性	特点
基本工资	基本的保障 体现岗位价值	岗位、能力、 资历、绩效	较小	稳定性 保障性
奖金	对员工良好 绩效的回报	个人、团队和 组织的绩效	较大	激励性 变动性
福利	提高员工满意度	身份、法律	较小	全面性 保障性

三、企业薪酬设计的影响因素

有的企业在设计薪酬制度时一味地复制一些知名企业的薪酬模式，或者按部就班地套用传统理论和方法，结果企业所实施的薪酬管理制度出现了水土不服的状况，并没有很好地发挥出正面效应。之所以会出现这种状况，其中一个重要原因就是企业未能对影响薪酬设计的因素进行认真分析，没有对症下药地采取最合适的薪酬模式。下面这些因素是企业在进行薪酬设计时不得不考虑的。

（一）环境因素

外界各种环境是企业进行组织运作的大背景，制约着企业各项政策的有效性，因此企业在进行薪酬设计时必须审视外在的环境条件。这里可以通过 PEST 模型，分析预测政治、经济、社会及技术因素对企业发展的影响。

1. 政治环境（Political）

随着人力资源及薪酬管理的政策法令逐步健全，劳动者合法权益的保障更加严密科学，劳动者的自我维权意识日益高涨，企业的人力资源管理必须体现依法治企的精神，否则企业的人力资源管理及薪酬管理便会遭遇法律困境。《中华人民共和国劳动法》（以下简称《劳动法》）第四十八条关于国家实行“最低工资保障制度”的规定，要求任何单位支付劳动者的工资不得低于当地最低工资标准，并为最低工资率的测算制定了严格的方法。

2. 经济环境（Economic）

经济景气和萧条的循环变动会影响到企业薪酬管理制度的调整。劳动力市场上的供求状况会直接影响到劳动力的价格，经济发展水平的高低也会左右企业薪酬制度的改变。比如，当遭遇金融危机时，很多企业会采取降低薪酬和缩减福利的措施，以求员工与企业共渡难关。

3. 社会环境（Social）

在社会因素中，影响薪酬水平的因素主要有地区差异与行业特点、劳动力市场的供需关系和价格水平、现行工资率、相关法规等。

企业所在区域和行业特点对企业薪酬水平的影响很大。发达地区的人才竞争激烈，同时企业的整体支付能力也较高，因此薪酬水平也明显偏高；而欠发达地区不仅有企业支付能力的问题，物价水平也偏低，所以薪酬水平也相应偏低。

同时，社会环境中的文化因素也会影响员工对薪酬的态度与评价。如在很长一段时间内，中国的大多数企业都使用统一的薪酬结构，工人实行 8 级工资制，技术人员实行16 级工资制，行政人员实行 26 级工资制，当时大家并没有对这种刻板的薪酬模式产生任何困惑和不公平感，从某种意义上，这就是文化的影响力。

4. 技术环境（Technological）

如果整个产业环境推崇科技创新，而科技创新有着更高的商业价值，自然会影响企业的薪酬激励导向，使企业倾向于以基于技能的薪酬体系为主，鼓励更多的高科技人才加入企业，长时间服务于企业。

（二）企业因素

企业因素主要包含企业经营情况、企业薪酬政策和企业文化等因素。

1. 企业经营情况

这是影响薪酬水平最直接的因素。经营情况良好的企业，处于较高的利润水平，可维持较高的薪酬给付率；而经营状况较差的企业，考虑到人力成本支出的因素，迫于成本的压力，常常只能提供较低的薪酬水平。

2. 企业薪酬政策

企业薪酬政策是企业利益分配机制最直接的体现。薪酬政策是指企业对利润积累和薪酬分配之间的偏重关系，处于发展期的企业一般偏重于利润的积累，限制薪酬的发放，将利润累积起来用于企业更大规模的发展；而处于鼎盛期的企业为了吸引更多的人才，便倾向于提供高于市场的薪酬水平，提高企业的外在形象。

3. 企业文化

企业文化是企业分配思想、价值观、目标追求、价值取向和制度的土壤，企业文化不同，必然会导致观念和制度的不同，从而会影响到薪酬模型和分配机制，间接地影响薪酬水平。例如，劳动密集型企业偏重于利用显性薪酬来激励员工，而技术密集型企业、事业单位则更喜欢用晋升等非显性薪酬来激励员工。当然，随着社会的发展，这一因素也在发生变化，薪酬激励越来越不作为单一的激励机制存在，而更多的是和晋升等方式结合起来使用。

（三）员工个人因素

1. 员工所在岗位及职务差别

企业中的每一个岗位都有不同的岗位职责、权限范围和对员工的任职资格要求，所以岗位价值有高有低。通常情况下，岗位价值高给付的岗位工资高，岗位价值低给付的岗位工资就低。

2. 员工工作表现

员工薪酬的很大一部分会因为个人工作表现而发生改变，因此在同等条件下，高薪来自个人工作的高绩效。

3. 员工资历与工龄

通常资历高、工龄长的员工要比资历浅、工龄短的员工薪酬要高。这主要取决于两种假设：一是人的能力随年龄的增长而增长；二是员工的生活开支及赡养人口随年龄增加而增长。

4. 员工工作技能

企业之争归根到底是人才之争，掌握关键技术的员工更是企业竞争的利器。而掌握关键技术的专才和阅历丰富的通才可以有效整合企业各项资源，使得企业愿以高薪待之。

第二节　基本工资设计

基本工资或者称为基本薪酬，是劳动者收入中最重要的组成部分，较之其他组成部分更具稳定性。基本工资是指一个企业根据员工所承担或完成的工作本身或者员工所具备的完成工作的技能或能力，而向员工支付的相对稳定的经济性薪酬。基本工资的作用主要是为了保障和满足员工的基本生活所需，其重要性不言而喻。本节主要讨论基本工资的设计过程。

一、工资制度设计的原则与主题

在工资设计之初就需要明确一个前提，是员工的岗位决定了员工的产出（以岗定薪）还是员工的能力决定了其产出（以人定薪），或者兼而有之？这个判断决定了不同的工资支付基础。事实上，在企业的管理实践中，往往是两者结合使用，但由于以岗定薪由来已久，大部分企业都偏向于选择前者，近些年一些新兴产业和领域中的企业，例如高科技行业、IT 企业会选择后者，即以能力作为工资支付基础。本节主要围绕以岗定薪展开讨论，能力薪酬的内容会在后面章节中略加介绍。

在工资制度设计过程中，需要遵循两大主题：一是工资水平对外尤其是与竞争对手相比具有竞争力；二是工资体系对内具有公平性。

二、工作分析与岗位评估

（一）工作分析

以岗定薪模式需要通过测评岗位职责、劳动强度、劳动条件、任职资格等因素，按照岗位的相对价值高低来决定员工的工资水平。所以，工作分析也就成为工资制度建立的依据。我们需要做的就是借鉴工作分析而产生的企业组织结构图和岗位说明书等文件，分析各个工作岗位的相似之处与差异性，为后续的岗位评估做准备。

（二）岗位评估

岗位评估的目的是确定企业中所有岗位的相对价值，这是工资体系内部公平性的重要保证。岗位评估一般由企业内部熟悉业务的主要领导、相关部门负责人、人力资源部相关人员以及外部专家组成岗位评估小组，找出企业中各种工作岗位的共同付酬因素，根据一定的评估方法，按照每个岗位对企业贡献的大小，确定其具体的价值。前文已介绍了几种岗位评估方法，在此不再赘述。表 8-2 为付酬要素选择。

表 8-2　付酬要素选择

付酬要素	付酬指标	指标权重（%）
岗位对企业的影响	对企业的影响	25
职责范围	责任范围	15
	工作独立性	10
解决问题的难度	工作复杂性	10
	工作创造性	10
沟通协调	内部沟通	10
	外部沟通	10
环境条件	工作环境	10

以“岗位对企业的影响”这一指标为例。该指标共分五个等级，从 1 到 5 显示岗位对企业的影响程度不断加深。事实上，企业中各个岗位对企业的影响程度各不相同，通过评估小组测评，必然能确定每个岗位在该指标下的等级（见表 8-3）。

表 8-3　评估指标与标准示例

等级	岗位对企业的影响
1	工作对本岗位产生一定影响，对企业业绩影响极小
2	对本部门绩效产生一定影响，对企业业绩影响有限
3	对本部门绩效产生重大影响，对企业业绩有一定影响

续表

等级	岗位对企业的影响
4	对本部门绩效产生决定性影响，对企业业绩有重要影响
5	对职能中心产生重要影响，对企业业绩有重大影响

这里我们还需要选定一个总点值方便我们将岗位价值量化，可以选择100点或者1 000点。点值的选择只是为了最后计算的方便，并没有实际意义。因为最终得出的是岗位的相对价值分，不会影响岗位价值的排列顺序。例如这里我们选择1 000点作为总点值，按照上面“岗位对企业的影响”这一指标的权重为25%，所以这一指标的总点值为250点，再以等差法或倍差法来计算各等级的点数。如表8-4所示，将上述所有付酬指标均进行分级、配点。

表8-4　因素计点法示例

付酬指标	权重（%）	标准（等级）				
		1	2	3	4	5
岗位对企业的影响	25	50	100	150	200	250
责任范围	15	30	60	90	120	150
工作独立性	10	20	40	60	80	100
工作复杂性	10	20	40	60	80	100
工作创造性	10	20	40	60	80	100
内部沟通	10	20	40	60	80	100
外部沟通	10	20	40	60	80	100
工作环境	10	20	40	60	80	100
总点值	100	200	400	600	800	1 000

注：选用上述8个指标，各分5个等级，1 000点总点值，等差法。

最后根据评估标准，对所有岗位进行评估并汇总每一个岗位的总点数，将岗位评估点数通过某个系数转化为货币数量，即工资标准。例如，A企业综合办公室主任岗位，测评结果为：

岗位对企业的影响——4级，200点

责任范围——4级，120点

工作独立性——4级，80点

工作复杂性——4级，80点

工作创造性——5级，100点

内部沟通——5级，100点

外部沟通——4 级，80 点

工作环境——2 级，40 点

因此，该综合办公室主任岗位的总点值为：

$$200+120+80+80+100+100+80+40=800\text{（点）}$$

这种方法的难度在于制作薪金点值表，需要指标，标准和权重三方面的相互权衡，但是一旦制作成功，便容易理解和使用。利用这种方法评估岗位价值比较客观和准确，故很受企业界欢迎。

例如，通过对企业所有岗位完成岗位评估，按照评估分值高低对各部门所有岗位进行了排序，将岗位总点值相同或者相近的岗位放到同一个薪等，如表 8-5 所示。后续同一薪等的岗位就会处于一样的基本工资浮动范围，这里蕴含宽带薪酬理念。

表 8-5 岗位薪等表

层级	薪等	综合办公室	财务部	工程部	项目保障部	经营核算部	发展规划部	品牌营销部	总师办
经理级	7			经理					主任
	6	主任	经理		经理	经理	经理	经理	
副经理级	5		副经理	副经理	副经理	副经理	副经理		副主任
	4	副主任						副经理	
员工级	3	人力资源 总务管理	主办会计	项目管理 专业工程师 造价工程师 招投标岗位	项目前期 市政报批	审计与资产 合同与法务 成本核算			土建工程师； 设备工程师
	2	行政管理 综合秘书	出纳	工程维修 现场材料	材料岗位	绩效考核	项目评价 计划管理	市场岗位 销售岗位 物业与客服	项目 计划
	1			资料档案	资料管理		综合信息		资料管理

三、薪酬调查

当所有的岗位价值都以点数量化之后，我们需要一个系数 K 将其转化为货币数量，而这个系数 K 的设置需要根据市场薪酬水平、历史薪酬数据和企业的薪酬策略来确定。这里我们主要了解如何进行薪酬调查。

（一）什么是薪酬调查

薪酬调查是实现企业薪酬水平外部公平的重要渠道。

薪酬调查就是通过一系列标准、规范和专业的方法，对市场上各职位进行分类、汇总和统计分析，形成能够客观反映市场薪酬现状的调查报告，为企业提供薪酬设计方面的决策依据及参考。

薪酬调查是指企业为了以合理的人力成本吸引所需求的人才而进行的了解竞争对手或同类企业的相同或相似岗位的薪酬水平的行为。薪酬调查的方式有机构发布的薪酬调查报告、委托专业机构进行薪酬调查等。

（二）薪酬调查的原则

1. 在被调查企业自愿的情况下获取薪酬数据

由于薪酬管理政策及薪酬数据在许多企业属于商业秘密，不愿意让其他企业了解，所以在进行薪酬调查时，要由企业人力资源部门与对方人力资源部门，或企业总经理与对方总经理直接进行联系，本着双方互相交流的精神，协商调查事宜。

2. 调查的资料要准确

由于很多企业对本企业的薪酬情况守口如瓶，所以有些薪酬信息很可能是道听途说得来的。这些信息往往不全面，有些甚至是错误的，准确性较差。另外，在取得某岗位的薪酬水平的同时，要比较一下该岗位的岗位职责是否与本企业的岗位职责完全相同，不要因为岗位名称相同就误以为工作内容和工作能力要求也一定相同。

3. 调查的资料要随时更新

随着市场经济的发展、人力资源市场的完善，人力资源的市场变动会越来越频繁。企业的薪酬水平也会随企业的效益和人力资源的供需状况发生变化，所以薪酬调查的资料要随时注意更新，如果一直沿用以前的调查数据，很可能会做出错误的判断。

（三）薪酬调查的渠道

1. 企业之间的相互调查

由于我国的薪酬调查系统和服务还没有完善，所以最可靠和最经济的薪酬调查渠道是企业之间的相互调查。相关企业的人力资源管理部门可以采取联合调查的形式，共享薪酬信息。这种相互调查是一种正式的调查，也是双方受益的调查。调查可以采取座谈会、问卷调查等多种形式。

2. 委托专业机构进行调查

现在，在沿海一些城市有提供薪酬调查的管理顾问公司或人才服务公司。通过这些专业机构调查会减少人力资源部门的工作量，节省企业之间的协调费用，但需要向委托的专业机构付一定的费用。

3. 从公开信息中了解

有些企业在发布招聘广告时，会写上薪金待遇，调查人员稍加留意就可以了解到这些信息。另外，某些城市的人才交流部门也会定期发布一些岗位的薪酬参考信息，同一岗位的薪酬信息，一般分为高、中、低三档。由于它覆盖面广、薪酬范围大，所以它对有些企业参考作用不大。

4. 从流动人员中了解

通过其他企业来本企业应聘的人员可可以了解一些该企业的薪酬状况。

（四）薪酬调查的实施步骤

实施薪酬调查一般可分为确定调查目的、确定调查范围、选择调查方法、整理和分析调查数据四个步骤。

1. 确定调查目的

人力资源部门首先应该清楚调查的目的和调查结果的用途，再开始制订调查计划。一般而言，调查结果主要为以下工作提供参考和依据：整体薪酬水平的调整，薪酬结果的调整，薪酬晋升政策的调整，某具体岗位薪酬水平的调整等。

2. 确定调查范围

根据调查目的，可以确定调查的范围：需要对哪些企业进行调查？需要对哪些岗位进行调查？需要调查该岗位的哪些内容？调查的起止时间和控制。

3. 选择调查方法

确定了调查的目的和调查范围，就可以选择调查的方式。一般来讲，首先可以考虑企业之间的相互调查。企业的人力资源部门可以与相关企业的人力资源部门进行联系，或者通过行业协会等机构进行联系，促成薪酬调查的展开。若无法获得相关企业的支持，可以考虑委托专业机构进行调查。具体的调查形式普遍采用的是问卷法和座谈法（也称面谈法）。如果采取问卷法，要提前准备好调查表；如果采取座谈法，要提前拟好问题提纲。

4. 整理和分析调查数据

在整理数据时，要注意将不同岗位和不同调查内容的信息进行分类，并且在整理的过程中要注意识别是否有错误的信息。最后，根据调查目的，有针对性地对数据进行分析，形成最终的调查结果。

（五）薪酬调查数据统计中出现的术语介绍

平均值：所有数据之和除以数据个数得到的数值。

中位值：在全部数据中排列在中间的数据值，也表示50%的数据低于或高于该数值。

75百分位值：在全部数据中排列在第75百分位的数据值，也表示75%的数据低于该数值。许多企业希望自身的薪酬水平在市场上吸引或保留人才更有竞争力，可以参考75百分位值。

90百分位值：在全部数据中排列在第90百分位的数据值，也表示90%的数据低于该数值。90百分位值是市场中的高端值，一般情况下对于保留核心人才会参考使用该数值。

分位值分别代表了市场薪酬水平从低到高的排列情况，企业可以根据人力资源战略及其在行业中的市场定位，结合薪酬报告中的薪酬水平分析，从而制定本企业的薪酬策略。

例如，结合薪酬调查结果，并分析了历史薪酬数据，A企业的K值取105，按照上面综合办公室主任岗位点值为800点，则该岗位的年工资收入为800×105＝84 000元。

值得注意的是，这里以岗定薪的薪酬模式实际上是一个开放的、可灵活变化的体系。在岗位价值不变的情况下，通过系数K值的变化，可以对企业的薪酬水平进行调整，反映企业支付能力和市场薪酬水平的影响。

四、薪酬水平定位

薪酬水平指的是企业支付给不同岗位的平均薪酬。在薪酬调查之后，我们就能了解到市场上相关岗位的薪酬水平，而要最终确定本企业的薪酬水平，即K值到底取多少，还要考虑企业的薪酬策略。企业的薪酬策略主要有以下四种。

（一）领先型薪酬策略

采用这种策略的企业往往具备规模较大、投资回报率较高、薪酬成本占总成本比重较低、产品在市场上的竞争者少等特点，例如深圳华为。该策略的优点是能够吸引更多的优秀人才，降低员工的离职率，节省企业在员工招聘和薪酬管理方面所支出的费用，树立企业良好形象，形成更高的投入产出比；缺点是管理压力大，人才若没有得到合理配置，高薪会成为负担。

（二）跟随型薪酬策略

跟随市场平均薪酬水平，是最常用也是多数企业会采用的策略。优点是风险小，对多数员工有一定的保留作用；但是在招聘优秀人才时有一定难度。

（三）滞后型薪酬策略

当企业规模相对较小，并处于竞争性的产品市场，边际利润率较低且成本承受能力较弱，受到产品市场上较低的利润率所限制，没有能力为员工提供更高水平的薪酬，只能选择滞后型薪酬策略。采用此策略需要注意不可将其作为长期策略，否则无法留住员工。

（四）混合型薪酬策略

企业在确定薪酬水平时，根据不同的职位类型和员工类型分别制定不同的薪酬水平决策。例如，对核心岗位采取领先策略，对于普通岗位采用跟随或滞后策略。此策略同时采用两种或两种以上单一策略，其灵活性和针对性更强，既有利于企业保持外部竞争力，又有利于合理控制企业的薪酬成本开支。

第三节　奖金管理

在市场环境不断变化的今天，企业的经营状况和财务能力越来越受到市场因素的影响而趋于不稳定，各种制度变革和管理创新在所难免。改变薪酬制度对于任何规模的企业来说，都是一件敏感而困难的工作。薪酬制度的调整必须是一个渐进的过程，而奖金作为薪酬构成中最灵活的因素，设置得好就能引导员工朝着组织目标不断奋进。

一、奖金的种类

个体激励用于奖励员工个体的努力与业绩。个体可变薪酬的常见类型包括计件制、计效制、销售提成和分红等，其他还有旅游或实物等特殊奖励，用以表示对个人业绩的认可。在个体激励制度下，员工往往只看重自己的利益，有可能妨碍其他与之形成竞争的员工的绩效表现。这也是设立小组或团队激励的原因之一。

当组织对一个小组或团队实施激励时，团体成员之间的合作就会增强。最常见的小组或团队激励方式是收益分享计划或目标分享计划，即当团队达到一定目标时，可以根据业绩目标分享利润。这些计划通常更关注提高质量、降低成本。

组织激励是根据整个组织的业绩结果对员工进行报酬给付。这一激励制度认为所有员工齐心协力便可以达到更高的业绩，获得更好的财务结果。组织激励最常见的方式是利润分享计划和员工持股计划。如图 8-2 是三种激励制度的若干方式。

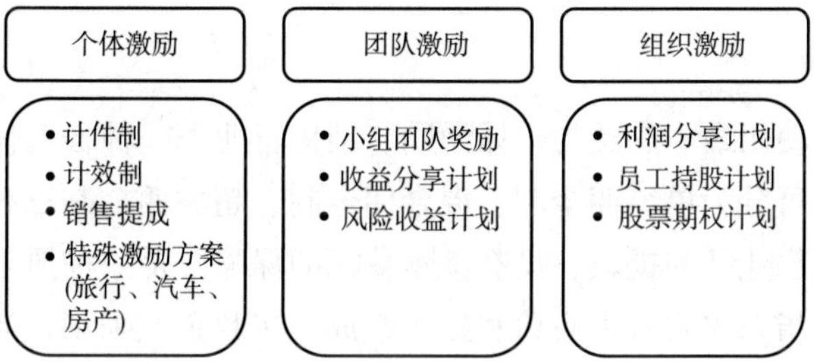

图 8-2 奖金的种类

二、个体激励

（一）计件制

最基本的个人激励制度是计件制，包括直接计件制、泰勒差别计件制、梅里克多重计件制。直接计件工资制应用相当广泛，以单位时间的产量来确认工资率，工资是随着产量的变动而变动的函数。当员工产出量超过计件工资标准要求的产量时，超过的部分就可以按照激励工资率计算，如表 8-6 所示。

表 8-6 直接计件工资制示例

计件工资标准（根据时间研究确定）：20 单位/小时		
工资最低保障线（达不到工作额定时的工资标准）：10 元/小时		
激励工资率（超过 20 单位以上的单位产量工资）：2 元/单位		
产量标准	支付奖金额	支付工资总额
20 单位或小于 20 单位/小时	0	10 元/小时
25 单位/小时	（25-20）×2=10 元/小时	10+10=20 元/小时
30 单位/小时	（30-20）×2=20 元/小时	10+20=30 元/小时

泰勒差别计件制和梅里克多重计件制是在直接计件制的基础上发展起来的，它们都是以单位时间的产量标准为支付奖金的依据，不同之处在于是否将计件工资率划分成不同的层次，更加体现“多劳多得，少劳少得”的支付原则。这种激励制度的优点在于比其他激励制度更容易让工人理解，最大不足在于难以设定一个合理的标准。标准过高，工人达不到，可能引起劳动纠纷；标准太低，所有工人都能轻松达到，企业会增加很多不必要的成本。

（二）计效制

这是一种把时间作为奖励尺度，鼓励员工努力提高生产效率，节省人工和各种制造成本，然后将节省的成本作为奖励发放给员工的制度。根据发放比例的不同可以分成标准工时制、哈尔西 50-50 奖金制、罗恩制和甘特计划等。

（三）销售激励

销售激励可能是使用最为广泛的个体激励。销售行业中一种普遍使用的个体激励制度就是佣金制。佣金制可分为单纯佣金制、混合佣金制、超额佣金制三种。单纯佣金制是指个体收入完全来自销售业绩的提成，没有基本薪酬的保障，是一种风险较大且挑战性大的制度；混合佣金制是指个体收入由底薪和提成组成，多数企业采用该制度；超额佣金制是指必须完成一定的定额才能开始提成，一般提成比率会相应高一些。

（四）特殊激励制度

为了激励员工，企业采用了形式多样的特殊激励方案，如为达到绩效目标进行阶段性竞赛，或对员工绩效实施长效奖励等。特殊激励制度可用于团队，甚至组织内的所有成员，但主要用于奖励业绩突出的员工。

三、团队激励

随着企业组织结构扁平化趋势的不断衍生，组织中出现了大量的以小组或团队的形式展开工作。研究发现，团队激励更加提倡团队合作，较个人激励计划提倡的个人英雄主义，团队激励更适应时代的发展与要求，越来越受到企业的重视。

（一）小组或团队奖励计划

只有在小组或团队的目标实现之后个人才能获得奖励，如果仅仅是员工个人目标实现而团队目标并没有完成，员工个体仍然不能获得奖励。

（二）收益分享计划

这是通过提供给员工参与企业收益分享的权力进行团队激励的一类分配方式。它的主要功能，一是有利于增强员工的团队意识和具体意识，二是一定程度上抑制了员工之间的恶性竞争。例如，斯坎伦计划和拉克计划就是以节约的各项成本作为奖金按比例分配给员工。这种团队激励更注重成本的节约和生产力的提高，提倡员工之间的合作与参与。

（三）风险收益计划

风险收益计划是从风险共担的角度来激励员工的。它将员工的一定比例的基本收入置于一定的风险之上，其哲学基础是：如果员工不对他们的行为承担一定的风险的话，他们就不应该期望实质性的报酬。该计划通过在基本工资上进行变化安排，使得员工可能拿较低的工资，也可能在达到或超过质量、服务、效率目标后获得高于原来全部基础工资的额外收入。风险收益计划通过将企业的风险部分地转移到员工身上，促使员工具有企业合伙人性质，促进了企业内部的合作、交流与参与。

四、组织激励

组织激励是根据整个企业在一年内的业绩对所有员工进行补偿和奖励。组织激励的理论根据是企业的总体绩效需要所有员工的共同合作，而激励的目标就是通过对整个组织内的合作实施奖励，从而带来更好的绩效。

（一）利润分享计划

利润分享计划就是把企业利润的一部分发给员工。发给员工的利润百分比通常在年底分发前就已经商议决定。有些利润分享制度在年底给员工分发利润奖励。有些则将这部分奖金设立基金，员工退休或离开企业时才可拿到。

（二）员工持股计划

这是员工所有权的一种实现形式，始于 20 世纪 60 年代，是企业所有者与员工分享企业所有权和未来收益权的一种制度安排。员工通过购买企业部分股票（或股权）而拥有企业的部分产权，并获得相应的管理权，实施员工持股计划的目的是使员工成为企业的股东。

（三）股票期权计划

企业在特定时间内直接授予员工公司的股票，对员工进行激励。这种给予股票进行奖励的方式主要面向中高级管理人员，能很好地提高员工的组织承诺度和保留优秀员工。它以股票作为手段对经营者进行激励。股权激励的理论依据是股东价值最大化和所有权、经营权的分离。它是股东为达到所持股权价值的最大化，在所有权和经营权分离的现代企业制度下，实行的股权激励。

五、高管激励计划

高层管理者的薪酬与基层员工的薪酬有所不同。高层管理者薪酬计划的核心就是，如果组织的盈利和价值在一定年限内得到了增长，高层管理者就能得到报酬。因此，通过各种激励手段分发的可变薪酬构成了高层管理者薪酬的重要部分。高层管理者的薪酬一般由基本工资、一次性绩效奖金、短期年度奖金、长期奖励及股票增值计划、经理人员福利及高层经理人特权组成。目前我国在选择高管长期激励性报酬的时候，一般都采取股票形式或者股票认购期权的形式。

第四节　员工福利管理

一、福利的定义

福利是薪酬体系的重要组成部分，是企业或其他组织以福利的形式提供给员工的报酬。福利是对员工生活的照顾，是组织为员工提供的除工资与奖金以外的一切物质待遇，是员工劳动的间接回报，通常与绩效无关。福利常常包括退休福利、健康福利、带薪休假、实物发放、教育补贴和其他项目。

二、福利的特点与作用

（一）福利的特点

福利是员工报酬的重要组成部分；

福利通常表现为非现金形式，采取间接支付的发放形式；

福利一般不是按照工作时间和员工的个人绩效给付的，只要是组织的正式员工都可以均等地获得福利，具有一定的普惠性质；

福利的基本目的是照顾员工生活，为他们提供各种必需的保障，使其安心工作。

（二）福利的作用

在现代企业，福利作为员工报酬的重要组成部分，越来越成为人力资源战略决策中不得不重视的一方面。它的作用主要在于：

1. 协助吸引员工

求职者并不完全追求金钱待遇，企业对员工的关怀度也是越来越多员工关注的焦点，好的福利制度可以增强企业的竞争力，在市场上更有影响力。

2. 减轻员工的税收负担

相比工资和奖金，福利的一项重要作用就是减免税收。员工可能因为加薪而增加年度所得税的缴纳额度，增加福利可以避免这一情况。

3. 传递企业的文化和价值观

企业的福利形式能够很好地传递企业的文化和价值观，例如餐厅、休闲区域的打造，员工健康项目的设置等，都能体现企业对员工的人文关怀。

4. 增强员工的归属感和留任率

福利虽然也是企业的成本支出，但是给人的感觉不一样。它体现了企业的人情化关怀，有利于凝聚人心，增强员工的归属感，从而降低员工的流失率。

三、法定福利

补充阅读8-2

建立以人为本的新型企业管理制度

法定福利是国家通过法律强制要求雇主为员工提供的福利项目，具有强制性、保障性、互济性、差别性和防范性的特点。一般由国家统一管理，企业只需按照规定缴纳相关费用即可，不必具体管理。我国的法定福利主要有养老保险、工伤保险、医疗保险、失业保险、生育保险和住房公积金。

（一）养老保险

养老保险是国家和社会根据一定的法律和法规，为解决劳动者在达到国家规定的解除劳动义务的劳动年龄界限，或因年老丧失劳动能力退出劳动岗位后的基本生活而建立的一种社会保险制度。其特点是强制性、互济性、储备性、社会性。

养老保险的种类包括投保资助型、强制储蓄型和国家统筹型，我国采用的是社会统筹和个人账户相结合的模式。目前，员工自己交纳工资总额的 8%进入个人账户，企业交纳工资总额的 20%。但是这个比例在全国各省会有差异。例如，江苏省明确自 2019 年 5 月 1 日起，将全省企业职工基本养老保险单位缴费比例降至 16%，并继续阶段性降低职工基本医疗保险、失业保险、工伤保险费率。浙江、广东也按照国家要求，将企业职工基本养老保险单位缴费比例逐步过渡至 16%。

养老保险的计发方式为，个人缴费年限累计满 15 年的，退休后按月发放基本养老金。基本养老金由基础养老金和个人账户养老金组成。退休时的基础养老金月标准为省、自治区、直辖市或地（市）上年度职工月平均工资的 20%，个人账户养老金月标准为本人账户储存额除以 120，即按照十年发放完毕。

（二）失业保险

失业保险是指国家通过立法强制实行的，由社会集中建立基金，对因失业而暂时中断生活来源的劳动者提供一定时期基本生活需要和就业培训，以帮助其尽快就业的一种社会保险制度。它是社会保障体系的重要组成部分，是社会保险的主要项目之一。失业保险的特点是普遍性、强制性和互济性。

用人单位按照本单位工资总额的 2%缴纳，员工按照个人工资的 1%缴纳。如前文所述，各省缴纳比例有差异，且省内各行业按照国家有关规定依次划分为一类至八类工商风险类别，缴纳比例也有差异。

员工只有符合履行缴费义务满一年、非本人意愿中断就业、已办理失业登记并有求职要求这三个条件，才能享有失业保险。

（三）医疗保险

医疗保险是指国家立法规定并强制实施的、在人们生病或受伤后由国家或社会给予一定的物质帮助，即提供医疗服务或经济补偿的一种社会保障制度。医疗保险制度的特点是强制性、互济性和社会性。

基本医疗保险费用由用人单位和员工共同缴纳。用人单位缴费比例为在职员工工资总额的6%，其中30%进入员工个人账户，剩余部分进入基本医疗保险社会统筹基金；员工缴纳比例一般为个人工资的2%，全部划入个人账户。随着经济发展，用人单位和职工缴费比例可做相应调整。

统筹基金和个人账户划定各自的使用范围，分别核算，不得相互挤占。其中，统筹基金的起付标准是当地职工年平均工资的10%左右，最高支付限额是当地职工年平均工资的4倍。起付标准以下的医疗费用从个人账户支付或个人现金支付，起付标准以上、最高支付限额以下的费用从统筹基金支付，个人也负担一定比例。最高限额以上的费用主要通过企业补充医疗保险或商业医疗保险等途径解决，或由个人自行解决。

（四）工伤保险

工伤保险是指国家和社会为在生产工作中遭受事故伤害和患职业性疾病的劳动者及其亲属提供医疗救治、生活保障、经济补偿、医疗和职业康复等物质帮助的一种社会保障制度。

工伤保险制度有三条实施原则：无过失补偿原则；风险分担、互助互济原则；个人不缴费原则。

（五）生育保险

生育保险是国家通过立法，对怀孕、分娩女职工给予生活保障和物质帮助的一项社会政策。其宗旨在于通过向职业妇女提供生育津贴、医疗服务和产假，帮助她们恢复劳动能力，重返工作岗位。《女职工劳动保护规定》：“用人单位不得因女职工怀孕、生育、哺乳而降低其工资、予以辞退、与其解除劳动或者聘用合同。”

2012年4月18日，《女职工劳动保护特别规定（草案）》调整了女职工生育享受的产假，由原先的90天延长到98天，其中产前可以休假15天；难产的，应增加产假15天；生育多胞胎的，每多生育1个婴儿，可增加产假15天。女职工怀孕未满4个月流产的，享受15天产假；怀孕满4个月流产的，享受42天产假。产假期间的工资以及医疗费用由职工所在单位负担。

（六）住房公积金

住房公积金是指国家机关、国有企业、城镇集体企业、外商投资企业、城镇私营企业及其他城镇企业、事业单位、民办非企业单位、社会团体及其在职职工按照规定缴存的具有保障性和互助性的一种长期住房储金。住房公积金是国家推行的一项住房保障制度，实质上是劳动报酬的一部分，是归属职工个人所有的、专项用于解决职工住房问题的保障性资金。它具有积累性、专用性、互助性和长期性的特征。

住房公积金的缴存比例是5%~12%，也就是说不可以低于5%，也不可以高于20%，工作年满一年的老员工，公积金缴存的基数是职工本人上年度的月平均工资。新参加工作的员工从第二个月开始缴存，缴存的基数就是职工本人当月的月工资。职工个人缴存多少，单位需要按同比例缴存，单位和个人缴存的数额加起来就是员工的公积金总数。

四、企业自主福利

企业自定福利是指在国家法定的基本福利之外，由企业自定的福利项目，企业补充福利项目的多少和标准的高低在很大程度上受到企业经济效益和支付能力的影响以及企业出于自身原因的考虑。

企业自主福利具有间接性收入的性质，因此是货币薪酬的一种补充。目前企业员工的福利项目日益呈现多样化的形式，主要有以下几种类型。

（一）企业补充医疗保险

企业补充医疗保险是指企业在参加基本医疗保险的基础上，根据自身的经济承受能力，本着自愿的原则，自出资金，对本企业职工超出基本医疗保险基金支付以外的医疗费用，实行医疗补助的医疗保险。

除此之外，一些企业还为自己的员工提供免费定期体检、免费防疫注射、药费或滋补营养品报销、职业病免费防护、免费或者优惠疗养等福利。

（二）企业补充养老金计划

企业补充养老金计划尚无固定模式，一般视企业经济能力而定，经济条件好的多补充，条件差的少补充或不补充；鼓励为企业多做贡献，补充退休金随员工的工资和工龄而定，离开企业不转移关系；费用一般由企业自主负担，也有由企业和职工双方负担的；基本采取完全积累模式，用以投资增值，国家一般会提供政策支持和税收方面的优惠。

（三）住房福利计划

现有的住房福利计划主要分为两类：一类是由企业提供住房的实物型住房福利计划，例如企业为员工提供单身宿舍、夜班宿舍、廉价公房出租等；另一类是由企业提供资金，员工自行购买或租赁房屋来解决住房问题的现金型住房福利计划，例如住房补助、无息贷款等。

（四）员工协助计划

员工协助计划是组织通过发现影响员工工作表现的问题，并向需要帮助的员工提供可信赖的问题评估、咨询以及协助服务。协助服务的内容可以根据员工的需要进行分类，甚至设计成为自助餐式的菜单选择，主要类别为：

咨询类，包括工作调适、生活问题、身心健康困扰以及职业生涯发展咨询；

教育类，新员工适应性培训、心理卫生推广、员工社会化活动等；

投诉类，以书面的、电话的或者面谈的方式处理员工的不满和建议；

顾问类，为员工提供法律顾问或信息咨询；

福利类，急难救助、助学金、弹性工作时间、托儿、托老服务；

休闲类，组织休闲、联谊、放松的活动。

第五节　其他薪酬形式

一、宽带薪酬

（一）宽带薪酬的概念

宽带薪酬是指对多个薪酬等级以及薪酬变动范围进行新的组合，使原来较多的薪酬等级合并为等级较少但宽度增加的新的薪酬结构。在传统的薪酬模式中，每个职级的变动幅度一般是40%~50%，而在宽带薪酬体系中，职级变动幅度范围可能高达200%甚至300%以上。

（二）宽带薪酬的特点

1. 宽带薪酬体系支持扁平化的组织结构

在传统组织结构以及与之相匹配的薪酬结构下，企业中有很多级别，员工们也具有严格的等级观念，来自基层的信息通过层层汇报、审批才能到达负责人那里，企业很难摆脱层层拖拉、相互推诿的官僚作风。而宽带薪酬结构打破了传统的等级制，压缩了组织的纵向层次，有利于企业提高效率以及创造参与型和学习型的企业文化，对于企业保持组织结构的灵活性以及迎接外部竞争都有着积极的意义。

2. 宽带薪酬体系能引导员工重视技能的增长和能力的提升

在传统薪酬结构下，员工的薪酬增长取决于其地位变化而非能力的提高。即使能力达到了较高的水平，但如果没有高级职位的空缺，员工也没有办法升入高一级的职位，仍然无法获得较高的薪酬。而在宽带薪酬体系设计下，即使在同一个薪酬宽带内，薪酬变动范围也可能比原来若干等级的范围要大，这样，员工就不需为薪酬的增长而计较职位晋升等问题，只要不断提升技术和能力就可以了。

3. 宽带薪酬体系有利于职位的轮换

在传统薪酬结构下，职位变动必然导致薪酬的变动。这样，如果从上级职位向下级职位调动，员工会有“被贬”的感觉；即使是同一职级的调动，员工也会不愿接受，因为职位调动不会带来薪酬水平的上涨，却会导致员工不得不学习新职位所要求的技能，从而影响职级的晋升。而宽带薪酬体系减少了等级数量，将过去不同等级的大量职位纳入同一薪酬等级当中，甚至上级监督者和下属也会在同一个薪酬宽带中，这样，在对员工进行横向甚至向下调动时所遇到的阻力就会小多了。

4. 宽带薪酬体系能密切配合市场供求变化

它以市场为导向，使员工从注重内部公平转向更为注重个人发展以及自身在外部劳动力市场上的价值。宽带薪酬结构的水平是以市场薪酬调查的数据以及企业的薪酬定位为基础确定的，因此，薪酬水平的定期审查与调整使企业更能把握其在市场上的竞争力，有利于企业做好相应的薪酬成本的控制工作。

5. 宽带薪酬体系有利于推动良好的工作绩效

宽带薪酬体系尽管存在对员工晋升激励下降的问题，但通过将薪酬与员工的能力和绩效表现紧密结合起来，可以更灵活地对员工进行激励。在宽带薪酬体系中，上级对有突出业绩表现的员工可以拥有较大的加薪影响力，而不像在传统的薪酬体系下，直线管理人员即使知道一些员工能力强、业绩好，也无法向这些员工提供薪酬方面的倾斜。

6. 宽带薪酬鼓励员工之间进行跨职能的流动

这样既可以让员工学到更多的东西，掌握更多的专业知识或技能，对于企业来说，也可以增强组织的灵活性，激励创新思想的迸发，让企业变得更活。更为重要的是，宽带薪酬结构不仅通过弱化头衔、等级和过去具体的职位描述以及单一的向上流动方式向员工传递个人绩效文化，而且还通过员工之间的合作、知识共享和共同进步，来帮助企业培育积极的团队绩效文化。

（三）宽带薪酬与传统薪酬的模式比较

如图 8-3 所示，传统的 16 级薪酬等级被压缩为 4 级薪酬等级，原先第 1 级到第 4 级的薪酬浮动范围变成了新模式中的第 1 级范围，原先第 5~8 级的薪酬浮动范围变成了第 2 级范围，原先第 9~12 级的薪酬浮动范围变成了第 3 级范围，原先第 13~16 级的薪酬浮动范围变成了第 4 级范围。

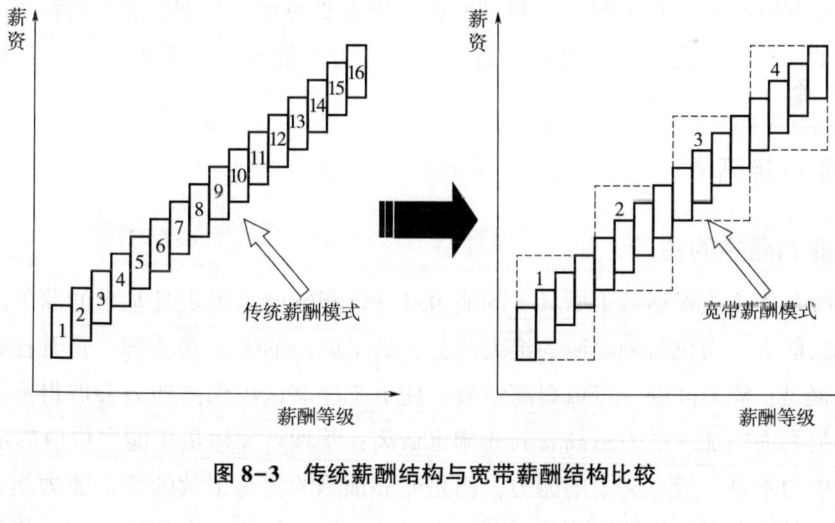

图 8-3　传统薪酬结构与宽带薪酬结构比较

在传统薪酬模式中，员工想要突破以前的工资得到加薪，只有提级换岗，也就是员工在一个固定岗位上即使干得再好，也无法得到大幅度的加薪，这种薪资制度迫使员工为了得到加薪而不遗余力地“往上爬”，而他最终爬到的岗位或许并不合适他。正如管理学家劳伦斯·彼得在其 1969 年出版的《管理原理》一书中曾发出的警告，在企业和其他各种组织中普遍存在一种将员工晋升到一个他所不能胜任的职位的倾向，即“彼得高地”现象。如果企业将在低一级职位上干得好的员工提升到较高一级的职位上，那么本来一个非常优秀的低级员工，就不得不在一个自己所不能胜任的，但是级别较高薪酬也高的职位上忍受煎熬。这种情况导致的结果有两个：一是员工不能胜任工作，找不到工作的乐趣，无法实现自身的价值，在有较大绩效压力的情况下往往会表现失常，或者是心情郁闷，甚至有些人还会由于被晋升而离开企业；二是员工被不恰当地晋升到一个所不能胜任的职位上，对企业来说一方面多了一个蹩脚的管理者，另一方面也失去了一个能够胜任较低级别的优秀员工。因此，企业和员工均是这种不恰当晋升的受害者。遗憾的是，传统的薪酬制度和晋升哲学在我们的企业中至今仍屡见不鲜。这违背了科学管理之父泰勒提出的能力与工作相适应的科学管理理论，也违背了“人尽其才，事得其人”的人力资源管理原则。

宽带薪酬的一个潜在假设是：一位出色的专业技术人员可能比一位刚上任的研究院院长对企业的价值更高；一位人人称颂的外科医生对医院的贡献可能大于一位常务院长；一位顶级的销售人员可能比他的销售部长对企业的作用更重要。如图 8-3 所示，如果一个在传统薪酬模式中处于 9 级职级的研发主任，专业能力很强，在研究领域也颇有影响力，将其升为管理研发部门的副总，职级升至 12 级，工资涨了，地位高了，但是却更多地从事行政管理事务，很少再涉足研发工作，既发挥不了他的一技之长，又不是他真正的兴趣所在，还不如停留在研发主任的位置。但是工资的涨幅如何解决？宽带薪酬在这里就会发挥作用。尽管职务不变，但是其薪酬范围涵盖了之前的第 9~12 级，变成新模式中的第 3 级。只要其做得好，薪酬水平也能达到旧模式中第 12 级的水平。这样就淡化了职位的等级观念，防止了很多一心想“往上爬”的极端心理。更重要的是，宽带薪酬下的薪酬高低更多是能力决定的，员工就会把心思更多地放在自我能力的提高上，于组织于自身都是有好处的。

二、能力薪酬

（一）能力薪酬的概念

能力薪酬是指企业根据员工所具备的能力或者任职资格来确定其基本的薪酬水平。其中基于岗位的能力占岗位薪酬总额的绝大部分，员工能力的高低和薪酬、晋升挂钩。其设计的假设前提是：能力高的一定取得高绩效，使员工能够认识到高能力会取得高绩效；薪酬随着能力提高而增加，能力最高者其薪酬也最高；管理者关注员工能力价值的增值。

这里的能力不是一般意义上的能力，而是能够预测的优秀绩效的特定能力组合。而能力薪酬体系也是建立在比技能薪酬体系更为广泛的知识、技能、自我认知、人格特征、动机等综合因素基础上的薪酬体系。

（二）能力素质模型

能力素质模型是将企业希望员工所具备的能力素质按照内容、角色或者岗位有机地组合在一起，可广泛运用于人力资源管理的各项业务中，如员工招聘、员工发展、绩效管理和薪酬管理等。由于能力素质需要在日常行为中得以体现，才能为企业带来价值，所以在模型中，对于每项能力素质都需要定义相应的关键行为作为参考来判断能力素质的掌握程度。

例如，对银行内部“产品设计及业务处理流程优化能力”进行关键行为定义并分层，如表 8-7 所示。

表 8-7　某专业能力定义及分层示例

能力名称	产品设计及业务处理流程优化能力
级别	行为表现
初级	1. 了解相关的金融政策、法律法规和银行内部规章制度； 2. 了解所属业务相关产品的基本知识、运行流程和开发原理； 3. 能阐述相关产品概况，并在指导下通过运用一些基本的产品组合解决市场或客户的具体要求； 4. 能运用基本沟通技巧，提高产品认知度，并针对客户需求，提出相关的合理化建议
中级	1. 熟悉相关的金融政策、法律法规和银行内部规章制度； 2. 熟悉所属业务相关产品的基本知识、运行流程和开发原理； 3. 能阐述相关产品概况，并在指导下通过运用一些基本的产品组合解决市场或客户的具体要求； 4. 能根据市场或客户的需求，提出一些产品开发或流程优化的方案，并在上级的指导下进行方案的实施； 5. 能运用基本的市场观察方法，找出对产品或流程的优化点，提高市场或客户对产品的认知度
高级	1. 掌握相关的金融政策、法律法规和银行内部规章制度； 2. 掌握所属业务相关产品的基本知识、运行流程和开发原理； 3. 能灵活运用流程优化、存量产品组合、同质开发等手段，满足市场或客户的具体需求； 4. 掌握一定的市场观察方法，并推进流程优化、同质产品开发等系列工作，稳固和扩大产品市场地位
专家级	1. 精通相关的金融政策、法律法规和银行内部规章制度； 2. 精通所属业务相关产品的基本知识、运行流程和开发原理； 3. 能指导各级下属通过运用产品组合、再开发和流程的优化的方式来服务市场或客户，满足市场或客户的具体需求； 4. 适时预见市场的发展方向或趋势，结合实际情况在不同阶段制定相应的产品或各项流程设计，开发规划； 5. 具备敏锐的市场洞察力，能通过产品创新设计、再开发、组合及流程优化等一系列创新工作增强营销力度，显著提升产品市场地位和份额

（三）能力薪酬体系的设计流程

1. 构建能力素质模型

企业可以通过战略导向法、行为事件访谈法和标杆研究法等确定能力素质的评估要素，按照初级到专家级划分若干等级，并附以相应的行为描述，构建企业的能力素质模型。

2. 编制部门岗位能力素质模型表

将能力素质模型落实到每个岗位，确定不同岗位的能力素质构成和对能力素质等级的要求，并计算每一个岗位的能力素质标准得分。

3. 对员工进行能力评价

用能力素质模型对员工进行评价，计算员工的能力素质实际得分。

4. 确定薪酬级别

将员工的能力素质实际得分与岗位的能力素质标准得分进行比较，确定员工的薪酬级别。

事实上，对员工所具备的能力素质进行评价是一个复杂而且耗时耗力的过程，需要科学合理的能力素质模型库和具备人才测评技术的专业人员。因此实施单一的能力薪酬难度大，管理成本高。在国外，能力薪酬体系得到了广泛的应用并取得了显著的成果；但是在国内，能力薪酬体系的应用还处于不断尝试的阶段，更多的企业将其与岗位工资制结合使用。利用宽带薪酬的整体框架设计，首先划分若干薪酬等级，然后在每个等级下拉大薪酬浮动范围，设置若干档级。由员工所处的岗位决定薪酬等级，再由员工所具备的能力素质决定薪酬档级，从而将岗位贡献和员工价值充分结合。

三、精神薪酬

人的需求是多方面的，既有物质方面的需求，也有精神层面的需求，例如工作胜任感、工作成就感、公平感、个人成长、工作与生活的平衡等。因此，企业在支付薪酬时除了要满足员工的物质需求外，还应该考虑员工的精神需求。近些年，越来越多的企业意识到精神薪酬的重要性，在这方面做了很多努力。

精神薪酬可以分为平衡工作与生活、赞誉与认可、职业发展与机会三类。

平衡工作与生活是企业的一系列旨在帮助员工在工作与家庭两方面同时获得成功的政策和制度，甚至是一种惯例与价值观的体现。它围绕薪酬、福利以及人力资源管理其他方面展开，主要包括提供灵活有弹性的工作时间，安全、宽松的工作环境，重视员工的身体健康，关心员工的赡养对象，提供信贷支持以改善员工的生活质量，支持员工融入所在的社区生活，鼓励员工参与管理和在组织变革过程中发挥积极的作用等。

赞誉与认可是指承认员工的绩效贡献并对员工的努力工作给予高度关注，通过赞誉与认可，创造一种尊重员工贡献、认可员工价值的工作氛围，适当地以现金或非现金的方式，例如大会表扬、生日慰问、授予奖品、与公司高管共同用餐等，对员工的优秀表现进行非常规性的奖励。

职业发展指企业为员工提供有价值的培训和学习机会以提升他们的工作能力，通常和员工的业绩提高高度相关。职业机会指企业重视人才的内部培养，规划员工的职业发展，并在企业内部为其提供工作轮换的机会和职位晋升的空间，确保优秀的员工能够在企业中发挥出最大的作用。通常职业发展与机会包括外部培训和研讨机会、在职培训、岗位轮换、工作导师、职业发展通道设计、关键职位继任计划、海外工作机会等。

对现代企业来说，给予员工更多的精神报酬可以更好地激发员工的工作积极性和投入感，且成本较低，大大减少了薪金过高的负担。企业可以利用较少的成本得到较多的回报。对于员工而言，他们也希望通过工作发挥自己最大的潜能，使自己的能力得到充分展现和承认，从每一次工作的顺利完成中体现自身的价值，这其中获得的乐趣、享受和成就感，有时候比薪金更具激励性。

补充阅读8–3

关怀备至，暖人无声

本章小结

薪酬管理是指企业在经营战略和发展规划的指导下，综合考虑内外部各种因素的影响，确定自身的薪酬水平、薪酬结构和薪酬形式，并进行薪酬调整和薪酬控制的整个过程。其目的在于吸引和保留优秀的员工，实现对员工的激励，改善企业的绩效，塑造良好的企业文化。薪酬设计应遵循对内具有公平性、对外具有竞争力的原则。

一般情况下，薪酬主要由基本工资、奖金和福利三个主要部分组成。其中，基本工资起保障作用，奖金起激励作用，福利起保健作用。以岗定薪的基本薪酬策略，配合以绩效定奖励的奖金计划，加上国家规定的相关福利政策，就构成了目前大部分企业所采取的企业薪酬制度。当然，随着薪酬理念和企业管理的不断发展，薪酬的内容也越来越丰富，员工持股计划、股票期权、企业补充福利等都列入了其中。本书强调的是三个主要部分的学习。

以岗定薪的基本薪酬策略需要深入学习工作分析、岗位评估的内容，因素计点法的学习能够帮助我们理解以岗定薪的原理和过程。可变薪酬分为个体激励、团队激励和组织激励三种类型，激励的依据往往与员工和团队的绩效有关。员工福利是企业支付给员工的间接薪酬，包括法定福利中的养老保险、失业保险、工伤保险、医疗保险、生育保险和公积金。除此之外，企业还可以根据效益情况，制定不同的企业自定福利，例如带薪休假、公费体检、幼儿入托、弹性工作制等，用以提高员工的工作满意度。事实上，近年来，员工对企业所能提供的福利项目越来越关注，它也成为企业能否吸引到优秀员工的标志之一。

习题

实训

实训项目：

案例分析课“NJ 房地产企业薪酬方案设计”*

实训目的：

以 NJ 房地产企业薪酬管理改革为主线，描述了该企业在经营管理过程中不同岗位类型、不同学历、不同职称的员工对薪酬满意度的高低差异，员工对薪酬制度、薪酬结构、薪酬与个人贡献挂钩程度等各方面的反馈，表明案例企业在薪酬管理方面遇到的困境与挑战。通过引入宽带薪酬理念，进行薪酬方案的改革与完善，帮助学生理解和掌握如何进行薪酬管理改革，提升学生分析问题和解决问题的能力。具体教学目标主要聚焦在如下三个方面：第一，了解企业原有薪酬制度的问题，分析企业薪酬制度改善思路；第二，探讨薪酬管理改进方案以及策略建议；第三，理清 3P 薪酬设计理念，理解该薪酬方案的特点；第四，案例企业的岗位评估的完成步骤。

实训指导：

NJ 房地产企业原有薪酬制度存在的问题是什么？如何改善？

如何思考 NJ 房地产企业薪酬管理改进方案以及策略建议？

如何理清 3P 薪酬设计理念，理解该薪酬方案的特点？

NJ 房地产企业如何运用因素计点评估法完成岗位评估，确保内部公平性？

实训组织：

整个案例课堂教学讨论时间控制在一次课（2 个学时以内），具体安排如表 8-8 所示。

表 8-8　课堂教学安排

流程	形式	内容	时间
开场白	教师讲授	案例回顾和思考题解读	5 分钟左右
分组讨论	8~10 人一组，每组成员现场面对面讨论	围绕案例思考题，每组讨论，书写白板；组长和发言人负责整理讨论结果	30 分钟左右
分组发言	每组选派一人，阐述观点	发言人阐述小组观点，接受其他小组提问	20 分钟左右
现场互动	每组选派一人，点评他组	发言人点评其他小组的亮点与不足	20 分钟左右
教师点评	板书，讲解	案例分析思路图讲解；结合企业实践，引导学生思考	15 分钟左右

实训考核：

根据课堂讨论情况，请学生进一步搜集相关企业资料和理论文献，每组形成 2 000 字的书面案例分析报告。

第九章 员工关系管理

学习目标

了解劳资关系、劳动关系与员工关系的区别与联系
掌握员工关系与员工关系管理相关概念
掌握员工关系管理重点领域相关内容
熟悉员工安全与健康管理工作相关内容

重点概念

员工关系（Employee Relations）
员工关系管理（Employee Relations Management）
劳动争议（Labor Dispute）
自愿离职（Voluntary Turnover）
非自愿离职（Involuntary Turnover）
劳动保护（Labor Protection）
员工援助计划（Employee Assistant Program）

开篇案例

穆藕初员工关系管理思想①

穆湘玥（1876—1943），字藕初，上海浦东人。20世纪二三十年代我国著名的爱国实业家，被时人誉为“棉业大王”，毛泽东称其为“新兴商人派”代表人物。1909年夏赴美留学，先后学习农科、纺织和企业管理，1914年获得硕士学位后归国。1915—1920年依次创办了德大、厚生和豫丰纱厂，取得较大成就。

穆藕初一生坚持实业救国的远大理想，不断进取，努力探索。积极引进西方先进管理理论和科学技术，创造出了当时中国最先进的企业管理模式，取得了巨大成功。难能可贵的是，他没有生搬硬套西方的管理理论，而是将科学管理原理中国化之后运用于中国的现实国情之中，从而将其理论升华到了一个新的高度。特别是他所强调的以人才为核心的管理模式，不再把人当作唯利是图的“经济人”，而是当作具有情绪和情感的“社会人”，

① 黄火．论穆藕初的企业人事制度实践及其启示［J］．中国市场，2012（39）：5.

是对泰勒科学管理原理的一个突破。

从员工关系及企业文化上看，穆藕初努力建设积极向上的文化氛围，提倡建立和谐的员工关系，要求管理者尊重和理解工人，并提出了五项具体的注意事项："第一，工人血汗所得之金钱为其全家老少生活之所寄，切勿扣折。第二，待遇工人，在出于至诚。第三，工人偶有过失，勿大声呵斥，使其失体面于多众之前。第四，随时奖励勤能。第五，经常关心工人疾苦。"由此可见，穆藕初的人事管理已经超越了泰勒的科学管理，融入了更多的人性化因素。他没有将员工仅仅看作"会说话的机器"，而是将他们看作一个个活生生的有感情的社会人，这是他对科学管理的最大贡献所在，也是其人事管理思想和实践的精华之处。

值得一提的是，在改革工头制的过程中，穆藕初并没有很极端地将工头全部辞退，而是通过制定严格的标准使工头转变为企业生产的内行，通过制度化的规范将从前的"人治"转变为现代企业中的"法治"，通过一次次的改革逐渐剥离了工头的各种不合理特权。他的这种渐进式的科学改革方法既没有引起工头们的强烈反抗，同时又很好地实现了他的人事管理思想，这在相当程度上反映了穆藕初管理的艺术性，足以证明其人事管理实践是将理论和实际紧密相连的大师之作。

第一节　员工关系管理概述

员工关系管理是人力资源管理的一个重要组成部分，人力资源管理归根结底是对人的管理，而员工关系则是指与员工这一群体有关的各种复杂关系的总和，对员工关系的管理即是从理论层面探讨规范化的员工管理制度。

一、员工关系相关概念

（一）劳资关系与劳动关系

员工关系管理（Employee Relations Management）最初源自西方的劳资关系（劳工关系）管理。第二次世界大战以后，工人阶级为了提高工资和改善各项福利待遇，掀起了一次又一次的罢工运动，劳资矛盾不断激化，为企业的稳定带来了不良影响。后来，在劳资双方力量的博弈中，资方认识到缓和矛盾、改善与员工关系的重要性，逐渐开始关注劳资关系的管理，并建立专门的劳资关系管理职能部门来营造与维护和谐的劳资关系。演变到后来，便形成了现代人力资源管理体系中的一个重要模块——员工关系管理。

劳资关系包括广义与狭义两种。狭义的劳资关系仅指能够代表员工的工会与资方之间的集体关系，主要涉及工会、劳资谈判、集体协议等方面的内容。广义的劳资关系则涵盖与雇佣关系相关的所有方面，其中包括人力资源管理（或人事管理）、员工关系以及工会与资方之间的关系（狭义的劳资关系）。总的来说，在实践中，劳资关系通常采用狭义概念，即仅涉及工会化的那部分雇佣关系，至于未加入工会的那部分员工与企业之间的关系，则不在劳资关系的覆盖范围之内。

劳资关系与员工关系的异同点包括以下几点。第一，劳资关系通常是指工会会员与企业间的雇佣关系，它强调工会以及集体谈判机制对于雇佣关系所产生的影响和调节作用。但员工关系的适用范围更广，涵盖内容更多，它同时包括工会会员和非工会会员与企业之间的雇佣关系，或同时包括员工通过集体谈判和以个人为单位与企业之间形成的雇佣关系。第二，员工关系这一概念的提出实际上强调了企业与其所雇用的全体员工之间的组织内部关系已经变得比涉及工会的劳资关系更为重要。第三，劳资关系研究主要基于政治视角，而员工关系研究主要基于管理视角，尤其是人力资源管理视角。第四，由于服务业所占的比例逐步扩大、高新技术的进步以及政府和类似欧盟这样的机构在干预和规范雇佣关系方面所做的努力，通过工会集体谈判这种方式来干预劳动者与企业之间的雇佣关系的做法已经变得不那么必要了。总之，在员工关系中包括劳资关系的内容，可以把劳资关系视为企业因为需要管理自己与员工之间的关系而可能涉及的一部分内容。

由于历史和体制的原因，在政治经济学中，我国一直将由于雇佣关系带来的劳资矛盾视为资本主义的基本矛盾之一，认为在社会主义国家中是不存在这种基本矛盾的，即劳资关系反映的是一种剥削与被剥削的关系，在社会主义国家中则不存在这种关系，因此，在讨论国内的劳动问题或我国企业和员工之间的关系问题时，通常不使用劳资关系，而是使用劳动关系这一概念。

我国的劳动关系通常定义为用人单位与劳动者运用劳动能力进行劳动的过程中形成的一种社会关系。按照《中华人民共和国劳动法》（以下简称《劳动法》）的规定，建立劳动关系须签订书面劳动合同。这就意味着劳动关系的主体是两个：一方是用人单位，另一方是劳动者。按照这种界定，劳动关系的重点实际上是劳动者个人和企业之间的法律关系以及体现在劳动合同中的经济关系。但是，我国的劳动关系概念并不仅仅是对企业与其所雇用的劳动者个人之间缔结的经济契约关系所做的一种法律界定和规范，它还涉及企业与代表员工的工会之间的关系以及与政府之间的关系。由于单个员工的力量有限，有时员工通过成立工会的方式来协调与企业之间的关系，又由于劳动关系的调节涉及很多社会问题，因此，政府在劳动关系的协调中扮演着重要的角色，政府颁布了劳动法、劳动合同法、职业安全与卫生法、工会法等多种法律对劳动关系进行调节。因此，我国的劳动关系也包括劳动合同、集体协商和集体合同、劳动争议处理、劳动标准、三方协商机制等方面的内容。不过，总的来说，由于长期以来我国工会在调节劳动者和企业之间的雇佣关系方面并未扮演重要角色，所以劳动关系的概念实际上强调的仍然是劳动者与雇用他们的企业之间的法律关系。换言之，劳动关系的核心是劳动法律，而不是劳资关系概念中强调的工会和集体谈判。

通过上面的讨论可以发现，我国的劳动关系概念一方面在名义上涵盖了西方的劳资关系概念所代表的工会与企业之间的关系，另一方面从法律角度界定了企业和劳动者个人之间的经济契约关系。劳动关系概念的不足在于：它实际上强调了企业在处理与员工个人以及员工群体之间的关系时应当遵守的法律，却基本不涉及企业对员工的具体管理政策和管理实践，更不涉及企业和员工之间的隐性心理契约。因此，除了特别需要探讨与劳动有关的法律问题时，我国学者通常更多地使用员工关系这一概念，更为全面、具体地描述一家企业与其所雇用的员工之间的关系。

在我国，员工关系概念是建立在劳动关系基础之上的，遵守法律是管理员工关系的一个最基本要求，但员工关系的重点是要强调企业如何通过系列的人力资源管理政策和管理实践与员工达成一种对双方都有利的组织内部关系，其核心是实现双方之间的经济契约与心理契约的有机结合，至于企业与工会之间的关系则不属于员工关系最为关心的问题。从这个角度来说，我国学者常用的员工关系概念基本上与西方的广义员工关系概念吻合，因为其中涉及一部分集体谈判、集体争议处理以及三方协商机制等内容，但它主要是从管理尤其是人力资源管理的角度来看待企业和员工之间的关系，而不是从法律、政治或社会的角度来看待双方之间的关系，工会和集体谈判只是其中并不重要的很小一部分内容。

（二）员工关系

1. 员工关系的定义

目前，学术界尚没有统一的"员工关系"定义，国内学者从劳动关系角度对员工关系的概念进行界定，主要有如下几种观点：

员工关系又称雇员关系，是指管理方与员工及团体之间产生的，由双方利益引起的，表现为合作、冲突、力量和权利关系的总和，并受到经济、技术、政策、法律制度和社会文化背景的影响。①

广义的员工关系是在企业内部以及与企业经营有密切关联的集体或个人之间的关系，甚至包含与企业外部特定团队（供应商、会员等）或个体的某种联系；狭义的员工关系是指企业与员工、员工与员工之间的相互联系和影响。②

员工关系是指员工与企业组织之间的一种相互影响和相互制约的工作关系，这种工作关系以雇佣契约为基础，以工作组织为纽带，主要表现为在组织既有的管理过程中的一种人际互动关系。这一关系的实质是企业组织中各利益群体之间的经济、法律和社会关系的特定形式。③

本书从利益相关者平衡和人力资源管理的角度出发，认为员工关系至少包含以下几个方面：

（1）企业所有者与经营者之间的关系

按照现代公司治理制度，企业所有者和经营者是两个相对独立的行为主体。所有者追求的是投资回报最大化，他的一切利益都来自企业的发展，而经营者的行为目标是多元

---

① 程延园．员工关系管理［M］．2版．上海：复旦大学出版社，2008.
② 许云华．探析基于组织承诺的员工关系管理［J］．经济论坛，2005（19）：84-85.
③ 李新建．员工关系管理［M］．北京：中国人民大学出版社，2015.

的，除了个人的经济利益目标外，还有名誉、社会地位、权势、自我价值的实现等个人目标。经营者对经济利益及其他个人目标的追求有可能损害所有者的资本收益。因此，如何处理好所有者与经营者之间的关系，是关系企业长远发展的重要课题。

（2）企业经营者与一般员工的关系

企业与员工的关系主要是指雇主与员工之间的关系。现代企业作为法人与在企业中就业的自然人（员工）之间的相互关系，是企业中各种关系的一个重要方面。应该说，企业与员工的关系是对等的，是相互选择的博弈。员工可以选择企业，包括员工作为出资人选择企业和员工作为就业者选择企业，即员工可以在企业之间充分流动。同时，企业也可以选择员工（包括出资人和就业者），也就是说，既可以辞退就业者，也可以放弃出资人。因此，企业与员工的关系具有流动性和动态性，而不应是固态和僵化的。由于企业经营者和一般员工处于不同的地位，拥有不同的权利，承担着不同的责任，两者之间发生矛盾是不可避免的。例如，有的企业实行年薪制，企业发展很快，但一般员工对高层领导的高薪很不理解，甚至反对，这反映了企业的共同价值观远未达到对两者利益的认识协调一致的程度。

（3）企业内部员工与员工的关系

纵向来看，这主要是指企业内上下级之间的关系；横向来看，这主要是指同级职能部门、科室、班组之间和员工之间的关系。现代企业经营管理是一个相互联系、相互依存的开放系统，员工之间是否融洽、团结、目标一致决定了组织能否充满生机，能否具有竞争优势和发展潜力。处理好员工与员工的关系有利于团结稳定、端正风气、提高工作效率、促进企业经营管理工作的整体推进。企业的生产、管理、营销及研发等活动都是由各级员工完成的，他们之间的职责分工和相互依赖使他们常常会发生各种矛盾，例如，生产人员可能抱怨存货过多，营销人员则可能指责生产人员供应不足。搞好内部公关有助于重新认识和评估企业价值链，从而协调各方利益，实现效率最大化。

（4）员工个人的行为和心理之间的关系

和谐融洽的关系离不开积极、友好的行为互动，其基础是员工健康的心理。当个体的心理不健康时，就容易出现攻击性行为，导致建立和维持良好的关系非常困难。因此，员工关系管理的前提是组织中的个体都能保持积极、健康的心理。

基于此，本书对员工关系（Employee Relations）的定义是：组织中以契约精神为基础，通过工作而产生的不同主体之间的各种经济、法律和工作关系的总和①。

2. 员工关系的内容

员工关系的内容是指员工关系的双方依法享受的权利和应承担的义务，一般包括劳动者与用人单位之间在劳动合同、劳动纪律与奖惩、工作时间、休息时间、劳动安全卫生、劳动环境等方面形成的关系。这些方面与企业密切相关，直接关系到企业的投入与收益；也与劳动者密切相关，直接影响劳动者的工作质量与身心健康等。建立与维持和谐的劳动关系，是人力资源管理必不可少的内容之一。

---

① 彭剑锋．人力资源管理概论［M］．3 版．上海：复旦大学出版社，2018：549.

（1）劳动者的权利

《中华人民共和国宪法》（以下简称《宪法》）规定，中华人民共和国公民有劳动的权利和义务。一个公民既有劳动的权利，同时又有劳动的义务。《劳动法》第三条进一步明确规定："劳动者享有平等就业和选择职业的权利、取得劳动报酬的权利、休息休假的权利、获得劳动安全卫生保护的权利、接受职业技能培训的权利、享受社会保险和福利的权利、提请劳动争议处理的权利以及法律规定的其他劳动权利。"

①劳动者有平等就业的权利。劳动权，也称劳动就业权，是指具有劳动能力的公民有获得职业的权利。公民的劳动就业权是公民享有的各项权利的基础，如果公民的劳动不能实现，其他一切权利也就失去了基础和意义。

②劳动者有选择职业的权利。劳动者选择职业的权利，是指劳动者根据自己的意愿选择适合自己才能、爱好的职业。劳动者拥有自由选择职业的权利，有利于劳动者充分发挥个人特长，促进社会生产力的发展。在市场经济体制下，劳动者成为市场的主体，劳动者与企业通过双向选择实现就业。在劳动力市场上，劳动者作为就业主体，具有支配自身劳动力的权利，可根据自身素质、意愿和市场价格信号，选择用人单位。

③劳动者有取得劳动报酬的权利。取得劳动报酬的权利是公民的一项重要劳动权利。劳动者付出劳动，依照合同及国家有关法律取得劳动报酬，是劳动者的权利，而及时足额地向劳动者支付工资是用人单位的义务。用人单位违反义务，劳动者可以依法要求有关部门追究其责任。获取劳动报酬是劳动者持续地行使劳动权必不可少的物质保证。

④劳动者享有休息休假的权利。《宪法》规定，劳动者有休息的权利，国家发展劳动者休息和休养的设施，规定职工的工作时间和休假制度。我国《劳动法》规定的休息时间包括工作间歇、两个工作日之间的休息时间、公休日、法定节假日以及年休假、探亲假、婚丧假、事假、生育假、病假等。《劳动法》规定，用人单位不得任意延长劳动时间。

⑤劳动者有获得劳动安全卫生保护的权利。劳动安全卫生保护，是保护劳动者的生命安全和身体健康，是对享受劳动权利的主体切身利益最直接的保护。

⑥劳动者有接受职业技能培训的权利。职业技能培训是指对准备就业的人员和已经就业的职工，以培养其基本的职业技能或提高其职业技能为目的而进行的技术业务知识和实际操作技能教育和训练。《宪法》规定，公民有受教育的权利和义务。受教育既包括受普通教育，也包括受职业教育。

⑦劳动者有享受社会保险和福利的权利。社会保险是国家和用人单位依照法律规定或合同的约定，对具有劳动关系的劳动者在暂时或永久丧失劳动能力以及暂时失业时，为保证其基本生活需要，给予物质帮助的一种社会保障制度。

⑧劳动者有提请劳动争议处理的权利。劳动争议指劳动关系当事人因执行劳动法或履行集体合同和劳动合同的规定引起的争议。劳动关系当事人作为劳动关系的主体，存在着不同的利益，双方不可避免地会产生分歧。用人单位与劳动者发生劳动争议，劳动者可以依法申请调解、仲裁，提起诉讼。劳动争议调解委员会由用人单位、工会和职工代表组

成。劳动仲裁委员会由劳动行政代表、同级工会、用人单位代表组成。

(2) 劳动者的义务

劳动者的义务是指《劳动法》规定的对劳动者必须做出一定行为或不得做出一定行为的约束。权利和义务是密切联系的，任何权利的实现总以义务的履行为条件，没有权利就无所谓义务，没有义务就没有权利。《劳动法》规定，劳动者应当完成劳动任务，提高职业技能，执行劳动安全卫生规程，遵守劳动纪律和职业道德。

(3) 用人单位的权利与义务

用人单位的主要权利有：①依法录用、调动和辞退职工；②决定企业的机构设置；③任免企业的行政干部；④制定薪酬与激励方案；⑤依法奖惩职工。用人单位的主要义务有：①依法录用、分配、安排职工工作；②保障工会和职代会行使其职权；③按照职工的劳动数量、质量支付劳动报酬；④加强对职工思想、文化和业务的教育、培训；⑤改善劳动条件，搞好劳动关系和环境保护。

3. 改善员工关系的意义

员工关系是最重要的社会关系之一，员工关系的好坏与社会稳定、经济发展、人民群众生活质量的改善都有密切的联系。员工关系的改善对于企业的经营与管理成效的意义更是不言而喻。

(1) 员工关系的改善对企业盈利和长久发展具有重要意义

企业的利润来自成本和销售额的差值，来自产品和服务获得消费者的青睐，而所有这些都要靠员工的努力才能实现。需要员工在工作中忠于职守，保证产品的质量，降低不必要的成本开支；在对客户的服务中，时刻保持良好的精神风貌和服务意识，赢得客户的忠诚。如果员工对工作环境不满意，工作安全得不到保障，员工与企业的关系处于紧张、敌对的状态，不能舒心地投入正常的工作状态，就无法保证做到以上两点甚至故意损害企业利益。所以，企业一定要重视内部员工关系的改善、营造良好的工作环境、为员工提供充足的辅导和员工援助计划、保障员工的工作安全等，通过这些措施优化员工关系，为企业的长久发展打下基础。

(2) 员工关系的改善有利于促进员工身心健康发展

员工工作状态会对其生理和心理都产生极大的影响。有些工作本身对从业者存在一定危害性，例如：教师常年过度用嗓和吸入粉笔灰，会对声带和呼吸道系统产生不良影响；建筑工人在工地上作业，安全性受到威胁。工作压力过大、同事关系不和谐、上级的不支持等，也有可能对员工的心理健康产生不良影响。诸如此类的问题在很多企业中都存在，而员工则是首当其冲的受害者。所以，改善员工关系，为员工营造安全、健康、舒心的工作环境，对其身心的健康发展有帮助，同时也有助于提高员工的幸福感和对企业的归属感。

(3) 员工关系的改善有助于增进员工对企业的理解与信任

信任是有效管理的基石，组织的所有管理措施与政策的执行与落实都有赖于员工与企业之间、员工与管理者之间的相互理解与信任。这种信任和理解更多来自企业与员工之间的心理契约。员工关系管理是构建良性心理契约的重要手段和过程。良好的员工关系管理体系既可以促进员工与企业之间增进互信，又可以带来良好的组织氛围，这种氛围能有效地增进组织成员之间的互信与合作。

二、员工关系的发展阶段

在国际上，员工关系的主导模式自工业革命以来一直处于发展变化之中。总的来说，可以划分为三大阶段：传统员工关系阶段、员工关系转型阶段以及现代员工关系阶段。

（一）传统员工关系阶段

传统员工关系阶段大致处在19世纪40年代到20世纪初，这一阶段的主要社会背景是：资本主义制度在西方世界普遍确立并得到了迅速发展，垄断资本主义出现，社会财富集中在若干大资本财团手中；工人阶级形成，工人运动高涨，工人以加入工会组织的方式参与政治斗争；政府倾向于保护资本，压制工人运动，向工人提供的劳动保护立法和福利政策极其有限。这一阶段的社会结构表现为工人阶级与资产阶级的二元结构，工会组织倾向于通过组织罢工等激烈手段为工人争取合法权益，因此，劳资对抗与劳资冲突的特征非常明显。员工关系主要表现为行业或产业层面上的工会组织与代表行业或产业的雇主联合会之间的谈判和斗争。当时，工会力量空前强大，集体性质的劳资关系的重要性远远超过员工个人与企业之间的具体雇佣关系，集体合同的影响力非常大。

对这一阶段的员工关系发展产生重要影响的理论主要包括马克思的资本主义理论以及科学管理运动的创始人弗雷德里克·泰勒的科学管理理论。马克思认为，在资本主义发展初期，劳动是资本的从属，随着资本主义的发展，劳资关系变成一种阶级利益关系，它反映了资本家和雇佣工人之间的剥削和被剥削的关系，这就决定了劳资双方必然是一种对立和对抗的关系。在这一阶段后期，弗雷德里克·泰勒已经看到劳资关系的对抗性质对企业是不利的。他明确指出，雇主与员工之间应当是一个利益共同体，双方应当共同把蛋糕做大，而不是陷入为分蛋糕而斗争的两败俱伤的境地。因此，他在20世纪初提出了企业和员工之间应当通过合作实现共赢的原始思想。不过，泰勒当时提出这种管理思想的目的仍然主要是满足雇主方面的需求，即诱导员工在生产过程中不磨洋工，不断提高生产率。有趣的是，科学管理原理一开始面临来自工会和美国政府两个方面的质疑，泰勒甚至为此不得不去国会专门做听证。可见，在那个阶段，泰勒提出的企业与员工之间存在合作的基础和合作的可能的观点并不占主流，甚至很难被接受。

（二）员工关系转型阶段

这一阶段大体处于20世纪20—80年代，员工关系的重心开始从劳资关系转向组织内部的管理，尤其是人的管理方面。这个时期的主要社会背景是工业革命基本完成，城市化进程加快，行为心理学等学科迅速发展，两次世界大战形成了相对稳定的世界发展格局，日本和德国战后经济的快速复苏举世瞩目。当时，各国政府的工作重心纷纷转向经济建设，多个国家的政府都开始意识到适当调控经济发展的必要性，政府主导的社会福利制度不断建立和完善，欧洲福利国家开始出现。在企业界，人力资源管理的理念和实践开始得到普及，人力资源的价值受到重视，管理理论的丛林出现。这一阶段员工关系的主要特点是，阶级斗争不再是社会的主要矛盾，工会与资本家的对抗和冲突逐渐缓和，双方转而开始探讨和寻求合作。传统的劳资关系不再占据主导地位，集体谈判在确立和调整雇佣关系方面所扮演的角色逐渐被政府的福利政策及企业内部的人力资源管理制度取代，非工会会员与工会会员两种雇佣关系形式同时存在。对这一阶段员工关系产生重要影响的主要理论有行为科学理论、人力资本理论、心理契约理论及社会交换理论。

（三）现代员工关系阶段

这一阶段大致处于 20 世纪 90 年代以来。在最近的 30 年中，发达国家都不同程度地出现了经济结构的转型，即主导产业逐渐从生产制造业转向服务业，与此同时，信息技术高速发展，互联网技术快速应用于各个领域，各种高新技术不断涌现，这一切都宣告了知识经济的来临。在这种情况下，人力资本对经济增长的贡献越来越突出，相应地，劳动力队伍结构发生了很大的变化，知识型员工的数量不断增多，从而导致员工个人与企业之间的谈判力量发生了明显改变。此外，除了传统的全日制工作方式，非全日制工作、灵活工时制、远程工作等新型工作方式也不断涌现。这些都对传统的员工关系方式提出了挑战。全球化步伐的加快使各国经济之间的联系越来越紧密，全球性的商品市场以及要素市场（包括劳动力市场）逐渐形成，发达国家的很多企业面对工会化和集体谈判等原因造成的高人工成本，普遍将一些生产性岗位甚至一些行政事务性岗位转移到劳动力成本更低的发展中国家。在这种情况下，员工关系管理面临着新的挑战，必须迅速做出调整。这一阶段员工关系的重要特点是，企业通过产业或行业工会与自己雇用的员工建立和协调雇佣关系的情况越来越少，员工个人（而不是代表员工的工会）与企业之间的关系开始占据主导地位，员工关系更加强调雇佣关系为满足企业和员工双方的需要，应当尽可能具有个性化和灵活的特征。

崛起于 20 世纪 90 年代的战略性人力资源管理理论对现代员工关系管理的形成起到了重要的理论指导作用。战略性人力资源管理的核心思想在于：由于受到外部的政治、经济、社会、法律等各种环境因素的影响，组织的人力资源管理活动必须与组织所处的外部环境相适应，同时，人力资源管理还必须能够在组织内部的各种人力资源管理职能之间形成一种相互匹配的整体性关系。只有这样，人力资源管理才能为组织战略和目标的实现做出贡献。战略性人力资源管理理论对员工关系管理的重要影响在于：员工关系的处理也应当置于企业战略要求之下，员工关系管理必须同样能够适应不确定性程度越来越高且多变的外部环境，同时与组织的内部环境相匹配，只有这样才有利于组织战略的达成。战略性人力资源管理理论实际上要求以一种权变的观点来审视员工关系管理，确保员工关系的灵活性，通过对员工关系的不断调整和完善来帮助组织赢得竞争优势。

进入 21 世纪以后，随着互联网和通信技术的发展，企业的经营管理方式以及员工的工作方式都发生了很大的变化，新生代员工的价值观也在发生变化，再加上大数据、云计算和区块链等方面的新技术不断出现，企业和员工之间的关系正在发生变化，一个重要的特点是雇佣关系变得更不稳定、更加松散，而且企业和劳动者之间的合作关系越来越强，企业单方面雇用员工的传统雇佣关系逐渐出现了松动，其中的一个重要表现是员工越来越多地通过持股甚至成为合伙人的方式获得与企业更加对等的地位。目前，这种新型的员工关系还处于发展和演变之中。

三、员工关系管理的内涵与目的

（一）员工关系管理的内涵

尽管员工关系实际上是经济关系、管理关系、法律关系和社会关系等几种不同性质的关系的总和，但员工关系在本质上是以雇佣关系为基础的。与劳资关系、劳动关系相比，员工关系概念的重点是从管理的角度来探讨企业和员工之间的关系，反映了服务业中的就业人数所占的比例不断提高以及集体谈判等传统劳资关系模式逐渐衰落的现实，更贴切地概括了在实践中企业与员工之间的关系。

所谓员工关系管理，就是对员工关系进行的管理，这种管理更多的是从企业的角度出发，是指企业在遵守国家法律法规的基础上，为了实现自身目标以及确保公平对待员工，在调节企业与员工之间的关系方面所依据的基本理念和实施的具体规章制度、政策以及管理政策以及管理实践的总称。员工关系管理既包括劳动关系管理的内容，也包括员工流动管理、员工惩戒与隐私管理、组织文化管理、员工安全与健康管理、员工参与管理等方面的内容。

（二）员工关系管理的目的

企业在管理与员工之间的关系时，最重要也是最基本的目的有两个：一个是确保人力资源管理政策和管理实践是合法的；另一个是确保人力资源管理政策与管理实践对员工来说是公平的。人力资源管理的合法性和公平性是企业吸引、保留、激励以及开发员工的基础，它能够为企业战略目标的实现以及日常经营管理活动的开展营造和谐的组织氛围。

1. 确保员工管理政策和管理实践的合法性

几乎所有国家都制定了相关的劳动法律法规，这些法律既有某些相似性，也有不同之处。大多数市场经济国家的劳动法律体系都比较完善，无论是本土企业还是到这些国家从事跨国经营的企业，在制定和实施人力资源管理制度、政策以及实际的管理实践中必须注意遵守这些法律法规的要求。比如，在美国，除宪法相关条文外，联邦政府还颁布了《民权法案》《公平劳工标准法》《公平薪酬法》《反就业年龄歧视法》《职业康复法》《反怀孕歧视法》《美国残疾人法》《军人就业与复职权利法》《职业安全与健康法》等与人力资源管理有关的法律。此外，美国各州还颁布了相关的法律法规，如《工作权利法》等。一旦企业被控有就业或工资歧视、非法解雇等违法行为，可能会面临高额罚金，不仅会被判缴纳补偿性罚金，还有可能被判缴纳惩罚性罚金。同样，我国陆续颁布了一些劳动和社会保障以及工会等方面的法律法规，如《劳动法》《劳动合同法》《社会保险法》《劳动争议调解仲裁法》《工会法》等相关法律以及《工资集体协商试行办法》等法规规章。企业必须对这些法律法规的内容非常清楚，并且能够将这些法律法规全面、准确地运用到企业制度和政策制定以及日常管理实践当中，避免出现违法行为。

企业实施员工关系管理的一个最基本目的是确保本企业实施的各项人力资源管理政策、制度以及通过各级领导者和管理者实施的员工管理实践是合乎法律要求的。企业无论是在与员工个人打交道时，还是在与代表员工的工会打交道时，都必须做到依法行事，不能违反法律法规的规定。为保证企业的人力资源管理体系以及管理实践达到合法性的标准，一些企业还会进行专项人力资源管理合规性审计，即将组织的各项人力资源管理职能以及管理活动可能涉及的法律问题一一列举出来，对照劳动法律法规的相关要求，逐条对人力资源管理政策或实践是否符合国家的法律法规要求进行评估，从而避免出现违法风险。有些企业还专门聘请劳动问题专家或专业律师，对各项人力资源管理制度或政策的合规性进行审查，这些都有助于确保组织的员工管理实践的合法性和合规性。

2. 确保员工管理政策和管理实践的公平性

合法性无疑是企业实施员工管理的一个最根本的要求，除了需要确保组织的人员管理体系和管理实践是合法的，企业通常需要通过实施一些具体的项目和计划，与员工进行广泛顺畅的沟通，以及在管理决策和决策执行的过程中尽可能体现公平性，使员工产生公平感。企业在员工管理方面如果有违法的做法，员工通常会产生不公平感，但即使在企业的各项规章制度、政策以及管理实践均合法的情况下，员工也未必就感觉到公平。确保公平性对企业员工关系的处理来说是一个难度更大的要求。

要想确保公平性，首先必须理解员工是怎样得出公平或不公平的结论的。从理论上说，员工对于组织管理政策和管理实践公平性的感知是根据企业的管理系统所产生的结果、所依据的程序以及管理者在执行这些程序时对待员工的方式产生的。进一步说，公平性可以区分为结果公平、程序公平以及人际公平三种类型。首先，人们对结果公平的认知是基于这样一种判断，即一项针对员工的管理决策产生的结果是公正的。其次，人们对程序公平的认知通常基于这样一种判断，即组织运用公平的方法来决定员工应当承受的结果。最后，人们对人际公平的认知所依据的判断基础是组织在采取行动时能够考虑到员工的感受。这种判断涉及管理者与员工之间的互动方式。

企业之所以要确保公平对待员工，一方面是因为员工对组织公平性的感知与很多积极的员工行为以及工作结果联系在一起，比如对组织、工作以及领导的满意度提高，组织承诺度上升，以及更多地表现出“组织公民行为”（员工为了维护组织利益而采取的非工作职责规定的行为）。显然，员工的组织公平感知有助于满足企业吸引、留住、激励员工的基本需要。另一方面，如果企业不能公平地对待员工，员工有可能采取对企业不利的行为，比如缺勤、消极怠工、散布不良情绪、盗窃企业财物、泄露企业秘密、实施工作场所暴力、离职等，而感觉自己受到较为严重的不公平对待的员工或求职者，甚至还会提起针对企业的法律诉讼。

尽管员工感受到的不公平对待部分源于企业的政策和制度设计缺陷，但是相当多的不公平感来自管理者尤其是直接上级。比如，有些管理人员缺乏判断力和压力承受能力，在绩效考核和提出加薪或奖金建议时，往往不能做到公平公正，搞平均主义，甚至“会哭的孩子有奶吃”。再比如，一些管理人员在面对他们以为好欺负或挑战自己权威的下属时，表现出简单粗暴和滥用权力的行为。在公平性方面存在的一个难题是，公平是一个主观的概念，对一个人算是公平的事情，对另一个人来说可能是不公平的。正因如此，在现实中很容易发现，即使是那些努力做到公平公正的管理人员，也有可能听到下属人员抱怨自己不够公平。比如，在绩效考核过程中，人们对自己的绩效做出的评价通常会比别人做出的评价更高，即使管理人员是公平地做出绩效评价的，员工也有可能认为不够公平。

那么，管理人员怎样才能提高员工的公平感知呢？一项研究指出，管理者的以下三种行为会提高员工对公平的感知。第一，让员工参与对他们有切实影响的各种决策的制定过程，征求他们的意见并允许他们对他人的观点和假设提出反驳。第二，确保决策的影响对象或涉及的每个人都能理解制定决策的原因以及在这些决策背后隐含的理论基础。第三，确保每个人都能提前知道决策者是依据什么标准对他们做出评价的。此外，提供双向沟通的机会对于提高员工的公平感也具有非常重要的作用。

很多企业都注意建立专门的渠道，以便员工对他们关注的问题发表自己的意见。过去，有些企业有专门的热线电话，允许员工以匿名的方式提出各种问题或者困难，从而引起企业的注意。在网络和信息技术快速发展的今天，很多企业在企业内网上有专门的 BBS 讨论区，供员工匿名发表对企业或管理人员的各种意见以及提出合理化建议。有些企业通过员工意见调查来了解员工对企业和管理人员的看法和感受，并针对调查结果做出反馈和调整。

第二节　员工关系管理重点领域

员工关系管理是从理论层面探讨规范化的员工管理制度，贯穿于招聘配置、培训开发、绩效考核、薪酬管理以及劳动关系等方方面面，其中，劳动合同管理、劳动争议处理与离职管理是员工关系管理的重要内容。

一、劳动合同管理

（一）劳动合同内容

《劳动法》对劳动合同的概念做了如下界定：劳动合同是劳动者与用人单位确立劳动关系、明确双方权利和义务的协议。由此可见，劳动合同发生在员工入职之前，并作为员工正式成为企业的一员的标志而存在。在劳动合同管理方面需要注意的一些重要内容如下：

1. 劳动合同期限

《中华人民共和国劳动合同法》（以下简称《劳动合同法》）第十二条和第十九条规定："劳动合同分为固定期限劳动合同、无固定期限劳动合同和以完成一定工作任务为期限的劳动合同。""劳动合同期限三个月以上不满一年的，试用期不得超过一个月；劳动合同期限一年以上不满三年的，试用期不得超过二个月；三年以上固定期限和无固定期限的劳动合同，试用期不得超过六个月。以完成一定工作任务为期限的劳动合同或者劳动合同期限不满三个月的，不得约定试用期。"

2. 工作内容与工作地点

工作内容应明确员工在组织中从事的工作岗位、性质、工种以及应完成的任务，应达到的目标等，劳动者应事先对从事的工作做到心中有数。工作地点是劳动合同履行地，是劳动者从事劳动合同所规定的工作内容的地点，劳动者有权在与用人单位建立劳动关系时知悉自己的工作地点。

3. 劳动保护和劳动条件

劳动保护是指用人单位为了防止劳动过程中的安全事故，减少职业危害，保障劳动者的生命安全和健康而采取的各种措施。劳动条件是指用人单位为保障劳动者履行劳动义务、完成工作任务而提供的必要物质和技术条件，如必要的劳动工具、机械设备、工作场地、技术资料等。

4. 劳动报酬和社会保险

劳动报酬是员工在付出一定劳动后的回报，组织应根据国家的法律法规，结合员工的实际工作，合理、定期地发放劳动报酬，劳动报酬有工资、奖金、津贴等形式。社会保险由国家成立的专门机构进行基金的筹集、管理及发放，不以营利为目的，一般包括医疗保险、养老保险、失业保险、工伤保险及生育保险。

5. 劳动纪律

劳动纪律是组织为了其正常的生产经营而建立的一种劳动规则，根据组织的实际情况，有工作时间纪律、生产纪律、保密纪律、防火纪律等，员工应自觉遵守组织制定的劳动纪律。

6. 违反劳动合同的责任

组织与员工任意一方由于自身的原因无法履行或不能完全履行合同，应按照合同的有关规定进行处罚，如《劳动合同法》第八十七条规定："用人单位违反本法规定解除或者终止劳动合同的，应当依照本法第四十七条规定的经济补偿标准的二倍向劳动者支付赔偿金。"

除了以上必备条款外，用人单位与劳动者还可以约定培训、竞业禁止、保守秘密、补充保险和福利待遇等其他事项。

（二）劳动合同管理程序

对于劳动合同的管理，可以按劳动合同的签订、履行、变更、终止、解除和续订等流程进行管理。劳动合同作为国家法律规定的内容，其每一步都必须符合国家法律的要求。

1. 劳动合同的订立

劳动者与用人单位在签订劳动合同时，应遵循一定的手续和步骤。根据《劳动法》的有关规定以及订立劳动合同的时间，签订劳动合同的程序一般为提议、协商和签约。

2. 劳动合同的履行

劳动合同的履行是指劳动合同在依法订立生效之后，双方当事人按照合同约定的条款执行，完成各自应该履行的义务，享受各自依法可以获得的权利。

3. 劳动合同的变更

劳动合同的变更是指劳动合同双方当事人就已经订立的合同条款达成修改与补充的法律行为。劳动合同的变更有两种形式：法定变更和协商变更。

（1）法定变更

法定变更是指在特殊情形下，劳动合同的变更并非因当事人自愿或同意，而是具有强制性。这些特殊情况都是由法律明文规定的，当事人必须变更劳动合同：一是由于不可抗力或社会紧急事件等，企业或劳动者无法履行原劳动合同，如地震、战争、台风、暴雪等不可抗力或恶劣天气等自然灾害。当这些情况出现时，双方当事人应当变更劳动合同的相关内容。二是法律法规制定或修改，导致劳动合同中的部分条款内容与之相悖而必须修改，如政府关于最低工资标准的调整、地方政府颁布的关于高温天气作业的劳动时间变化的规定等。用人单位与劳动者应当依法变更劳动合同中相应的内容，并按照法律法规的强制性规定执行。

另外，法定变更还包括：

①劳动者患病或者非因工负伤，在规定的医疗期满后不能从事原工作，用人单位应当与劳动者协商后，另行安排适当的工作，并因此相应变更劳动合同的内容。

②劳动者不能胜任工作，用人单位应当对其进行培训或者调整其工作岗位，使劳动者适应工作要求并相应变更劳动合同内容。

③劳动合同订立时所依据的客观情况发生重大变化，致使原劳动合同无法履行的，用人单位应当与劳动者协商，就变更劳动合同达成协议。

④因企业转产、重大技术革新或重大经营方式调整等企业内部经济情况发生变化的，用人单位应当与劳动者协商变更劳动合同。

（2）协商变更

《劳动合同法》第三十五条规定："用人单位与劳动者协商一致，可以变更劳动合同约定的内容。变更劳动合同，应采用书面的形式。变更后的劳动合同文本由用人单位和劳动者各执一份。"协商变更劳动合同应遵循以下几个程序：提出变更理由申请；对方应及时回复；协商一致后签订书面变更合同；变更后书面合同各执一份保存。

根据《劳动合同法》及相关的法律法规，变更应当履行劳动合同订立的程序，但需要注意以下问题：

①用人单位和劳动者均可能提出变更劳动合同的要求。提出变更要求的一方应及时告知对方变更劳动合同的理由、内容、条件等，另一方应及时做出答复，否则将导致一定的法律后果。

②变更劳动合同应当采用书面形式。变更后的劳动合同仍然需要由劳动合同职工当事人签字、用人单位盖章且签字，方能生效。劳动合同变更书应由劳动合同双方各执一份，同时，对于劳动合同经过鉴证的，劳动合同变更书也应当履行相关手续。

③对于特定的情况，不需办理劳动合同变更手续的，只需向劳动者说明情况即可。例如，用人单位名称、法定代表人、主要负责人或者投资人等事项发生变更的，则不需要办理变更手续，劳动关系双方当事人应当继续履行原合同的内容。

④劳动合同变更应当及时进行。劳动合同变更必须在劳动合同生效之后、终止之前进行，用人单位和劳动者应当对劳动合同变更问题给予足够的重视，不能拖到劳动合同期满后进行。依照法律规定，劳动合同期满即行终止，那时便不存在劳动合同变更的问题了。

⑤劳动合同变更的效力。劳动合同变更是对劳动合同内容的局部更改，如工作岗位、劳动报酬、工作地点等，一般来说都不是对劳动合同主体的变更。变更后的内容对于已经履行的部分往往不发生效力，仅对将来发生效力，同时，劳动合同未变更的部分，劳动合同双方还应当履行。

4. 劳动合同的解除

劳动合同的解除，是指劳动合同在订立以后，尚未履行完毕或者未全部履行以前，由于合同双方或者单方的法律行为导致双方当事人提前解除劳动关系的法律行为。劳动合同的解除可分为协商解除、劳动者单方解除和用人单位单方解除三种情况。

（1）协商解除劳动合同

协商解除劳动合同是指用人单位与劳动者在完全自愿的情况下，互相协商，在彼此达成一致意见的基础上提前终止劳动合同的效力。《劳动合同法》第三十六条规定："用人单位与劳动者协商一致，可以解除劳动合同。"此为协商解除劳动合同，即双方当事人在合意的前提下，可以做出与原来合同内容不同的约定，这种约定可以是变更合同相关内容，也可以是解除劳动合同关系。双方当事人一旦就劳动合同的解除协商达成一致，并签订书面解除合同协议，就产生了双方劳动合同关系完结的法律效力。劳动合同依法订立后，双方当事人必须履行合同义务，遵守合同的法律效力，任何一方不得因后悔或者难以履行而擅自解除劳动合同。但是，为了保障用人单位的用人自主权和劳动者劳动权的实现，用人单位与劳动者在协商一致且不违背国家利益和社会公共利益的情况下，可以解除劳动合同，但必须符合以下几个条件：

①被解除的劳动合同是依法成立的有效的劳动合同；

②解除劳动合同的行为必须是在被解除的劳动合同依法订立生效之后、尚未全部履行

之前进行；

③用人单位与劳动者均有权提出解除劳动合同的请求；

④在双方自愿、平等协商的基础上达成一致意见，可以不受劳动合同约定的终止条件的限制。

(2) *劳动者单方解除劳动合同*

劳动者与用人单位解除劳动合同，可以分为两种情况：一是由于劳动者自身的主观原因，想要提前解除劳动合同；二是用人单位的过错导致劳动者不得不与之解除劳动合同。

①由于劳动者自身的主观原因想要提前解除劳动合同。《劳动合同法》第三十七条规定："劳动者提前三十日以书面形式通知用人单位，可以解除劳动合同。劳动者在试用期内提前三日通知用人单位，可以解除劳动合同。"劳动者在行使解除劳动合同权利的同时，必须遵守法定的程序，主要体现在以下两个方面。

第一，遵守解除预告期。规定劳动合同的解除预告期是各国劳动立法的通行做法。劳动者在享有解除劳动合同权的同时，也应当遵守解除合同预告期，即应当提前三十天通知用人单位，也就是说劳动者在书面通知用人单位后还应继续工作至少三十天，这样便于用人单位及时安排人员接替其工作，保持劳动过程的连续性，确保正常的工作秩序，避免因解除劳动合同影响企业的生产经营活动，给用人单位造成不必要的损失。同时，这样也使劳动者解除劳动合同合法化，否则会构成违法解除劳动合同而可能承担赔偿责任。

第二，书面形式通知用人单位。无论是劳动者还是用人单位，在解除劳动合同时，都必须以书面形式告知对方。因为这一时间的确定直接关系到解除预告期的起算时间，也关系到劳动者的工资等利益，所以必须以慎重的方式来表达。《劳动合同法》第三十七条还对劳动者在试用期内与用人单位解除劳动合同作了规定。试用期内应提前三日通知用人单位，以便用人单位安排人员接替其工作。

如果劳动者违反法律法规规定的条件解除劳动合同，给用人单位造成经济损失的，还应当承担赔偿责任，劳动者提出解除劳动合同的，用人单位可以不给付经济补偿金。

②用人单位过错导致劳动者不得不提前解除劳动合同。《劳动合同法》第三十八条规定，用人单位有下列情形之一的，劳动者可以解除劳动合同：未按照劳动合同约定提供劳动保护或者劳动条件的；未及时足额支付劳动报酬的；未依法为劳动者缴纳社会保险费的；用人单位的规章制度违反法律、法规的规定，损害劳动者权益的；因本法第二十六条第一款规定的情形（用人单位以欺诈、胁迫的手段或者乘人之危，使对方在违背真实意思的情况下订立或者变更劳动合同的）致使劳动合同无效的；法律、行政法规规定劳动者可以解除劳动合同的其他情形。

用人单位以暴力、威胁或者非法限制人身自由的手段强迫劳动者劳动的，或者用人单位违章指挥、强令冒险作业危及劳动者人身安全的，劳动者可以立即解除劳动合同，不需事先告知用人单位。

特别解除权是劳动者无条件单方解除劳动合同的权利，是指如果出现了法定的事由，劳动者无须向用人单位预告就可通知用人单位解除劳动合同。由于劳动者行使特别解除权往往会给用人单位的正常生产经营带来很大的影响，法律或者立法者在平衡保护劳动者与企业合法利益基础上对此类情形作了具体的规定，只限于在用人单位有过错行为的情况下，允许劳动者行使特别解除权。

(3) 用人单位单方解除劳动合同

劳动合同法在赋予劳动者单方解除权的同时，也赋予用人单位对劳动合同的单方解除权，以保障用人单位的用工自主权，但为了防止用人单位滥用解除权，随意与劳动者解除劳动合同，立法严格限定企业与劳动者解除劳动合同的条件，以保护劳动者的劳动权。

第一，因劳动者过错而解除劳动合同。

《劳动合同法》第三十九条规定，劳动者有下列情形之一的，用人单位可以解除劳动合同：

①在试用期间被证明不符合录用条件的；

②严重违反用人单位的规章制度的；

③严重失职，营私舞弊，给用人单位造成重大损害的；

④劳动者同时与其他用人单位建立劳动关系，对完成本单位的工作任务造成严重影响，或者经用人单位提出，拒不改正的；

⑤因本法第二十六条第一款规定的情形（劳动者以欺诈、胁迫的手段或者乘人之危，使对方在违背真实意思的情况下订立或者变更劳动合同的）致使劳动合同无效的；

⑥被依法追究刑事责任的。

上述几种情况的劳动合同解除，均是因劳动者的过错造成的，所以，用人单位在解除劳动合同时，不需提前通知，也无须向劳动者支付解除劳动合同的补偿金。

第二，劳动者无过失而解除劳动合同。

《劳动合同法》第四十条规定，有下列情形之一的，用人单位提前三十日以书面形式通知劳动者本人或者额外支付劳动者一个月工资后，可以解除劳动合同：

①劳动者患病或非因工负伤医疗期满后，不能从事原来的工作，也不能从事用人单位另行安排的工作；

②劳动者不能胜任工作，经过培训或者调整工作岗位，仍不能胜任工作的；

③劳动合同订立时所依据的客观情况发生重大变化，致使原劳动合同无法履行，经当事人双方协商一致达成协议的。

另外，当以下条件出现时，用人单位需要裁员，应向工会及全体员工说明，听取工会意见，向劳动管理部门报告。用人单位经济性裁员的两个条件包括：用人单位濒临破产，进行法定整顿期间；用人单位生产经营发生严重困难确需裁减人员。

5. 劳动合同的终止

劳动合同的终止，即基于一定法律事实的发生，劳动合同中所设定的权利义务关系即行消灭的法律行为。符合下列情形之一的，劳动合同终止：劳动合同期满的；劳动者开始享受基本养老保险待遇的；劳动者死亡的，或者被人民法院宣告死亡或者宣告失踪的；用人单位被依法宣布破产的；用人单位被吊销营业执照、责令关闭、撤销或者用人单位决定提前解散的；法律、行政法规规定的其他情形。对于某些非因期满终止劳动合同的情况，国家为了保障劳动者的权益，规定用人单位应当向劳动者支付经济补偿。

劳动合同终止与劳动合同解除有以下几方面的不同：第一，阶段不同。劳动合同终止是劳动合同关系的自然结束，而解除是劳动合同关系的提前结束。第二，结束劳动关系的条件都有约定条件和法定条件，但具体内容不同。劳动合同终止的，约定条件主要是合同期满的情形，而法定条件主要是劳动者和用人单位主体资格的消灭。劳动合同解除的约定条件主要是协商一致解除合同情形，而法定条件是一些违法违纪违规等行为。第三，预见性不同。劳动合同终止一般是可以预见的，特别是劳动合同期满终止的，而劳动合同解除一般不可预见。

6. 劳动合同的续订

劳动合同的续订是指劳动合同期限届满，经双方协商一致，可以续订劳动合同。续订劳动合同包括下列情形：双方协商续订劳动合同；从事接触职业病危害作业的劳动者未进行离岗前职业健康检查，或者疑似职业病病人在诊断或者医学观察期间的；在本单位患职业病或者因工负伤并被确认丧失或者部分丧失劳动能力的；患病或者非因工负伤，在规定的医疗期内的；女职工在孕期、产期、哺乳期的；在本单位连续工作满十五年，且距法定退休年龄不足五年的；法律、行政法规规定的其他情形。

二、劳动争议处理

（一）劳动争议概述

1. 劳动争议定义

劳动关系的双方既相互依存，又充满矛盾。没有合格、积极的劳动者，任何用人单位都无法完成其使命；没有用人单位提供的工作机会，劳动者也无法施展自己的能力并从工作中得到回报。然而，劳动关系却更多地以争议的形式表现出来。较温和的形式是双方就利益分配、劳动条件等内容的争执；较激烈的形式则表现为剥削与反剥削、压迫与反压迫的斗争，如罢工、请愿、联合抵制等。

劳动争议（Labor Dispute）就是劳动关系当事人之间因劳动的权利与义务发生分歧而引起的争议，又称劳动纠纷或劳资纠纷。劳动争议是现实中较为常见的纠纷。其中有的属于既定权利的争议，即因适用劳动法和劳动合同、集体合同的既定内容而发生的争议；有的属于要求新的权利而出现的争议，是因制定或变更劳动条件而发生的争议。劳动争议的发生，不仅使正常的劳动关系得不到维护，还会使劳动者的合法利益受到损害，不利于社会的稳定。因此，应当正确把握劳动争议的特点，积极预防劳动争议的发生，对已发生的劳动争议，应当依法妥善处理。

目前我国正处于社会转型时期，多种所有制经济共同发展，多种分配方式并存，多种用工方式共存，劳动争议问题不可避免，而且呈现多样化、复杂化的特点。如何预防劳动争议、有效解决争议，是政府、企业和劳动者都必须面对的重要课题。

2. 劳动争议范围

劳动争议的当事人是指劳动关系当事人双方——职工和用人单位（包括自然人、法人和具有经营权的用人单位），即劳动法律关系中权利的享有者和义务的承担者。劳动争议的范围在不同的国家有不同的规定。根据我国《劳动争议调解仲裁法》第二条的规定，劳动争议的范围包括：因确认劳动关系发生的争议；因订立、履行、变更、解除和终止劳动合同发生的争议；因除名、辞退和辞职、离职发生的争议；因工作时间、休息休假、社会保险、福利、培训以及劳动保护发生的争议；因劳动报酬、工伤医疗费、经济补偿或者赔偿金等发生的争议；法律、法规规定的其他劳动争议。

3. 劳动争议特征

劳动争议是劳动关系当事人之间的争议。劳动关系当事人，一方为劳动者，另一方为用人单位。劳动者主要是指与在中国境内的企业、个体经济组织建立劳动合同关系的职工和与国家机关、事业组织、社会团体建立劳动合同关系的职工。用人单位是指在中国境内的企业、个体经济组织以及国家机关、事业组织、社会团体等与劳动者订立了劳动合同的单位。不具有劳动法律关系主体身份者之间所发生的争议，不属于劳动争议。如果争议不是发生在劳动关系双方当事人之间，即使争议内容涉及劳动问题，也不构成劳动争议。例如，劳动者之间在劳动过程中发生的争议，用人单位之间因劳动力流动发生的争议，劳动者或用人单位与劳动行政部门在劳动行政管理中发生的争议，劳动者或用人单位与劳动服务主体在劳动服务过程中发生的争议等，都不属劳动争议。

劳动争议的内容涉及劳动权利和劳动义务，是为实现劳动关系而产生的争议。劳动关系是劳动权利义务关系，如果劳动者与用人单位之间不是为了实现劳动权利和劳动义务发生的争议，就不属于劳动争议的范畴。劳动权利和劳动义务的内容非常广泛，包括就业、工资、工时、劳动保护、劳动保险、劳动福利、职业培训、民主管理、奖励惩罚等。

劳动争议既可以表现为非对抗性矛盾，也可以表现为对抗性矛盾，而且两者在一定条件下可以相互转化。在一般情况下，劳动争议表现为非对抗性矛盾，会给社会和经济带来不利影响。

（二）劳动争议分类

劳动争议按照不同的标准，可划分为以下几种。

按照劳动争议当事人的人数，可分为个人劳动争议和集体劳动争议。个人劳动争议是劳动者个人与用人单位发生的劳动争议；集体劳动争议是指劳动者一方当事人在三人以上，有共同理由的劳动争议。

按照劳动争议的内容可分为：因履行劳动合同发生的争议；因履行集体合同发生的争议；因企业开除、除名、辞退职工和职工辞职、自动离职发生的争议；因执行国家有关工作时间和休息休假、工资、保险、福利、培训、劳动保护的规定发生的争议等。

按照当事人国籍的不同，可分为国内劳动争议与涉外劳动争议。国内劳动争议是指我国的用人单位与具有我国国籍的劳动者之间发生的劳动争议；涉外劳动争议是指具有涉外因素的劳动争议，包据我国在国（境）外设立的机构与我国派往该机构的工作人员之间发生的劳动争议、外商投资企业的用人单位与劳动者之间发生的劳动争议。

（三）劳动争议处理原则

劳动争议在工作场合难以避免。劳动争议的发生不仅使正常的劳动关系得不到维护，还会使劳动者的合法利益受到损害，同时也会给企业带来不稳定因素，所以处理好劳动争议是员工关系管理的题中之意。劳动争议的处理有以下几条原则。

1. 依法处理

在我国，有关劳动争议处理的法律主要是《劳动法》，该法第十章就劳动争议处理的一些基本问题做出了规定。在处理劳动争议时，一定要依照国家的法律法规。

2. 查清事实

处理劳动争议必须要查清事实，依据事实来进行裁决。正确处理调查取证与举证责任的关系，调查取证是争议处理机构的权利和责任，举证是当事人应尽的义务和责任，两者有机结合，才能达到查清事实的目的。在查清事实的基础上，依法处理，确保当事人的合法权益不受损害。

3. 着重调解

调解是处理劳动争议的基本手段，贯穿劳动争议处理全过程。《劳动争议调解仲裁法》第三条规定：“解决劳动争议，应当根据事实，遵循合法、公正、及时、着重调解的原则。”调解应在当事人自愿的基础上进行，不能勉强或强制。调解应依法进行，而不应无原则地“和稀泥”。

4. 及时处理

及时原则是指对劳动争议的处理要在法定结案期限内尽快处理完毕。劳动争议往往涉及争议方的切身利益，如果不及时处理，矛盾有可能激化，最终会对当事人的利益产生不必要的损害。所以，劳动仲裁机构在调解不成功的情况下，应及时裁决；人民法院在调解不成功的情况下，应及时判决。

5. 适用法律一律平等

这种平等体现在两个方面：首先，劳动争议双方虽然在劳动关系中存在行政隶属关系，但其法律地位是平等的，即具有平等的权利和义务，任何一方不得有超越法律规定的特权。其次，对于任何劳动者和用人单位，处理劳动争议时适用的法律不能因人而异，区别对待。不能因为某单位是利税大户而对其偏袒，也不能因为某劳动者是高层领导而对其进行袒护。

（四）劳动争议处理程序

劳动争议处理一般包括以下几个程序（见图 9-1）。

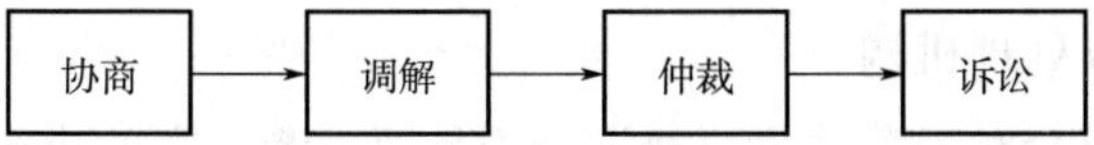

图 9-1　劳动争议处理程序

1. 劳动争议协商

劳动争议协商是指双方当事人在发生劳动纠纷以后，自行协商解决，澄清误解，分清责任，相互取得谅解，最终达成和解协议。《劳动法》提倡和鼓励当事人双方通过协商解决争议，但协商应以自愿为前提，双方不愿协商或经过协商无法达成一致意见的，可以选择调解或仲裁。

2. 劳动争议调解

调解是指由调解组织或法律规定的第三者调停争议，以帮助双方达成协议为目的，进行劝说和解决问题的过程。调解分为劳动争议调解委员会的调解和劳动争议仲裁委员会的调解两类。前者是自愿性的，即由当事人决定是否提请劳动争议调解委员会调解；后者是强制性的，即只要向劳动争议仲裁委员会申请仲裁，就必须先进行调解。这也是一项工作制度，一般经调解不成的，才进行裁决。

目前，劳动争议调解委员会设于企业，由企业的员工代表、行政代表和工会委员会代表组成，主任由各成员共同推举。当事人一方提出申请，同时另一方表示愿意接受，劳动争议调解委员会才能进行调解。当事人任何一方不愿接受调解，或调解达不成协议，只能交付仲裁。应当注意的是，按规定因开除、除名、辞退违纪员工发生的争议必须直接提交劳动争议仲裁委员会，而不能向劳动争议调解委员会申请调解。另外，若发生劳动争议的员工一方人数为 10 名以上，并具有共同申请理由，可由当事人推举 1~3 名代表参加调解或仲裁活动。

实施调解的结果有两种：一是调解达成协议，这时要依法制作调解协议书；二是调解不成或调解达不成协议，这时要做好记录，并制作调解处理意见书，提出对争议的有关处理意见，建议争议双方当事人依照有关规定，向劳动争议仲裁委员会提出仲裁申请。

调解协议由调解协议书具体体现。只要达成协议，争议双方当事人就要自觉执行调解协议。当然，双方当事人也有对调解协议反悔的权利。调解委员会对当事人的反悔只能说服、劝解，无权强制执行，但有建议仲裁的权利。只要一方当事人对协议反悔，或拒不执行协议，经调解委员会说服、劝解无效，就视为调解不成。

劳动争议调解委员会处理劳动争议，应当自当事人提出申诉之日起 30 日结案，到期未结案则视为调解不成。

3. 劳动争议仲裁

仲裁是指劳动争议仲裁机构依法对争议双方当事人的争议案件进行居中公断的执法行为，其中包括对案件的依法审理和对争议的调解、裁决等一系列活动或行为。劳动争议仲裁委员会由劳动行政机关代表、工会代表和企业主管部门代表组成，三方代表应当人数相等，并且总数必须是单数，委员会主任由同级劳动行政机关负责人担任，其办事机构为劳动行政机关的劳动争议处理机构。

劳动争议仲裁委员会对于劳动争议双方来说是第三者，它的决定无须经双方同意，并具有法律强制力，因而仲裁是比调解更为有效的解决方法。按规定，劳动争议的任何一方不愿调解、劳动争议经调解未达成协议时，均可向劳动争议仲裁委员会提出仲裁申请，并提交书面申请书。申请书应写明争议双方当事人的情况、申请仲裁的理由、要求解决的问题及有关的证明材料等。申请人应根据争议双方的人数提交申请书若干份。

当事人申请仲裁，因履行劳动合同而发生的争议，应自争议发生之日起 60 日内或从劳动争议调解委员会调解不成之日起 30 日内，向劳动争议仲裁委员会提出。因开除、除名、辞退违纪员工而发生的争议，当事人应于企业公布处理决定之日起 15 日内申请仲裁。因特殊原因，当事人可在其知道或应当知道权利被侵害之日起 1 年之内提起追诉。超过规定期限，仲裁机构不再受理。

仲裁委员会在收到仲裁申请后一段时间（一般为 7 天）内要做出受理或不受理的决定。决定受理的，仲裁委员会要及时通知申请人和被诉人，并组成仲裁庭；决定不受理的，要说明理由。

在受理申诉人的仲裁申请后，仲裁委员会就需要进行有针对性的调查取证工作，其中包括拟定调查提纲，根据调查提纲进行有针对性的调查取证，核实调查结果和有关证据等。调查取证的主要目的是收集有关证据和材料，查明争议事实，为下一步的调解或裁决做好准备工作。

劳动争议仲裁委员会在处理劳动争议时，应先行调解。如调解成功，劳动争议仲裁委员会制作调解书，由双方当事人签字，劳动争议仲裁委员会成员签名，并加盖委员会印章，调解书一经送达当事人，即发生法律效力，当事人必须执行。一方不执行，另一方当事人可申请法院强制执行。如调解不成，则应及时仲裁，由劳动争议仲裁委员会召开会议，并根据少数服从多数的原则做出仲裁决定。仲裁决定做出后，应制作仲裁决定书。由劳动争议仲裁委员会成员签名，并加盖委员会印章，送达双方当事人。

4. 劳动争议诉讼

劳动争议当事人不服仲裁，可以在收到仲裁决定书之日起 15 日内向法院起诉，由法院依民事诉讼程序进行审理及判决。法院审判劳动争议的最大特点在于它的处理形式的严肃性、权威性及其法律效力。企业劳动争议的法律诉讼一般包括五个阶段。

（1）起诉、受理阶段

起诉是指争议当事人向法院提出诉讼请求，要求法院行使审判权，依法保护自己的合法权益。诉讼请求要尽可能详细，明确被告，说明要求被告承担何种义务等；同时，要尽可能多地提供争议发生的时间、地点、争议经过等情况和有关事实根据以及相应的法律文书等。受理是指法院接收争议案件并同意审理。法院在对原告的起诉进行审查以后决定是否受理。对决定受理的案件，法院要在规定的时间内通知原告和被告；对决定不受理的案件，法院也应在规定的时间内通知被告，并尽量说明理由。当然，对法院裁定为不受理的案件，原告可以上诉。

（2）调查取证阶段

法院的调查取证除了对原告提供的有关材料、证据或仲裁机构掌握的情况、证据等进行核实外，还要对争议的有关情况、事实进行重点调查，包括查明争议的时间、地点、原因、后果、焦点问题以及双方的责任和态度等。法院的调查取证要尽可能对各种证据进行仔细、认真的收集和核实。

（3）进行调解阶段

法院在审理企业劳动争议案件时，也要先行调解。法院的调解以双方当事人自愿为基础，不得强迫调解。法院调解成功的，要制作法院调解书。法院调解书要由审判人员、书记员签名，并加盖法院的印章；法院调解书在由双方当事人签收后即具备法律效力，当事人必须执行。法院调解不成或法院调解书送达前当事人反悔的，法院应当进行及时判决。

（4）开庭审理阶段

开庭审理是在法院调解失败的情况下进行的，这一阶段的活动主要有法庭调查、法庭辩论和法庭判决等。法庭调查主要是由争议当事人向法庭陈述争议事实，并向法庭提供有关证据；法庭辩论一般按照先原告后被告的顺序由双方当事人及其代理人对争议的焦点问题进行辩论；法庭判决是在辩论结束以后，由法庭依法做出判决。法庭判决要制作法庭判决书，法庭判决书要在规定的时间内送达当事人。

（5）判决执行阶段

法庭判决书送达当事人以后，当事人在规定时间内不向上一级法院上诉的，判决书即行生效，双方当事人必须执行。当事人不服一审判决的，有权向上一级法院上诉。

三、离职管理

（一）离职管理概述

1. 离职管理定义

离职是指企业员工流出企业的过程。对企业来说，维持员工在合理范围内的流动是一件好事，既可以保持企业的活力，又不至于背负过重的人力成本，也有利于企业挑选那些适合自己的优秀人才。同时，对劳动者而言，可以在劳动力市场上评估自己的价值，选择更优的企业，更好地实现自己的价值。但是，这种人员流动的灵活性也给企业增添了在处理员工离职问题时出现麻烦和不良影响的可能性，为企业的员工关系管理带来了新的挑战。

理论和实践经验均表明，一支对企业满意和忠诚、胜任的员工队伍对于企业提升客户满意度和投资者满意度都具有重要的意义。也就是说，在员工保留率与客户保留率以及投资者保留率之间确实存在密切的联系。员工保留率和客户保留率之间的联系可能更为直观，一支满意且敬业的员工队伍所提供的产品和服务能更好地满足客户的需求，更有助于提高客户满意度并将其维持在较高水平，从而带来更高的组织绩效。在当今发展最为迅速的服务业中，这种情况可能会表现得非常明显。比如，如果员工经常流动，客户可能就不得不经常与企业派来的陌生员工打交道，这样就会增加企业和客户之间的沟通成本，很可能导致客户服务质量下降，造成客户的不满。

与留住核心或绩效优秀员工相关的一个方面是，企业必须有能力和意愿去解雇那些绩效不佳甚至对企业的生产率或其他利益产生不利影响的员工。解雇不称职的低绩效员工有助于企业减少损失，更重要的是，解雇低绩效员工恰恰也是留住高绩效员工的一个重要条件。研究表明，很多高绩效员工之所以离开企业，一个关键的影响因素是，他们的直接上级或同事的绩效不佳或存在具有破坏性或危险性的行为，给绩效优秀的员工带来了很多不良感受。为了有效地进行市场竞争，企业必须一方面采取一定的程序和步骤确保高绩效员工愿意留在企业中，另一方面还应当允许、鼓励甚至在必要情况下迫使低绩效的员工离开企业。

2. 离职分类

员工离职包括三种情况：自愿离职、非自愿离职与自然离职。自愿离职是由于员工个人意愿而离开企业的人员流出，非自愿离职是指由于企业的原因或其他客观原因而非出于员工意愿所产生的企业人员流出，自然离职是指由于一些不可避免的人力资源损耗而导致的企业雇员的流出。

（二）自愿离职管理

大多数自愿离职（Voluntary Turnover）往往都是企业希望留住员工而员工本人主动要求离开企业。在当今人才竞争愈演愈烈的时代，企业要想留住高绩效员工，难度会越来越大，因为在劳动力市场上相互竞争的企业以及其他组织都在盯着那些高绩效员工。此外，员工心理契约的变化也使得自愿离职比过去更为频繁，因为员工更倾向于认为自己有权管理好自己的职业生涯，而不是对一个特定的组织保持由始至终的忠诚。在这种情况下，对员工自愿离职现象进行研究，制定相应的对策，就是企业必须做出的一个选择。

事实上，大多数时候，一位员工选择离开一家企业，是在经过充分思考甚至心理斗争的情况下做出的决定，即使在有其他组织挖墙脚的情况下。员工从没有离开企业的想法到产生离职的意向再到最终做出离职决定，往往会有一个对组织的不满意逐渐累积的过程，这种不满意会对员工产生推力。当这种推力足够大时，即使没有外部的吸引力，员工也有可能会选择离开企业。此外，由于找到一份新的工作并非易事，很可能会花费长达数月的时间，所以员工对于辞职会持谨慎的态度。

对自愿离职员工的管理分为四个步骤：分析员工自愿离职的原因并进行归类提炼；查找导致员工离职的组织制度因素；进行旨在减少自愿离职员工数量的政策改进；评估变革实施的结果并加以修正。

1. 分析原因

造成员工自愿离职的因素主要可以归结为三点：个人因素；组织因素；报酬因素。个人因素离职是指由于员工个人工作以外的原因而离职，组织因素离职是指由于员工认为组织给其带来的心理满足低于其心理期望而导致的离职，报酬因素离职是指由于员工认为企业所提供的物质回报低于其心理预期所导致的离职。根据每位自愿离职员工的具体原因，企业可以采取措施进行员工管理方面的改进，以使员工的自愿离职率降到可接受的水平。

分析员工离职原因的方法包括：离职人员访谈法；员工主管座谈法；员工工作满意度调查；员工意见箱制度；倾听工会的声音等。其中离职人员访谈法与员工工作满意度调查是最常用的两种方式。

2. 查找组织层面因素

当管理者对离职员工的离职原因进行收集与提炼后，就可以着手探寻在离职者个人因素外，究竟是组织的哪些制度弊端造成了员工的离职。

3. 改进政策

任何组织层面的变革都会遇到很大的阻力和困难，这种对组织制度与政策的修补与调整通常都具有复杂、难度大、所需时间长等特点，是对企业管理者较大的挑战。

4. 效果评估

在完成以上几个步骤之后，工作人员需要对离职管理的效果进行评估。在这一环节，评估可从以下几个方面进行：首先，可以考察组织在下一个时间段内的员工离职情况，优秀人才的离职率是否有所降低；其次，可以调查在职员工的满意度是否有所提高；最后，对离职管理的成本进行核算，在合理范围内尽量降低成本。

通过四个环节的努力，企业有可能做到了解自愿离职员工的离职因素，改进组织中有缺陷的制度与政策，为降低组织所不希望发生的自愿离职提供制度保证。

（三）非自愿离职管理

裁员是非自愿离职（Involuntary Turnover）的典型形态，在企业经营出现困难或遭遇经济危机时期，裁员是企业降低人工成本、提高劳动生产率和竞争力的重要手段。有些企业，即使在经济景气、运转良好的情况下，也会对内部员工进行考核，按照末位淘汰制对绩效连续不达标的员工进行裁员处理，以此提高员工的绩效。裁员是员工的非自愿离职，可能会引起一部分员工的不满和怨言，如果处理不好企业与被裁员工的关系，极有可能损害企业的形象，甚至会为企业带来不小的麻烦。此外，裁员除了降低企业的人力成本，同时在某种程度上也会增加企业的管理成本，如招聘成本、培训成本、对员工的补偿成本等。如果裁员不当，在经济好转时，还必须付出更大的成本重新招聘、培训等。所以，裁员一定要有规划，不能盲目裁员。在面临裁员时，可以对替代方案进行比较，如冻结招聘、停发奖金、限制加班、工作分享、弹性工作日等，选择对企业长远发展最为有利的方式。

当不得不进行裁员时，也要进行详细的规划，设计裁员方案，尽量把不利影响降到最低。一般而言，企业的裁员分为如下几个步骤。

1. 裁员计划

裁员计划需要经过五个步骤：

第一，明确企业战略及目标，充分考虑企业的现实和未来，对裁员的商业价值进行评估，列出具体裁员岗位和数目及依据。

第二，计划制订过程，具体包括：筛选被裁员工的依据，确定遣散费、补偿费及相关法律依据；制定保留或重新雇用战略。

第三，制定沟通策略，沟通内容包括企业经营现状、裁员原因、标准和过程说明等，确定沟通方式。

第四，建立裁员小组。

第五，制定裁员时间表。

2. 裁员筛选

裁员筛选主要有以下四个步骤：

第一，制定筛选标准，依据该标准对需要裁员的岗位上的员工进行初步评估。

第二，确定最优秀和最应保留员工名单，并对名单进行评估。

第三，确定裁员对象，对裁员名单再次进行评估。

第四，人力资源工作人员与部门主管进行沟通和商讨，确定最终的裁员名单。在此过程中，要注意保留筛选依据。

3. 裁员实施

人员遣散过程中，主要包括以下三个步骤：

第一，面谈并提供咨询帮助，由企业人力资源部门的高层领导与被裁员工进行裁员面谈，沟通裁员结果并充分解释裁员原因，态度真诚，站在员工的立场上，表示感同身受；同时为员工提供咨询服务，提高他们对劳动力市场的了解，帮助他们寻找下一份工作。

第二，确定遣散费用方案，包括遣散费用的计算依据、计算公式以及审定福利授予方案，处理相关的法律问题和手续。

第三，与保留员工进行深度沟通，消除他们对于裁员的恐惧心理，安抚他们的情绪，鼓励他们尽快恢复正常的工作状态。

4. 裁员评估

事后需要对裁员进行评估，评估内容包括：

第一，裁员计划和裁员方案的完整性和周全性。

第二，裁员工作是否按计划进行，时间掌控、使用成本、最终效果是否都达到预期。

第三，员工情绪是否得到很好的平复，裁员过程中是否出现与员工矛盾的激化和诉讼问题。

第四，裁员名单的确定是否科学、合理，有没有裁掉不该被裁的员工或保留不该保留的员工。根据评估结果，改进方案，从中汲取经验。

（四）离职管理的注意事项

一般而言，员工离开原单位后会进入另一家单位。跳槽作为一件比较敏感的事情对企业的形象有较大的影响。如果人力资源管理者能够很好地对员工的离职进行管理，妥善处理员工的情绪，也可以帮助企业树立一种正面的、良好的形象；否则，会极大损害企业声誉。所以，企业应该切实重视对员工离职的管理，构建一整套体系来对员工的离职进行监察和管理。这套体系应该适用于企业所有离职人员。

人力资源管理人员和部门管理者平时应加强对下属员工的观察和关心，及时与员工进行沟通，随时了解员工的需求和心理变化，帮助员工排遣压力和对工作的不良情绪。让员工体会到上级的关心，能够有效降低员工的离职意愿。

按照《劳动合同法》的规定，员工提前 30 日以书面形式通知用人单位，可以解除劳动合同；试用期内，提前 3 日通知用人单位，可以解除劳动合同。在员工递交辞职信后，管理者应该及时与员工进行沟通，了解其辞职原因，对于优秀的员工和组织的核心员工，人力资源管理者应该与其直接上级进行沟通，尽力帮助其解决问题，在允许的范围内满足其需求，加以挽留。即便挽留不成功，也尽量不要恶化与员工的关系，不能故意克扣员工应得的工资和证件；要保持友好的方式，按照企业的规章制度对各项事宜进行处理。对于属于竞业限制的人员，企业应进行后续的跟踪调查，以确定其是否违反规定。

在接受辞呈后，由直接上级监督离职员工完成其理应完成的任务，人力资源管理者及时与部门主管协商、沟通，寻找合适的员工接替离职员工的工作，如果内部没有合适人选，人力资源管理人员应立即着手从外部招聘，争取不使工作出现中断，影响部门工作的正常运转。

在员工离职之后，企业还应维持员工离职后的管理，尽可能与离职员工保持联系，这样对于企业的外在形象和员工凝聚力的培育具有重要作用。

第一，企业人力资源部可以建立离职员工的个人档案，并及时更新，为企业与离职员工之间建立联系的纽带。

第二，对于某些员工来说，离职是在不可抗力情况下做的暂时决定，企业必须与工作优异却离职的员工保持紧密联系，在必要的时候，寻找合适的机会重新聘请其回归岗位。

第三，对于退休人员，企业应该在生活和情感上多加照顾，及时了解退休人员的现状，人力资源部在条件允许的情况下可以继续为其提供各种服务。若是某些退休人员精力旺盛，企业存在某些岗位空缺，可以对这些人员进行返聘，让其继续为企业发展做贡献。

第四，对于离职人员，不论是自愿离职还是非自愿离职，企业可以通过座谈会（由离职人员与在职员工进行沟通，互相传授经验和知识）、恳谈会（让离职员工重回企业分享企业的喜悦，增强员工的情感）和演讲会（邀请离职员工参加，启发员工的工作理念）等活动，让其为企业的发展出谋划策，振奋员工士气。

第三节 员工安全与健康管理

一、员工安全与健康管理的意义

员工安全与健康问题似乎总是与传统的生产企业（尤其是采矿、化工、建筑、冶炼企业等）联系在一起，但即使在一些非传统的工业生产环境中，也存在很多员工安全与健康隐患。不仅在半导体、电路板装配、计算机以及计算机外围设备制造等领域有较大数量的工伤事故或职业病发生，而且在很多高档写字楼中，由于员工长时间在封闭的空间中办公，也容易引发很多健康问题。比如，大量使用计算机以及办公室通风不良等都很容易成为导致"办公楼综合征"的元凶，很多长期在这种办公空间中工作的员工容易出现安全和健康问题，其中包括因使用计算机而造成的重复性损伤、由于室内空气质量差造成的呼吸道疾病，以及与各种因素相关的较大压力等。这些情况表明，企业必须对工作场所的安全与健康问题（包括到工作场所外面去工作的员工的安全与健康问题）给予高度重视。如果一家企业对于员工的人身安全和健康都不认真对待，那么员工的工作满意度和组织承诺度一定不会太高。一旦他们在其他企业中能够找到更好的工作机会，主动离职的可能性会极大。因此，在维护员工的安全与健康方面投入必要的时间和经费是企业员工关系管理中一个非常重要的方面，它对于吸引和留住员工具有重要的价值。

从另一个角度来看，保证员工在工作场所中的安全与健康是企业应当对员工承担的最基本法律责任，不能尽到这种保护责任的企业可能会面临严厉的处罚。尽管各国国情不同，员工在工作场所中的实际安全状况相差很大，但几乎每个国家都针对工作安全制定了一系列的法律法规。尤其是在发达国家，政府对于工作场所的安全与健康问题高度重视，比如，美国不仅制定了保护员工安全与健康的法律法规（1970 年《职业安全与健康法》），而且有专门的执法机构（美国劳工部下设的职业安全与健康管理局），执法机构权力很大，其主要任务就是运用相关的安全与健康标准对企业进行安全调查，并对违反法律的企业进行处罚，甚至可以要求企业立即停止生产。

我国对安全生产一直比较重视，1986 年颁布了《企业职工伤亡事故分类》（GB 6441—86），并建立了工伤事故的报告和统计制度。随着市场经济的发展，安全生产状况却越来越令人担忧，重大恶性工伤事故频发，职业病人数居高不下。据统计，2000 年以来，我国每年因工伤事故死亡的人数达 1 万多人，每年因职业病和工伤事故造成的损失高达 800 亿元左右。为了最大限度地减少工伤事故和职业病的发生，从 2002 年 1 月 1 日起，《职业健康安全管理体系规范》国家标准正式实施。2010 年，国务院又印发了《关于进一步加强企业安全生产工作的通知》，以重点解决在安全生产中暴露的突出问题，其中一个重要举措便是大幅提高工伤事故死亡赔偿额，重罚责任企业。因此，做好安全生产和安全与健康管理工作不仅是企业培育良好员工关系以及吸引和留住员工的需要，而且是企业遵守国家法律的一个最基本要求。

二、员工安全管理

（一）安全事故的类型及安全事故发生的原因

在我国，安全事故通常称为职工伤亡事故，是指企业职工在生产劳动过程中发生的人身伤害以及急性中毒。伤亡事故根据严重程度，可以分为轻伤事故、重伤事故、死亡事故三大类。如表 9-1 所示，根据我国现行的国家标准《企业职工伤亡事故分类》，安全事故一共可划分成 20 种主要类型。

表 9-1　我国规定的工伤事故的类型

序号	类型	序号	类型
1	物体打击	11	冒顶片帮
2	车辆伤害	12	透水
3	机械伤害	13	放炮
4	起重伤害	14	火药爆炸
5	触电	15	瓦斯爆炸
6	淹溺	16	锅炉爆炸
7	灼烫	17	容器爆炸
8	火灾	18	其他爆炸
9	高处坠落	19	中毒和窒息
10	坍塌	20	其他伤害

导致在工作场所发生安全事故的主要原因有两个：一是存在不安全的工作状态，即存在可能导致安全事故发生的客观物质条件，比如，设备防护不当，设备本身存在缺陷，在机器设备内部、表面以及周围存在一些危险操作程序，不安全的储存设施（如挤压、超载），不当照明（如光线炫目或光线不足等），不当通风（如通风不足、空气源受到污染等）。二是存在不安全的工作行为，即存在可能会造成事故的人为错误，主要是员工没有严格按照安全规定的要求操作设备或采取行动，或者未能观察到某些潜在的工伤风险，这是安全事故发生的主观原因。目前，有越来越多的证据表明，具有某些人格特质的人更容易引发事故。比如，那些容易冲动、追求刺激、极度外向以及不严肃认真的员工更容易引发事故。关于以上两个方面的事故成因，在我国的《企业职工伤亡事故分类》中都有明确的描述。表 9-2 和表 9-3 列出了 4 项不安全的工作状态和 13 项不安全的行为，《企业职工伤亡事故分类》对二者还有二级甚至三级的细目划分。

表 9-2 不安全的工作状态

6.01	防护、保险、信号等装置缺乏或有缺陷
6.02	设备、设施、工具、附件有缺陷
6.03	个人防护用品用具——防护服、手套、护目镜及面罩、呼吸器官护具、听力护具、安全带、安全帽、安全鞋等缺乏或有缺陷
6.04	生产（施工）场地环境不良

表 9-3 不安全的工作行为

7.01	操作错误，忽视安全，忽视警告
7.02	造成安全装置失效
7.03	使用不安全设备
7.04	手代替工具操作
7.05	物体（指成品、半成品、材料、工具、切屑和生产用品等）存放不当
7.06	冒险进入危险场所
7.07	攀、坐不安全位置（如平台护栏、汽车挡板、吊车吊钩）
7.08	在起吊物下作业、停留
7.09	机器运转时加油、修理、检查、调整、焊接、清扫等工作
7.10	有分散注意力行为
7.11	在必须使用个人防护用品用具的作业或场合中，忽视其使用
7.12	不安全装束
7.13	对易燃、易爆等危险物品处理错误

需要注意的是，除了客观的工作状态以及员工行为，工作本身、工作进度以及工作场所的心理氛围等也与安全事故存在较为明显的联系。有些工作本身就比较危险。例如，工厂中的一线操作工和技术人员相比，发生工作事故的概率会更大。工作进度和疲劳会影响事故发生的概率，通常情况下，在一个工作日的前 5~6 个小时，事故发生的情况一般不会有明显增加，但如果工作时间超过这个长度，事故发生的概率就会加速增长。有些与工作条件有关的最为重要的事故成因不那么容易发现，因为这些因素可能与工作场所中的氛围和心理状态有关。比如，如果公司要求员工必须尽快完成工作任务，那么就会使员工产生较大的精神压力，在这种重压之下，如果缺乏安全氛围，就很容易导致事故的发生。与此类似，在那些经常解雇员工以及对待员工比较苛刻的企业（比如扣发员工工资、提供较

差的生活条件等）中，事故的发生率也比较高。另外，在上夜班期间更容易发生事故（部分是由于疲劳）。

（二）劳动保护

1. 劳动保护概述

劳动保护（Labor Protection）是提升劳动安全的重要手段。它是指企业针对员工在劳动过程中存在的不安全、不卫生的因素采取的各种技术措施和组织措施的总称。没有良好的劳动保护措施，企业就没有安全的生产、工作环境，员工的身心健康得不到保障；没有强健的体魄和健康的心理，员工不可能持续、安心地投入工作。

2. 劳动保护内容

劳动保护所要解决的问题是针对生产活动中一切有可能危害劳动者的因素，采取有效措施加以消除或控制，创造合乎安全生产要求的劳动条件，防止伤亡事故、职业病的发生。劳动保护的基本任务是保证安全生产、实现劳逸结合、对特殊劳动群体的保护、规定工作时间和休假制度、组织工伤救护以及做好职业病的防治等。劳动保护的内容包括四个部分：劳动时间规定、安全生产技术、职业卫生和对特殊劳动群体的保护。其中，劳动时间规定是指企业所实行的员工工作的时间必须符合国家有关法律法规的相关规定，应该有利于员工身心的健康发展；安全生产技术是指为了消除生产过程中的不安全因素，保障员工人身安全，预防人身事故而采取的各种技术、物质措施的总称；职业卫生是为了消除由于职业特点而形成的对于劳动者健康的不利影响（职业病），从工作安排、技术组织管理等方面采取各种措施，建立合乎科学的劳动环境，保证劳动者的身体与心理健康；对特殊劳动群体的保护主要指对女员工、年长员工等具有特殊生理特点的员工应实行有针对性的劳动保护措施，例如，禁止女性员工从事一些禁忌从事的、强度过大的工作，以及实行对女性员工在怀孕期、产期、哺乳期的特殊保护等。

3. 劳动保护的步骤

企业如何在现有的劳动条件下利用有限的资源来实现劳动保护效果的最优化，这是每个企业都会面对的现实问题，也是企业管理者需要深入思考的问题。一般而言，改善企业的劳动环境，为员工提供更为优质的劳动保护条件可以分为四个相互关联的步骤与环节，分别为排查隐患、评估风险、采取措施和监管控制（见图 9-2）。

（1）排查隐患

排查隐患是指通过企业全体员工的努力，找到那些有可能威胁企业员工工作安全与身心健康的工作、工作要素与行为动作。

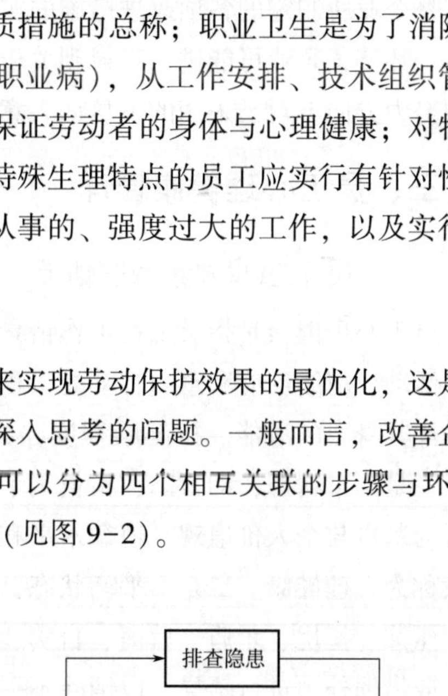

图 9-2 劳动保护的实施步骤

（2）评估风险

在找到企业存在的工作隐患之后，就需要对这些隐患进行评估与排序。根据霍特与安德鲁提出的理论，风险评估可以用风险的严重性

评估指数乘以风险的可能性指数来计算，即

$$风险 = 严重程度 \times 概率值$$

通过这一计算公式的评估结果，可以将隐患根据其潜在严重程度进行排序。

（3）采取措施

通过以上两个步骤，企业管理层找到工作中存在的隐患并进行粗略的排序，以确定资源投入的优先顺序。这些工作完成之后，企业就需要采取切实的措施来有效地防控隐患演变为事故，改善员工的工作条件。这些措施应该符合企业所面临的具体环境。总体而言，企业对于改善劳动保护所采取的措施可以分为针对工作的改进措施与针对员工的改进措施两个方面。

①针对工作的改进措施。针对工作的改进措施着眼于工作中所存在的隐患点，力图通过对工作方面的改进，消除或降低这些隐患点的威胁水平。

②针对员工的改进措施。与针对工作的改进措施不同，针对员工的改进措施更依赖于对劳动主体的资源投入。通过对员工采取一定措施，力图使员工要么远离危险隐患，要么将这些隐患对员工的伤害可能性与程度降至最低。

（4）监管控制

作为改善企业劳动保护效果的最后一个步骤与环节，监管控制的作用不容忽视。它用以监督企业所制定的各项改进措施的实施情况，客观评价这些措施的实施效果。同时，通过这一环节，企业可能进一步得到关于其在劳动保护方面所取得的成效的信息，确定下一步的努力方向，对已采用的不尽如人意的措施进行修正。

三、员工心理健康管理

（一）员工心理健康管理概述

员工心理健康是指员工在工作情景下的一种持续良好的心境。在这种状态下，员工的认知活动、情绪反应和意志行动处于积极状态，而且具有正常的和适当的调控能力，能充分发挥其身心的潜能。按健康程度，员工心理一般可分为正常、不平衡和不健康三种状态。一是正常状态，即常态，指员工个体在没有较大困扰的情况下，心理正常。个体的常态行为基本与个人价值观、道德水平和人格特征以及组织倡导的价值观相一致，这种状态一般称为心理健康。二是不平衡状态，也称偏态，在不平衡状态下，员工通常会表现出焦虑、压抑、担忧、矛盾、后悔、自责、倦怠等心理。员工往往通过心理防御机制进行自我调节或借助外力进行疏导，以消除不平衡并恢复到正常状态。我们通常所说的员工心理健康问题一般是指员工处于这种状态中所表现出来的心理和行为反应。三是不健康状态，包括神经症、人格障碍、精神分裂症等。此时，员工已经不适合工作，需要辞退或休假，到医疗部门接受心理治疗和药物治疗。这种状态一般也称为心理疾病或精神疾病。

员工心理健康管理的目的是通过创造良好的工作环境，为员工提供愉悦的心理氛围，同时针对员工的心理亚健康和不健康的状态采取一定的保护措施，通过一些缓解和治疗手段，帮助员工从职业心理焦虑中解脱出来，减少因工作带来的心理伤害，提升心理健康的水平。

（二）员工心理健康影响因素

心理健康问题的出现受一系列因素的影响，它是社会、组织和个人三个方面相互作用的结果。中国经济的快速增长一方面给企业带来了快速发展的机遇，另一方面也带来了快速增长的压力。组织兼并、重组、裁员、新管理手段的运用等带来的冲击使员工长期处于亚健康状态，饱受工作不安全感、工作压力与工作倦怠的困扰。与此同时，企业为了保持竞争力不断开拓新的市场，扩大组织规模，进行组织变革，对员工提出了更多、更高的要求。然而，企业并未改变僵化的企业文化、等级化的管理模式，员工长期超负荷工作，体力和精神严重透支，变得厌倦、易怒、紧张、焦虑、抑郁、情绪低落。如果企业对这些潜在的问题长期不予重视，就会导致员工出现心理健康方面的问题。此外，心理健康问题也和员工自身的特质有关。

1. 社会方面

社会政治背景、宏观经济环境、劳动力供求关系、生活居住环境、物价水平、相关的突发事件等社会因素都会影响员工的心理健康。较大的社会贫富差距、失衡的收入分配格局带来的诸多问题始终是社会各界关注的焦点，经济危机、社会问题等各类突发事件也对员工心理健康造成危害。

2. 组织方面

从企业劳动关系的情况看，影响员工心理健康的因素主要有：一是工作方面的压力，包括工作任务繁重、工作难度大、知识技能不能满足要求等；二是工资福利待遇方面的差异，表现为同工不同酬、个人能力业绩与报酬不相称、长时间不加薪等；三是人际关系方面的困惑，既有同事之间的，也有上下级之间的，还有业务活动中遇到的；四是安全卫生保护方面的担心，害怕工作岗位安全卫生环境、职业危害防护等存在隐患；五是职业不稳定的忧虑，害怕劳动合同期满后单位不续订，难以找到合适的工作等。

3. 个人方面

影响员工心理健康的因素还包括个人因素。社会因素和组织因素往往是针对大众的、多数人的，但是对于同一社会事件和组织现象，有的人心理受影响而有的人却不受影响，这说明决定因素在于员工的心理素质。这些因素主要包括先天遗传因素、身体状况、个人成长环境、个人经历、性格、能力、情绪等。

（三）员工心理健康管理措施

尽管影响员工心理健康的因素有很多，但本书侧重于讨论通过对组织因素的干预来提高员工的心理健康水平。从组织的角度来说，对员工心理健康管理的干预主要包括两种：一是认识和排除压力源以缓解压力，二是防止心理性疾病和精神障碍性疾病的发生。

1. 认识和排除压力源以缓解压力

工作压力（Job Stress）也称工作紧张或工作应激，是指与工作相关的不良刺激对个体所引起的负面主观体验和心理、生理反应。紧张和压力是导致员工产生不良的心理反应和不正常精神状态的主要原因。例如，一种最常见的心理失衡现象——精力衰竭，就是因为过度紧张的工作所导致的生理反应。

工作中的不良刺激是引起工作压力的原因，称为“工作压力源”或“应激源”。当这种不良刺激使个体受到挫折或被感知具有潜在的危害时，就会引起负面情绪及其心理和生理反应，从而构成了工作压力的主要特征。当这些负面情绪能被个体适当缓解时，一般不会造成长期的心理与生理上的损害。但如果负面情绪持续时间太长，个体又无法应付，就会造成健康损害。当工作的强度、复杂性以及竞争程度的增加给个体带来长期的压力，并得不到有效的缓解时，过高的工作要求、个体应对资源的长期不平衡或工作应激的延长，将导致心理和身体症状的适应过程出现问题，个体逐渐产生心理、生理上的疲惫，工作能力下降，工作热情丧失，工作责任感消退，对他人日益冷漠等过劳表现。过劳会严重损害个体健康和组织的竞争力。

马斯拉奇（Christina Maslach）和莱特（Michael P. Leiter）的研究表明，在当今社会频繁出现的过劳现象主要源于人与工作间的六类矛盾冲突：工作负荷过大，对工作失去控制能力，工作回报过低，集体精神瓦解，处事不公，以及价值观冲突。对于过劳现象的解除和预防，马斯拉奇和莱特认为，需要从企业战略目标的方向着手，强调对企业工作环境的改造和提高，而不是对员工个人自身素质的改造，即致力于对影响企业日常经营管理的企业结构和生产服务流程进行改造，而非解决员工们所遭遇的具体的过劳危机。同时，生活方面的压力（比如丧偶、离婚、分居、亲友去世等）都是一些重大的压力源。员工的压力若长时间得不到缓解，会产生严重后果。

企业领导者和人力资源管理者应充分关注、调查、分析员工体会到的压力源及其类型，在组织层面拟定并实施各种压力减轻计划，有效管理并减轻员工压力。具体的方案包括以下三方面。

首先，改善组织的工作环境和条件，减轻或消除工作条件恶劣给员工带来的压力。领导者或管理者力求创造高效率的工作环境并严格控制对环境的干扰因素。给员工提供舒适的工作空间，有利于减轻员工压力。另外，要确保员工拥有做好工作所需的良好工具、设备。

其次，营造良好的企业文化氛围，鼓励并帮助员工提高心理保健能力，学会缓解工作带来的压力，自我放松。企业应该向员工提供压力管理方面的信息、知识。企业可为员工订阅有关保持心理健康与卫生的报纸、杂志，供员工免费阅读。这体现了企业对员工成长与健康的关心，会使员工感受到关怀与尊重，从而成为一种有效的激励手段，激发员工提高个人绩效进而提高整个组织的绩效。

企业可开设宣传专栏，普及心理健康知识，有条件的企业还可以开设有关心理健康管理的课程或定期邀请专家做讲座。可告知员工长期压力的严重后果、代价；让员工了解压力的早期预警信号；让员工学习压力自我调适的方法，筑起“心理免疫”的堤坝，增强心理抗压能力。

向员工提供保健或健康项目，鼓励员工养成良好、健康的生活习惯。如有些企业建立了专门的保健室，向员工免费提供各种锻炼身体、放松身心的设备，为员工配备了专职的健康指导员。另外，企业可聘请资深专业人士担任心理咨询员，免费向承受压力的员工提供心理咨询，帮助其提高社会适应能力，缓解心理压力，保持心理健康。

最后，将员工的心理健康管理与企业人力资源管理的各个环节有机结合在一起，在组织制度、程序上帮助员工减轻压力。

人力资源招聘方面：注意识别人力资源的特点，选拔与工作要求（个性要求、能力要求、智力要求等各方面）相符合的人力资源，避免员工上岗后因无法胜任工作而产生巨大的心理压力，从选拔的源头控制员工心理健康的水平。

人力资源配置方面：力求人与事的最佳匹配，并清楚地定义员工在岗位上的角色、职责、任务，从而减轻因角色模糊、角色冲突等引起的心理压力。

人力资源培训方面：第一，可培训员工提高处理工作的技能，使员工工作起来更加得心应手，减轻工作压力；第二，可对员工进行时间管理培训，消除时间压力源；第三，可培训员工的沟通技巧，消除人际关系压力源。

职业生涯规划方面：帮助员工抛弃不切实际的期望值和太高的目标，建立现实客观的发展目标，并给予相应的培训和指导，帮助其实现目标。

人力资源绩效管理方面：领导者或管理者应向员工提供与组织有关的信息，及时反馈绩效评估的结果，并让员工参与公司决策，增强员工的控制感，减轻由于不可控、不确定性带来的压力；各级主管应与下属积极沟通，了解他们在生活中遇到的困难并尽可能给予安慰和帮助，减轻各种生活压力源给员工带来的不利影响和压力。

薪酬福利制度方面：向员工提供有竞争力的薪酬，并保持企业内部晋升渠道的畅通，有利于帮助减轻或消除社会压力源给员工带来的压力；建立公平的报酬制度和奖励制度，尽力满足员工的经济性和非经济性需求，使员工体会到一种公平、民主的企业环境和文化氛围；完善员工的保障制度，增强员工的安全感。

工作再设计方面：可以对员工的工作内容进行横向或纵向的再设计，增加员工工作内容的多样性，防止员工对工作感到倦怠；在可能的情况下采用弹性工作制，舒缓工作时间上的压力。

2. 员工援助计划

（1）员工援助计划的定义

员工援助计划（Employee Assistant Program，EAP）是从国外引入的一项员工福利计划。它是由企业出资为帮助员工及其家属解决心理和行为问题的一项服务项目，目的在于提高员工在组织中的身心健康和工作绩效，并改善企业的组织气氛与管理效能。

（2）员工援助计划的内容

员工援助计划包括压力管理、职业心理健康、裁员心理危机、灾难性事件、职业生涯发展、健康生活方式、家庭问题、情感问题、法律纠纷、理财问题、饮食习惯、减肥等各个方面，帮助员工全面解决个人问题。员工援助计划主要提供以下七类服务：

①管理员工问题、改进工作环境、提供咨询、帮助员工改进业绩、提供培训和帮助、将反馈信息传递给组织领导者，以及对员工及其家属进行有关员工援助计划服务的教育。

②对员工隐私加以保密并提供及时的评估服务，以保证员工的个人问题不会对他们的业绩表现带来负面影响。

③对那些有个人问题以致影响到业绩表现的员工，运用建设性的咨询、激励和短期的干涉方法，使其认识到个人问题和表现之间的关系。

④为员工提供医学咨询、治疗、帮助、转介和跟踪等服务。

⑤提供组织咨询，帮助他们与服务提供商建立和保持有效的工作关系。

⑥在组织中进行咨询，使得政策的覆盖面涉及相关的不良现象或行为，并进行医学治疗。

⑦确认员工援助计划在组织和个人表现中的有效性。

（3）员工援助计划的作用

①从个体角度，EAP 致力于帮助员工及其家人解决各种心理和行为上的问题，可以不断促进个人的发展和成熟。心理学研究表明，人的成功很大程度上依赖于心理健康水平以及良好的行为方式。EAP 可以通过多种方式解决员工在工作和生活中遇到的各种问题，尤其是心理和行为问题，并且帮助他们学会用科学的方法解决今后遇到的相似问题，促使他们产生自我实现的需要，不断发展和成熟，成为企业最具竞争力的武器。

②从组织角度看，EAP 可以促进组织绩效的提高。国外的研究和事实证明，EAP 可以通过减少错误解聘、降低缺勤率、提升公众形象、鼓舞员工士气、改进生产管理、改善工作氛围等带来高的投资回报率。但是，EAP 作用的发挥是一个长期的过程，不可能立竿见影，所以不应该以一种浮躁和急功近利的心态要求它。

（4）员工援助计划的实施

EAP 是一个全面的、系统的服务过程，包括发现、预防和解决问题的整个过程。它可以完全由组织自己配备专门人员、设置专门的部门来加以实施，这种形式称为内部 EAP 形式；也可借助外部的专业 EAP 服务机构，即外部 EAP 形式，由组织与服务提供机构签订服务合同。一个完整的 EAP 包括组织调研、建立项目及初步工作、制订方案并对人员进行培训和项目实施四个方面。

①组织调研。这一阶段是 EAP 有效开展的前提，是有效实施 EAP 的基础。首先，由 EAP 咨询人员通过专业的心理学问卷测验、访谈等方法来考察组织成员的压力、心理健康、工作满意度、自我接纳、人际关系等方面的心理状况，以对员工进行全面的心理状况调查、研究和诊断，并建立员工心理档案。与此同时力求发现和诊断职业心理问题及其导致的因素，帮助组织发现导致员工问题的组织管理因素，并且分析是否有进行 EAP 服务的必要。

②建立项目及初步工作。根据调研阶段发现的问题有针对性地建立 EAP 项目，确定企业的需求、明确 EAP 服务的目标，然后就初步的决议与组织内部相关部门和组织高层进行沟通，获得他们的支持；同时还需要在员工内部进行宣传推广，使组织员工对心理知识有普遍的认识和了解。这样做的目的在于提高员工的心理保健意识，鼓励遇到心理问题时积极寻求帮助等，并且一定程度上可提高组织成员对 EAP 计划的关注和热情。

③制订方案并对人员进行培训。提交项目方案的初稿并进行沟通后，修改完善项目方案，最终确定方案，制定具体的时间计划以及操作步骤。在选定服务人员后，要对他们进行培训，教会他们从心理咨询的角度、运用心理学的方法看待和处理管理中的问题，使之学会一定的心理咨询理论和技巧，在工作中预防、辨识和解决员工心理问题，并改变管理方式，使管理从命令、惩戒的方式转向支持、帮助的方式。

④项目实施。这是 EAP 中解决组织成员心理问题的最后步骤。在方案得到最终确定后就可以在企业中开展 EAP 了。为防止小部分员工由于问题比较特殊或者涉及个人隐私等原因而不敢公开寻求帮助，需要建立有效的求助渠道和服务平台，如开通热线电话、建立网上沟通渠道、开辟心理咨询室等，以保证员工能够顺利、及时地获得高效的心理咨询及治疗的帮助和服务。实施过程中要不断进行总结和反馈，了解员工的反映和评价，有针对性地做出改进。同时也必须及时发现新的问题，与相关部门协调沟通，提出相应的建议。另外还要定期对项目的实施效果进行评估。

补充阅读9-1

阿里巴巴辞退借病假出国旅游员工案

本章小结

员工关系是指组织中以契约精神为基础，通过工作而产生的不同主体之间的各种经济、法律和工作关系的总和。员工关系的发展经历了传统员工关系、员工关系转型、现代员工关系三个阶段。员工关系管理是对员工关系进行的管理，这种管理更多的是从企业的角度出发，是指企业在遵守国家法律法规的基础上，为了实现自身目标以及确保对员工公平对待，在调节企业与员工之间的关系方面所依据的基本理念和实施的具体规章制度、政策以及管理政策以及管理实践的总称。

员工关系管理中的重点领域包括劳动合同管理、劳动争议处理及离职管理。本章重点介绍了劳动合同管理程序、劳动争议处理原则及处理程序、离职管理注意事项。最后，本章还详细介绍了安全事故类型及发生原因、劳动保护及员工心理健康管理。

习题

实训

实训项目：

了解劳动争议处理工作

实训目的：

在理论学习的基础上，针对实际工作中可能出现的几种劳动争议进行角色扮演，熟悉劳动争议的处理方法与过程。

实训指导：

（1）通过网络、书籍等资料，搜索劳动争议实际案例，了解劳动争议处理程序。

（2）对人力资源部门的人员进行访谈，了解其在工作过程中遇到的劳动争议种类及处理过程。

实训组织：

（1）把全班同学分成若干小组，每组4人，分别扮演人力资源部经理、人力资源部负责劳动纠纷的主管、员工和仲裁人员；

（2）各组进行面谈，给出处理意见；

（3）以小组为单位编写劳动争议处理报告，包括案例经过、处理原则与处理过程。

实训考核：

每位学生需填写实训报告。实训报告应包括实训项目、实训目的、实训本人承担任务及完成情况、实训过程、实训小结、实训评语（由教师填写）。

第十章　人力资源管理的数字化转型与人工智能应用

学习目标

理解人力资源管理的数字化趋势
了解人工智能相关概念及应用
掌握人力资源管理数字化转型策略

重点概念

数字化（Digitalization）
人工智能（Artificial Intelligence）

开篇案例

马西亚的人力资源管理数字化转型案例

十三届全国人大四次会议表决通过的“十四五”规划，将创新驱动发展提升到全新的历史高度，将科技自立自强发展上升到国家发展的战略支撑地位，未来五年国家创新驱动发展新蓝图正加快展开。因此，中国企业正迎来转型升级的历史转折点，如何在新一轮科技浪潮中创新求生并竞争制胜，成为众多企业管理者关注的焦点问题。其中，人才便是创新之源。中国企业要进行战略转型，必须重视人力资源管理，并通过组织变革、人才机制创新等方式，激发企业的人才活力。

人力窝创始人、首席执行官马西亚也表示，企业数字化转型，绕不开人力资源管理数字化。人力资源管理数字化可以实现人力资源管理从凭直觉、感觉、经验向量化、精准、细化的过渡。基于此背景，人力窝与钉钉开展合作，使用互联网科技帮助 HR 实现自证价值，盘活业务与组织。例如，智能人事高级版是钉钉智能人事产品的最新升级，在原有 9 大功能（请假、SSC、转岗、入职、离职、转正、花名册、晋升、员工关怀）基础上，增加了自动计算薪酬和年终奖金、一键生成最新个税申报、一键生成工资条、社保公积金在线计算等功能，真正把 HR 从繁琐的报表分析、薪资统计中解放出来。

此外，人力窝基于钉钉的组织在线特性，可将大量的基础事务性工作通过钉钉推送到全员，如查考勤、查社保等。对企业管理者而言，HR 数据与钉钉考勤等数据的打通，意味着只需钉钉一款软件即可随时随地查看 HR 相关统计数据，从而进一步提升管理效率。因此，人力资源管理数字化是基于平台化的专项赋能，既是企业内部流程再造、减本提效的必由之路，也是企业提升外部竞争力的有效手段。

第一节　人力资源管理的数字化趋势

一、人力资源管理数字化概述

（一）数字经济概述

1. 数字经济

数字经济是当下的热点词汇，其更深层次的意义在于它与“共享经济”一样，都是一种借助信息技术发展而来的新的经济形势。虽然西方发达国家在数字经济研究上起步相对较早，但由于各国经济基础不同，其数字经济的发展历程也不尽相同，因而数字经济目前仍没有一个统一的定义。

美国商务部出版的一系列数字经济报告，用大量的案例、数据分析信息技术及 IT 产业对经济所产生的影响。报告指出，IT 技术含量较高或 R&D 投资较高的产业和企业，是国家实际 GDP 增长的主要贡献者。可以看到，在美国经济的发展过程中，其数字经济是以大数据为背景、IT 资产投资为支撑的经济运作模式。在数字经济时代下，产生了一些基于数字化技术的发展，融合数字信息技术的新的组织形态或管理形式，如“数字管理”“数字矿山”“数字政府”等。目前，中国还处在利于数字化信息技术改造传统工业经济的阶段。

2. 企业数字化管理

在数字经济时代下，一切将会被重新定义，包括你的生活、工作与学习场景都会被重新定义。数字经济的新业态与新形式改变了传统的商业逻辑，而商业逻辑改变当中最大的变化就是价值创造和获取方式发生了本质的变化。企业是社会经济发展的重要因素，为适应数字经济发展趋势，应当制定与之相适应的发展理念与管理形式，用数字化思维审视企业内外部环境，采用数字化管理，实现人、财、物的高速、有效匹配。

企业数字化管理（Enterprise Digital Management，EDM）是指企业把数据信息作为维系机体的血液，企业数字化管理可能渗入企业的战略、管理与执行层，都以量化的数字为依据，运用数字化管理的方法与手段。企业数字化管理以系统论、信息管理理论和控制论为理论基础与方法，运用先进的信息网络技术，对企业管理模式、管理方法、经验进行挖掘和编码化，改善传统管理职能（即决策、计划、组织、领导和控制等）的效率，提高信息共享与企业管理的效率，从而提高企业外部市场竞争力与经济效益。企业数字化管理具体体现在以下三个层面。

一是管理手段的数字化：企业在生产中广泛运用电子信息技术，实现生产自动化。如生产设计自动化（CAD）、自动化控制、智能电表、单片机、PLC 模块、DNC 的使用等，都是数字化信息技术的一部分。

二是信息的数字化：企业日常生产与管理的一切信息、知识都可能通过数字信息技术转化并输出与保存，方便日后查询与运用。

三是高级辅助管理、辅助决策系统、内部网、外联网、企业资源规划（ERP）、CAM、CAE、办公自动化（OA）、BI 等辅助管理和决策。

（二）人力资源数字化管理的内涵

人才是企业发展的决定性资源，企业的发展力与竞争力来自良好的人力资源管理系统。人力资源部门是企业重要的职能部门，是战略的执行者，也是业务的推动者。在社会经济高速发展、科技不断进步的过程中，企业的管理已从粗放式管理的野蛮生长期，逐步走向精细化管理的变革发展期，企业需要更符合业务发展的管理模式，使企业效能最大化。传统的人力资源信息化解决的是人力资源管理线上化的问题，将人事信息数据的管理结果清晰地展示在系统中，最重要的功能是收集与保存信息。

然而，在数字化时代，企业发展的方向及核心也随之变化，传统的人力资源管理无法在数字化时代继续保持其竞争力，需要及时对其进行数字化转型。人力资源管理数字化转型的方法是需要对传统的人力资源管理思想进行进一步改进，并充分发挥人才在企业发展过程中所具有的重要主体作用，重点关注员工的能力，利用数字技术转型公司业务处理方式，激发员工的工作积极性以提高企业的实际经营效益。因此，人力资源数字化成为帮助企业解决生产力与生产关系之间矛盾的有效手段，在传统人力资源管理，即人力资源规划、招聘、培训与开发、绩效管理、薪酬管理、员工关系管理六个方面，量化其管理对象与管理内容，提高传统人力资源管理效率。

人力资源数字化管理体现在以下三个层面：一是人力资源管理活动的数字化，即在人力资源优化配置过程中使用数字化的管理方式与工具；二是数字化网络与信息技术的运用，即人力资源部门内部沟通与协调，人力资源部门与企业其他职能或业务部门之间的沟通与协调都充分应用信息技术，建立起数字神经网络系统；三是管理成果的量化，人力资源管理的六个方面也是人力资源管理的六个过程与环节，各个环节之间紧密相扣，利用数字化信息技术可以对每个环节的成果进行量化，对每个环节进行有效的管控，进一步优化人力资源的配置。

（三）人力资源数字化管理的新特征

人力资源数字化管理以传统人力资源管理为基础。新的技术或管理思想既要改善原有内容的不足，也应该继承其优点。因此，人力资源数字化管理与传统人力资源管理，既有联系又有区别，如表 10-1 所示。

表 10-1 人力资源管理信息样表

	传统人力资源管理	人力资源数字化管理
工作中心	事	信息
与其他部门关系	从属、服务	服务、支撑
技术	人工	数字信息技术

传统人力资源管理围绕六个方面进行的事务性工作较多，对“人”与“事”的把控与平衡效率较低。人力资源数字化管理的显著优点在于它可以将人从事务性的工作中解脱出来，使人力资源管理者有更多的精力集中于对“人”的管理，实现人力资源价值的最大化。传统人力资源管理是企业的职能部门，服务于企业的总体战略，与其他部门之间的关联较少。在信息技术的帮助下，如今人力资源部门与其他企业部门可形成数字神经网络，实现内部资源与信息的高效共享，为参与企业重要决策提供了条件。

传统的人力资源管理主要依靠人力资源管理者的管理水平与综合素质，依据企业战略进行人力资源规划、招聘等工作。而人力资源数字化管理通过数字化信息技术，可建立起企业内部人才数据库，在企业战略的指导下，依靠数据对人力资源规划、招聘等环节做出科学决策。

综上所述，人力资源数字化管理在提高人力资源配置效率与企业管理绩效方面有较大的帮助。在数字经济时代，人力资源数字化管理可以帮助企业提升人力资源配置的方式与手段，适应现代化的发展节奏。因此，以数字化信息技术进行管理改革，以数字化思维武装企业管理是现代企业发展的必然趋势。

二、人力资源管理数字化转型的必要性

（一）应对人力资源管理变化

当前阶段人力资源管理环境的变化体现在企业员工低龄化、数字化时代对人才的新要求和公司运营的新模式上。年轻员工在企业中所占的比例越来越高，已成为企业员工的主体。相比老员工，新员工对新事物的接纳能力更强，他们成长于互联网的浪潮下，有着更昂扬的工作热情、更积极的创新精神，在企业人力资源管理数字化转型进程中起到了主干力量的作用。数字化时代对于人才的要求越来越高，除了工作技能以外，还要求员工对互联网技术有独到的理解和熟练的操作。在信息时代下，大部分企业未来的发展计划都涵盖了在互联网领域的拓展业务。企业需要紧跟时代，招聘和培养更多掌握信息技术的人才来支撑企业的运作。在数字化背景下，企业的经营理念以及经营方式需要适应当前的数字化思维，转变发展理念，从传统的实体经营向数字化经营转变。由此，传统的人力资源管理已无法满足现阶段客观环境的变化，数字化转型是现阶段的发展方向。

（二）促进企业数字化转型

企业数字化转型需要在数字技术手段的基础上对企业的运营技术进行全方位的升级，

不仅要技术转型，也要推进相应的管理转型。处于起步阶段的企业没有实际的人力资源管理转型经验，因此在具体的运营过程中，其自身的技术转型速度远超人力资源管理转型的速度，由于转型速度无法匹配从而导致企业发生各类问题。在企业的实际发展过程中，能否对企业内部的组织结构框架进行有效的升级，在一定程度上将决定人力资源数字化转型的成功与否。在对组织结构框架进行转型的过程中，需要对组织架构中生产业务流程、人力资源管理、企业文化等诸多部分进行有效转型，进而使企业的数字化转型能够通过优质的组织结构数字化转型而得以实现。

三、人力资源管理数字化转型方案

（一）人力资源管理信息系统支撑

在人力资源数字化管理建设过程中，HR 管理信息化系统必将扮演非常重要的角色。再好的管理思想，也必须通过 HR 系统来落地，在数据规范、流程规范的基础上产生企业人力资源相关的大数据库，人力资本的数字化经营才能落地。

在 HR 系统应用过程中，为保证结果的准确性，应把企业人力资源管理相关指标数据进行规范化处理。首先，要统一单位组织、岗位、劳动定员及薪酬福利管理，建立多层级的人力资源管理控制体系；其次，要统一机构设置和人员配备标准，规范各级责任人员的机构设置、工作顺序和人数；再次，要统一薪酬体系，从而建立以价值创造为导向、统一结构、规范的薪酬体系，巩固工资改革成果；最后，要统一用工管理制度，从而实现对劳动力的全面控制。企业通过人力资源管理信息系统严格有效地执行人力资源规划计划，履行人力资源开发和配置职责，实施组织、员工、绩效和薪酬管理制度。

一般情况下，HR 系统的规划实施有以下几个阶段，如表 10-2 所示。

表 10-2　信息管理系统运营阶段样表

规划阶段	管理目标	管理需求	应用模块
第一期：基础应用	可达成企业管控模式，建立共享服务模式，实现基础事务工作规范化和标准化	企业统一管理；整理信息规范与报表，数对人头，发对工资，签好合同，出对报表	基础平台、组织管理、员工管理、人员变动、劳动合同、分析报表、薪酬管理、社保福利
第二期：人才管理	建立招聘管理体系，能多渠道招募选拔人才	与招聘网站对接，能及时发布招聘信息；下载简历，内部推荐，校园招聘，猎头对接，实时测评	招聘管理、测评管理系统
	建立培训学习管理体系，形成良好的员工学习氛围	培训需求、培训规划、培训活动管理、培训课程管理、培训评估，e-Learning 学习和移动学习系统，课程能及时更新	培训管理、学习管理

续表

规划阶段	管理目标	管理需求	应用模块
第二期：人才管理	建立从组织绩效到岗位绩效管理的管理机制	支持绩效的指标管理，能部署目标管理、KPI、OKR、PBC、BSC 等绩效管理模式	绩效管理、民主评议系统
第三期：人力资本数字化分析	建立领导决策支持系统，为决策提供依据	领导快速搜索员工档案；可以实时查看人力资本分析数据	领导决策支持任职资格评审系统人力资本对标管理
	建立员工服务系统，员工可快速学习、沟通和处理日常事务	为员工打造沟通圈子，员工的活动基于智能手机对接，工作协同	员工移动应用、个性化服务系统
	建立企业文化交流平台，支持创新管理流程和项目创新过程管理	支持客户满意度的结果调查分析，员工敬业度分析，支持项目立项、创新成果，项目成果管理，支持 OKR 的沟通交流模式	及时客户满意度、员工敬业度调查创新管理

（二）人力资源数据类型

人力资源数据规范涉及员工基本信息、工作信息、任职信息、兼职信息、履历信息、学历信息、家庭信息、合同信息、考核信息、培训信息、职称信息、职业资格、语言能力、奖励情况、惩罚情况、参加党派情况、出国情况、离退待遇等。

1. 招聘管理数据规范

招聘管理数据规范主要涉及招聘的一些指标分析，整体规划如表 10-3 所示。

表 10-3　招聘管理数据分析样表

指标分类	指标名称	计算公式	取值方式
招聘管理	招聘费用执行率	招聘费用执行率＝招聘费用/招聘预算×100%	招聘费用：招聘模块标识一个字段，手工录入招聘费用； 招聘预算：招聘模块标识一个字段，手工录入招聘预算
	招聘成本比率	招聘成本比率＝整体招聘费用（内部+外部）/招聘人员薪酬总额	整体招聘费用：内部的系统计算，外部招聘费用手工录入系统中的一个字段； 招聘人员薪酬总额：通过薪酬模块计算相应人员薪酬，计算合计
	职位空缺率	职位空缺率＝空缺职位数/全部职位数×100%	空缺职位数：取自招聘模块中空缺职位数量； 全部职位数：取自系统组织模块全部职务数

续表

指标分类	指标名称	计算公式	取值方式
招聘管理	关键职位空缺率	关键职位空缺率＝关键职位空缺数/全部关键职位数×100%	关键职务空缺数：取自关键职位数-关键职位到岗人数； 关键职位数：系统标识关键职位，计算关键职位之和
	同批雇员留存率	同批雇员留存率＝同批雇员留存人数/同批雇员初始人数×100%	同批雇员留存人数：取自某期间内入职人数-取自某期间内入职人员中的离职人数（根据入职日期、离职日期计算）； 同批雇员初始人数：取自某期间内入职人数（根据入职日期计算）
	同批雇员损失率	同批雇员损失率＝同批雇员离职人数/同批雇员初始人数×100% 同批雇员损失率＝1-同批雇员留存率	同批雇员离职人数：取自某期间内入职人员中的离职人数（根据离职日期计算）； 同批雇员初始人数：取自某期间内入职人数（根据离职日期计算）
	关键职位填充率	关键职位填充率＝该职位人员到岗日期/期间关键职位空缺位数×100%	该职位人员到岗日期：取自某期间到岗人数（根据入职日期计算）； 期间关键职位空缺人数：取自招聘中关键空缺职位数（根据招聘模块的空缺职务数计算）
	招聘合格率	招聘合格率＝通过试用数/新录用员工数	通过试用数：取自某期间内转正人数（根据转正日期计算）； 新录用员工数：取自某期间内报到人数（根据报到日期计算）

2. 培训管理数据规范

培训管理数据规范主要涉及培训的一些指标分析，整体规划如表 10-4 所示。

表 10-4　培训管理的数据样表

指标分类	指标名称	计算公式	取值方式特殊说明
培训管理	内部培训人次	培训人次＝$N_1+N_2+\cdots+N_n$，其中 N_n 指某次培训参加培训的实际人数	内部培训的人数通过系统内实现
	外部培训人次	培训人次＝$N_1+N_4+\cdots+N_n$，其中 N_n 指某次培训参加培训的实际人数	外部培训的人数通过系统外实现

续表

指标分类	指标名称	计算公式	取值方式特殊说明
培训管理	内外部培训人数比例	内外部培训人数比例=内部培训人数/外部培训人数	内部培训人数：取系统培训模块数据； 外部培训的人数：通过系统外统计外部培训人数，或者在系统中增加一个字段用来记录外部培训人数
	员工平均受训人次	员工平均受训人次=总受训人次/折合全日制员工数	总受训人数：参加培训的人数合计； 全日制员工数：取系统在职人数合计
	依岗位类别计算的受训人员比率	依岗位类别计算的受训人员比率=某一岗位类别受训员工的人数/接受培训的员工总人数	某一岗位类别受训员工人数：取某一岗位类别参加培训人数； 接受培训员工总人数：参加培训的人数合计
	培训费用总额	培训费用总额=内部培训费用+外部培训费用 =岗前培训费用+岗位培训费用+脱产培训费用	内部培训费用：取培训模块的培训费用记录； 外部培训费用：通过系统外实现
	人均培训费用	人均培训费用=报告期内培训总费用/报告期内员工平均人数	报告期内培训总费用：取报告期内培训费用总额； 报告期内员工平均人数：取报告期内员工总数/报告期间月数
	岗前培训费用	指报告期内企业（部门）对上岗前的新员工在企业文化、规章制度、产品知识、基本技能等方面进行培训所发生的费用	取培训模块岗前培训费用合计
	岗位培训费用	指报告期内企业（部门）对上岗前的新员工在企业文化、规章制度、产品知识、基本技能等方面进行培训所发生的费用	培训模块某一岗位培训费用合计
	脱产培训费用	指企业（部门）在报告期内根据工作需要，允许员工离职接受短期（一年）或长期（一年以上）培训（即为员工提供深造机会）而发生的费用，是为企业（部门）培训高级管理人员或专业技术人员而产生的培训费用	培训模块员工脱产培训费用
	培训预算占销售收入比例	培训预算占销售收入比例=培训预算/销售额	培训预算：取培训模块培训预算值； 销售额：培训模块扩充一个字段，手工记录销售额

续表

指标分类	指标名称	计算公式	取值方式特殊说明
培训管理	培训费用执行率	培训费用执行率=已执行培训费用/期间培训预算	已执行培训费用：取已花费培训费用； 期间培训预算：取某一期间培训费用预算合计
	培训费用占薪资比	培训费用占薪资比=报告期内培训费用/报告期内工资总额×100%	培训成本不像工资比例那么高。合理的培训费用为工资水平的2%~5%。正常情况下，如果培训成本高于5%，说明企业（部门）非常重视员工培训，但培训成本过高，人工成本过高。如果低于2%，则表示企业（部门）对员工进行培训没有给予足够的重视，或者解释这是为了节省潜在的、全面的内部培训
	培训完成率	周期内人力资源培训次数/计划总次数	周期内人力资源培训次数：取某一期间培训次数合计； 计划总次数：取整个年度计划总培训次数
	内外部培训费用比例	外部培训费用比例=内部培训费用/外部培训费用	内部培训费用：取培训模块内部培训费用； 外部培训费用：系统外实现，或者在培训模块扩充外部培训费用字段，手工维护
	培训评估率	培训评估率=进行了评估的培训班数/全部培训班	指参训者对培训结果已经进行了评估的培训比率
	平均培训满意度	平均培训满意度=（$TA_1+TA_2+\cdots+TA_n$）/报告期内的培训次数，其中 TA_n 是训练的平均满意度。或：平均培训满意度=某员工在报告期内对某一培训/培训人次的满意度	培训满意度越高，培训效果越好
	培训测试通过率	培训考试通过率=参加考试人数/人数	培训测试通过率越高，相对培训效果越好
	培训后员工绩效提高百分比	员工培训后绩效提升的百分比=培训后的绩效考核水平高于前一阶段的人数/所有参与者	培训后绩效评估等级高于上期间人员数；系统外实现

3. 绩效管理数据规范

绩效管理数据规范主要涉及绩效的一些指标分析。按照大部分企业现行绩效考核模式整体规划如表 10-5 所示。

表 10-5　绩效管理数据样表

指标分类	指标名称	计算公式	取值方式
绩效管理	高绩效员工比率	绩效等级 B+以上的数量/所有绩效考核人员数量	考核结果中考核等级字段，考核对象人数
	低绩效员工比率	绩效等级 C 以下的数量/所有绩效考核人员数量	考核结果中考核等级字段，考核对象人数
	按时完成绩效评估的比率	按时间完成业绩评价的比率＝按时间完成业绩评价的次数/参加业绩评价的人数	打分人数，总打分人数
	参与绩效评估员工百分比	参与绩效考核的员工百分比＝考核日之间未得分的员工人数/员工总数	打分人数，总打分人数
	绩效评估知晓率	指员工在每次绩效考核后接受主要评价者绩效面谈的次数	面谈记录条数，总考核对数
	绩效工资的比例	绩效工资比例＝（绩效工资总额÷工资总额）×100%	绩效工资项目汇总数，应发工资项目汇总数
	员工绩效考核结果分布	A 类员工比例＝（绩效考核结果为 A 的员工人数/员工总数）×100% B 类员工比例＝（绩效考核结果为 B 的员工人数/员工总数）×100% C 类员工比例＝（绩效考核结果为 C 的员工人数/员工总数）×100%	考核结果中考核等级字段，考核对象人数
	员工绩效考核申诉处理及时性	（按时完成的考核申诉/考核申诉的总数）×100%	申诉记录条数，反馈条数

4. 薪酬福利数据规范

薪酬福利数据规范主要涉及薪酬福利的一些指标分析，整体规划如表 10-6 所示。

表 10-6　薪酬福利数据样表

指标分类	指标名称	计算公式	取值方式
人力资本成本	薪酬总额	薪酬总额 = $I_1+I_2+\cdots+I_n$，其中 I_n 是报告期该企业员工的应发工资	I_n：取报告期该企业员工的应发工资
	年度薪酬总额增长率	年薪酬总额增长率 = 报告年度薪酬总额 ÷ 上年度薪酬总额 × 100% - 1	报告年度薪酬总额：取本年度薪酬总额； 上年度薪酬总额：取上一年度薪酬总额
	人均薪酬	人均工资 = 报告期总薪酬/报告期员工平均人数	报告期总薪酬：取报告期间应付给所有员工的工资； 报告期员工平均人数：取报告期内员工平均人数
	人均薪酬增长率	人均薪酬增长率 = 报告年度人均薪酬÷上年度人均薪酬×100%-1	报告年度人均薪酬：取人均薪酬； 上年度人均薪酬：取上一年度人均薪酬
	薪酬福利成本占营业收入百分比	（薪酬费用+福利费用）/营业收入×100%	薪酬费用：取报告期内员工的薪酬费用总额； 福利费用：取报告期内系统中福利模块的员工福利费用总额+系统外发放福利费用； 营业收入：系统外手工录入
	薪酬总额预算占总运营费用百分比	（薪酬费用+福利费用）/总运营费用×100%	薪酬费用：取报告期内员工的薪酬费用总额； 福利费用：取报告期内系统中福利模块的员工福利费用总额+系统外发放福利费用； 总运营费用：系统外手工录入
	人工成本	工资总额（含不当班职工生活费）+社会保险费+住宿费+福利费+教育经费+劳动保护费+工会经费+其他人工费	工资总额：取系统中所有员工的工资总额； 社会保险费、住宿费、福利费、教育经费、劳动保护费、工会经费、其他人工费：系统外手工录入或取财务系统数据
	人均人工成本	人工成本/折合全日制员工数	折合全日制员工数：取系统全日制员工总数
	人均人工成本指数/人工成本增长率	（本期人均人工成本-上期人均人工成本）/上期人均人工成本	本期人均人工成本：取报告期间人均人工成本； 上期人均人工成本：取上一期人均人工成本

续表

指标分类	指标名称	计算公式	取值方式
人力资本成本	薪酬福利占总人工成本百分比	工资福利费用/［工资总额（含非工作人员生活费）+社会保险费+住宿费+福利费+教育经费+劳动保护费+工会经费+其他人工费］	薪酬福利成本：取报告期内系统中员工薪酬费用+福利费用
	人事费用率	衡量企业人工成本能力支付的重要尺度，人事费用率=人工成本/销售收入	销售收入：系统外手工录入或取财务系统数字
	人工成本利润率	人工成本利润率=企业利润总额/人工成本总额	企业利润总额：系统外手工录入； 人工成本总额：取上述人工成本指标
	人工成本产出系数	劳动成本产出系数=增加值/人工成本，其中增加值=利润+人工成本+财务成本+租金+税金+折旧	增加值：取系统外手工录入； 人工成本：取上述人工成本指标的值
	劳动分配率	劳动分配率=人工成本/增加值	同上
	每百元业务收入的人工成本单价	人工成本/业务收入×100	人工成本：取上述人工成本指标的值； 业务收入：取系统外手工录入
	人工成本工资含量	人工成本工资含量=薪酬总额/人工成本	薪酬总额：取上述薪酬总额指标的值； 人工成本：取上述人工成本指标的值
	人工成本占总成本的比重	人工成本占总成本的比重=（人工成本/总成本）×100%	人工成本：取报告期内上述人工成本指标的总值； 总成本：系统外录入
人力资本收益	人均经营收入/人均单产	人均经营收入=营业收入/全日制总员工数	营业收入：系统外手工录入或取财务系统数据； 全日制总员工数：取系统中全日制员工总数
	人均税前利润	人均税前利润=税前利润/全日制总员工数	税前利润：系统外手工录入或取财务系统数据； 全日制总员工数：取系统中全日制员工总数

续表

指标分类	指标名称	计算公式	取值方式
人力资本收益	人均税前利润增长率	人均税前利润增长率＝报告年度人均税前利润÷上年度人均税前利润×100%－1	报告年度人均税前利润、上年度人均税前利润：系统外手工录入
	每百元收入薪酬福利投入	每百元收入薪酬福利投入＝薪酬福利总额/销售收入×100	薪酬福利总额：取上述薪酬福利总额指标的值； 销售收入：系统外手工录入或取财务系统数据
报酬有效性	薪酬满意指数	薪酬满意度问卷调查	薪酬满意度问卷调查
	薪酬因素引发的员工流失率	薪酬因素引发的员工流失率＝薪酬因素引发的员工流失数/报告期平均在职员工数	薪酬因素引发的员工流失数：取系统内离职原因为薪酬因素的离职人员总数； 报告期平均在职员工数：取报告期在职人员的平均值
	人力资本回报率	人力资本回报率＝营业收入－（营业支出－薪酬费用－福利费用）／（薪酬费用+福利费用）	营业收入：系统外手工录入或取财务系统数据； 营业支出：系统外手工录入或取财务系统数据； 薪酬费用：取报告期内员工的薪酬费用总额； 福利费用：取报告期内系统中福利模块的员工福利费用总额+系统外发放福利费用
	人工成本收入比率	反映组织投资多少在员工身上产生的收入，人工成本收入比率＝人工成本/收入×100%	人工成本：取上述人工成本指标的值； 收入：手工录入
	高绩效员工自愿流失率	高绩效员工自愿流失率＝自愿离职人员/（在职人员+离职人员总数）	自愿离职人员：离职原因为自愿离职的高绩效员工数； 在职人员：当前公司在职人员的员工数； 离职人员总数：报告期离职人员总数
	服务年限在一年内的员工自愿流失率	服务年限在1年内的员工自愿流失率＝自愿离职人员/（在职人员+离职人员总数）	自愿离职人员：服务年限小于1年且离职原因为自愿离职的员工数； 在职人员：当前公司在职人员的员工数； 离职人员总数：报告期离职人员总数
	监督成本指数	监理成本指数＝监理人员工资福利/机构总薪酬福利×100%	主管以上管理人员薪酬福利：取系统内主管以上管理人员薪酬福利费用； 机构内总薪酬福利：取系统内所有人员薪酬福利费用

第二节　人工智能在人力资源领域的应用

一、人工智能概述

（一）人工智能概念

人工智能是指人们运用计算机语言为机器设置一定的条件和算法使得机器具有类似于人脑的思考能力，可以进行生产工作、判断决策、智能回复等。人工智能的应用使得一些单纯依靠劳动力的产业成本从长远来看大大降低，用机器操作解放了部分人类的双手。人工智能能够完成人类不愿意做或者人力无法完成的工作，或者以更高的效率和速度完成一些工作。即使人工智能的应用提高了工作效率，归根结底，人工智能仍然是人类设计的产物，是为人类服务的。

（二）人工智能在机器中的应用

人类对于某些情况的下意识判断是基于之前的经验，或者说是本能的反应。而在人工智能领域，对机器进行长期反复的学习训练，不断地导入数据、传出数据，分析每一次导入会传出数据的变化和人类构想的最终反应，使之达成一致，我们发现在反复训练后，机器“思维惯性”所产生的数据在向人类构想的反应靠拢并逐步接近。当调节机器数据的参后数，机器仿佛具有思考力一般，能做出和人类相似的应激反应，科学家利用这一点将机器应用于工厂等需要长期反复操作的工作中。

（三）人工智能和人力资源

人工智能的反应速度取决于计算机的运行速度和算法的调试，通常是快于正常人类思维的，但这并不意味着人工智能就可以代替一切人力劳动，它的主要作用是更好地辅助人类完成工作。对于需要大量人力反复操作的工作和需要进行大量数据搜集的工作，由人工智能代替人类完成，能够节省大量的时间和金钱；而程序繁多、需要面对复杂情况随机做出反应的工作，则是必须由人力完成的。

二、人工智能在人力资源领域的应用形式

（一）人力资源系统构建

目前企业普遍采用的人力资源信息系统只是记录企业员工基本信息，将员工的工作技能、工作奖惩、学术背景等记录到数据库。每年企业进行对外招聘时，需要 HR 凭借个人经验并基于一定的数据分析企业当前的运营现状和员工职位的匹配度。不可否认，HR 具有相当的专业知识，但在面对复杂的数据统计时，人工分析总会存在一定的误差，做出的规划和判断常与企业实际情况不符，这也是现代企业需要解决的问题之一。

人力资源系统的构建即对企业未来所需要的人力资源数量和岗位进行预估，合理判断企业岗位供求关系，以便进行相应人才的招聘。这一项工作从本质上而言是对表征数据的统计，通过收集和分析各部门人员配置情况、项目完成进度、工作实效性等，对人力资源进行判断。而所有这一切都可以通过人工智能的大数据分析来完成，完全可以制定出最符合实际情况、准确性最高的人力资源配置计划。

（二）人才甄选

选拔人才的重中之重就是人才和岗位的匹配度问题，即选拔合适的人才在恰当的岗位上工作。传统的企业招聘过程就是先筛选简历，然后在面试时对人才的专业背景、工作经历、个人综合素养进行判断，再结合 HR 对岗位职能的了解来判断是否录用面试者。这一系列过程存在太多不稳定因素，HR 和面试者的沟通是双方互相判断的过程，HR 会根据自己的个人经历和面试者的自身情况询问相关问题，但假如面试者和 HR 为校友关系，那么可能会对面试结果产生一定的影响。此外，HR 的主要职责在于招聘过程，而对企业岗位的了解度可能不够深刻，毕竟没有从事相关领域的工作，对岗位职责的叙述和该岗位需要何种类型的人才认识得不够深刻，对面试结果也会有影响。

基于此类情况，人工智能的开发和引入显得尤为重要。人工智能可以通过收集某一工作岗位的工作时长、工作内容、工作地点等多种信息，对岗位职责有一个较为清晰的判断，然后将应聘者同等的信息输入系统即可以准确地得出应聘者是否符合公司空缺岗位的需求。在面试环节，人工智能可以捕捉到面试者所有的表象信息，能够根据肢体和表情语言判断面试者语言的真实性，也可以根据面试者的回答进行相关提问，再结合数据系统中的信息储备做出回应。例如，面试者在应聘计算机软件开发的职位时，智能机器人可以向面试者提问过往的工作经历，并提出专业性极强的学术问题。

（三）人才留用

当企业招聘到充足的人才后，企业应该将重心放到留用人才的工作上。现代企业尤其像媒体广告行业、房地产行业的人员流动性极强，离职率和跳槽率较高，而较高的离岗率是不利于企业健康发展的，当企业花费时间和金钱培养出能够独当一面的人才时，人员却出现流失情况，而再进行招聘和培养又需要一定的时间周期。人工智能基于此种情况，可以建立模型对企业员工有意向离职的概率进行预测，为企业打“预防针”，避免出现人才流失、岗位长时间空缺无人胜任的情况。员工选择离职无非出于对以下情况的考虑：办公环境、岗位晋升空间、福利薪金、家庭因素、个人身体状况、部门工作满意度、工作压力、企业文化、外部市场机会等。人工智能可以将所有影响企业人员离职的因素进行权重排列，建立相应的评判模型，对企业员工的离职倾向进行预测，帮助企业减少人员流失所带来的业务损失。

（四）人才培养

当企业招聘到优秀的员工后，需要制订一系列的培养方案对人才进行岗位培训。传统意义上的培训是由有一定工作经验的企业员工采用教授的方式呈现，这种方式不符合现代年轻人的思维方式。普遍看来，年轻人的思维跳跃性很大，渴望有自己施展拳脚的空间，对于过来人所谓的经验信任度不高。因此，企业可以通过引入人工智能对人才进行培训，机器人可以为新入职员工模拟工作中可能出现的问题，考验员工面对突发状况的反应力；也可以以问答的形式向新入职员工灌输专业知识，通过考试对新入职员工培训期间的收获进行综合评价，最终判断新入职员工是否具备胜任岗位的能力。

（五）智能服务机器人

在企业中有一类工作需要耗费大量的人力和时间，并需要人力拥有足够的信息储备，即员工咨询。不同部门之间频繁的沟通和传递信息提升了一定的人力成本，还会出现信息传递错误的问题。智能服务机器人能为员工提供完整的部门介绍和准确的信息传递服务，能够 24 小时不间断地为不同部门员工提供咨询服务，大大提高了企业办公的效率，节省了沟通的时间成本。

第三节　人力资源管理数字化转型策略

一、树立数据管理思维

企业的人力资源管理在大数据视域下，为其工作的革新提供契机与平台。因此，企业的人力资源管理应与时俱进，树立数据管理思维，以新的人力资源管理的思维推进工作模式的变革，达到人力资源管理水平的提升。首先，企业在发展历程中，应接受新的管理思维，意识到大数据时代下企业发展变革的重要性，并且以大数据为依托，加强大数据与管理工作模式的融合研究，推进大数据在企业各个部门工作中的运用。其次，企业做好宣传工作，加强大数据管理工作宣传力度，提升全员工作认知度，推进全员工作观念、方式的变革。例如，企业向员工普及大数据运用到管理工作中的优势，并且传递大数据的管理方式、操作形式，使员工接受数据思维，尤其是人力资源管理人员，推进大数据在人力资源管理中的实效性运用。最后，企业的人力资源管理人员应做好转型准备工作，尝试大数据在人力资源管理中的运用，掌握相关的运用方法，进而使大数据思维在人力资源管理中落实，实现人力资源管理变革与发展。

二、强化信息技术应用意识和能力

以大数据为代表的信息技术时代对企业的生存和发展都产生了十分重要的影响，而顺应时代发展趋势制定和实施有效的人力资源管理结构调整策略成为促进企业发展的关键，所以强化对信息技术的应用意识和能力就显得十分重要。企业整体的管理工作模式应向信息化、数据化方向转型，以此为基础，构建企业系统性的数据管理工作体制，推进企业各个部门的工作模式在网络平台中实践，进而推进相关的信息数据在平台中流通，便于企业部门获取信息数据，提升人力资源管理成效。一方面，要充分认识到大数据对企业发展的重要促进作用，对大数据的实际应用价值进行分析，着眼于长久发展战略和目标，对企业人力资源管理结构进行不断调整和优化，以此提升人力资源管理的信息化水平。另一方面，企业要借助大数据和现代信息技术构建人力资源管理信息数据库，进而可以在现有的基础上实现对各项信息的共享，在结构调整和优化过程中可以实现相应数据的支撑，确保企业人力资源管理结构调整和优化能够在大数据背景下取得预期效果。具体而言，首先，企业根据大数据、互联网、云计算等技术，构建企业内部的数据库，推进各个部门的信息资源（财务部门信息数据、人力资源部门信息数据、销售部门信息数据等）在数据库中流通，这样人力资源管理人员在平台中获取相关工作人员工作信息，便于部门对信息数据的运用与分析。其次，企业根据人力资源管理模式，设计专属于人力资源管理的数据库，如招聘数据库、培训数据库、员工开发数据库等，完善人力资源管理数据库体系，推进大数据在人力资源管理中的运用。最后，企业的人力资源管理数据库应与市场数据库平台衔接，推进企业内部以及市场信息数据融合，拓宽人力资源管理人员数据信息获取面，实现人才的精准性运用，为企业发展输送优质人才，助力企业现代化、信息化工作质量的提升。

三、提升人力资源管理的专业水平和技能

人力资源管理工作的专业化水平较高，在结构调整和优化过程中更是需要专业化技能，因此在大数据背景下逐步提升人力资源管理的专业化水平和技能就显得十分重要。一方面，要明确大数据应用的具体目标和应用范围，进而可以通过有效的措施全面推动大数据在人力资源管理中的应用。同时要加强对现有人力资源管理从业人员的培训和教育引导，加强人力资源管理人员的个体信息分析，不断提升人力资源管理信息素养、工作能力及专业化水平，稳步推进人力资源管理结构调整和优化措施。另一方面，要根据大数据在人力资源管理工作中的应用目标，从外部引进专业化人才，实现对现有从业人员团队的有效补充，提升整个团队的专业能力，进而可以发挥外部人才对企业人力资源管理结构调整和优化的推动作用。

补充阅读10-1

人工智能应用范畴

本章小结

在数字化的时代，企业发展的方向及核心也随之变化，传统的人力资源管理无法在数字化时代下继续保持其竞争力，需要及时对其进行数字化转型，以应对人力资源管理变化，并促进企业数字化转型。

本章主要介绍了人力资源管理的数字化内涵及数字化转型的必要性、人工智能的相关概念及应用范畴，并重点介绍了人工智能在人力资源领域中的应用；还详细分析了人力资

源管理数字化转型的策略，为广大读者进一步学习企业数字化转型的相关知识进行了积极引导。

习题

课堂活动

课堂提问：同学们在实习的过程中，观察到公司人力资源部门在工作时，用到了哪些数字化技术？效果如何？

课堂讨论：结合科学防疫的背景，概括总结人力资源管理数字化的优点。

实训

实训项目：

了解人力资源管理数据化工作

实训目的：

在理论学习的基础上，通过实训，了解企业人力资源部门如何在大数据背景下开展人力资源活动。

实训指导：

（1）到某企业人力资源管理部门了解部门的设置及有关工作情况，收集工作分析资料。

（2）对相关部门的人员进行访谈，了解人力资源管理工作的数据流情况。

（3）了解该企业未来人力资源管理工作的信息化、数字化或人工智能应用的规划情况，了解其转型的必要性和基本思路。

实训组织：

（1）把全班同学分成若干小组，以小组为单位进行观察、访谈，收集信息。

（2）以小组为单位对企业人力资源管理的信息化、数字化和人工智能应用等相关信息进行分析。

实训考核：

每位学生需填写实训报告。实训报告应包括实训项目、实训目的、实训本人承担任务及完成情况、实训过程、实训小结、实训评语（由教师填写）等内容。